대학생을 위한 연세한국어

YONSEI KOREAN

for college students

301

KOREAN LANGUAGE INSTITUTE

YONSEI UNIVERSITY PRESS

머리말

연세대학교 한국어학당은 1959년 설립된 한국 최초의 대학 부설 한국어 교육 기관으로서 역사와 명성에 걸맞게 다양한 한국어 교재 편찬 및 관련 연구를 해 옴으로써 한국어 교육을 선도하였습니다. 1960년 『한국어교본 I』 출간 이후 『한국어』, 『한국어 독본』, 『한국어 읽기』, 『한달완성 한국어』, 『100시간 한국어』, 『연세 시사한국어』, 『3주 완성 연세한국어』, 『연세한국어』, 『활용연습』, 『연세 토픽』, 『대학한국어 어휘 · 문법』, 『대학생활을 위한 한국어』, 『대학 강의 수강을 위한 한국어』, 『새 연세한국어』 시리즈 등 260여 권에 달하는 양질의 한국어 주요 교재를 출간해 왔습니다.

연세대학교 한국어학당은 교육 현장의 변화와 한국어 학습자의 다양한 수요에 부응하고자 과정별 맞춤형 교재를 개발하는 데 노력을 기울여 왔으며 이 교재 또한 특수 목적 학습자를 대상으로 하는 맞춤형 교재로 개발되었습니다. 미주 지역 학습자의 요구를 이해하고 최적의 한국어 교수법을 적용하기 위하여 북미권 대학에서 가르친 경험이 있는 한국어 교육 전문가와 본 기관 안팎의 한국어 교육 전문가 십여 명이 본 교재 개발에 참여하였습니다.

이 교재 시리즈는 연세대학교 한국어학당의 표준 한국어 등급뿐만 아니라 유럽공통참조기준 CEFR과 ACTFL 등급 체계를 참고하여 개발되었으므로 해외 대학과 한국어 교육기관의 다양한 교육과정에 적절하게 사용될 수 있습니다. 이 교재 시리즈는 초급과 중급의 단기 과정용 교재로서 총 6단계로 되어 있으며, 각 권은 100시간 미만으로 과정에 따라 유연하게 적용 가능하도록 구성되었습니다. 한국의 실생활에서 자주 사용되는 문형 표현과 주제 어휘가 다양한 문제 해결 상황과 함께 체계적으로 제시되어 있으며, 단원별로 주제와 관련된 한국 문화 및 지역 사회와 함께 할 수 있는 과제 활동이 제안되어 있어서 한국어 실력은 물론 한국 문화에 대한 이해와 참여의 기회를 동시에 높일 수 있습니다. 한국어 학습자를 위하여 자습용 연습 문제와 단원별 새 어휘, 문법, 대화, 읽기, 듣기, 문화 텍스트에 대한 영문 번역을 실어서 학습자의 자기주도적 학습이 가능하도록 기획했습니다. 특히 어휘와 문법뿐만 아니라 말하기, 듣기, 읽기, 쓰기 네 영역을 정확하고 유창하게 학습할 수 있도록 하는 과제를 고르게 배치하여서 단기간에 이해 능력과 표현 기능을 향상시킬 수 있도록 구성하였습니다.

이 교재 시리즈가 연세대학교 한국어학당에서 공부하는 학습자뿐만 아니라 국내와 국외에서 단기간에 한국어와 한국 문화를 배우고자 하는 모든 학습자에게 크게 도움이 되기를 바랍니다. 연세대학교 한국어학당은 앞으로도 전 세계 한국어 학습자의 요구와 기대에 부응하는 교재 개발을 위해 최선을 다할 것입니다.

연세대학교 언어연구교육원
한국어학당 교재편찬위원회

Preface

Established in 1959 as Korea's first university-affiliated Korean language institution, the Yonsei University Korean Language Institute has been leading Korean language education by compiling various Korean language textbooks and conducting related research, befitting its history and reputation. Since the publication of "An Intensive Course in Korean I" in 1960, the institute has published over 260 major high-quality Korean language textbooks, including "Korean," "Readings in Korean," "Korean Reading," "Mastering Korean within a Month," "Korean in 100 Hours," "Yonsei Current Issues and Affairs," "Yonsei Korean in 3 Weeks," "Yonsei Korean," "Yonsei Korean Workbook," "Yonsei TOPIK," "Academic Korean Vocabulary & Grammar," "Korean for University Life," "Academic Korean," and the "New Yonsei Korean" series.

The Yonsei Korean Language Institute has made efforts to develop customized textbooks for each course to meet changes in the educational field and the diverse needs of Korean language learners. This textbook has also been developed as customized teaching material for special-purpose learners. In order to understand the needs of learners in the Americas and apply the optimal Korean language teaching method, more than a dozen Korean language education experts, including those with experience teaching at North American universities and those inside and outside the institute, participated in the development of this textbook.

This textbook series has been developed in reference to the Yonsei University Korean Language Institute's standard Korean language proficiency levels, as well as the Common European Reference Framework for Languages (CEFR) and ACTFL Proficiency Guidelines, to be suitable for various curricula of overseas universities and Korean language institutions. This textbook series is for beginner and intermediate short-term courses, comprised of a total of 6 levels, with each book designed to be applied flexibly in courses of less than 100 hours. Commonly used sentence expressions in everyday life and practical problem-solving scenarios with various topic vocabulary are presented systematically. Each unit is designed to incorporate Korean culture related to the topic and proposes collaborative community engagement activities to enable learners to improve their Korean language proficiency and, at the same time, have more opportunities to understand and participate in Korean culture. For Korean language learners, self-study exercises and English translations of new vocabulary, grammar, dialogues, readings, listening materials, and cultural texts for each unit are included to encourage autonomous learning. Tasks to strengthen not only vocabulary and grammar but also the four areas of speaking, listening, reading, and writing, are strategically placed to allow students to learn accurately and fluently, to ensure the enhancement of comprehension and expression within a short period.

We hope that this textbook series will greatly benefit not only learners studying at the Yonsei University Korean Language Institute, but also all learners, both in Korea and abroad, who wish to learn Korean language and culture in a short period of time. The Yonsei University Korean Language Institute will continue to do its best to develop textbooks that meet the demands and expectations of Korean language learners worldwide.

Yonsei University Language Research and Education Center
Korean Language Institute Textbook Compilation Committee

일러두기

<한국어 301, 302>는 CEFR B, ACTFL Intermediate Mid, High 수준이어서 북미권 대학의 학기별 교육과정과 바로 연계가 가능합니다. 각각 총 10개 과(20개 항)에 실생활에서 자주 사용되는 문형 표현과 주제 어휘가 다양한 문제 해결 상황과 함께 체계적으로 제시되었습니다. 단원별로 주제와 관련된 한국 문화 및 실제적 표현 과제 활동도 있어서 한국어 실력은 물론 한국 문화에 대한 이해와 한국어 담화 공동체 참여의 기회를 동시에 높일 수 있습니다. 해외 한국어 학습자와 유학생들이 이 책으로 재미있게 공부할 수 있도록 교재 뒤에 자습용 연습 문제를 따로 실었고 단원별 새 어휘, 문법, 대화, 읽기, 듣기, 문화 텍스트에 대한 영문 번역도 실었습니다. 이 책의 구성은 다음과 같습니다.

교재 구성

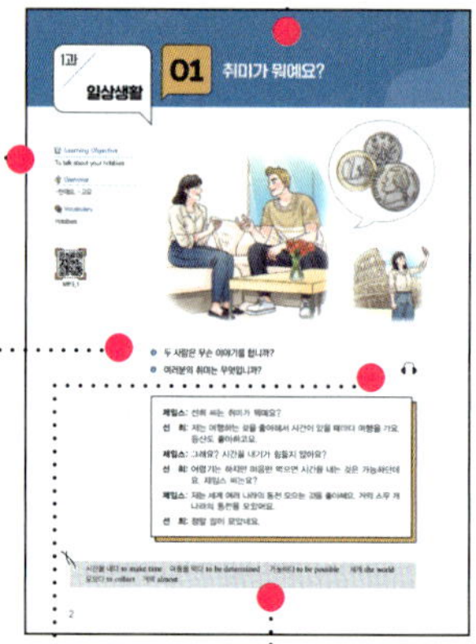

(1) 단원 제목

공부할 주제와 문형 표현이 담겨 있으므로 수업 내용을 미리 추측해 볼 수 있다.

(2) 학습 목표

수업 목표가 영어로 제시되어서 수업 중 무엇에 집중해야 하는지 학생도 알 수 있다.

(3) 도입 질문

그림의 상황에 대한 이해와 관련 의견을 묻는 질문에 대답하며 배경지식을 환기할 수 있다.

(4) 대화

대화를 듣고 따라 하면서 특정 주제 및 상황에 필요한 어휘와 표현을 익힐 수 있다.

(5) 새 어휘

대화에 사용된 새 어휘의 뜻을 교재 하단에서 바로 확인하면서 대화 내용을 유추할 수 있다.

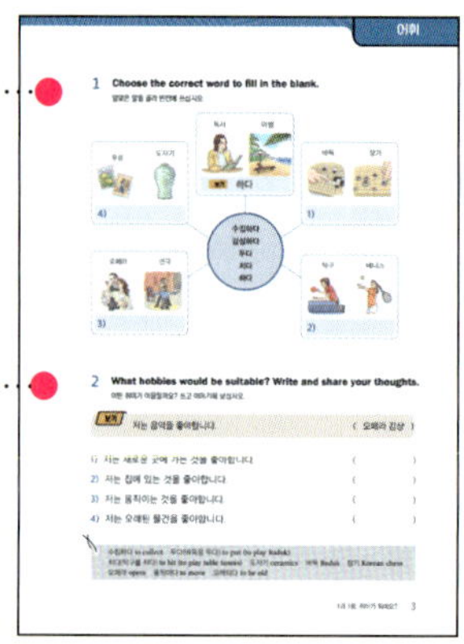

(6) 주제 어휘

학습 목표를 수행할 때 필요한 어휘들을 관련 이미지나 정리된 목록으로 확인할 수 있다.

(7) 어휘 연습

어휘 연습 문제를 풀면서 주제와 관련된 어휘장을 확장하고 문맥에 맞는 형태로 고쳐 쓰는 연습을 할 수 있다.

(8) 문법 연습

그림이나 문장 등의 힌트를 보고 목표 문법을 사용하여 문장을 완성한다. 교재 뒤에 실린 <연습 문제> 부분에서 문장이나 대화 완성하기 활동을 하면서 추가로 더 연습할 수 있다. 문법 옆에 적힌 부록의 페이지를 찾아가면 각 문법에 대한 설명을 읽을 수 있다.

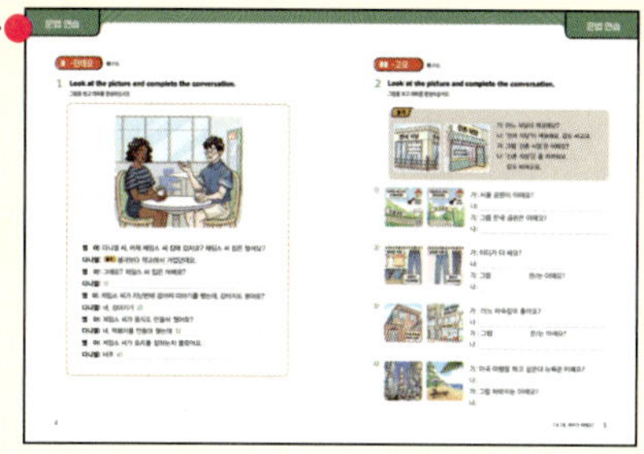

(9) 읽어 봅시다

주제와 관련된 긴 글을 읽고 네 개 질문에 대답한다. 내용 이해도를 묻는 질문 유형은 단답형, 서술형, 4지선다형, OX 문제 등으로 다양하다. 마지막 문제는 읽은 내용과 관련된 주제를 학습자 본인에게 적용시켜 이야기해 보도록 의도되었다.

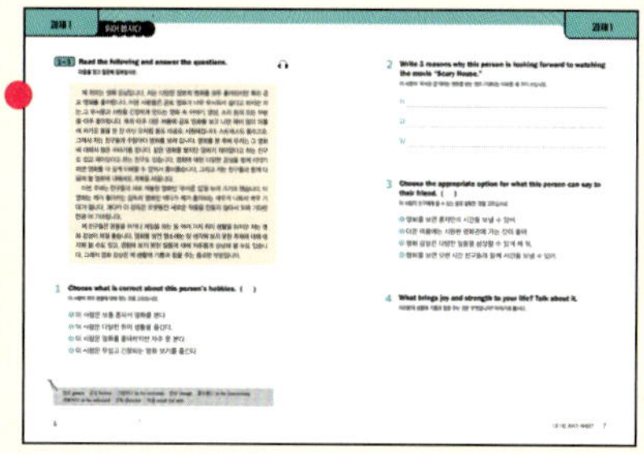

(10) 들어 봅시다

주제와 관련된 대화나 이야기를 듣고 네 개 질문에 대답한다. 들은 내용의 이해도를 묻는 질문은 독해 능력을 묻는 <읽어 봅시다>의 질문 유형과 마찬가지로 다양하고 마지막 문제는 들은 내용과 관련된 주제로 학습자 본인의 이야기를 하도록 의도되었다.

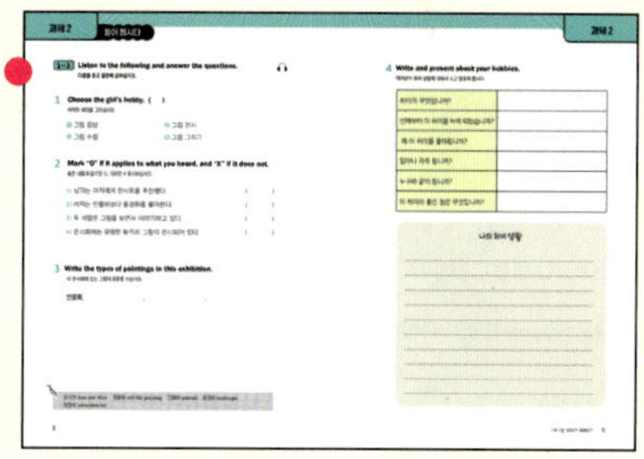

(11) 해 봅시다

교실에서 배운 주제 어휘와 문형 표현을 가지고 교실 안팎의 실제 의사소통 생활에 적용할 수 있는 실천적 과제를 제시하였다.

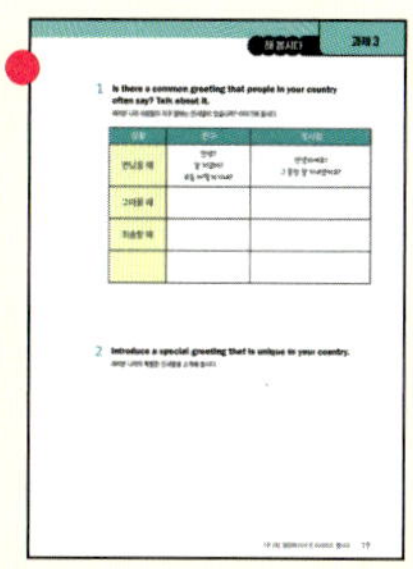

(12) 문화

10개 단원별로 주제와 관련된 한국 문화를 소개하여 학습자의 흥미를 돋우고 학습 의욕을 고취하였다.

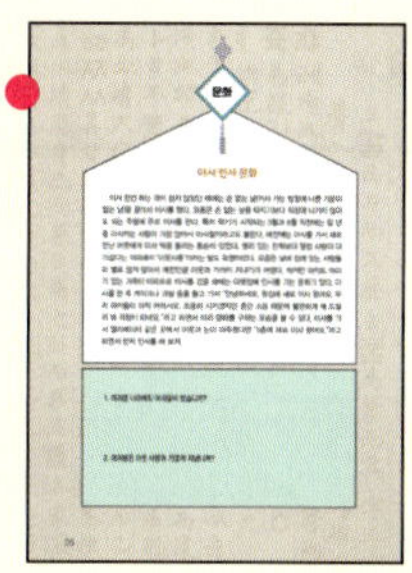

(13) 연습 문제

각 단원의 새 어휘와 문법을 사용해 문장과 대화를 완성하는 연습 활동을 제시하여 학습자가 수업에서 배운 것을 복습할 수 있도록 하였다. 1-5과, 6-10과의 복습문제도 따로 실어서 학생 혼자서 각 단원에서 공부한 주제에 대해 말하기, 쓰기, 듣기, 읽기 영역의 중간시험과 기말시험 준비를 할 수 있다.

(14) 별책

모범답안(문법 연습), 어휘·문법 색인, 문법 설명, 본문 대화, 읽기 및 듣기 지문, 문화 텍스트에 대한 번역을 실었다. 특히 문법 설명 영역에는 단원마다 두 개 문법에 대한 영문 설명과 문장 및 대화문으로 제시된 예문을 제시함으로써 학습자의 자기주도학습에 도움을 주고자 하였다.

Introduction

<Korean 301, 302> are at CEFR B, ACTFL Intermediate Mid, High levels, so they can be directly connected to the semester-based curriculum of universities in North America. There are a total of 10 chapters (20 sub-sections) for each unit, which systematically present frequently used grammatical expressions and real-life problem solving situations that involve various subject-related vocabulary. In addition, each unit includes tasks related to Korean culture and the use of practical expressions. This will not only enhance Korean language skills and understanding of Korean culture, but also provide greater opportunities to participate in Korean language discourse communities. To ensure enjoyable learning for overseas Korean learners and international students, the book includes separate self-study exercises at the end, as well as English translations for unit-specific conversations, new vocabulary, grammar, reading, listening, and cultural texts. The structure of this book is as follows:

Textbook Composition

(1) Unit Title

The title contains the topics of study and grammatical expressions, allowing students to anticipate the contents of the class in advance.

(2) Learning Objectives

The objectives of the class are presented in English, enabling students to know what to focus on during class.

(3) Introduction Questions

By answering questions and expressing opinions about the situations depicted in the pictures, students can refresh and strengthen the required background knowledge.

(4) Conversation

By listening to following, and practicing conversations, students can become familiar with the vocabulary and expressions necessary for specific conversations and situations.

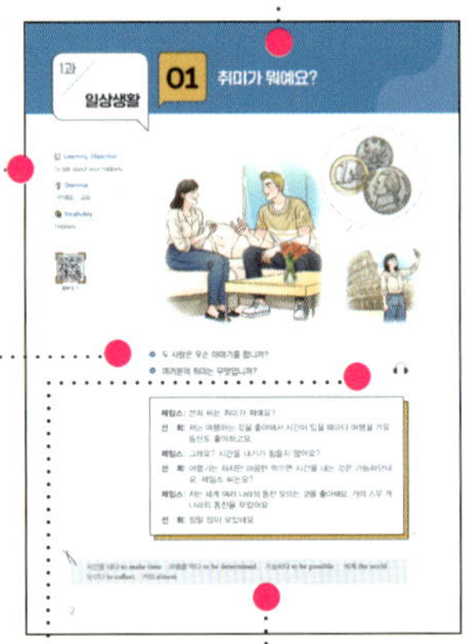

(5) New Vocabulary

Students can infer the contents of the conversation by referring to the definitions of newly presented vocabulary directly at the bottom of the textbook.

(6) Subject Vocabulary

Students can check the vocabulary necessary to achieve the learning objectives through related images and organized lists.

(7) Vocabulary Practice

By solving vocabulary practice questions, students can expand their vocabulary related to the subject, and practice using them in various contexts.

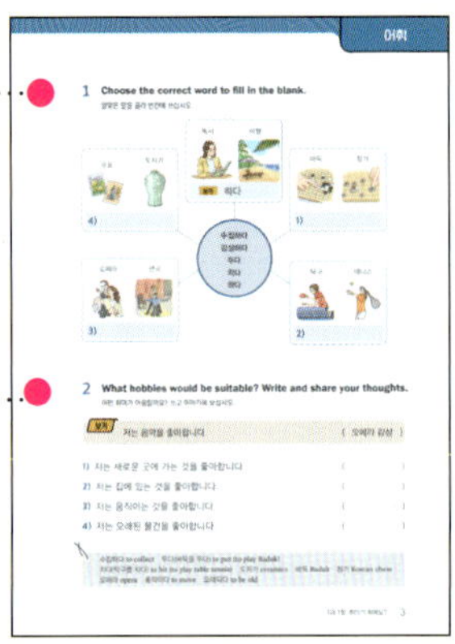

(8) Grammar Practice

Using hints from pictures or sentences, students will complete sentences using target grammatical expressions. Students have the option to practice more by completing sentences or conversations included in the <Practice Exercises> section at the end of the textbook. In the supplementary book, students can find detailled explanations on each grammar point introduced. The specific page is listed right next to the header for each point.

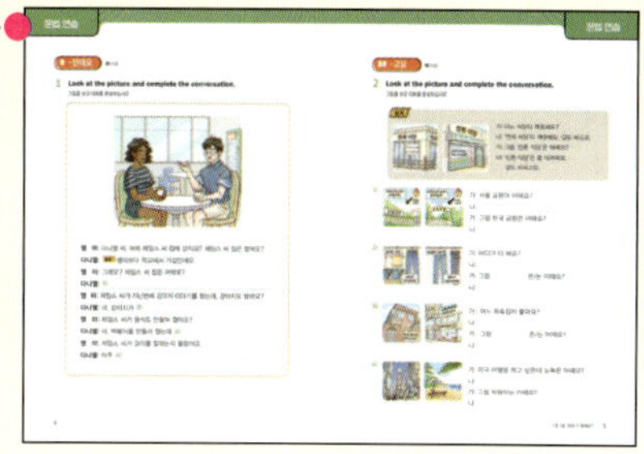

(9) Let's Read

Students read long texts related to the subject, and answer four questions. The type of questions, which test the student's reading comprehension, vary. These include short-answer, descriptive, multiple choice (with four possible answers), and true/false questions. The final question is intends to encourage students to apply the subject of the reading to their own experiences and share their thoughts.

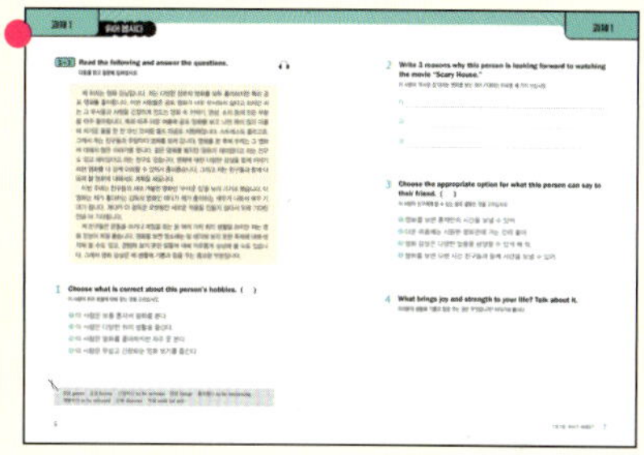

(10) Let's Listen

Students listen to conversations or stories related to the topic and answer four questions. The types of questions used to assess comprehension also vary, similar to the reading comprehension questions, and the final question intends to let students share their own stories related to the content and subject of what they heard.

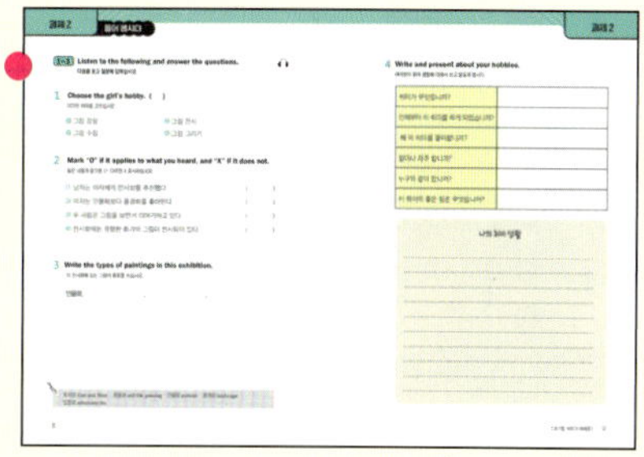

(11) Let's Try

Practical tasks, applying the subject vocabulary and grammatical expressions learned from each unit to real-life communication inside and outside the classroom, are provided.

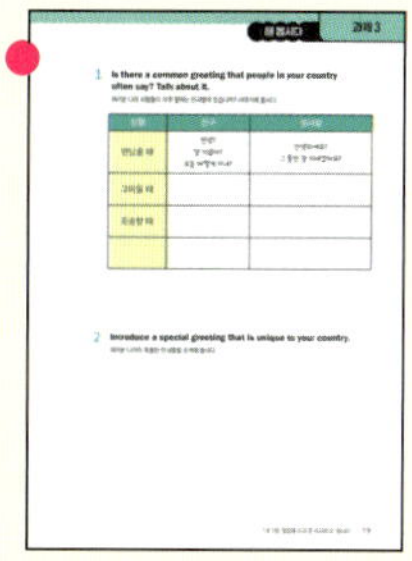

(12) Culture

For each of the 10 units, related topics on Korean culture are introduced to stimulate the students' interests and inspire their motivation for learning.

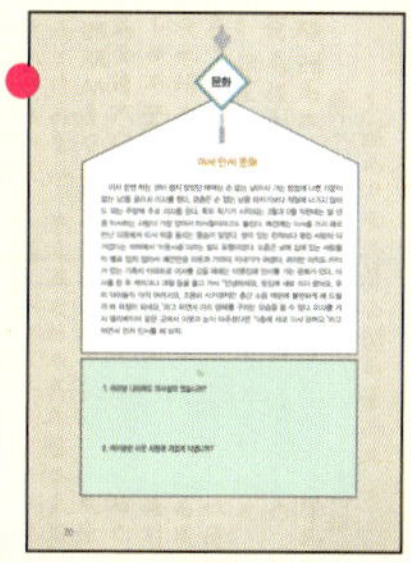

(13) Practice Exercises

Practice activities are provided to allow students to review what they have learned in class by completing sentences and conversations using new vocabulary and grammar from each unit. In preparation for their mid-terms and finals, students can practice speaking, writing, listening, and reading on their own, as theme-matching review questions for units 1-5 and 6-10 are included.

(14) Supplementary Book

Answer keys (grammar practice), vocabulary and grammar index, grammar explanation, text dialogue, reading and listening passages, and translations of cultural texts are also included. Especially notable are the grammar explanation sections, which provide full explanations on the grammar points of each section together with example sentences and dialogues. These are intended to help students who are learning on their own.

단원구성표

과	항	제목	학습 목표	어휘	문법	문화
1과 일상 생활	1항	취미가 뭐예요?	취미에 대해 말할 수 있다.	취미 관련 어휘	-던데요 -고요	이사 인사 문화
	2항	앞집에 이사 온 리사라고 합니다	상황에 맞게 인사할 수 있다.	인사 관련 어휘	-으려던 참이다 -을 텐데	
2과 건강	1항	건강해야 뭐든지 할 수 있어요	건강에 대해 이야기할 수 있다.	건강 관련 어휘	-어야 -는다면	한국의 민간요법
	2항	김치라든가 된장 같은 음식은 대표적인 건강식이죠	건강식을 소개할 수 있다.	음식 관련 어휘	이라든가 -는다고 하던데	
3과 공연 관람	1항	표를 사는 대신에 저녁을 사 주세요	공연을 소개할 수 있다.	공연 관련 어휘	만 못하다 -는 대신에	사물놀이
	2항	뮤지컬을 보자고 해서 예매하려고요	공연 예매 방법을 말할 수 있다.	예매 관련 어휘	-는다고 해서 -고서	
4과 공연 감상	1항	마지막 장면이 인상적이었어요	공연 감상을 이야기할 수 있다.	공연 감상 관련 어휘	-을 뿐만 아니라 -어야지	한국에서 즐길 수 있는 문화 공간
	2항	정말 볼 만하던데요	공연을 추천할 수 있다.	추천 관련 어휘	-을 만하다 -을걸요	
5과 사람	1항	친구가 어제 뉴스에 나오던데요	친구를 소개할 수 있다.	능력 관련 어휘	-는 모양이다 -을 뿐이다	세종대왕
	2항	큰 돈을 기부하기란 쉬운 일이 아닌데	미담을 이야기할 수 있다.	경제 생활 관련 어휘	-기란 -었던 것 같다	

과	항	제목	학습 목표	어휘	문법	문화
6과 모임 문화	1항	할머니께 인사부터 드리고요	가족 행사에 참여해서 이야기할 수 있다.	가족 행사 관련 어휘	이라도 -어다가	한국의 모임 문화
	2항	너에게 안부 전해 달래	안부를 전할 수 있다.	안부 관련 어휘	-기만 하다 -다니요?	
7과 사과	1항	오히려 제가 미안한데요	상황에 맞게 사과할 수 있다.	사과 관련 어휘	-지 그래요? -고 해서	비슷한 발음 때문에 생긴 실수
	2항	다른 방법으로 미안함을 표현하기도 해요	사과한 경험을 이야기할 수 있다.	이해 관련 어휘	-고도 -는단 말이에요?	
8과 학교 생활1	1항	선생님 같은 사람이 되고 싶어요	존경하는 사람에 대해 이야기할 수 있다.	직종 관련 어휘	-었을 텐데 -거든	선후배 문화
	2항	같이 의논해 보도록 하자	학교 행사를 계획할 수 있다.	엠티 관련 어휘	-으면서도 -도록 하다	
9과 학교 생활2	1항	우리 언어 교환을 할까요?	언어교환 일정을 짤 수 있다.	언어 교환 관련 어휘	얼마나 -는지 -고 말다	유학생 상담센터
	2항	한국 대학원에 입학하고 싶은데요	진학과 진로에 대해 상담하고 이야기를 나눌 수 있다.	상담 관련 어휘	-는답니다 -는다고 보다	
10과 부탁과 거절	1항	사진 좀 찍어 주실 수 있으세요?	상황에 맞게 부탁을 할 수 있다.	부탁 관련 어휘	-다니 담화 표지	부드러운 거절
	2항	좀 곤란할 것 같은데요	적절한 표현으로 거절할 수 있다.	거절 관련 어휘	-는다지요? -을 건가요?	

Contents Map

Unit	Section	Title	Learning Objective	Vocabulary	Grammar	Culture
Unit 1 Everyday Life	Section 1	What is your hobby?	To talk about your hobbies.	Hobbies	-던데요 -고요	Greetings when Moving
	Section 2	I'm Lisa your new neighbor	To greet according to the situation.	Greetings	-으려던 참이다 -을 텐데	
Unit 2 Health	Section 1	Your body needs to be healthy to do anything	To talk about health.	Health	-어야 -는다면	Korean Folk Remedies
	Section 2	Food like kimchi or soybean paste are representative of healthy foods	To introduce healthy foods.	Food	이라든가 -는다고 하던데	
Unit 3 Watching Performances	Section 1	Buy me dinner instead of buying the tickets	To introduce performances.	Performances	만 못하다 -는 대신에	Samulnori
	Section 2	I want to buy a ticket to see a musical	To talk about how to reserve tickets for a performance.	Reservations	-는다고 해서 -고서	
Unit 4 Appreciating Performances	Section 1	The final scene was impressive	To talk about your impressions of a performance.	Performance Appreciation	-을 뿐만 아니라 -어야지	Cultural spaces you can enjoy in Korea
	Section 2	It was really worth seeing	To recommend a performance.	Recommendations	-을 만하다 -을걸요	
Unit 5 People	Section 1	My friend was on the news yesterday	To introduce a friend.	Abilities	-는 모양이다 -을 뿐이다	King Sejong
	Section 2	It's not easy to donate a lot of money	To talk about moving stories.	Economic Life	-기란 -었던 것 같다	

Unit	Section	Title	Learning Objective	Vocabulary	Grammar	Culture
Unit 6 Gathering Culture	Section 1	Let me greet my grandmother first	To participate in family events and engage in conversations.	Family Events	이라도	Korean gathering culture
					-어다가	
	Section 2	They asked me to send their regards	To send your regards.	Inquiring about one's well-being	-기만 하다	
					-다니요?	
Unit 7 Apologies	Section 1	Rather, I'm the one who's sorry	To apologize depending on the situation.	Apologies	-지 그래요?	Mistakes caused by similar pronunciations
					-고 해서	
	Section 2	There are other ways to express how sorry you are	To talk about your experience of apologizing.	Understanding	-고도	
					-는단 말이에요?	
Unit 8 School Life 1	Section 1	I want to be a person like my teacher	To talk about people you admire.	Occupations	-었을 텐데	Culture of seniors and juniors
					-거든	
	Section 2	Let's discuss it together	To plan school events.	MT (membership training)	-으면서도	
					-도록 하다	
Unit 9 School Life 2	Section 1	Shall we exchange languages?	To talk about language exchange.	Language Exchange	얼마나 -는지	The International Student Counseling Center
					-고 말다	
	Section 2	I want to enter a Korean graduate school	To consult and talk about college entrance and career paths.	Counselling	-는답니다	
					-는다고 보다	
Unit 10 Requests and Rejection	Section 1	Could you take a picture of us?	To ask for a favor depending on the situation.	Favors and Requests	-다니	Gentle Refusals
					담화 표지	
	Section 2	I think it might be a bit difficult	To decline with appropriate expressions.	Refusal and Rejection	-는다지요?	
					-을 건가요?	

차 례

등장인물

파커 제임스
신문방송학 전공 3학년

미나미 리사
경제학 전공 2학년

뒤부아 엠마
한국학 전공 1학년

왕 다니엘
생물학 전공 3학년

김선희
법학 전공 대학원생

정서준
기계공학 전공 2학년

이수영
컴퓨터과학 전공 1학년

오수지
건축학 전공 3학년

박지민
경영학 전공 3학년

1과 일상생활

01 취미가 뭐예요?

Learning Objective

To talk about your hobbies.

Grammar

-던데요, -고요

Vocabulary

Hobbies

MP3_1

- 두 사람은 무슨 이야기를 합니까?
- 여러분의 취미는 무엇입니까?

제임스: 선희 씨는 취미가 뭐예요?

선　희: 저는 여행하는 것을 좋아해서 시간이 있을 때마다 여행을 가요. 등산도 좋아하고요.

제임스: 그래요? 시간을 내기가 힘들지 않아요?

선　희: 어렵기는 하지만 마음만 먹으면 시간을 내는 것은 가능하던데요. 제임스 씨는요?

제임스: 저는 세계 여러 나라의 동전 모으는 것을 좋아해요. 거의 스무 개 나라의 동전을 모았어요.

선　희: 정말 많이 모았네요.

시간을 내다 to make time　마음을 먹다 to be determined　가능하다 to be possible　세계 the world
모으다 to collect　거의 almost

1 Choose the correct word to fill in the blank.

알맞은 말을 골라 빈칸에 쓰십시오.

독서 여행

보기 하다

바둑 장기

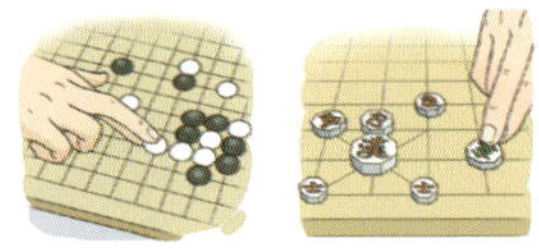

1)

우표 도자기

4)

수집하다
감상하다
두다
치다
하다

오페라 연극

3)

탁구 테니스

2)

2 What hobbies would be suitable? Write and share your thoughts.

어떤 취미가 어울릴까요? 쓰고 이야기해 보십시오.

보기 저는 음악을 좋아합니다. (오페라 감상)

1) 저는 새로운 곳에 가는 것을 좋아합니다. ( )

2) 저는 집에 있는 것을 좋아합니다. ( )

3) 저는 움직이는 것을 좋아합니다. ( )

4) 저는 오래된 물건을 좋아합니다. ( )

수집하다 to collect 두다(바둑을 두다) to put (to play Baduk)
치다(탁구를 치다) to hit (to play table tennis) 도자기 ceramics 바둑 Baduk 장기 Korean chess
오페라 opera 움직이다 to move 오래되다 to be old

1 -던데요

P35

1 **Look at the picture and complete the conversation.**

그림을 보고 대화를 완성하십시오.

엠 마: 다니엘 씨, 어제 제임스 씨 집에 갔지요? 제임스 씨 집은 멀어요?

다니엘: 보기 생각보다 학교에서 가깝던데요.

엠 마: 그래요? 제임스 씨 집은 어때요?

다니엘: 1) ____________________

엠 마: 제임스 씨가 지난번에 강아지 이야기를 했는데, 강아지도 봤어요?

다니엘: 네, 강아지가 2) ____________________

엠 마: 제임스 씨가 음식도 만들어 줬어요?

다니엘: 네, 떡볶이를 만들어 줬는데 3) ____________________

엠 마: 제임스 씨가 요리를 잘하는지 몰랐어요.

다니엘: 아주 4) ____________________.

02 -고요 P35

2 Look at the picture and complete the conversation.

그림을 보고 대화를 완성하십시오.

보기

가: 어느 식당이 깨끗해요?
나: '연세 식당'이 깨끗해요. 값도 싸고요.
가: 그럼 '신촌 식당'은 어때요?
나: '신촌 식당'은 좀 더러워요.
값도 비싸고요.

1) 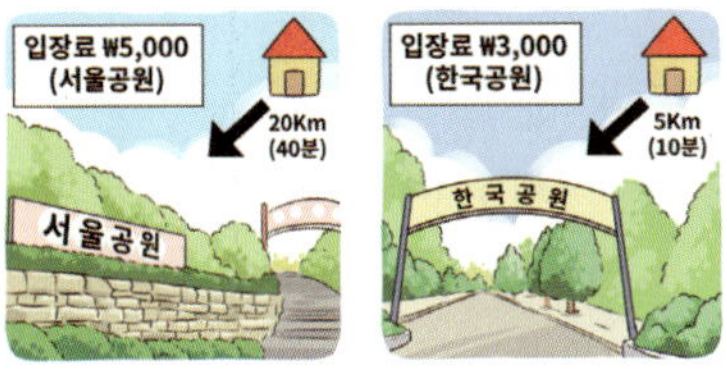

가: 서울 공원이 어때요?
나: ______________________________
가: 그럼 한국 공원은 어때요?
나: ______________________________

2) 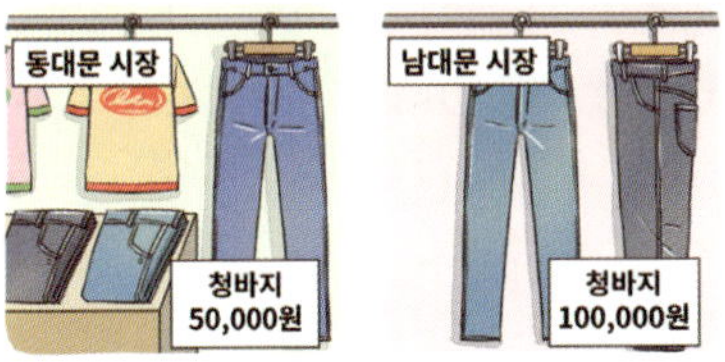

가: 어디가 더 싸요?
나: ______________________________
가: 그럼 __________ 은/는 어때요?
나: ______________________________

3) 

가 : 어느 하숙집이 좋아요?
나 : ______________________________
가 : 그럼 __________ 은/는 어때요?
나 : ______________________________

4) 

가: 미국 여행을 하고 싶은데 뉴욕은 어때요?
나: ______________________________
가: 그럼 하와이는 어때요?
나: ______________________________

1~3 **Read the following and answer the questions.**
다음을 읽고 질문에 답하십시오.

제 취미는 영화 감상입니다. 저는 다양한 장르의 영화를 모두 좋아하지만 특히 공포 영화를 좋아합니다. 어떤 사람들은 공포 영화가 너무 무서워서 싫다고 하지만 저는 그 무서움과 사람을 긴장하게 만드는 영화 속 이야기, 영상, 소리 등의 모든 부분을 아주 좋아합니다. 특히 아주 더운 여름에 공포 영화를 보고 나면 목이 많이 마를 때 차가운 물을 한 잔 마신 것처럼 몸도 마음도 시원해집니다. 스트레스도 풀리고요. 그래서 저는 친구들과 주말마다 영화를 보러 갑니다. 영화를 본 후에 우리는 그 영화에 대해서 많은 이야기를 합니다. 같은 영화를 봤지만 영화가 재미없다고 하는 친구도 있고 재미있다고 하는 친구도 있습니다. 영화에 대한 다양한 감상을 함께 이야기하면 영화를 더 깊게 이해할 수 있어서 흥미롭습니다. 그리고 저는 친구들과 함께 다음에 볼 영화에 대해서도 계획을 세웁니다.

이번 주에는 친구들과 새로 개봉한 영화인 '무서운 집'을 보러 가기로 했습니다. 이 영화는 제가 좋아하는 감독의 영화인 데다가 제가 좋아하는 배우가 나와서 매우 기대가 됩니다. 게다가 이 감독은 오랫동안 새로운 작품을 만들지 않아서 오래 기다린 만큼 더 기대됩니다.

제 친구들은 운동을 하거나 게임을 하는 등 여러 가지 취미 생활을 하지만 저는 영화 감상이 제일 좋습니다. 영화를 보면 평소에는 잘 생각해 보지 못한 주제에 대해 생각해 볼 수도 있고, 경험해 보지 못한 일들에 대해 자유롭게 상상해 볼 수도 있습니다. 그래서 영화 감상은 제 생활에 기쁨과 힘을 주는 중요한 부분입니다.

1 **Choose what is correct about this person's hobbies. (   )**
이 사람의 취미 생활에 대해 맞는 것을 고르십시오.

① 이 사람은 보통 혼자서 영화를 본다.
② 이 사람은 다양한 취미 생활을 즐긴다.
③ 이 사람은 영화를 좋아하지만 자주 못 본다.
④ 이 사람은 무섭고 긴장되는 영화 보기를 즐긴다.

장르 genre　공포 horror　긴장하다 to be nervous　영상 image　흥미롭다 to be interesting
개봉하다 to be released　감독 director　작품 work (of art)

2 Write 3 reasons why this person is looking forward to watching the movie "Scary House".

이 사람이 '무서운 집'이라는 영화를 보는 것이 기대되는 이유를 세 가지 쓰십시오.

1) ______

2) ______

3) ______

3 Choose the appropriate option for what this person can say to their friend. (   )

이 사람이 친구에게 할 수 있는 말로 알맞은 것을 고르십시오.

① 영화를 보면 혼자만의 시간을 보낼 수 있어.
② 더운 여름에는 시원한 영화관에 가는 것이 좋아.
③ 영화 감상은 다양한 일들을 상상할 수 있게 해 줘.
④ 영화를 보면 오랜 시간 친구들과 함께 시간을 보낼 수 있어.

4 What brings joy and strength to your life? Talk about it.

여러분의 생활에 기쁨과 힘을 주는 것은 무엇입니까? 이야기해 봅시다.

1~3 Listen to the following and answer the questions.
다음을 듣고 질문에 답하십시오.

1 Choose the girl's hobby. (　　)
여자의 취미를 고르십시오.

① 그림 감상　　② 그림 전시
③ 그림 수집　　④ 그림 그리기

2 Mark "O" if it applies to what you heard, and "X" if it does not.
들은 내용과 같으면 O, 다르면 X 표시하십시오.

1) 남자는 여자에게 전시회를 추천했다. (　　)
2) 여자는 인물화보다 풍경화를 좋아한다. (　　)
3) 두 사람은 그림을 보면서 이야기하고 있다. (　　)
4) 전시회에는 유명한 화가의 그림이 전시되어 있다. (　　)

3 Write the types of paintings in this exhibition.
이 전시회에 있는 그림의 종류를 쓰십시오.

인물화, ______________, ______________, ______________

동서양 East and West　정물화 still-life painting　인물화 portrait　풍경화 landscape
입장료 admission fee

4 Write and present about your hobbies.

여러분의 취미 생활에 대해서 쓰고 발표해 봅시다.

취미가 무엇입니까?	
언제부터 이 취미를 하게 되었습니까?	
왜 이 취미를 좋아합니까?	
얼마나 자주 합니까?	
누구와 같이 합니까?	
이 취미의 좋은 점은 무엇입니까?	

나의 취미 생활

과제 3 해 봅시다

1 **What hobbies do people in your country have? Let's investigate.**

여러분 나라 사람들은 어떤 취미를 가지고 있습니까? 조사해 봅시다.

	취미	기타 정보 (연령, 성별…)	특징
1	등산	40~50대 남녀	▪ 한국인 10명 중 1명이 즐겨 함. ▪ 특히 40-50대에게 인기가 많음 ▪ 동호회가 많음. ▪ 등산복, 등산용품 인기가 많음.
2			
3			
4			
5			

2 **Summarize and present the data you researched above.**

위에서 조사한 자료를 정리해서 발표해 봅시다.

memo 메모

02 앞집에 이사 온 리사라고 합니다

Learning Objective

To greet according to the situation

Grammar

-으려던 참이다, -을 텐데

Vocabulary

Greetings

MP3_2

- 리사 씨는 지금 무엇을 하고 있습니까?
- 여러분은 이사한 적이 있습니까?

리사: 안녕하세요? 저는 앞집에 이사 온 리사라고 합니다. 잘 부탁드립니다.

이웃: 그렇지 않아도 어떤 분인지 궁금해서 인사를 가려던 참이었어요. 그런데 외국분이신가 봐요.

리사: 네, 연세대학교에서 한국말을 배우고 있어요.

이웃: 한국말을 참 잘하시네요.

리사: 감사합니다. 이거 이사 떡인데 맛 좀 보세요.

이웃: 고맙습니다. 이사 때문에 바쁘실 텐데 언제 이런 걸 준비하셨어요? 잘 먹겠습니다.

이사를 오다 to move in　그렇지 않아도 to be about to do something (even if it is not like that)
인사를 가다 to go and greet　이사떡 rice cake as a moving in present　맛을 보다 to taste

1 Choose the correct word and fill in the blank.

알맞은 말을 골라 빈칸에 쓰십시오.

인사를 가다　　인사를 받다　　인사를 드리다　　인사를 시키다　　인사를 나누다

보기 인사를 가다

1)

인사를 하다

2)

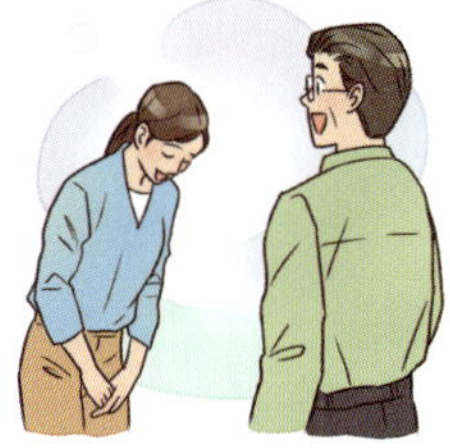

3)

2 Write the correct word in the blank space.

빈칸에 알맞은 말을 쓰십시오.

보기 제임스 씨가 나를 보고 인사를 했다~~었다/았다/였다~~.

1) 설날에는 친척 어른들 댁으로 ______________ 는다/ㄴ다.
2) 내일이 스승의 날이어서 선생님께 ______________ 으러/러 가려고 한다.
3) 오랜만에 만난 두 사람은 서로 악수를 하면서 반갑게 ______________ 었다/았다/였다.
4) 과장님은 내가 처음 인턴십을 시작했을 때 회사 사람들에게 ______________ 었다/았다/였다.

인사를 받다 to receive a greeting　인사를 드리다 to give greetings
인사를 시키다 to introduce someone to somebody　인사를 나누다 to exchange greetings

-으려던/려던 참이다

P37

1 Complete the following conversation.

다음과 같이 대화를 완성하십시오.

보기

알렉스: 저는 지금 점심 먹으러 갈 거예요. 같이 갈 사람 없어요?

엠　마: 저도 점심을 먹으러 가려던 참이었어요. 같이 가요.

1) 마이클: 영화를 보려고 하는데 같이 갈래요?

______ : 그래요? ____________________

2) 다나카: 도서관에 가려고 하는데 같이 갈까요?

______ : 마침 잘 됐네요. ____________________

3) 사오리: 너무 졸려요. 커피라도 마셔야겠어요.

______ : ____________________

4) 리타오: 이 문법이 좀 어려워요. 선생님께 질문하러 가야겠어요.

______ : ____________________

02 -을/ㄹ 텐데 P37

2 Look at the picture and complete the conversation.

그림을 보고 대화를 완성하십시오.

보기

선　희: 여보세요? 제임스 씨? 지금 어디예요?

제임스: 지금 지하철을 타고 가고 있어요.

선　희: 아, 그래요? 저는 지금 약속 장소에서 기다리고 있어요.

제임스: 바쁠 텐데 기다리게 해서 미안해요. 금방 갈게요.

1)

리사: 어제도 안 자고 일했어?

선희: 응, 일이 너무 많아서.

리사: ________ 을/ㄹ 텐데 좀 쉬었다가 해.

2)

다니엘: 수지 씨, 오늘 일이 많은가 봐요.

수　지: 네, 오늘까지 해야 하는데 걱정이에요.

다니엘: ________ 을/ㄹ 텐데 좀 도와 드릴까요?

수　지: 정말 고마워요. 그럼 좀 도와주시겠어요?

3)

선희: 엠마 씨, 점심 먹었어요?

엠마: 아니요, 아직이요.

선희: ________ 을/ㄹ 텐데 이 샌드위치 좀 드세요.

엠마: 고맙지만 괜찮아요. 이따가 친구를 만나서 먹을 거예요.

4)

서준: 리사 씨, 우산 가지고 왔어요?

리사: 아니요. 왜요? 지금 비 와요?

서준: 아직은 안 오지만 하늘이 많이 흐려요.
곧 ________ 을/ㄹ 텐데 집에 갈 때 저하고 같이 가요.

리사: 정말 고마워요.

1~3 Read the following and answer the questions.

다음을 읽고 질문에 답하십시오.

여러분이 어떤 사람을 만났을 때 제일 먼저 하는 일은 무엇입니까? 아마 인사일 것입니다. 우리는 다른 사람과 만나고 헤어질 때, 다른 사람의 도움을 받았을 때, 축하할 일이 있거나 위로할 일이 있을 때 인사를 합니다.

이런 인사는 왜 하는 것일까요? 인사를 하면서 우리는 우리의 마음을 상대방에게 알릴 수 있습니다. 상대방을 만났을 때의 반가움, 헤어질 때의 섭섭함, 상대방이 잘 지내기를 바라는 마음, 상대방에게 좋은 일이 생겼을 때 축하하는 마음, 상대방에게 슬픈 일이 생겼을 때 슬퍼하는 마음 등을 보여 주는 것이 바로 인사입니다. 가끔은 말로 전하지 않아도 행동으로 상대방에게 나의 감정을 보여 줄 수 있지만 인사는 우리의 감정을 가장 정확하고 분명하게 전달할 수 있는 방법입니다.

하지만 잘못된 인사는 상대방에게 실례가 될 수도 있습니다. 예를 들어 아랫사람이 윗사람에게 먼저 악수를 청하는 것이나 윗사람에게 '수고하세요'라고 말하는 것도 실례가 됩니다. 계단 위에서 윗사람에게 인사를 하거나 뛰어가면서 인사를 하는 것, 상대의 눈을 보지 않거나 무표정하게 인사를 하는 것도 좋지 않습니다. 상대는 '내가 윗사람인 것을 알고 있을 텐데 나를 무시하는 것인가?'라고 오해를 할 수도 있습니다. 또 좋은 마음으로 인사를 해도 상대방의 상황을 고려하지 않으면 상대방의 기분이 나빠질 수도 있으므로 조심해야 합니다.

인사는 나의 마음을 전달하는 방법이지만 무엇보다 나를 위해 하는 것이 아니라 상대방을 위해 하는 것임을 잊어서는 안 됩니다.

1 Choose the main idea of the passage. (   )

이 글의 중심 내용을 고르십시오.

① 인사를 하는 다양한 상황
② 윗사람에게 인사하는 방법
③ 좋은 인사의 의미와 중요성
④ 상대방에 따라 달라지는 인사

위로하다 to console 청하다 to ask 무표정하다 to be expressionless 고려하다 to consider

2 What is the reason for greeting? Write.

인사를 하는 이유는 무엇입니까? 쓰십시오.

3 Choose the correct advice for greeting. (　　)

인사에 대한 조언으로 알맞은 것을 고르십시오.

① 늦지 않게 인사를 하는 것이 가장 중요하다.
② 오해가 있더라도 인사를 하는 것이 중요하다.
③ 나와 상대방의 관계를 고려해서 인사를 해야 한다.
④ 행동으로 마음을 전하는 것만으로는 충분하지 않다.

4 How do you greet people in the following situation? Write about it.

여러분은 다음과 같은 상황에서 어떻게 인사합니까? 써 봅시다.

상황	인사말
어렸을 때 친구를 오랜만에 만났을 때	
교수님과의 약속에 늦게 도착했을 때	
선배 집들이에 초대받았을 때	
같이 공부하던 친구가 고향으로 돌아갈 때	

1~3 **Listen to the following and answer the questions.**
다음을 듣고 질문에 답하십시오.

1 Choose the answer that matches what you heard. ( )
들은 내용과 같은 것을 고르십시오.

① 여자는 떡집에서 친구들과 같이 먹을 떡을 사 왔다.
② 남자는 이사 떡을 준 이웃과 좋은 관계를 가지고 있다.
③ 여자는 이사 떡의 의미를 알지 못해서 불편한 마음으로 왔다.
④ 여자는 옆집 사람에게 과일 선물을 주고 옆집 사람은 떡을 주었다.

2 Mark "O" if it applies to what you heard, and "X" if it does not.
들은 내용과 같으면 O, 다르면 X 표시하십시오.

1) 두 사람은 떡을 고르면서 이야기하고 있다. ( )
2) 여자는 새 집에 이사를 해서 사람들에게 이사 떡을 돌렸다. ( )
3) 남자가 음식을 사러 가기 전에 여자가 남자에게 떡을 주었다. ( )
4) 남자는 여자에게 시루떡이 가지고 있는 의미에 대해 설명했다. ( )

3 What is the significance of the red beans in sirutteok (steamed rice cake)? Write.
시루떡에 있는 팥은 어떤 의미가 있습니까? 쓰십시오.

____

4 In your country, what do you do when moving to a new house? Is there a special gift for the neighbors? Talk about it.
여러분 나라에서는 이사를 가면 무엇을 합니까? 이웃에게 주는 특별한 선물이 있습니까? 이야기해 봅시다.

떡을 돌리다 to hand out rice cakes (to one's neighbors) 쫓아내다 to drive out

1 **Is there a common greeting that people in your country often say? Talk about it.**

여러분 나라 사람들이 자주 말하는 인사말이 있습니까? 이야기해 봅시다.

상황	친구	윗사람
만났을 때	안녕? 잘 지냈어? 요즘 어떻게 지내?	안녕하세요? 그 동안 잘 지내셨어요?
고마울 때		
죄송할 때		

2 **Introduce a special greeting that is unique to your country.**

여러분 나라의 특별한 인사말을 소개해 봅시다.

문화

이사 인사 문화

이사 한번 하는 것이 쉽지 않았던 때에는 손 없는 날(이사 가는 방향에 나쁜 기운이 없는 날)을 골라서 이사를 했다. 요즘은 손 없는 날을 따지기보다 직장에 나가지 않아도 되는 주말에 주로 이사를 한다. 특히 학기가 시작되는 3월과 9월 직전에는 일 년 중 이사하는 사람이 가장 많아서 이사철이라고도 불린다. 예전에는 이사를 가서 새로 만난 이웃에게 이사 떡을 돌리는 풍습이 있었다. 멀리 있는 친척보다 옆집 사람이 더 가깝다는 의미에서 '이웃사촌'이라는 말도 유행이었다. 요즘은 낮에 집에 있는 사람들이 별로 많지 않아서 예전만큼 이웃과 가까이 지내기가 어렵다. 하지만 아직도 아이가 있는 가족이 아파트로 이사를 갔을 때에는 아랫집에 인사를 가는 문화가 있다. 이사를 한 후 케이크나 과일 등을 들고 가서 "안녕하세요, 윗집에 새로 이사 왔어요. 우리 아이들이 아직 어려서요. 조용히 시키겠지만 층간 소음 때문에 불편하게 해 드릴까 봐 걱정이 되네요."라고 하면서 미리 양해를 구하는 모습을 볼 수 있다. 이사를 가서 엘리베이터 같은 곳에서 이웃과 눈이 마주쳤다면 "5층에 새로 이사 왔어요."라고 하면서 먼저 인사를 해 보자.

1. 여러분 나라에도 이사철이 있습니까?

2. 여러분은 이웃 사람과 가깝게 지냅니까?

memo 메모

2과 건강

01 건강해야 뭐든지 할 수 있어요

Learning Objective
To talk about health

Grammar
-어야, -는다면

Vocabulary
Health

MP3_3

- 제임스 씨는 지금 어떤 것 같습니까?
- 여러분은 최근에 아픈 적이 있습니까?

선 희: 제임스 씨, 어디 가세요?
제임스: 몸이 좀 아파서 병원에 갔다 오는 길이에요.
선 희: 안색이 안 좋은데 많이 아파요?
제임스: 네, 지난주에 과로를 해서 몸살이 난 것 같아요.
선 희: 몸이 건강해야 뭐든지 할 수 있으니까 무리하지 마세요.
제임스: 네, 맞아요. 뭐니 뭐니 해도 건강이 제일이지요. 건강을 잃는다면 뭘 할 수 있겠어요?

안색 complexion 과로를 하다 to be overworked 몸살이 나다 to be aching all over
무리하다 to overdo 뭐니 뭐니 해도 after all/no matter what 잃다 to lose

1 Choose the correct word and fill in the blank.

알맞은 말을 골라 빈칸에 쓰십시오.

스트레스　불면증　흡연　비만　고혈압　운동 부족

- 운동을 잘 안 해요. ➡ 보기 운동 부족
- 고민이나 걱정 때문에 이것을 받아요. ➡ 1) ____________
- 담배를 피워요. ➡ 2) ____________
- 체중이 너무 많이 나가요. ➡ 3) ____________
- 혈압이 너무 높아요. ➡ 4) ____________
- 잠을 못 자요. ➡ 5) ____________

2 Write the correct word in the blank space.

빈칸에 알맞은 말을 쓰십시오.

보기 제임스 씨는 요즘 기말시험을 준비하면서 스트레스가 많이 쌓였습니다.

1) ____________ 은/는 나뿐만 아니라 주위 사람의 건강에도 안 좋습니다.

2) 오랫동안 의자에 앉아서 일만 하면 ____________ 이/가 되기 쉽습니다.

3) 기름이 많은 음식을 자주 먹으면 ____________ 문제가 생길 수 있습니다.

4) ____________ 이/가 있는 사람은 커피를 많이 마시지 않는 것이 좋습니다.

스트레스 stress　불면증 insomnia　흡연 smoking　비만 obesity　고혈압 high blood pressure
운동 부족 lack of exercise

-어야/아야/여야

P39

1 Connect the related options and make a sentence.

관계있는 것을 연결하고 문장을 만드십시오.

보기 매일 운동을 하다	주말에 마음 놓고 쉴 수 있어요.
1) 약을 먹다	학교에 지각하지 않을 거예요.
2) 학생증이 있다	도서관에서 책을 빌릴 수 있어요.
3) 오늘까지 이 일을 끝내다	건강하게 지낼 수 있어요.
4) 아침 8시에 집에서 나오다	빨리 나을 거예요.

보기 매일 운동을 해야 건강하게 지낼 수 있어요.

1) ______________________________

2) ______________________________

3) ______________________________

4) ______________________________

-는다면/ㄴ다면/다면

P40

2 What would you do if you were in the following situation? Make a sentence as shown in the example.

여러분이 다음과 같은 경우라면 무엇을 하겠습니까? 보기 와 같이 문장을 만드십시오.

보기 세상에서 돈이 제일 많은 사람이다.

1) 영원히 살 수 있다.
2) 다시 태어난다.
3) 타임머신이 있다.
4) 복권에 당첨된다.

보기 제가 세상에서 돈이 제일 많은 사람이라면 가난한 사람들을 도와줄 거예요.

1) ______

2) ______

3) ______

4) ______

1~3 **Read the following and answer the questions.**
다음을 읽고 질문에 답하십시오.

저는 요즘 몸이 안 좋아지는 것을 많이 느낍니다. 그래서 제 블로그 친구들에게 제 생활을 공유하고 조언을 얻고 싶습니다. 평소에 운동도 많이 하고 규칙적인 생활을 해야 건강하고 체력도 좋을 텐데 저는 그렇게 하지 않습니다. 한 달 전부터 금연 계획을 세웠지만 늘 작심삼일이고 아직도 담배를 피우고 있습니다. 또 인턴 생활을 하면서 하나라도 더 배우려고 하다가 보니 회사 일로 늘 과로를 하게 되고, 일이 끝난 후엔 동료들과 자주 식사를 합니다. 그런데 그때마다 과식을 하게 되어 배가 더 나오는 것 같습니다. 술이요? 물론 자주 마시지요. 과음하지 않으려고 하지만 소주 한 잔의 유혹을 뿌리치기가 어렵습니다. 주말에라도 시간을 내서 조깅도 하고 헬스장에도 다니고 싶지만 그건 늘 생각뿐입니다. 오히려 밀린 잠을 자느라고 늦게 일어나고 게으르게 시간을 보냅니다. 토요일 밤이면 영화 한 편에 칼로리 높은 야식을 즐기는 것이 습관이 된 지 오래입니다. 이렇게 쓰고 보니 제 생활은 정말 문제가 많은 것 같습니다. 앞으로도 계속 이렇게 생활한다면 큰일 날 것 같아서 여러분에게 솔직하게 이야기를 하고 있습니다. 여러분, 저에게 따끔한 충고든지 따뜻한 조언이든지 많이 해 주세요. 생활 습관을 고친 이야기나 경험도 듣고 싶습니다. 댓글 많이 남겨 주세요.

1 **Choose the correct description of this person. (   )**
이 사람에 대한 설명으로 맞는 것을 고르십시오.

① 술을 한 잔도 마시지 못한다.
② 스트레스를 받으면 과식을 한다.
③ 담배를 끊으려고 하지만 끊기가 어렵다.
④ 운동하는 양에 맞게 식사를 하는 편이다.

공유하다 to share 작심삼일 lasting only a few days (to be short-lived) 유혹 temptation
뿌리치다 to turn down 따끔하다 to be harsh 충고 advice 댓글 comments

2 Choose the advice that you would not give to this person. (　　)

이 사람에게 할 수 있는 충고가 아닌 것을 고르십시오.

① 금연 계획을 세워서 잘 지키세요.
② 술은 과음하지 말고 적당히 드세요.
③ 주말에라도 푹 쉬면서 힘을 회복하세요.
④ 규칙적인 생활을 하면서 건강에 신경을 쓰세요.

3 Check (✓) everything that is relevant to this person's lifestyle.

이 사람의 생활과 관계있는 것에 모두 ✓ 표시하십시오.

□ 흡연	□ 과로	□ 불면증	□ 과음	□ 편식
□ 소식	□ 야식	□ 운동 중독	□ 과식	□ 비만

4 How is your health? Talk about any health concerns and give each other advice.

여러분의 건강은 어떻습니까? 건강에 대한 고민을 이야기하고 서로 조언해 봅시다.

건강 고민	이유	조언
감기에 자주 걸린다	운동 부족	운동을 해야 몸이 튼튼해져요. 시간을 정해서 운동을 하세요. 규칙적으로 운동을 한다면 몸이 튼튼해져서 감기에 잘 걸리지 않을 거예요.

1~3 **Listen to the following and answer the questions.**
다음을 듣고 질문에 답하십시오.

1 Summarize what you heard.
들은 내용을 정리하십시오,

감기의 원인	
감기의 증상	
감기의 종류	
감기 치료 방법	

2 Choose the option that has the same meaning as "A cold lasts a week if you take medicine, and seven days if you don't." (   )
감기는 '약 먹으면 일주일, 약 안 먹으면 칠일'이라는 말과 의미가 같은 것을 고르십시오.

① 감기는 한번 걸리면 오래 간다.
② 감기는 낫게 해 주는 약이 없다.
③ 감기는 약을 먹지 않는 게 좋다.
④ 감기는 약을 먹어야 빨리 낫는다.

3 Mark "O" if it applies to what you heard, and "X" if it does not.
들은 내용과 같으면 O, 다르면 X 표시하십시오.

1) 자주 항생제를 먹으면 병에 대한 저항력이 높아진다. (   )
2) 감기에 걸리면 코에 열이 나서 옛날에는 고뿔이라 했다. (   )
3) 감기에 걸렸을 때는 영양 섭취를 위해 많이 먹는 게 좋다. (   )
4) 콧물이 많이 날 때 배에 꿀을 넣어 끓인 즙을 먹으면 좋다. (   )

4 Talk about what folk remedies are used in your hometown.
여러분 고향에는 어떤 민간요법이 있는지 이야기해 봅시다.

증상	한국	여러분 고향
감기로 목이 아플 때	모과차를 마신다.	
햇빛에 탔을 때	감자를 갈아서 바른다.	
불에 데었을 때	찬물에 담근다.	
벌에 쏘였을 때	된장을 바른다.	

흔하다 common　이겨내다 to overcome　대개 usually, generally　항생제 antibiotics
습도 humidity　적당히 adequately　보리차 barley tea　뚝 suddenly　저항력 resistance
가래 phlegm　모과 quince(Chinese fruit)　즙 juice　멎다 to stop　갈증 thirst

1 How much do you care about your health? Answer the following questions and check your score.

여러분은 건강에 대해 얼마나 관심을 가지고 있습니까? 다음 질문에 답한 후 점수를 확인해 보십시오.

	매우 그렇다	조금 그렇다	보통이다	별로 그렇지 않다	매우 그렇지 않다
술을 자주 마십니까?	①	②	③	④	⑤
담배를 자주 피웁니까?	①	②	③	④	⑤
커피나 탄산음료를 자주 마십니까?	①	②	③	④	⑤
인스턴트 음식을 자주 먹습니까?	①	②	③	④	⑤
스트레스가 많습니까?	①	②	③	④	⑤
가족/친구와의 관계에 문제가 있습니까?	①	②	③	④	⑤
운동을 안 합니까?	①	②	③	④	⑤
잠을 잘 못 잡니까?	①	②	③	④	⑤
일/공부가 재미없습니까?	①	②	③	④	⑤
사랑하는 사람이 없습니까?	①	②	③	④	⑤
총점 = _______점	(　　) +	(　　) +	(　　) +	(　　) +	(　　)

※총점=(①의 개수×1점)+(②의 개수×3점)+(③의 개수×5점)+(④의 개수×8점)+(⑤의 개수×10점)

2 What is your score? Look at the following criteria and discuss your daily lifestyle and health as shown in the example.

여러분의 점수는 어떻습니까? 다음 기준을 보고 여러분의 평소 생활과 건강에 대해 보기 와 같이 이야기해 봅시다.

[기준]

매우 건강하지 않은 생활입니다. — 매우 건강한 생활입니다.

10점 — 50점 — 100점

보기

제 점수는 90점이 나왔는데요. 저는 평소에 건강에 대해 관심이 많은 편입니다. 술은 일주일에 두 번 이상 마시지 않으려고 노력하고 마셔도 과음하지 않습니다. 담배는 피우지 않습니다. 커피와 인스턴트 음식도 가능하면 먹지 않으려고 노력합니다. 일주일에 세 번 이상은 1시간 정도 달리기를 합니다. 일 때문에 스트레스가 좀 있지만 친구나 가족을 만나 즐거운 대화를 하면서 그 스트레스를 풉니다. 늘 바빠서 그런지 밤에는 잠자리에 눕자마자 잠이 드는 편입니다. 일이 재미있냐고요? 물론이지요. 저는 제가 하는 일을 즐기려고 노력합니다.

memo 메모

02 김치라든가 된장 같은 음식은 대표적인 건강식이죠

Learning Objective
To introduce healthy foods

Grammar
이라든가, -는다고 하던데

Vocabulary
Food

MP3_4

- 두 사람은 무엇을 하고 있습니까?
- 건강에 좋은 음식으로는 무엇이 있습니까?

다니엘: 한국 요리는 만들기가 좀 번거로운 것 같아요.
수 지: 맞아요. 날마다 먹는 김치도 손이 많이 가는 음식이에요.
다니엘: 손은 많이 가지만 건강에는 좋다고들 하던데요.
수 지: 네, 김치라든가 된장 같은 음식은 대표적인 건강식이죠.
다니엘: 요즘 김장철이라고 하던데 수지 씨 집도 김장했어요?
수 지: 아니요, 바빠서 아직 못 했어요.

손이 가다 to require a lot of time and effort　대표적이다 to be representative of/to be a typical example of　건강식 healthy food　김장철 the season of making Kimchi for winter

1 Choose the correct word and fill in the blank.

알맞은 말을 골라 빈칸에 쓰십시오.

육류	생선류	곡류
유기농 식품	인스턴트식품	
발효 식품		

보기 육류

1)

2)

3)

4)

5)

2 Write the correct word in the blank space.

빈칸에 알맞은 말을 쓰십시오.

보기 된장과 요구르트 같은 발효 식품은 건강에 좋은 것으로 알려져 있다.

1) 한국 사람들은 옛날부터 쌀이나 보리 같은 ________ 을/를 많이 먹었다.

2) 바쁜 생활을 하는 사람들은 시간이 없을 때 간단하게 ________ 을/를 먹기도 한다.

3) 바다 근처에 사는 사람들은 ________ 을/를 많이 먹어서 그런지 오래 산다고 한다.

4) 서양 사람은 동양 사람에 비해서 소고기와 돼지고기 같은 ________ 을/를 많이 먹는 편이다.

육류 meat　생선류 fish　곡류 grain　유기농 식품 organic food　인스턴트식품 instant food
발효 식품 fermented food

이라든가/라든가 P42

1 **Look at the picture and complete the conversation.**

그림을 보고 대화를 완성하십시오.

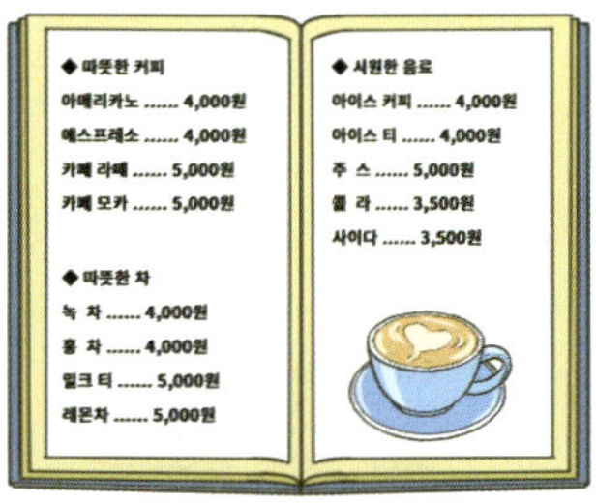

리사: 날씨가 덥네. 뭘 마실까?

엠마: **보기** 아이스 티~~이라든가~~/라든가 콜라 같은 시원한 음료수가 어때?

리사: 난 감기에 걸렸나 봐. 목이 좀 아파.

엠마: 그럼 **1)** ______________________________

____

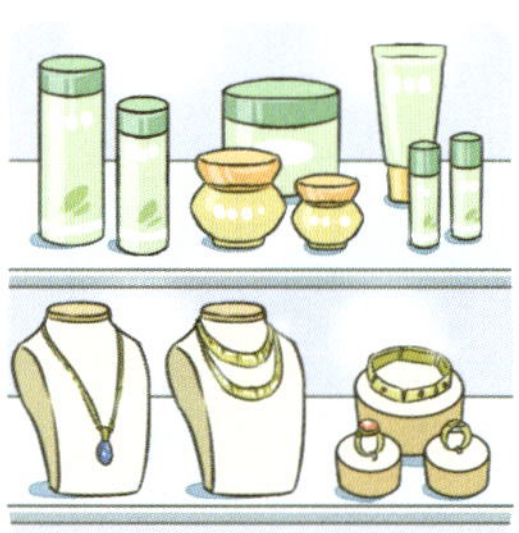

리사: 엠마 씨 생일 선물을 사려고 하는데 뭐가 좋을까요?

수지: **2)** __________ 이라든가/라든가 __________ 같은 오래 쓸 수 있는 물건이 어때요? 저는 어머니께 선물을 사 드리려고 하는데 뭐가 좋을까요?

리사: 어머니께 드리는 선물은 **3)** ______________________________ 이/가 좋을 것 같아요. **4)** ______________________ 도 좋을 것 같고요.

02 -는다고/ㄴ다고/다고 하던데 P42

2 Read the following newspaper article and complete the conversation.

다음 신문 기사를 읽고 대화를 완성하십시오.

감기에 걸렸을 때는
보기 약을 먹는 것보다 쉬는 것이 좋아
1. 비타민 시(vitamin C)가 많은 유자나 레몬이 좋아
2. 심한 운동은 나빠
3. 기침할 때는 배와 꿀을 먹어야
4. 따뜻한 소금물 양치 목 아픈 데 도움 돼

다니엘: 수지 씨, 어디 아파요?

수 지: 감기에 걸렸어요. 약을 먹었는데도 낫지 않아요.

다니엘: 감기에 걸렸을 때는 약을 먹는 것도 좋지만 보기 쉬는 것이 가장 좋다고 ~~는다고/ㄴ다고/다고~~ 하던데 좀 쉬세요.

수 지: 네, 좀 쉬어야겠어요. 우리 같이 커피나 한잔할까요?

다니엘: 감기에는 커피보다 1) ______________ 는다고/ㄴ다고/다고 하던데 유자차나 레몬차를 드세요.

수 지: 그럼 레몬차를 마셔야겠어요. 오늘 오후에는 친구하고 테니스를 치기로 했는데 감기가 더 심해질 것 같아서 걱정이에요.

다니엘: 테니스요? 2) ______________ 는다고/ㄴ다고/다고 하던데 너무 힘든 운동은 하지 않는 게 좋을 것 같아요.

수 지: 그래요? 목이 많이 붓고 기침도 많이 하는데 뭐 좋은 방법 없을까요?

다니엘: 3) ______________ 는다고/ㄴ다고/다고 하던데 한번 드셔 보세요.

수 지: 마침 집에 사다가 놓은 배와 꿀이 있는데 오늘 바로 먹어 봐야겠어요.

다니엘: 그리고 4) ______________ 는다고/ㄴ다고/다고 하던데 잊지 말고 꼭 해 보세요.

수 지: 와, 다니엘 씨는 정말 아는 것도 많네요.

1~3 Read the following and answer the questions.

다음을 읽고 질문에 답하십시오.

미국의 건강 전문 잡지 '헬스'가 세계에서 가장 몸에 좋은 다섯 가지 음식 중의 하나로 '김치'를 꼽았습니다. 소금에 절인 배추나 채소에 양념을 넣어 발효시킨 김치는 맛뿐만 아니라 영양도 뛰어나 세계인이 인정하는 건강식품이 되었습니다. 각종 비타민이 풍부하고 유산균과 섬유소가 많아서 소화가 잘되게 도와주며 암에 걸리는 것을 막아 준다고 합니다. 그리고 다이어트는 물론 노화 방지에도 효과가 있다고 합니다.

이와 함께 '헬스'지는 한국인들은 사진을 찍을 때도 '치즈' 대신 '김치'라고 하고, '김치 없이는 못 살아 정말 못 살아'라는 노래까지 부르며 한 사람이 1년 동안 평균 18kg이나 되는 김치를 먹는다며 한국인의 김치 사랑에 대해서도 소개했습니다. 또 김치볶음밥이라든가 김치스크램블을 만드는 방법도 자세히 소개해 미국인들이 김치 요리법을 쉽게 따라하도록 했습니다. 미국 내에서 실제로 김치를 쉽게 살 수 있는 곳과 가격까지 알려 주며 미국인들에게 김치를 먹을 것을 권했습니다.

세계 5대 건강 음식에는 콩 요리와 요구르트가 김치와 함께 꼽혀 발효 식품이 건강식품이라는 것을 다시 한번 확인시켜 주었습니다. 요즘은 웰빙 시대, 장수 시대, 고령화 시대라고 불리며 건강에 대한 관심이 그 어느 때보다 높습니다. 건강한 삶을 위해서 발효 식품을 꾸준히 챙겨 먹어야겠습니다.

1 Choose the option that is not included in the top 5 healthy foods. (   )

건강에 좋은 5대 식품에 들어가지 않는 것을 고르십시오.

① 두부　② 김치

③ 소고기　④ 요구르트

꼽다 to count/ point out　유산균 lactobacillus　섬유소 fibre　노화 aging　방지 prevention

2 Choose the option that is not in the "Health" magazine. (   )

'헬스' 잡지에 실린 내용이 아닌 것을 고르십시오.

❶ 김치를 이용한 요리법을 소개했다.

❷ 미국 사람들의 김치 사랑 현상에 대해 소개했다.

❸ 미국에서 김치를 쉽게 살 수 있는 곳을 알려 줬다.

❹ 미국 사람들에게 김치가 건강에 좋다는 것을 알렸다.

3 Mark "O" if it matches what you read, and "X" if it doesn't.

읽은 내용과 같으면 O, 다르면 X 표시하십시오.

1) 김치를 먹으면 소화가 잘된다. (   )

2) 김치에는 비타민이 많이 들어 있다. (   )

3) 김치를 먹으면 암을 치료할 수 있다. (   )

4) 김치를 먹으면 다이어트에 도움이 된다. (   )

4 Introduce fermented foods that are commonly enjoyed in your country.

여러분 나라에서 즐겨 먹는 발효 식품을 소개해 봅시다.

1~3 Listen to the following and answer the questions.
다음을 듣고 질문에 답하십시오.

1 Write down the three healthy eating habits introduced by the man.
남자가 소개한 건강을 위한 세 가지 식습관을 쓰십시오.

1) ______________________

2) ______________________

3) ______________________

2 Choose a statement that is not made by someone who understands the broadcast. (   )
다음 중 방송을 잘 이해한 사람의 말이 아닌 것을 고르십시오.

① "이제 떡볶이를 만들 때 꿀을 넣어야지."
② "백설탕으로 만든 과자는 줄이는 게 좋겠네."
③ "방송에서 나온 저 식품은 내일 사기 어렵겠네."
④ "찌개를 끓일 때 화학조미료를 좀 넣어야 맛있어."

3 Mark "O" if it applies to what you heard, and "X" if it does not.
들은 내용과 같으면 O, 다르면 X 표시하십시오.

1) 흰쌀은 적게 먹는 것이 건강에 좋다. (   )
2) 다양한 색깔의 음식을 먹도록 노력하는 게 좋다. (   )
3) 음식을 많이 먹어도 많이 씹으면 건강에는 문제가 없다. (   )
4) 입에 맞는 음식을 하나 선택해서 계속 먹는 것이 건강에 좋다. (   )

4 Talk about the healthy eating habits that you know.
여러분이 알고 있는 건강에 좋은 식습관에 대해서 이야기해 봅시다.

화학조미료 monosodium glutamate(MSG) 꿀 honey 씹다 to chew 골고루 equally/thoroughlly

1 Choose one food that people in your country eat for health and investigate it.

여러분 나라 사람들이 건강을 위해 먹는 음식을 하나 골라 조사해 봅시다.

음식 이름	삼계탕	
재료	닭, 인삼, 대추, 밤, 찹쌀	
맛	맵지 않고 담백하다.	
먹는 방법	먼저 고기를 소금에 찍어 먹고 닭의 뱃속에 들어 있는 찹쌀과 국물을 섞어서 같이 먹는다.	
건강에 좋은 이유	인삼 등 여러 가지 따뜻한 성질의 재료로 만든다.	
먹는 계절/때	여름철에 땀을 많이 흘릴 때 몸을 보호하기 위해 먹는다.	
기타	포장된 삼계탕을 마트에서 살 수 있다.	

2 Present the healthy food you researched, as shown in the example.

여러분이 조사한 건강식에 대해 보기 와 같이 발표해 봅시다.

보기

저는 오늘 한국에서 먹는 건강식을 소개하겠습니다.

삼계탕은 닭에다가 찹쌀, 인삼, 대추, 밤 등을 넣고 끓인 뜨거운 음식인데 맵지 않고 맛이 담백합니다. 한국에서는 여름에 땀을 많이 흘릴 때 건강을 지키기 위해서 이 음식을 꼭 먹습니다.

한국 사람들은 더운 여름에 왜 뜨거운 음식을 먹는 걸까요? 우리 몸은 땀을 흘리면 몸이 받은 뜨거운 열기가 밖으로 나가면서 몸속이 차가워진다고 합니다. 하지만 소화기관이 차가워지면 건강에 안 좋기 때문에 한국 사람들은 소화기관을 따뜻하게 보호하기 위해서 따뜻한 성질의 재료로 만든 삼계탕을 먹습니다.

삼계탕을 먹을 때는 먼저 닭고기를 소금에 찍어서 먹은 후에 닭의 뱃속에 들어 있는 찹쌀과 국물을 섞어서 같이 먹습니다. 이렇게 하면 마지막 한 숟가락까지 맛있게 먹을 수 있습니다. 요즘은 슈퍼마켓에서 데우기만 하면 먹을 수 있는 삼계탕을 파니까 한번 사서 드셔 보세요.

오늘 제 발표는 여기까지입니다. 들어 주셔서 고맙습니다.

문화

한국의 민간요법

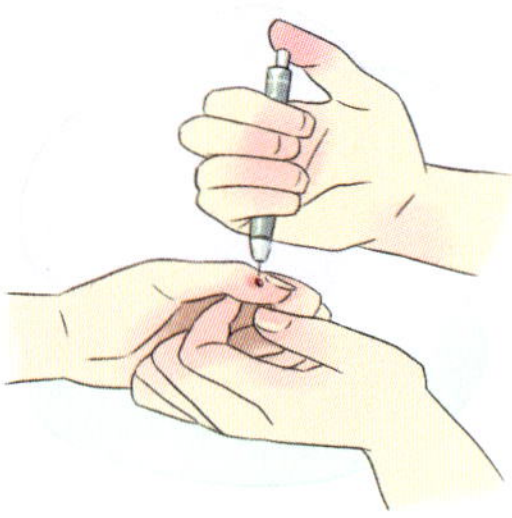

'민간요법'은 오랜 옛날부터 사람들이 병을 치료하고 예방하기 위해 집에서 손쉽게 사용했던 치료 방법입니다. 옛날에는 지금처럼 병원이 많지 않았고 의사의 수도 적었습니다. 그래서 사람들은 병을 고치기 위해 가까이에 있는 식물이나 동물 등을 이용해서 병을 치료했습니다.

기침이 너무 심할 때는 배에 꿀을 넣어 끓여 먹었고, 아이가 배가 아프다고 하면 엄마가 '엄마 손은 약손, 아기 배는 똥배'라는 노래를 부르면서 아이의 배를 엄마의 손으로 살살 문질러 주었습니다. 이렇게 하면 엄마의 따뜻한 손 마사지 덕분인지 배가 아프던 증세가 사라집니다. 심하게 체했을 때는 엄지손톱 밑을 바늘로 찌르는데 피가 나오게 하면 검붉은 피가 나오면서 소화가 잘되기 시작합니다.

이렇게 우리 주변에서 흔히 볼 수 있는 것을 사용해 병을 치료했던 조상들의 민간요법은 지금까지도 많은 사람들이 병을 치료하는 데에 쓰고 있습니다. 하지만 민간요법만 믿으면 병을 더 키울 수 있으니까 증상이 심해지면 병원에 꼭 가야겠지요.

1. 여러분이 경험한 민간요법은 무엇이 있습니까?

2. 병을 낫게 하는 데 도움을 주는 음식을 소개해 보십시오.

memo 메모

3과 공연 관람

01 표를 사는 대신에 저녁을 사 주세요

Learning Objective

To introduce performances

Grammar

만 못하다, -는 대신에

Vocabulary

Performances

MP3_5

- 두 사람은 무엇에 대해 이야기하고 있습니까?
- 여러분은 한국에서 공연을 본 적이 있습니까?

제임스: 리사 씨, 뮤지컬 '춘향전'이 아주 감동적이라고 하던데 보셨어요?

리 사: 아니요, 못 봤어요. 그렇지 않아도 한번 보고 싶었어요.

제임스: 그럼 같이 갈까요? 보고 온 친구가 그러는데 무대와 의상이 아주 아름답대요. 노래와 춤은 말할 것도 없고요.

리 사: 한국말로 하는 공연인데 제가 이해할 수 있을까요?

제임스: 일본어로 듣는 것만 못하겠지만 자막이 있어서 이해할 수는 있을 거예요.

리 사: 그럼 제가 예매할게요. 제가 표를 사는 대신에 제임스 씨가 저녁을 사 주세요.

뮤지컬 musical　감동적이다 to be emotionally touching　무대 stage　의상 costume
말할 것 없다 to go without saying/to have nothing more to say　자막 subtitles

1 The following is a performance poster. Choose the correct word and fill in the blank.

다음은 공연 포스터입니다. 알맞은 말을 골라 빈칸에 쓰십시오.

작품명	관람 연령	공연 장소	공연 일시	작품 해설

작품명 .... 보기

________ .... ①

________ .... ②

________ .... ③

________ .... ④

2 Write the correct word in the blank space.

빈칸에 알맞은 말을 쓰십시오.

보기 공연 장소: 국립극장

1) 작품명:

2) 공연 일시:

3) 좌석 번호:

4) 관람 연령:

작품명 name of a work　관람 연령 age of viewing　공연 장소 performance venue
공연 일시 date and time of performance　작품 해설 commentary of a work

만 못하다

P44

1 Look at the picture and complete the conversation.

그림을 보고 대화를 완성하십시오.

보기

수영: 수지 씨, 이사 간 집은 어때요?

수지: 회사에서 가깝기는 한데,
<u>새로 이사 간 집이 이전 집만 못해요.</u>

1)

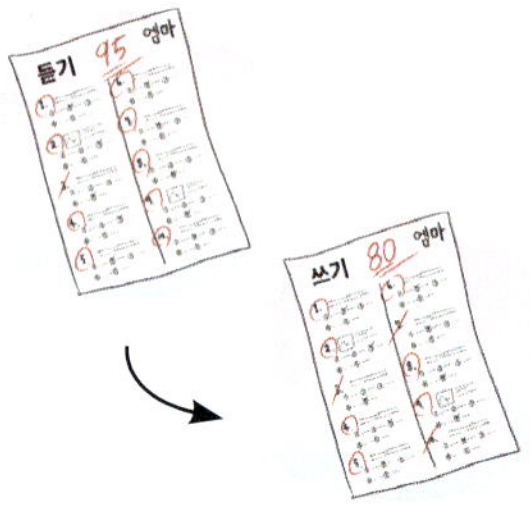

리　사: 엠마 씨는 듣기 성적이 좋네요. 쓰기는 어때요?

엠　마: ______________________________

2)

선　희: 제임스 씨, 농구를 자주 하는 것 같은데 농구 잘해요?

제임스: ______________________________

3)

수　지: 여기 음식 맛있지요?

다니엘: 맛있기는 한데 ____________________

____

4)

제임스: 책의 이야기를 영화로 만든 거예요?

수　영: 네, 영화가 재미있기는 한데 ______________

____

-는 대신에 P45

2 Fill in the table and make sentences.

표를 채우고 문장을 만드십시오.

내가 다른 사람을 위해 하는 일	그 사람이 내게 해 주는 일
보기 동생 숙제를 도와준다.	동생이 나에게 아이스크림을 사 주기로 했다.
1) 내가 친구에게 점심을 사 준다.	친구가 나에게 영화를 보여 주기로 했다.
2)	친구는 우리 집 대청소를 도와주기로 했다.
3) 콘서트표를 예매한다.	
4) 내가 친구에게 돈을 빌려준다.	

보기 내가 동생 숙제를 도와주는 대신에 동생은 나한테 아이스크림을 사 주기로 했어요.

1) ______________________

2) ______________________

3) ______________________

4) ______________________

1~3 **Read the following and answer the questions.**
다음을 읽고 질문에 답하십시오.

지난 5월에 중간시험이 끝나고 친구들과 같이 대나무 축제가 열리는 담양에 갔다. 주말인 데다가 축제 기간이라서 그런지 도로는 꽉 막혔다. 하지만 오랜만에 가는 여행이라서 친구들과 즐겁게 이야기하면서 가니까 지루한 줄 몰랐다.

점심때가 좀 지나서 담양에 도착한 우리는 바로 식당에 들러 점심을 먹었다. 식당 아주머니가 담양에서는 대통밥이 제일 유명하다고 해서 우리는 대통밥을 먹기로 했다. 조금 후에 식사가 나왔는데 처음 본 대통밥은 정말 놀라웠다. 대통밥은 대나무 통 안에 쌀과 함께 건강에 좋은 여러 가지 재료를 넣어서 만든 것인데 너무 예뻐서 그냥 먹기엔 아까운 생각이 들었다. 맛을 보니까 대나무 냄새도 나고 아주 맛있었다. 요즘 좋은 밥솥이 많다고 하지만 그 어떤 밥솥으로 만든 밥도 대통밥만 못하다고 생각했다. 나는 밥을 다 먹고 나서 기념으로 빈 대나무 통을 가지고 왔다.

점심을 먹은 후 우리는 대나무 숲을 구경하러 갔다. 대나무가 시원스럽게 쭉쭉 뻗어 있었다. 대나무 잎이 바람에 흔들리는 소리를 들으면서 숲속을 걸으니까 몸과 마음이 다 깨끗해지는 것 같았다. 숲에서 나오니 한쪽 무대에서는 국악 공연을 하고 있었다. 한복을 입고 대나무로 만든 대금을 부는 모습이 아주 인상적이었다. 대금 소리는 좀 낮아서 그런지 슬프게 들렸다.

공연이 끝나고 친구들과 대나무로 만든 죽마를 탔다. 처음에는 넘어지고 잘 걸을 수 없었는데 몇 번 해 보니까 재미있었다. 요즘에는 잘 볼 수 없지만 옛날에는 어린 아이들이 친구들과 같이 죽마를 타며 놀았다고 한다.

이것저것 구경하다가 보니까 날이 어두워졌다. 돌아갈 시간이 다 되어 버스에 올라타니까 비가 내리기 시작했다. 대나무 조명이 하나둘 켜졌다. 빗속에서 보이는 대나무로 만든 전등 갓이 무척 아름다웠다. 한국에 온 지 7개월, 축제에 참가한 것은 대나무 축제가 처음이었다. 한국 문화도 체험하고 좋은 추억을 만들 수 있는 축제에 또 참가하고 싶다.

놀랍다 to be surprising/amazing　아깝다 to be too good(for)/to be a waste
밥솥 rice cooker　시원스럽다 clear and well-defined　쭉쭉 (to stretch) continuously
뻗다 to reach/stretch (out)　흔들리다 to rustle　대금 a large flute　죽마 stilts
조명 illumination, lighting　갓 lampshade　체험하다 to experience

1 The following is an experience from Damyang. Find the feelings about this experience in the text and write them down.

다음은 담양에서 경험한 것입니다. 그 일에 대한 느낌을 이 글에서 찾아 쓰십시오.

경험한 것	느낌
대통밥	
대나무 숲	
국악 공연	인상적이었다
죽마	
대나무 전등 갓	

2 Choose the correct description for daetongbap. (   )

다음 중 대통밥에 대한 설명으로 맞는 것을 고르십시오.

① 담양의 대표적인 음식이다.
② 모양은 별로 예쁘지 않지만 맛은 아주 좋다.
③ 대나무 잎이 들어 있어서 대나무 냄새가 난다.
④ 대나무 통 안에 대나무와 여러 재료를 넣어 만든다.

3 Mark "O" if it applies to the reading, and "X" if it does not.

읽은 내용과 같으면 O, 다르면 X 표시하십시오.

1) 1박 2일로 여행을 다녀왔다. (   )
2) 우리가 구경할 때는 비가 오지 않았다. (   )
3) 주말이었지만 교통은 복잡하지 않았다. (   )
4) 죽마 타기는 요즘도 어린 아이들이 많이 하는 놀이이다. (   )

4 What local festivals are there in your country? Talk about it.

여러분의 고향에는 어떤 지역 축제가 있습니까? 이야기해 봅시다.

1~3 **Listen to the following and answer the questions.**
다음을 듣고 질문에 답하십시오.

1 **What did the woman say to the man? (   )**
여자는 남자에게 무슨 이야기를 했습니까?

① 동아리 추천　② 연극 공연 초대
③ 뮤지컬 감상 소감　④ 축제 참여 방법 소개

2 **Choose the option that matches what you heard. (   )**
들은 내용과 같은 것을 고르십시오.

① 두 사람은 공연을 보면서 이야기하고 있다.
② 남자는 여자의 연극 공연을 보러 간 적이 있다.
③ 여자가 하는 공연은 한국말을 잘 몰라도 이해하기 쉽다.
④ 여자는 남자에게 초대장을 보내기 전에 연락을 할 것이다.

3 **What will the woman and man do during the festival?**
여자와 남자는 축제 때 무엇을 하겠습니까?

1) 여자:
2) 남자:

4 **What kind of performances do you like? Talk about it.**
여러분은 어떤 공연을 좋아합니까? 이야기해 봅시다.

연극	오페라	뮤지컬	
콘서트	인형극	판소리	기타 ________

보기
저는 시간이 날 때마다 오페라를 보는 것을 좋아해요. 오페라는 아름다운 음악과 노래를 들을 수 있고, 의상과 무대도 화려하기 때문에 볼 것이 아주 많아요. 오페라는 슬프고 감동적인 사랑 이야기가 많고 노래도 아름답기 때문에 좋아해요.

1 What performance would you like to see with your friends?

여러분이 친구와 같이 보고 싶은 공연은 무엇입니까?

작품명	
공연 일시	
공연 장소	
이 공연을 보고 싶은 이유	

2 Write about a performance you want to see.

여러분이 보고 싶은 공연에 대해 써 봅시다.

제가 요즘 친구와 같이 보고 싶은 공연은 ________ 입니다.
이 공연은 ________________

3과 공연 관람

02 뮤지컬을 보자고 해서 예매하려고요

Learning Objective

To talk about how to reserve tickets for a performance.

Grammar

-는다고 해서, -고서

Vocabulary

Reservations

MP3_6

- 두 사람은 무슨 이야기를 하고 있습니까?
- 여러분은 한국에서 예매를 해 본 적이 있습니까?

선희: 리사야, 뭐 하고 있어?

리사: 제임스 씨가 국립 극장에서 하는 뮤지컬 '캣츠'를 보자고 해서 전화로 예매하려고. 그런데 쉽지 않네.

선희: 인터넷 예매가 더 좋지 않아? 앉고 싶은 좌석도 정할 수 있거든.

리사: 그게 좋겠다. 국립 극장 인터넷 사이트에서 할 수 있지?

선희: 응, 국립 극장 회원이 아니면 먼저 회원 가입을 하고서 예매하고 싶은 공연을 선택해.

리사: 번거로울 줄 알았는데 생각보다 간단하네. 알려 줘서 고마워.

좌석 seat 인터넷 사이트 internet website 가입하다 to join
번거롭다 to be cumbersome, inconvenient 알려주다 to inform

1 Choose related words and connect them.

관계있는 말을 골라 연결하십시오.

보기 예매하다 •	• 약속 시간을 바꾸었어요.
1) 예약하다 •	• 식당에 전화해서 토요일 6시에 가기로 약속했어요.
2) 확인하다 •	• 산 물건을 주고 돈을 돌려받았어요.
3) 취소하다 •	• 물건을 주문했다가 사지 않기로 했어요.
4) 환불 받다 •	• 설날 기차표를 미리 샀어요.
5) 변경하다 •	• 예약이 잘 됐는지 전화로 알아봤어요.

2 Write the correct word in the blank space.

빈칸에 알맞은 말을 쓰십시오.

대학로에서 하는 연극 공연을 보고 싶어서 어제 친구랑 표를 보기 예매했어요. ~~었어요/았어요/였어요.~~ 그런데 둘 다 일이 생겨서 갈 수 없게 됐어요. 그래서 취소하고 돈을 1) __________ 었어요/았어요/였어요.

친구들과 다음 달에 제주도로 여행을 가기로 했어요. 여행사 홈페이지에 들어가서 비행기 표를 2) __________ 었어요/았어요/였어요. 그리고 바닷가 근처 호텔을 3) __________ 었어요/았어요/였어요. 그런데 일정이 바뀌어서 비행기 시간을 4) __________ 었어요/았어요/였어요. 떠나기 전에 다시 한번 여행사에 예약을 5) __________ 을/ㄹ 거예요.

예매하다 to purchase in advance　예약하다 to reserve/book　취소하다 to cancel
환불 받다 to get a refund　변경하다 to change

-는다고/ㄴ다고/다고 해서, -냐고 해서, -으라고/라고 해서, -자고 해서

P47

1 Look at the picture and complete the conversation.

그림을 보고 대화를 완성하십시오.

보기

선　희: 다니엘 씨, 어제 뭐 했어요?

다니엘: 리사 씨가 수영장에 같이 가자고 해서 다녀왔어요.

1)

서　준: 리사 씨, 어디 아파요?

리　사: 다니엘 씨가 ____________________ 먹었는데 괜히 먹었나 봐요. 배가 아파요.

2)

서　준: 다니엘 씨, 어디에 가세요?

다니엘: 리사 씨가 ____________________ 약을 사러 가요.

3)

제임스: 리사 씨, 어제 서준 씨하고 어디에 다녀 왔어요?

리　사: 서준 씨가 ____________________ 같이 공항에 다녀왔어요.

4)

과　장: 지민 씨, 무슨 일로 이렇게 바빠요?

지　민: 팀장님이 회의 자료 준비를 ____________________ ____________ 일하고 있어요.

00 -고서

P48

2 **Fill in the chart about your life and make sentences.**

여러분의 생활에 대해 표를 채우고 문장을 만드십시오.

세수를 하다	보기 학교 갈 준비를 해요. 1)
숙제를 끝내다	2) 3)
저녁을 먹다	4) 5)

보기 세수를 하고서 학교 갈 준비를 해요.

1) ____________ 고서 ____________

2) ____________ 고서 ____________

3) ____________ 고서 ____________

4) ____________ 고서 ____________

5) ____________ 고서 ____________

1~3 **Read the following and answer the questions.**
다음을 읽고 질문에 답하십시오.

부산 국제 영화제에 같이 가요!

세계 여러 나라의 영화를 즐길 수 있는 부산 국제 영화제에 가 보고 싶지 않으세요? 하늘의 별 따기라는 영화제 표 예매. 어떻게 해야 하고 어떻게 취소해야 하는지 알려 드리겠습니다. 부산 국제 영화제에서 볼 수 있는 영화는 거의 다 온라인으로만 예약이 가능한데, 작년에 인기 있는 영화는 5분도 되지 않아서 매진되는 일도 있었어요. 만약 부산 영화제에서 꼭 영화를 관람하고 싶으신 분이 있다면 인터넷 예매를 서둘러야 합니다.

하지만 온라인 예매에 실패했다고 해서 영화제에서 영화를 볼 수 없는 것은 아닙니다. 일부 영화는 부산 국제 영화제 매표소에서 표를 살 수 있습니다. 대부분의 영화는 인터넷 사이트에서 표를 예매해야 하지만 온라인 예매로 매진되지 않은 영화표나 이벤트로 상영하는 영화는 상영 당일 현장에서 표가 판매됩니다. 그러므로 혹시 영화를 예매하지 못했더라도 부산 국제 영화제에 가면 현장에서 영화를 볼 수 있는 기회가 생길 수도 있습니다.

그런데 만약 여러분이 급한 일이 생겨서 영화제에 참석할 수 없으면 어떻게 해야 할까요? 모든 영화표는 취소 후에 환불을 받을 수 있지만 온라인에서 예매한 표는 온라인에서, 매표소에서 구매한 표는 매표소에서만 환불을 받을 수 있습니다. 또한 영화 상영 시작 30분 전까지만 환불이 가능하고 카드로 결제한 경우 반드시 결제한 카드가 있어야 합니다. 취소했다고 해서 같은 영화표를 다시 예매할 수 없는 것은 아닙니다. 하지만 인기가 많은 작품은 아주 짧은 시간 안에 표가 다시 매진되므로 취소할 때는 신중하게 고민해 보는 것을 추천해 드립니다.

하늘의 별 따기 to be almost impossible　매진되다 to be sold out　상영하다 to show/screen
당일 that day　신중하다 to be careful

1 **Choose something you don't know from the passage. (   )**
이 글에서 알 수 없는 것을 고르십시오.
❶ 영화표를 예매할 수 있는 곳
❷ 영화표를 환불받을 수 있는 기간
❸ 예약한 영화표 시간을 변경하는 방법
❹ 영화표를 취소 후 환불받을 때 필요한 것

2 **Choose the option that matches the content of the passage. (   )**
다음 중 이 글의 내용과 같은 것을 고르십시오.
❶ 영화 상영 당일에도 표를 살 수 있다.
❷ 카드가 없으면 영화표를 예매할 수 없다.
❸ 예매를 취소한 영화는 다시 예매할 수 없다.
❹ 모든 영화표는 온라인으로만 예매를 할 수 있다.

3 **Choose the correct action for a person who wants a refund for a movie ticket. (   )**
영화표를 환불하고 싶은 사람이 할 행동으로 맞는 것을 고르십시오.
❶ 카드로 예매한 경우 카드를 가지고 간다.
❷ 홈페이지에서 환불 가능한 표를 확인한다.
❸ 영화 상영 시간 20분 전에 영화제에 간다.
❹ 온라인에서 예매한 표를 현장에 가서 환불한다.

4 **Have you ever been to a film festival? Talk about a film festival you would like to go to.**
영화제에 가 본 적이 있습니까? 가고 싶은 영화제가 있으면 이야기해 봅시다.

들어 봅시다

1~3 **Listen to the following and answer the questions.**
다음을 듣고 질문에 답하십시오.

1 What are the two people talking about?

두 사람은 무슨 이야기를 하고 있습니까?

① 영화 추천 앱 소개
② 영화표 인터넷 예매 방법
③ 연인들에게 인기 있는 영화
④ 매진된 영화표를 사는 방법

2 Mark "O" if it applies to what you heard, and "X" if it does not.

들은 내용과 같으면 O, 다르면 X 표시하십시오.

1) 여자는 이 영화를 여러 번 보려고 한다. ( )
2) 남자는 여자에게 영화 표 예매를 부탁했다. ( )
3) 여자가 알려준 영화관 앱으로 좌석을 선택할 수 있다. ( )
4) 두 사람은 영화를 보고 나서 영화에 대해 이야기하고 있다. ( )

3 Write down what you heard.

들은 내용을 다음에 쓰십시오.

1) 영화 제목:
2) 앱 이름:

4 Discuss any current performances or films that are considered entertaining and are sought after by audiences.

요즘 사람들이 재미있다고 해서 보러 가고 싶은 공연이나 영화가 있습니까? 이야기해 봅시다.

끼다(대화에 끼다) To participate/join (in the conversation)　회원 가입 membership registration
커플석 couple's seats

1 **How do you usually make reservations?**
여러분은 보통 어떤 방법으로 예매를 합니까?

표 종류	예매 방법
영화표	
미술관 표	
비행기 표	
공연 표	
기타	

2 **Let's research and discuss the reservation sites or applications that people in your country frequently use.**
여러분 나라 사람들이 자주 이용하는 예매 사이트나 애플리케이션을 조사해서 이야기해 봅시다.

문화

사물놀이

사물놀이는 꽹과리, 장구, 북, 징 이 네 가지 한국 전통 악기를 가지고 연주하는 공연을 말합니다. 이는 마당에서 신나게 벌이던 풍물놀이를 현대에 맞게 극장 무대 위로 올려 발전시킨 것입니다. 풍물놀이는 전통적으로 마당과 같은 열린 공간에서 행해지며 놀이의 성격을 강하게 가진 데 비해 사물놀이는 좀 더 예술적인 연주의 성격이 강합니다. 풍물놀이에서는 관객이 함께 춤을 추며 참여하는데 사물놀이에서는 관객이 그 연주를 자신의 자리사 앉아 감상합니다. 사물놀이의 연주자는 보통 네 명을 기본으로 합니다. 이는 아주 빠른 가락을 치기 때문에 한 악기에 연주자가 한 명이 넘을 경우 가락이 맞지 않는 경우가 생길 수 있기 때문입니다.

1. 여러분 고향에서 유명한 전통 공연은 무엇입니까?

2. 한국 전통 공연 본 경험을 이야기해 봅시다.

memo 메모

4과 공연 감상

01 마지막 장면이 인상적이었어요

Learning Objective
To talk about your impressions of a performance

Grammar
-을 뿐만 아니라, -어야지

Vocabulary
Performance Appreciation

MP3_7

- 두 사람은 무슨 공연을 본 것 같습니까?
- 여러분이 지금까지 본 공연 중에서 가장 기억에 남는 것은 무엇입니까?

리 사: 오늘 공연 어땠어요?

제임스: 정말 감동적이었어요. 특히 남자 주인공의 목소리가 멋지지 않았어요?

리 사: 그래요, 목소리도 멋질 뿐만 아니라 연기도 훌륭했어요. 대사도 재미있었고요.

제임스: 리사 씨는 어느 장면이 제일 좋았어요?

리 사: 저는 두 주인공이 다시 만나는 마지막 장면이 제일 인상적이었어요.

제임스: 저도요. 저는 이번이 한국에서 본 첫 공연인데 '다음에 좋은 공연이 있으면 또 봐야지' 하고 생각했어요.

연기 acting 훌륭하다 to be outstanding 대사 script(dialogue) 인상적이다 to be impressive

1 Choose the correct word and fill in the blank.

알맞은 말을 골라 빈칸에 쓰십시오.

감동적이다　인상적이다　우울하다　환상적이다　심각하다　신나다

로미오와 줄리엣의 사랑 이야기를 연극으로 봤어요. 두 사람의 사랑 이야기가 제 마음에 깊고 강한 느낌을 주었어요.

보기 감동적이다

지난주에 친구와 같이 본 영화는 내용이 아주 무겁고 깊이가 있었어요.

1) ____________________

어제 들은 가수의 노래는 아주 밝고 즐거운 느낌이 들었어요. 그래서 기분이 매우 좋아졌어요.

2) ____________________

지난번에 본 만화 영화는 현실에서는 이루어질 수 없는, 어린이들의 꿈을 이루어 주는 내용이었어요.

3) ____________________

그 뮤지컬의 마지막 장면을 봤을 때의 느낌은 오랫동안 지워지지 않고 뚜렷이 제 기억에 남았어요.

4) ____________________

그 연극의 주제처럼 음악도 마음이 답답하고 어두운 느낌이 들었어요.

5) ____________________

2 What is the title of a movie you saw recently? How was the movie? What was the most memorable scene in the movie?

최근에 본 영화의 제목은 무엇입니까? 그 영화는 어땠습니까? 그 영화에서 가장 인상적인 장면은 무엇이었습니까?

감동적이다 to be moving/touching　우울하다 to be depressing　환상적이다 to be fantastic
심각하다 to be serious

-을/ㄹ 뿐만 아니라

P50

1 Fill out the table and have a conversation.

표를 채우고 대화하십시오.

보기 학생 식당	싸다	맛있다	음식 값이 쌀 뿐만 아니라 맛있어요.
1) 집 근처 시장			
2) 지금 사는 집			
3) 우리 부모님			
4) 최근에 본 영화			

보기

가: 학생 식당이 어때요?

나: 음식 값이 쌀 뿐만 아니라 맛도 있어요.

-어야지/아야지/여야지

P50

2 **Read the following story and write what this person might decide to do.**

다음 이야기를 읽고 이 사람이 결심할 수 있는 내용을 쓰십시오.

어제 늦게까지 친구들과 게임을 해서 오늘 아침에 시계 소리도 듣지 못하고 늦게 일어났다. 시간이 없어서 아침도 먹지 못하고 서둘러 나왔다. 9시에 수업이 시작되는데 교실에 도착하니까 벌써 9시 35분이었다. 선생님께서는 늦게 오는 나를 보고 아무 말씀도 안 하셨지만 선생님께 너무 죄송했다. 요즘 친구들과 매일 게임만 해서 숙제도 제대로 못 하고 지각하는 일이 많았기 때문이다. 수업이 끝날 때쯤 그동안 배운 단어로 단어 게임을 했다. 아는 단어보다 모르는 단어가 더 많았다. 날마다 수업을 듣기는 했는데 배가 고파서 집중도 안 되고 언제 배운 단어인지 통 기억이 안 났다. 나 때문에 우리 팀이 졌다. 친구들한테 미안했다.

보기 내일부터는 일찍 일어나야지.

1) ______________________

2) ______________________

3) ______________________

4) ______________________

1~3 **Read the following and answer the questions.**
다음을 읽고 질문에 답하십시오.

올가을에는 음악을 소재로 한 영화가 특히 많다.

한국 영화로는 음악을 통해 인생의 진짜 꿈을 찾아 가는 50대 아저씨들의 이야기를 담고 있는 '아름다운 청춘'과 무명 가수 연습생이 유명한 아이돌이 되는 과정을 사실적으로 보여 주는 '마이 라이프'가 눈길을 끈다.

외국 영화 역시 꽤 많이 준비되어 있다. 외국 영화 중에서는 특히 '음악은 나의 인생'을 추천한다. 이 영화는 영상과 음악을 함께 즐길 수 있는 뮤지컬 영화인데 서울 영화제에서 작품상을 수상한 이후 그 인기가 점점 높아지고 있다.

아일랜드를 배경으로 한 이 영화는 길거리에서 기타를 연주하는 음악가와 체코에서 이민을 온 가난한 소녀의 사랑 이야기이다. 두 사람 사이에는 한 번의 키스 장면도 없지만 음악을 통해 보여 주는 이들의 사랑은 보는 사람의 가슴을 따뜻하게 만들어 준다. 마지막 장면에서 피아노와 기타로 만들어 내는 그들의 연주와 노래는 아름다울 뿐만 아니라 감동적이다. 이 영화 전체에서 가장 인상적인 장면이라고 할 수 있다. 실제 음악가인 두 남녀 주인공의 뛰어난 연주 실력과 꾸미지 않은 연기가 돋보인다.

가족과 함께 그리고 연인과 함께 보기에 좋은 이 영화는 20일 개봉 예정이다.

연세일보 이윤아 기자

1 **What would be a fitting title for this article? ( )**
이 기사의 제목으로 어울리는 것은 무엇입니까?

① 영화 속에서 찾아 보는 나의 꿈
② 영화제 수상 작품들 계속 쏟아져
③ 슬플 때는 슬픈 영화에 빠져 보세요.
④ 쓸쓸한 가을, 당신의 마음을 따뜻하게 해 줄 음악 영화가 온다!

청춘 one's youth 연습생 trainee 눈길을 끌다 to catch one's eye(s) 수상하다 to be suspicious
배경 background 이민 immigration 실제 real 꾸미다 to decorate/to fabricate
돋보이다 to stand out 오래도록 for a long time

2 If the explanation for "Music is My Life" is correct, mark "O", and if incorrect, mark "X".

'음악은 나의 인생'에 대한 설명으로 맞으면 O, 틀리면 X 표시하십시오.

1) 20일부터 극장에서 볼 수 있다. ( )
2) 한국을 배경으로 한 뮤지컬 영화이다. ( )
3) 영화제에서 상을 받아서 인기가 더 많아졌다. ( )
4) 영화에서 음악가로 나오는 남자 주인공은 실제로 음악가이다. ( )

3 Write a brief synopsis of the movie "Music is My Life".

영화 '음악은 나의 인생'의 줄거리를 간단히 쓰십시오.

____

4 Choose one of the performances you have seen so far and write a commentary about it.

지금까지 본 공연 중 하나를 골라 감상문을 써 봅시다.

보기

뮤지컬 '맘마미아'를 보고

나는 오늘 뮤지컬 '맘마미아'를 보았다. 이 공연은 평범한 사람들의 사랑 이야기이다. 무엇보다도 이야기의 내용에 맞게 나오는 '아바'의 노래들이 정말 인상적이었다. 그냥 음악으로만 듣던 '아바'의 노래를 이야기와 함께 들으니까 더욱 더 많은 감동을 느낄 수 있었다. 배우들의 노래 실력도 정말 좋았다. 특히 여주인공의 마지막 노래는 오래도록 잊을 수 없을 것 같다. 노래, 의상, 이야기 그리고 배우들의 연기 모두가 아름답게 어울린 훌륭한 작품이었다.

____

____

____

____

____

____

1~3 Listen to the following and answer the questions.
다음을 듣고 질문에 답하십시오.

1 **Check all the points these people felt after watching the performance.**
공연을 본 사람들의 느낌으로 맞는 것을 고르십시오.

□ 신난다	□ 무섭다	□ 시끄럽다
□ 훌륭하다	□ 우울하다	□ 감동적이다

2 **Choose the option that matches what you heard. (   )**
들은 내용과 같은 것을 고르십시오.

① 두 사람은 공연 내용을 이해하기 어려웠다.
② 여자는 공연을 보면서 노래를 따라 불렀다.
③ 두 사람은 내일 같이 맥주를 마시기로 했다.
④ 남자는 요즘 회사 일 때문에 스트레스가 많았다.

3 **Mark "O" if it applies to what you heard, and "X" if it does not.**
들은 내용과 같으면 O, 다르면 X 표시하십시오.

1) 이 공연의 마지막 장면은 좀 슬펐다. (   )
2) 남자는 이 공연을 백 번 보고 싶어한다. (   )
3) 이 공연에서 배우들의 의상이 아주 훌륭했다. (   )
4) 남자는 전에 이 공연에 대해 들어본 적이 있다. (   )

4 **Did any performance make you feel that "seeing is believing"? Talk about it.**
여러분은 '백문이 불여일견'이라고 느꼈던 공연이 있습니까? 이야기해 봅시다.

백문이 불여일견 Seeing is believing (It is better to see one time than hearing a hundred times)
평범하다 to be ordinary　영원히 forever

1 Fill in the blanks in the table below about the most impressive performance you have ever seen.

지금까지 본 공연 중에서 가장 인상적인 공연에 대해서 다음 표에 쓰십시오.

가장 인상적이었던 공연		
공연 제목	발레 '심청'	
공연의 좋았던 점	• 아름다운 음악과 춤 • 환상적인 무대	
특징	'심청' 이야기를 잘 모르면 공연 내용을 이해하기 어렵기 때문에 내용을 알고 가면 좋을 것 같다.	

2 Talk about your impressions of the performance, as shown in the example.

보기 와 같이 공연 감상을 이야기해 봅시다.

보기

가: 요즘 재미있는 공연 있어?
나: 난 얼마 전에 발레 '심청'을 봤는데 그 공연도 괜찮았어.
가: 한국의 옛날이야기 '효녀 심청' 말이야?
나: 응, '효녀 심청'을 발레로 만든 거야. 정말 인상적인 공연이었어. 음악과 춤이 정말 아름다울 뿐만 아니라 무대도 환상적이었거든.
가: 그래? 나도 보러 가야지.
나: '효녀 심청' 이야기를 모르면 무슨 내용인지 모를 수 있으니까 먼저 이야기를 읽어 보고 가.
가: 그래? 찾아서 읽어 봐야겠다. 고마워.

4과 공연 감상

02 정말 볼 만하던데요

Learning Objective
To recommend a performance

Grammar
-을 만하다, -을걸요

Vocabulary
Recommendations

MP3_8

- 두 사람은 무엇에 대해 이야기하고 있습니까?
- 다시 보고 싶은 공연이 있습니까?

다니엘: 재미있는 공연 좀 추천해 주세요. 주말에 친구하고 같이 보려고요.

엠 마: 한국 전통 음악은 어때요? 사물놀이 공연이 정말 볼 만하던데요.

다니엘: 전 한 번도 본 적이 없는데 한국 전통 음악이면 조용한 분위기인가요?

엠 마: 아니에요, 저도 지루할 줄 알았는데 흥겹고 재미있었어요. 스트레스가 확 풀리던데요.

다니엘: 그래요? 그럼 친구한테 물어보고 결정해야겠어요.

엠 마: 그 공연은 인기가 많으니까 예매를 서둘러야 할걸요.

사물놀이 samulnori   흥겹다 to be exciting and fun   확 completely, all at once

1 Choose the correct word and fill in the blank.

알맞은 말을 골라 빈칸에 쓰십시오.

추천하다 소개하다 안내하다 제안하다 권하다

보기 차를 권하다

1) 사람을 ___________

2) 길을 ___________

3) 사람을 ___________

4) 여행을 가자고 ___________

2 Write the correct word in the blank space.

빈칸에 알맞은 말을 쓰십시오.

보기 이야기 도중에 그는 주제와 관련된 좋은 책들을 추천해~~어/아/여~~ 주었다.

1) 친구는 나를 반갑게 맞으면서 녹차를 ___________ 었다/았다/였다.

2) 그는 자기 친구들에게 나를 여자 친구라고 ___________ 었다/았다/였다.

3) 그 사람은 저녁 시간이 되자 나를 숙소로 ___________ 어/아/여 주었다.

4) 친구가 관광지 사진을 보여 주면서 같이 가자고 ___________ 었다/았다/였다.

안내하다 to guide 제안하다 to suggest 권하다 to advise/recommend

-을/ㄹ 만하다 P52

1 Fill in the following table with your recommendations and complete the conversation.

다음 표에 추천하고 싶은 것을 채우고 대화를 완성하십시오.

보기 방학에 친구와 같이 갈 만한 곳	부산, 제주도
1) 볼 만한 영화나 드라마	
2) 한가할 때 읽을 만한 책	
3) 심심할 때 들을 만한 음악	
4) 겨울에 먹을 만한 길거리 음식	

보기
가: 방학에 친구와 같이 놀러 가기로 했는데, 어디가 가 볼 만해요?
나: 부산이나 제주도가 가 볼 만해요.

1) 가: 볼 만한 영화나 드라마 있어요?
나: ____________________

2) 가: 읽을 만한 책 좀 추천해 주세요.
나: ____________________

3) 가: 요즘 무슨 노래가 들을 만해요?
나: ____________________

4) 가: 이번 겨울에 서울에 가는데 먹을 만한 길거리 음식 좀 알려 주세요.
나: ____________________

02 -을걸요/ㄹ걸요

P52

2 **Lisa has decided to move into the boarding house where you live. Answer Rie's question.**

리사 씨가 여러분이 살고 있는 하숙집으로 이사를 오기로 했습니다. 리사 씨의 질문에 대답하십시오.

리사 씨의 질문	대답
보기 부엌에서 요리를 해도 돼요?	글쎄요, 잘 모르겠지만 아주머니께 말씀드리면 할 수 있을걸요.
1) 저녁 식사 시간에 늦어도 저녁 식사를 할 수 있어요?	
2) 친구를 데려와서 파티를 해도 괜찮아요?	
3) 방 창문에 커튼이 없는데 제가 사야 하나요?	
4) 아침에 일찍 일어나고 싶은데 아주머니가 깨워 주실 수 있을까요?	

1~3 Read the following and answer the questions.

다음을 읽고 질문에 답하십시오.

나의 인생 공연을 소개합니다!

시간이 흐를수록 더욱 생각나고 길을 걷다가도 떠오르는 좋은 공연들이 있습니다. 잊을 수 없는 장면, 늘 귀에서 맴도는 음악을 여러분과 나누고 싶습니다.

먼저, 뮤지컬 '지저스 크라이스트 슈퍼스타'를 소개합니다. 예수의 마지막 일주일 동안의 이야기를 노래한 뮤지컬입니다. 아름답고 감동적인 노래가 특징이지요. 예수를 사랑하는 마리아가 부르는 '내가 그분을 어떻게 사랑해야 하나요'는 너무나 유명한 노래입니다. 보시면 후회하지 않으실 거예요.

또 하나의 환상적인 뮤지컬 '캣츠'도 인생에서 한번은 꼭 봐야 합니다. 이 작품은 고양이가 사람처럼 춤추고 노래하는 뮤지컬입니다. 음악과 춤 그리고 웃음을 주는 이야기가 아주 감동적입니다. 아름다운 달빛 아래에서 고양이가 부르는 노래 '메모리'는 매회 관객들이 따라 부를 정도로 유명하답니다. 아이와 함께 가셔도 좋습니다.

'라따뚜이'를 아직 안 보셨다고요? '라따뚜이'는 파리에서 최고의 요리사를 꿈꾸는 작은 쥐가 성공하는 이야기입니다. 자신감을 찾고 싶으신 분은 꼭 보셔야 할 영화입니다. 애니메이션이어서 등장인물들이 아주 귀엽습니다. 이 영화를 보고 나면 아주 간단한 음식도 정성이 들어가면 훌륭한 요리가 된다는 생각을 하시게 될 겁니다. 안 보시면 후회하실걸요.

온 몸으로 감상하는 공연, 나도 모르게 춤을 추게 되는 신나는 '사물놀이'를 빼 놓을 수 없습니다. 네 개의 한국 전통 악기를 신나게 두드리고 큰 소리로 소리를 지를 때는 나도 따라 소리도 지르고 춤을 추게 됩니다. 악기 소리에 맞춰 어깨를 흔드는 동안 공연 시간이 정말 빨리 지나가 버렸습니다. 한국 문화에 관심이 있는 분은 꼭 한번 볼 만한 공연입니다. 저는 이 공연은 아마 평생 잊지 못할 것입니다. 여러분도 꼭 한번 가 보세요.

맴돌다 to linger(on)/hover(around)　등장 인물 characters/cast　정성 sincerity　흔들다 to shake

1 Summarize the performances introduced in the text and their characteristics.

이 글에서 소개한 공연과 특징을 정리하십시오.

작품명	장르	특징
1) 지저스 크라이스트 슈퍼스타	뮤지컬	아름답고 감동적인 노래
2)		
3)		
4)		

2 Select all the performance genres introduced in the text.

이 글에서 소개한 공연 장르를 모두 고르십시오.

☐ 영화 ☐ 뮤지컬 ☐ 연극 ☐ 발레

☐ 전통 음악 ☐ 현대 무용 ☐ 오페라 ☐ 인형극

3 Choose a statement that does not match the recommendation for these performances. (   )

이 공연들을 추천하는 말로 맞지 않는 것을 고르십시오.

① "요즘 입맛이 좀 없다면 '라따뚜이'를 보세요."

② "재미있는 공연을 보고 싶다면 '캣츠'를 보세요."

③ "신나는 음악을 즐기고 싶다면 '사물놀이' 공연을 보세요."

④ "성공을 꿈꾼다면 '지저스 크라이스트 슈퍼스타'를 보세요."

4 Who would you recommend a particular performance to? Why?

여러분은 누구에게 어느 공연을 추천하시겠습니까? 그 이유는 무엇입니까?

들어 봅시다

1~3 **Listen to the following and answer the questions.**
다음을 듣고 질문에 답하십시오.

1 **Why did the woman go to see the violin performance? (   )**
여자는 왜 바이올린 공연을 보러 갔습니까?

① 바이올린 연주자가 친구여서
② 클래식 음악에 관심이 많아서
③ 친구가 추천해 준 공연이어서
④ 바이올린 소리를 극장에서 직접 듣고 싶어서

2 **Mark "O" if it matches what you heard, and "X" if it doesn't.**
들은 내용과 같으면 O, 다르면 X 표시하십시오.

1) 남자는 최근에 공연을 자주 보러 다녔다. (   )
2) 여자는 연주를 듣고 악기 소리에 큰 감동을 받았다. (   )
3) 이 공연은 유명해서 공연이 시작되자마자 표가 매진됐다. (   )
4) 남자는 공연을 보고 클래식 음악에 대한 생각이 바뀌었다. (   )

3 **The following are the opinions the woman had about classical concerts before watching the performance. Fill in the blanks.**
다음은 여자가 공연을 보기 전에 클래식 음악회에 대해서 가졌던 생각입니다. 빈칸을 채우십시오.

여자의 생각: 클래식 음악회는 1) ______________ 같을 것이다.
그 의미: 클래식 음악회에 가면 2) ______________ 을/ㄹ 것이다.

4 **Have you seen a performance more than once? Talk about why you saw that performance multiple times.**
여러분은 두 번 이상 본 공연이 있습니까? 왜 그 공연을 여러 번 봤는지 이야기해 봅시다.

수면제 sleeping pills 도전하다 to challenge

1 **Fill in the blanks in the following table for the performance you would like to recommend.**

추천하고 싶은 공연에 대해서 다음 표의 빈칸을 채우십시오.

추천하고 싶은 공연		
공연 제목	백조의 호수	
내용	백조가 된 공주와 왕자의 사랑 이야기	
가격	A석: 5만 원 S석: (아마 10만 원쯤)	
장소	국립 극장	
추천 이유	• 이야기가 감동적이다 • 춤이 아름답고 환상적이다	

2 **Have a conversation recommending a performance, as shown in the example.**

보기 와 같이 공연을 추천하는 대화를 해 봅시다.

보기

가: 볼 만한 공연이 있으면 하나 추천해 주세요.

나: 볼 만한 공연이요? 지난 주말에 친구와 같이 '백조의 호수'라는 발레 공연을 봤는데 아주 좋던데요.

가: '백조의 호수'요? 어떤 내용인데요?

나: 백조가 된 공주와 왕자의 사랑 이야기인데 공연마다 내용이 좀 달라요. 그런데 제가 본 이번 공연은 마지막에 공주와 왕자의 사랑이 이루어지고 행복하게 끝나서 정말 좋았어요.

가: 재미있었겠네요. 그런데 발레 공연은 비싸지 않아요?

나: 좀 비싼 편이지요. 저는 5만 원짜리 A석에서 봤는데 S석은 한 10만 원쯤 할걸요.

가: 어디에서 하는데요?

나: 국립 극장에서 해요. 이야기가 감동적일 뿐만 아니라 춤도 정말 아름답고 환상적이에요. 꼭 한번 보세요. 후회하지 않으실 거예요.

문화

한국에서 즐길 수 있는 문화 공간

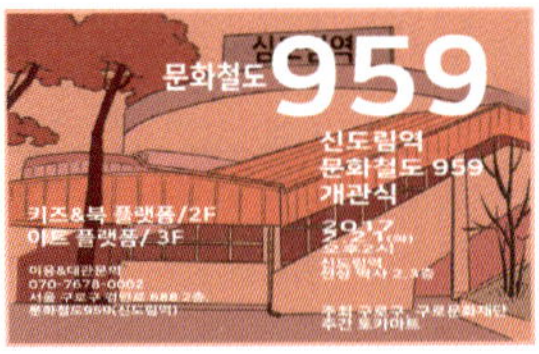

'문화철도 959'는 신도림 지하철역 안에 위치해 있는 복합 문화 공간입니다. 숫자 '959'는 구로구를 의미하는데, 지역 주민과 예술가가 자유롭게 드나드는 휴식처이자 작업 공간으로 활용할 수 있도록 만들었습니다. 이곳에는 아이들을 위한 키즈 카페가 갖추어져 있어서 가족이 함께 이용하기에 좋습니다.

이 공간은 예술가를 위한 예술 창작소와 문화 교실로 구성되어 있습니다. 예술 창작소는 작가의 작업실로 사용합니다. 문화 교실은 작가들이 미술 교육 강의를 진행하거나 지역 주민이 커뮤니티 활동을 할 수 있는 다목적 공간으로 활용되고 있습니다. 이용 시간은 평일은 오전 10시부터 오후 8시까지, 토요일은 오전 10시부터 오후 6시까지입니다.

1. 한국 문화를 체험할 수 있는 곳을 알고 있습니까?

2. 여러분 고향에 외국인에게 소개할 만한 공연이나 문화 활동이 있습니까?

memo 메모

5과 사람

01 친구가 어제 뉴스에 나오던데요

Learning Objective
To introduce a friend

Grammar
-는 모양이다, -을 뿐이다

Vocabulary
Abilities

MP3_9

- 두 사람은 무엇에 대해 이야기하고 있는 것 같습니까?
- 여러분 친구 중에 유명한 사람이 있습니까?

리사: 지난번에 이야기했던 언니 친구가 어제 뉴스에 나오던데.
선희: 응, 프랑스 파리에서 패션쇼를 했는데 평이 좋은 모양이야.
리사: 한국에서도 유명했었어?
선희: 실력을 인정받기는 했지만 그렇게 유명하지는 않았어.
리사: 요즘도 자주 만나?
선희: 친구가 너무 바빠서 겨우 전화만 할 뿐이야.

패션쇼 fashion show 평 review 실력 capability 인정을 받다 to receive recognition

1 Choose the correct word and fill in the blank.

알맞은 말을 골라 빈칸에 쓰십시오.

능력이 뛰어나다 성공하다 인기가 좋다 유명하다 인정을 받다

그 패션 디자이너는 전 세계 사람들에게 알려져 있어요. 그의 이름을 모르는 사람은 거의 없을 거예요.

보기 유명하다

그 가수는 노래도 잘하고 춤도 멋지게 춰요. 남녀노소 모두 그를 좋아해서 그 가수의 콘서트는 표를 구하기가 정말 어려워요.

1)

김 과장님은 다른 사람보다 일을 잘해요. 아무리 어려운 일을 맡아도 쉽게 해요.

2)

제 친구는 고등학교를 졸업한 후에 창업을 했어요. 지금은 중소기업 사장님이 되었어요. 그 친구는 제가 아는 사람들 중 사회에서 가장 높은 자리에 오른 사람이에요.

3)

미술계의 많은 사람들이 그 화가의 작품이 가치가 있다고 칭찬하고 작품을 사려는 사람들도 점점 많아지고 있어요.

4)

2 Introduce a person you know.

여러분이 아는 사람을 소개해 보십시오.

1) 유명한 사람	
2) 성공한 사람	
3) 인기가 좋은 사람	
4) 능력이 좋은 사람	

성공하다 to succeed 인기가 좋다 to be popular
능력이 뛰어나다 to be competent in/have an excellent capacity for

-는/은/ㄴ 모양이다 P54

1 Fill in the blank as shown in the example.

보기 와 같이 빈칸을 채우십시오.

아침에 일어나서 창문을 열어 보니 문 앞의 나뭇잎에서 물방울이 떨어지고 있었다. 내가 자는 동안 보기 비가 온 모양이다.(비가 오다) 기숙사 방 친구에게 같이 아침을 먹자고 했는데 아침을 먹는 것보다는 계속 자고 싶다고 했다. 어제 늦게까지 공부해서 1) ____________(피곤하다) 아침을 먹고 나서 혼자 집에서 나왔다.

학교에 도착해서 가방을 여니 공책이 없었다. 공책을 가져다 달라고 방 친구에게 전화했는데 전화를 받지 않았다. 방 친구는 계속 2) ____________(자다) 복도에서 지난 학기에 같이 공부한 친구를 봤는데 그 친구는 나한테 인사도 안 하고 그냥 지나가 버렸다. 3) ____________(나를 못 보다) 오늘은 왠지 외로운 기분이 든다. 요즘은 다들 시험 준비로 4) ____________(바쁘다) 시험이 끝나면 같이 노래방에 가거나 영화를 보러 가자고 해야겠다.

02 -을/ㄹ 뿐이다 P54

2 Look at the picture and complete the conversation.

그림을 보고 대화를 완성하십시오.

보기

가 : 바쁠 텐데 미안해서 어떻게 하지요?
　　정말 고마워요.

나: 괜찮습니다. 제가 해야 할 일을 했을 뿐인데요.

1) 

가: 정말 건강해지셨네요. 무슨 운동하셨어요?

나: 그래요? ____________________

2) 

가: 엠마 씨가 화가 많이 났던데요. 무슨 일이 있었어요?

나: ____________________

3) 

가: 한국어 실력이 정말 많이 좋아졌네요.

나: ____________________

4) 

가: 무슨 일 있어요? 괜찮아요?

나: ____________________

1~3 Read the following and answer the questions.

다음을 읽고 질문에 답하십시오.

제 친구 데이비드를 소개합니다.

제가 데이비드를 알게 된 것은 한 3년쯤 전입니다. 우리는 만난 지 얼마 지나지 않아서 아주 좋은 친구가 되었습니다. 회사원인 부인과 함께 두 아들을 키우고 있는 데이비드는 요리사인데 이탈리아 식당에서 일하고 있습니다.

어느 날 같이 커피를 마시면서 이야기를 하다가 이 친구와 제가 같은 전공이라는 것을 알고 놀랐습니다. 제가 전공과 관련된 일을 하지 않고 요리사가 된 특별한 이유가 있냐고 물으니까 친구는 음식을 만드는 일이 너무 좋았을 뿐이라고 했습니다. 그리고 자기가 만든 음식을 다른 사람이 행복한 마음으로 먹어 줄 때 제일 기뻤기 때문에 망설임 없이 요리사가 되었다고 했습니다.

얼마 전에 광화문 근처에 갔다가 그 친구가 일하는 식당에 놀러 간 일이 있었습니다. 친구는 행복한 미소를 지으며 손님들하고 이야기를 하고 있었습니다. 저는 그 모습을 보고 무슨 일을 하든지 자기가 하는 일에 만족하면서 기쁜 마음으로 일을 하는 사람이 이 세상에서 가장 행복한 사람이 아닐까 하는 생각을 하게 되었습니다.

1 Choose the answer that matches the content of the passage. (   )

읽은 내용과 같은 것을 고르십시오.

❶ 두 사람은 대학교 전공이 같다.

❷ 두 사람은 어렸을 때부터 친하게 지내 왔다.

❸ 이 사람은 친구를 보면서 자기 직업에 불만을 갖게 됐다.

❹ 이 사람은 요리사 친구가 요리 실력을 칭찬해 주어서 기뻐했다.

행복하다 to be happy　망설이다 to hesitate　미소를 짓다 to smile

2 **Choose the correct description for the friend David. (   )**

친구 데이비드에 대한 설명으로 맞는 것을 고르십시오.

① 이탈리아에서 식당을 운영한다.

② 대학교 전공을 살려서 취직했다.

③ 부부가 함께 식당을 운영하고 있다.

④ 지금 하고 있는 일에 아주 만족해하는 것 같다.

3 **What kind of person did this person think was the happiest?**

이 사람은 어떤 사람이 가장 행복한 사람이라고 생각합니까?

4 **What does your friend do? Introduce what your friend does for a living.**

여러분의 친구는 무슨 일을 합니까? 친구가 하는 일을 소개해 보십시오.

1~3 **Listen to the following and answer the questions.**
다음을 듣고 질문에 답하십시오.

1 Choose the answer that matches what you heard. (   )
들은 내용과 같은 것을 고르십시오.

① 여자는 지금 사귀는 남자 친구가 있다.
② 남자는 소개팅 자리에 함께 갈 예정이다.
③ 여자는 소개 받을 남자와 같은 직업을 가지고 있다.
④ 남자는 대학교 때 같은 전공을 한 친구를 소개하고 있다.

2 Write what you heard about Kim Youngsoo correctly.
김영수에 관하여 들은 내용을 맞게 쓰십시오.

1) 고향:
2) 전공:
3) 직업:

3 Mark "O" if it applies to what you heard, and "X" if it does not.
들은 내용과 같으면 O, 다르면 X 표시하십시오.

1) 김영수는 대학을 두 곳 다녔다. (   )
2) 김영수는 밝고 재미있는 성격이다. (   )
3) 김영수는 남자를 대학원에서 만났다. (   )
4) 김영수는 프랑스에서 실력을 인정 받았다. (   )

4 Do you have a cool friend in mind? Why do you think that friend is cool?
여러분이 생각하는 멋진 친구가 있습니까? 왜 그 친구가 멋있다고 생각합니까?

좀처럼 to be rare/seldom　의상 디자인 fashion design

1 Fill in the blanks and introduce your friend.

다음 빈칸을 채우고 여러분의 친구를 소개해 봅시다.

보기

제 친구 김소희는 스물한 살이고 고향은 서울입니다. 소희는 운동을 정말 좋아해서 평소에 여러 운동을 합니다.

요즘은 대학교 테니스 동아리에 가입해서 그동안 배우고 싶었던 테니스를 배우고 있다고 해요. 소희는 아주 밝고 긍정적인 성격이라서 언제나 웃는 모습으로 주위 사람들을 즐겁게 해 줍니다. 그래서 우울하고 힘들 때 소희와 같이 있으면 행복해집니다. 그래서 저는 제 친구 소희를 정말 좋아합니다.

〈내 친구〉

- 이름: ______________________
- 나이: ______________________
- 고향: ______________________
- 취미: ______________________
- 직업: ______________________
- 성격, 특징: ______________________
____
____
- 기타: ______________________
____

2 Do you have a friend who makes you feel happy? Talk about it.

여러분은 어떤 친구와 있으면 기분이 좋습니까? 이야기해 봅시다.

5과 사람

02 큰돈을 기부하기란 쉬운 일이 아닌데

Learning Objective

To talk about moving stories

Grammar

-기란, -었던 것 같다

Vocabulary

Economic Life

MP3_10

- 여자는 지금 무엇을 하는 것 같습니까?
- 여러분은 다른 사람을 도와준 적이 있습니까?

제임스: 너 그 소식 들었니?

엠　마: 무슨 이야기? 혹시 학교 앞에서 떡볶이 파시던 그 아주머니 이야기 말이야?

제임스: 응, 너도 들었구나. 20년 동안 번 돈을 학교에 기부했다는 이야기를 듣고 깜짝 놀랐어.

엠　마: 나도. 그렇게 큰돈을 기부하기란 쉬운 일이 아닌데.

제임스: 맞아. 떡볶이를 팔아서 그 돈을 모았다는 것도 놀라웠어.

엠　마: 아주머니는 자신처럼 돈이 없어 공부를 못한 사람을 돕고 싶었던 것 같아. 정말 대단하지.

혹시 by any chance　말이다 Do you mean...?　돈을 벌다 to earn money　기부하다 to donate
놀랍다 to be surprising　자신 oneself　대단하다 to be wonderful

1 Choose the correct word and fill in the blank.

알맞은 말을 골라 빈칸에 쓰십시오.

돈을 벌다	저축하다	절약하다
투자하다	기부하다	낭비하다

일을 해서 돈을 얻거나 모아요.

보기 돈을 벌다

번 돈을 쓰지 않고 은행에 모아 두어요.

1) ____________

좋은 일을 하는 것을 돕거나 다른 사람들을 돕기 위해 돈을 내요.

2) ____________

시간이나 돈 등을 쓸 데 없는 곳에 많이 써요.

3) ____________

돈이나 물건 등을 아무 데나 쓰지 않고 꼭 필요한 데만 아껴 써요.

4) ____________

이익을 얻기 위해 어떤 일에 돈, 시간을 쓰거나 노력을 해요.

5) ____________

2 Write the correct word in the blank space.

빈칸에 알맞은 말을 쓰십시오.

이미나 씨는 열심히 일을 해서 많은 보기 돈을 벌었습니다~~었습니다/았습니다/였습니다~~. 그 돈을 쓰지 않고 거의 모두 은행에 1) ____________ 었습니다/았습니다/였습니다. 미나 씨는 적은 돈도 쓸데없이 2) ____________ 는/은/ㄴ 일이 없습니다. 그런 미나 씨가 그동안 모은 돈 1,000만 원을 주식에 3) ____________ 어서/아서/여서 5,000만 원을 만들었습니다. 저는 미나 씨가 그 돈으로 무엇을 할지 궁금했습니다. 미나 씨는 얼마 전에 그 돈을 모두 어렵게 살고 있는 이웃들에게 4) ____________ 었다고/았다고/였다고 합니다. 저는 미나 씨의 이야기를 듣고 정말 감동했습니다.

저축하다 to save (money) 절약하다 to conserve/save 투자하다 to invest 낭비하다 to waste

문법 연습

Ⅰ -기란 P57

1 What do you find difficult to do? Make the following sentence.

여러분이 하기 어렵다고 생각하는 일은 무엇입니까? 다음 문장을 만드십시오.

하기 어렵다고 생각하는 일

보기 하루도 빠지지 않고 숙제한다.

1) 시험에서 모두 100점 받는다.
2) 일류 대학교에 들어간다.
3) 날마다 운동을 한다.
4)

보기 하루도 빠지지 않고 숙제하기란 쉬운 일이 아니에요.

1) ______________________
2) ______________________
3) ______________________
4) ______________________

Ⅱ -었던/았던/였던 것 같다 P57

1 What was life like for people in the past? Look at the picture and make sentences.

옛날 사람들의 생활이 어땠을까요? 그림을 보고 문장을 만드십시오.

	옛날	요즘
보기		

1)  

2)  

3)  

4)  

보기 옛날에는 수도가 없었던 것 같아요.

1) ______________________________

2) ______________________________

3) ______________________________

4) ______________________________

1~3 Read the following and answer the questions.

다음을 읽고 질문에 답하십시오.

김밥 할머니, 평생 모은 돈 고아원에 기부

여러 사건으로 씁쓸함이 남는 뉴스가 많은 가운데 최근 우리의 마음을 따뜻하게 해 주는 미담이 있다. 미담의 주인공은 김연순 할머니(72세). 김 할머니는 지난 19일 서울에 있는 한 고아원에 2억 원을 기부했다. 2억 원은 김 할머니가 그동안 결혼도 하지 않고 혼자 살면서 김밥 장사를 하여 모든 전 재산이다.

김 할머니는 어렸을 때 일찍 부모님을 잃고 고아원에서 자랐다고 한다. 처음에는 고아원 생활이 어렵기도 했지만, 고아원에서 만난 친구들과 김 할머니를 자신의 자식처럼 보살펴 주신 선생님들 덕분에 행복한 마음으로 살았다고 한다. 그러나 고아원을 나온 이후 모든 일을 혼자 책임져야 했던 김 할머니는 많은 고생을 했지만 늘 사람들에게 감사하는 마음을 잊지 않았다. 고아원에서 자신을 돌봐 주신 선생님들의 고마움을 잊지 않고자 틈만 나면 여러 가지 봉사 활동을 해 왔다고 한다. 아무리 고마운 마음이 있더라도 그것을 행동으로 옮기기란 쉬운 일이 아니기에 다수의 신문사에서 김 할머니에게 기부에 대한 인터뷰를 요청했으나 김 할머니는 사진을 찍고 싶지 않다고 하면서 "해야 할 일을 했을 뿐"이라고 겸손해했다.

1 **Write about the moving story you read above according to the following.**

위에서 읽은 미담에 대해 다음에 맞게 쓰십시오.

1) 주인공:

2) 한 일:

씁쓸하다 to be bitter 미담 a praiseworthy anecdote 재산 fortune 고아원 an orphanage
틈이 나다 to have time/a chance 겸손하다 to be humble

2 Which answer corresponds to the content of the text? (　　)

읽은 내용과 같은 것은 무엇입니까?

① 할머니는 어렸을 때 고아원에서 산 적이 있다.

② 할머니는 주말마다 고아원에서 봉사 활동을 했다

③ 할머니는 돈이 생기면 고아원에 기부하고 싶어 한다.

④ 할머니는 학교에서 만났던 선생님들에게 고마움을 전했다.

3 Mark "O" if it matches what you read, and "X" if it doesn't.

읽은 내용과 같으면 O, 다르면 X 표시하십시오.

1) 이 기사의 주인공은 김밥 장사를 했다. (　　)

2) 이 기사의 주인공은 자식들을 위해 평생을 고생했다. (　　)

3) 이 기사의 주인공은 자신의 행동을 부끄러워했다. (　　)

4) 이 기사의 주인공은 기자와의 인터뷰 후에 사진을 찍었다. (　　)

4 Talk about the moving stories you know.

여러분이 알고 있는 미담에 대해서 이야기해 봅시다.

1~3 Listen to the following and answer the questions.

다음을 듣고 질문에 답하십시오.

1 Choose the answer that matches what you heard. (   )

들은 내용과 같은 것을 고르십시오.

① 최 씨는 혼자의 힘으로 김순희 씨를 구해냈다.
② 김순희 씨의 남편은 최 씨를 도와 자신의 아내와 아들을 구했다.
③ 김순희 씨는 가족과 같이 차를 타고 강가에 갔다가 사고를 당했다.
④ 자동차가 빠진 강은 별로 깊지 않아서 차를 쉽게 끌어낼 수 있었다.

2 What would Mr. Choi have said when he declined the interview? Choose. (   )

최 씨는 뭐라고 말하면서 인터뷰를 사양했을까요? 고르십시오.

① 저는 인터뷰를 할 줄 몰라요.
② 너무 힘들어서 말도 하기 힘들어요.
③ 당연히 제가 했어야 할 일을 했을 뿐인데요.
④ 칭찬 때문에 한 건 아니지만 칭찬을 받으니까 기쁩니다.

3 Write the following according to what you heard.

들은 내용에 맞게 다음을 쓰십시오.

1) 사고를 당한 사람:
2) 구조한 사람:
3) 미담을 알린 사람:

4 Have you ever helped someone you didn't know? Talk about your experience.

여러분도 모르는 사람을 도운 적이 있습니까? 경험을 이야기해 봅시다.

강가 the riverside 신고하다 to report 구조자 rescuer 사양하다 to decline
저절로 by itself/automatically

1 Answer the questions in the chart and discuss them as shown in the example.

표의 질문에 답하고 보기 와 같이 말해 봅시다.

불이 난 집에서
주인을 구한 개

식사를 할 수 없는 아이들을
위해 매일 도시락을 준비해
주시는 아저씨

주말마다 병원에서
자원봉사를 하시는 아주머니

누가 가장 훌륭하다고 생각합니까?	주인을 구한 개	
왜 그렇게 생각합니까?	다른 사람을 구하기 위해 불이 난 집에 들어가기란 사람도 하기 힘든 일이라고 생각한다. 동물은 불을 무서워하기 때문에 더 대단하다고 생각한다.	
왜 이런 일을 한 것 같습니까?	그 개는 정말로 주인을 사랑했던 것 같다.	

보기

저는 주인을 구한 개가 가장 훌륭하다고 생각합니다.

왜냐하면 다른 사람을 구하기 위해 불이 난 집에 들어가기란 사람도 하기 힘든 일이라고 생각하기 때문입니다. 동물은 보통 불을 무서워하기 때문에 더 대단하다고 생각합니다.

그리고 이런 일을 할 수 있었던 것을 보면 그 개는 정말로 주인을 사랑했던 것 같습니다.

2 What moving stories have there been in your country recently? Talk about it.

최근 여러분 고향에서 어떤 미담이 있었습니까? 이야기해 봅시다.

문화

세종대왕

세종은 조선시대(1392–1910)의 네 번째 왕입니다. 그는 젊고 능력 있는 학자들을 기용하여 정치, 경제, 문화 면에서 훌륭한 업적을 많이 쌓았습니다. 세종은 1446년 9월에 학자들과 함께 '훈민정음'을 만들었습니다. 훈민정음은 '백성을 가르치는 바른 소리'라는 뜻으로 한글의 옛날 이름입니다. 그때까지 한반도에는 사람들의 생각과 말을 적을 수 있는 고유의 글자가 없었기 때문에 사람들은 자신의 생각을 글로 쓸 때 중국의 한자를 사용해야 했습니다. 세종은 이러한 백성들의 어려움을 덜기 위해서 배우기 쉽고 사용하기 쉬운 글자를 만들었습니다. 바로 이것이 현재의 한글입니다. 세종은 또한 과학 기술 방면에도 관심이 많아 비가 온 양을 재는 측우기나 현재 시간을 정확하게 알려주는 해시계, 물시계 등 과학 기구도 발명하였습니다. 세종은 여러 방면에서 다양한 능력을 가진 지도자이며 따뜻한 마음을 가진 한 인간으로서 현대에도 한국 사람들의 존경을 받는 인물로 남아 있습니다.

1. 여러분은 세종대왕에 관한 드라마나 영화를 본 적이 있습니까?

2. 여러분 나라 사람들이 존경하는 사람은 누구입니까?

memo 메모

01 할머니께 인사부터 드리고요

Learning Objective
To participate in family events and engage in conversations

Grammar
이라도, -어다가

Vocabulary
Family Events

MP3_11

- 이 사람은 어디에 갔습니까?
- 여러분 나라에서는 언제 가족들이 모입니까?

큰어머니: 어서 와라. 오는데 힘들었지?
수　　영: 아니에요, 큰어머니. 그동안 안녕하셨어요? 잔치 준비로 고생하셨지요?
큰어머니: 아니다. 고생은 무슨. 그런데 배고프지 않니? 빈대떡이라도 좀 먹을래?
수　　영: 우선 할머니께 인사부터 드리고요. 지금 방에 계시지요?
큰어머니: 응, 그럼 네가 이 빈대떡 좀 할머니께 가져다 드릴래? 안 그래도 지금 갖다가 드리려던 참이었거든.
수　　영: 네, 주세요. 제가 갖다가 드릴게요.

잔치 feast　고생하다 to go through trouble　빈대떡 a mung-bean pancake

1 Choose the correct word and fill in the blank.

알맞은 말을 골라 빈칸에 쓰십시오.

회갑 잔치
돌잔치
집들이
결혼식
차례

만 60세 생신에 하는 잔치
할머니, 할아버지,
술잔 돌리기, 국수

보기 회갑 잔치

새로 이사 간 집에서 하는 모임
비누, 세제, 두루마리 휴지

1)

남자와 여자가 부부가 되는 의식
신랑, 신부, 청첩장, 축의금

2)

설날이나 추석 등 명절날 아침에 하는 행사
조상, 떡, 송편

3)

아기의 첫 번째 생일에 하는 행사
돌잡이, 실, 붓, 쌀

4)

2 Write the correct word in the blank space.

빈칸에 알맞은 말을 쓰십시오.

보기 청첩장은 받았지만 너무 바빠서 후배 결혼식에 가지 못했다.

1) 우리 할아버지가 60세가 되셔서 ________ 을/를 하려고 한다.

2) 얼마 전에 이사한 친구의 ________ 에 비누와 휴지를 사 갔다.

3) 한국에서는 아기 ________ 에 갈 때는 금반지를 사 가지고 간다고 한다.

4) 추석날 아침에 음식을 차려 놓고 조상님께 감사하는 마음으로 ________ 을/를 지냈다.

회갑 잔치 60th birthday celebration 차례 memorial ceremony(for ancestors)

이라도/라도

P59

1 **What would you suggest to a friend in the following situation? Fill in the table and make sentences.**

다음과 같은 상황에 있는 친구에게 여러분은 어떤 제안을 하겠습니까? 표를 채우고 문장을 만드십시오.

친구의 상황	여러분의 제안
보기 점심을 먹고 싶은데 시간이 별로 없다.	우유를 드세요.
1) 약속 시간까지 시간이 많이 남았는데 할 일이 없다.	
2) 일 때문에 친구 생일 파티에 못 간다.	
3) 감기가 너무 심한데 병원에 갈 시간이 없다.	
4) 자동차를 사고 싶은데 차 값이 너무 비싸다.	

보기 점심을 드실 시간이 없으면 우유라도 드세요.

1) ______________________

2) ______________________

3) ______________________

4) ______________________

06 -어다가/아다가/여다가

P59

2 **What did you do last weekend? Fill in the table and make sentences.**

여러분은 지난 주말에 무엇을 했습니까? 표를 채우고 문장을 만드십시오.

어디에 갔어요?	무엇을 했어요?	그것을 가지고 어디에 가서 뭘 했어요?
보기 빵집	빵을 샀어요.	집에 가서 샌드위치를 만들었어요.
1) 도서관	소설책을 빌렸어요.	카페에 가서 읽었어요.
2) 도자기 체험관	도자기를 만들었어요.	
3) 시장		
4) 관광지		

보기 빵집에서 빵을 사다가 샌드위치를 만들었어요.

1) ______

2) ______

3) ______

4) ______

1~3 Read the following and answer the questions.
다음을 읽고 질문에 답하십시오.

한국에서는 예순 살이 되면 회갑 잔치를 한다. 특별히 예순 살 생일에 큰 잔치를 하는 이유는 무엇일까? 예순 살 생일은 어떤 특별한 의미를 가지고 있는 것일까?

물론 예순 살까지 건강하게 오래 사신 것을 축하하는 의미가 있다. 예전에는 평균 수명이 지금처럼 길지 않아서 예순 살까지 사는 사람이 많지 않았다. 그래서 집안의 어른이 예순 살이 되면 잔치를 열어서 가족은 물론 친척과 동네 사람들까지 모두 모여 함께 축하하고 기뻐했다. 그러나 단순히 건강하게 오래 살았다는 의미에서만 예순 살 생일을 축하하는 것은 아니다. 60세 생일에는 특별한 의미가 있다.

한국에서는 '띠'라는 것이 있는데 모든 한국 사람들은 태어날 때 그해의 동물을 띠로 갖게 된다. 그 동물로는 쥐, 소, 호랑이, 토끼, 용, 뱀, 말, 양, 원숭이, 닭, 개, 돼지가 있다. 그런데 동물이 모두 열두 마리이기 때문에 12년마다 다시 자기 띠가 돌아온다. 이렇게 12년씩 다섯 번을 돌아서 60세가 되면 사람이 다시 태어나는 것과 같다고 생각했다. 그래서 '인생은 60부터'라는 말도 생겼다고 한다.

그러나 요즘은 수명이 길어져서 보통 80세 이상 살다가 보니 회갑 잔치를 하지 않는 사람들이 많아지고 있다. 예순 살 생일에 회갑 잔치를 하는 대신에 여행을 가거나 가족끼리 모여 식사를 하는 것으로 60세 생일의 특별한 의미를 기념하고 있다.

1 What is the passage about? (   )
무엇에 대한 이야기입니까?

① 띠의 역사
② 회갑의 의미
③ 건강과 수명
④ 생일 잔치의 변화

수명 life expectancy 단순히 simply 띠 zodiac sign

2 Mark "O" if it matches what you read, and "X" if it doesn't.

읽은 내용과 같으면 O, 다르면 X 표시하십시오.

1) 회갑 잔치는 60세 생일에 하는 가족 행사이다. ( )

2) 옛날이나 지금이나 예순 살까지 사는 사람들은 많지 않다. ( )

3) 한국에서는 요즘 회갑 잔치 대신 여행을 가기도 한다. ( )

4) 띠는 열두 동물 중에서 그 사람이 좋아하는 것으로 정한다. ( )

3 Why do Korean people consider 60th birthdays to be special?

한국 사람들은 왜 60세 생일을 특별하게 생각합니까?

---

4 Are there any birthdays that have special meanings in your country? Talk about it.

여러분 나라에서 특별한 의미를 가지는 생일이 있습니까? 이야기해 봅시다.

1~3 Listen to the following and answer the questions.

다음을 듣고 질문에 답하십시오.

1 What is the story about? (　　)

무엇에 대한 이야기입니까?

① 부모님의 취향　② 돌잔치 방문 예절

③ 과장님의 가족　④ 아기에게 필요한 물건

2 What do you think James will take as a gift? (　　)

제임스 씨는 선물로 무엇을 가지고 갈 것 같습니까?

① 옷　② 돈

③ 신발　④ 금반지

3 Choose an inappropriate greeting from James. (　　)

제임스 씨가 할 인사로 적당하지 않은 것을 고르십시오.

① "건강하게 자라라."　② "아기가 참 잘 생겼네요."

③ "오래오래 사시기 바랍니다."　④ "축하합니다. 아기가 아주 예쁘네요."

4 Are there any special days or events for babies in your country? Talk about it.

여러분 나라에 아기를 위한 특별한 날이나 행사가 있습니까? 이야기해 봅시다.

과장 the head of the department　취향 taste　덕분에 thanks to N

1 **Summarize the family events in your country that you would like to introduce.**

소개하고 싶은 여러분 나라의 가족 행사에 대해 정리해 봅시다.

가족 행사 이름	돌잔치	
언제 합니까?	아기의 첫 번째 생일	
어디에서 합니까?	집, 호텔, 식당	
누구를 초대합니까?	가족과 친척, 친구	
무엇을 먹습니까?	흰밥, 미역국 등 한식 (아기 돌상: 백설기, 수수 경단, 대추, 미나리, 국수, 쌀, 과일)	
무엇을 합니까?	아기 동영상 보기 축하 인사와 선물 전달 생일 축하 노래하기 아기 돌잡이 하기	
기타	답례품 준비	

2 Have a conversation while showing family event photos.

가족 행사 사진을 보여 주면서 대화해 봅시다.

가: 무슨 행사를 해요?
나:
가: 언제 어디에서 했어요?
나:
가:
나:
가:
나:
가:
나:

memo 메모

6과 모임 문화

02 너한테 안부 전해 달래

Learning Objective

To send your regards

Grammar

-기만 하다, -다니요?

Vocabulary

Inquiring about one's well-being

MP3_12

- 이 사람들은 지금 무엇을 하고 있습니까?
- 여러분은 동창들과 자주 연락을 합니까?

친구: 야, 오래간만이다. 동창회 때나 네 얼굴을 보는구나. 우리 얼마 만이지?

서준: 학교 졸업하고 나서 처음이니까 한 삼 년쯤 되나? 요즘 어떻게 지내?

친구: 대학원에 가려고 준비 중인데 생각보다 할 게 많네. 그래서 요즘 운동도 못 하고 먹기만 해서 체중이 좀 늘었어.

서준: 힘들겠구나. 그런데, 수지가 안 보이네.

친구: 아까 연락이 왔는데 오늘 못 온다고 하더라. 너한테 안부 전해 달래.

서준: 못 오다니? 난 수지 보려고 왔는데.

야 Hey　준비 중이다 to be in preparation　안부 regard

1 Choose the correct word and fill in the blank.

알맞은 말을 골라 빈칸에 쓰십시오.

안부를 전하다	안부를 묻다	안부가 궁금하다	안부 전화를 하다
안부 편지를 쓰다	안부 문자를 보내다	안부 인사를 드리다	

보기 엠마 - 안부 전화를 하다

1) 고향 친구 - ______________

2) 제임스 - ______________

3) 서준 부모님 - ______________

2 Write the correct word in the blank space.

빈칸에 알맞은 말을 쓰십시오.

며칠 전 사진을 정리하다가 예전에 고등학교에 다니던 때가 생각났다. 갑자기 정 선생님의 **보기** 안부가 궁금해서~~어서/아서/여서~~ 정 선생님께 1) ________ 었다/았다/였다. 선생님과 전화로 이런저런 이야기를 하고 한 선생님께도 2) ________ 어/아/여 달라고 부탁을 드렸다. 며칠 뒤에 한 선생님한테서 3) ________ 는/은/ㄴ 안부 편지가 왔다. 그래서 다음 주에는 친구들과 같이 선생님들께 4) ________ 으러/러 학교에 갈까 한다.

안부가 궁금하다 to wonder how someone is doing

-기만 하다

P61

1 The following is an email Lisa sent to a friend. Choose the appropriate word and fill in the blank.

다음은 리사가 친구에게 보낸 이메일입니다. 알맞은 말을 골라 빈칸에 쓰십시오.

내다	자다	받다	배우다	알려 주다

미선에게

미선아, 안녕? 우리가 만나지 못한 지 벌써 한 달이나 됐구나. 넌 어떻게 지내고 있어? 난 한국에 처음 왔을 때는 수업이 끝나고 집에 돌아오면 너무 힘들어서 숙제도 못 하고 **보기** 자기만 했는데~~는데/은데/ㄴ데~~ 지금은 익숙해져서 괜찮아. 그런데 한국말이 잘 늘지 않아서 걱정이야. 수업 시간에 1) ________________ 고 직접 사용하지 않아서 그런 것 같아. 그래서 한국 친구들과 말하기 연습도 하고 내가 좋아하는 산에도 갈 수 있는 등산 동아리에 들려고 하는데, 가입 신청서를 2) ________________ 으면/면 된다고 들었어. 그런데 동아리 홈페이지에서 신청서를 받아 보니까 신청서에 자기소개도 써야 하고 생각보다 어려워. 그래서 부탁인데 신청서 쓰는 것 좀 도와줄 수 있어? 항상 도움을 3) ________________ 어서/아서/여서 미안하지만 꼭 연락해 줘. 네가 바쁘지 않은 시간을 4) ________________ 으면/면 내가 그 시간에 너를 만나러 갈게. 그리고 맛있는 밥도 살게. 항상 고마워.

리사가

-다니요? P62

2 Look at the picture and complete the conversation.

그림을 보고 대화를 완성하십시오.

보기

선생님: 여러분, 시험공부 다 했지요?
오늘 10시에 시험을 볼 거예요.
엠　마: 오늘 시험을 보다니요?
시험은 다음 주 아니에요?

1)

엠　마: 다니엘 씨, 7시 10분인데 왜 안 와요?
다니엘: 오늘 모임은 취소되었어요.
몰랐어요?
엠　마: ______________________

2)

리　사: 엠마 씨, 생일 축하해요.
엠　마: ______________________
제 생일은 다음 달이에요.

3)

엠　마: 여보세요? 올가? 잘 지내고 있지?
올　가: 응, 엠마. 오랜만이야.
나 얼마 전에 사고가 나서 병원에 입원했어.
엠　마: ______________________

4)

제임스: 엠마 씨, 숙제 다 했어요? 어려운 게 있어서
전화했어요.
엠　마: ______________________
제임스: 쓰기 숙제가 있잖아요.

1~3 **Read the following and answer the questions.**
다음을 읽고 질문에 답하십시오.

-일기-

준호? 준호!

6월 23일 금요일 맑음

오늘 처음으로 초등학교 동창회에 나갔다. 예전부터 동창회가 있다는 것은 알고 있었지만 어렸을 때의 나를 기억하는 아이들을 만나는 게 왠지 어색하고 자신이 없어서 모임에 나가지 않았었다.

며칠 전 초등학교 동창 모임에서 오늘 동창회를 한다는 이메일이 왔다. 전에는 모임 안내 메일이 오면 읽기만 하고 답장은 하지 않았다. 그런데 이번에는 주말 저녁이고 다른 계획도 없어서 나가겠다고 했다. 오랜만에 만나면 어색할까 봐 걱정했는데 친구들을 만나 보니까 금방 어색함이 사라졌다. 친구들은 외모가 많이 변하긴 했지만 옛날 얼굴이 조금씩은 남아 있어서 금방 알아볼 수 있었다. 나를 환영해 주는 애들을 보면서 좀 더 일찍 동창회에 참석하지 않은 걸 후회했다.

옛날 추억을 떠올리며 이런저런 이야기를 나누고 있는데 갑자기 한 아이가 내 옆으로 와서 인사를 했다. 처음에는 누군지 몰랐다. 하지만 한참을 본 후에 준호인 것을 알았다. 초등학교 때 준호는 그렇게 눈에 띄는 아이가 아니었고 나와 별로 친하지도 않았다. 하지만 지금은 너무 멋있는 모습으로 변해 있었다. 준호는 어렸을 때 내가 자기에게 도시락을 나눠 준 일을 이야기하면서 그때부터 나를 많이 좋아했었다고 했다. 우리는 모임이 끝날 때까지 많은 이야기를 했다. 준호가 나에 대해서 작은 것까지 자세히 기억하고 있는 걸 보고 좀 놀랐다.

모임이 끝나고 집으로 돌아오는데 나를 보던 준호의 눈빛이 자꾸 생각났다. 왠지 가슴이 설레었다. 옛날 일이지만 그렇게 멋있는 애가 날 좋아했었다니 정말 믿을 수가 없다. 준호가 다음 모임에도 나올까? 혹시 여자 친구는 있을까? 준호와 더 친해질 수 있으면 좋겠다.

왠지 somehow　어색하다 to be awkward　외모 outward appearance, looks
알아보다 to investigate/recognize　참석하다 to attend　떠올리다 to recall　이런저런 this and that
눈에 띄다 to be conspicuous　도시락 lunch box　나눠주다 to share/hand out　자세히 in detail
눈빛 glance/look　설레다 to make one's heart flutter　믿다 to believe

1 Write about how Sunyoung's feelings have changed.

선영이의 마음이 어떻게 달라졌는지 쓰십시오.

동창회에 가기 전	
동창회가 시작된 후	
동창회가 끝난 후	

2 Choose the correct description of Sunyoung's day. (   )

선영이의 오늘 하루에 대한 설명으로 맞는 것을 고르십시오.

❶ 오늘 준호와의 만남을 기대했다.

❷ 오늘 동창회에 나간 것을 후회했다.

❸ 오랜만에 친구들을 만나서 어색했다.

❹ 동창회에서 준호와 이야기를 많이 했다.

3 Mark "O" if it matches what you read, and "X" if it doesn't.

읽은 내용과 같으면 O, 다르면 X 표시하십시오.

1) 준호는 어렸을 때와 별로 달라진 점이 없다. (   )

2) 선영이는 준호에게 도시락을 나눠 준 적이 있다. (   )

3) 준호는 동창회에서 선영이에게 좋아한다고 말했다. (   )

4) 선영이는 준호를 처음 봤을 때 잘 기억하지 못했다. (   )

4 If you went to your elementary, middle, or high school reunion, who would you want to meet? Talk about it.

여러분은 초등학교나 중고등학교 동창회에 간다면 누구를 만나고 싶습니까? 이야기해 봅시다.

1~3 **Listen to the following and answer the questions.**
다음을 듣고 질문에 답하십시오.

1 **Who is sending this voice message to whom?**
이 음성 메시지는 누가 누구에게 쓰는 것일까요?

---

2 **Choose the purpose for sending this voice message. (   )**
이 음성 메시지를 보내는 목적을 고르십시오.

① 사과를 하려고 ② 축하를 하려고
③ 안부를 전하려고 ④ 감사를 드리려고

3 **Choose the answer that matches what you heard. (   )**
들은 내용과 같은 것을 고르십시오.

① 이 사람은 얼마 전에 생일이었다.
② 이 사람의 할아버지는 건강하시다.
③ 이 사람은 서울에서 부모님과 함께 산다.
④ 이 사람은 한국말 때문에 한국 생활이 어렵다.

4 **Who would you like to share the news with? Write a text message.**
여러분은 누구에게 소식을 전하고 싶습니까? 문자 메시지를 써 봅시다.

올림 Yours sincerely

1 What kind of meeting and with whom would you like to have? Write in the following table.

여러분은 누구와 어떤 모임을 하고 싶습니까? 다음 표에 써 봅시다.

보기 모임 안내

모임 이름	토픽(TOPIK) 공부 모임
대상	토픽 시험을 준비하는 사람
시간	매주 한 번 (요일과 시간은 회원들과 같이 결정)
장소	학교 근처 스터디카페
활동	• 예전 토픽 시험 문제 확인 • 일주일 동안 공부할 계획 세우기 • 어려운 단어나 문법 설명하기
기타	회비: 만 원

모임 안내

모임 이름	
대상	
시간	
장소	
활동	• • •
기타	

2 **Let's create a notice for the meeting and post it on the bulletin board.**

모임 안내문을 만들어서 게시판에 붙여 봅시다.

문화

한국의 모임 문화

한국에는 모임이 많습니다. 처음 만난 사람들을 환영하는 환영회, 다른 나라로 유학을 가거나 회사를 그만두거나 하는 사람을 위한 송별회, 학교 다닐 때 같은 반이었던 친구들을 만나는 동창회, 같은 학교 선배와 동기, 후배를 만나는 동문회가 있습니다. 또 대학교에서 같은 취미를 가진 사람들이 모이는 동아리도 있고 회사를 다니면서 취미가 같은 사람들끼리 모이는 동호회도 있습니다. 또 같은 목표를 위해서 공부하는 스터디 모임도 있습니다.

여러분도 한국에서 관심이 있는 모임에 가 보는 것은 어떻습니까? 즐거운 시간도 보내고 친구도 사귈 수 있을 거예요.

1. 여러분은 어떤 모임을 즐깁니까?

2. 여러분 고향과 한국의 모임 문화가 다른 점이 있습니까?

7과 사과

01 오히려 제가 미안한데요

Learning Objective

To apologize depending on the situation

Grammar

-지 그래요?, -고 해서

Vocabulary

Apologies

MP3_13

- 남자는 여자에게 무슨 이야기를 하는 것 같습니까?
- 여러분은 친구에게 사과할 때 어떻게 말합니까?

엠마: 어머, 수영 씨. 여기 웬일이에요?

수영: 약속이 있어서 근처에 왔다가 잠깐 들렀어요. 어제 제가 한 부탁이 부담이 됐을까 봐 걱정이 돼서요.

엠마: 아니에요. 제가 너무 직접적으로 거절을 해서 화가 난 건 아니지요?

수영: 그럴 리가요. 오히려 제가 미안한데요. 그럼 저 그만 가 볼게요.

엠마: 그냥 가려고요? 저하고 차라도 한잔하고 가지 그래요?

수영: 볼일도 있고 해서 빨리 가 봐야 해요. 차는 다음에 마시지요.

직접적으로 directly　그럴 리가요 no way　볼일 something to do/business

1 Choose the correct word and fill in the blank.

알맞은 말을 골라 빈칸에 쓰십시오.

사과하다　변명하다　용서를 빌다　양해를 구하다

"미안합니다." "죄송합니다."	보기 사과하다
"여기 좀 앉아도 될까요?" "약속 시간을 좀 바꿔도 될까요?"	1)
"용서해 주십시오." "다음부터는 이런 실수를 하지 않겠습니다."	2)
"길이 막혀서 늦었어요." "어제 몸이 좀 아파서 숙제를 못 했어요".	3)

2 Choose the correct word and fill in the blank.

알맞은 말을 골라 빈칸에 쓰십시오.

미안하다　죄송하다　사과하다　변명하다　용서를 빌다

우리는 실수나 잘못을 했을 때 다른 사람에게 보기 사과한다 ~~는다/ㄴ다/다~~. 나보다 나이가 어리거나 비슷한 나이의 친구에게는 보통 1) ________ 는다고/ㄴ다고/다고 말한다. 그러나 잘 모르는 사람이거나 나보다 나이가 많은 사람들에게는 미안하다는 말보다 2) ________ 는다는/ㄴ다는/다는 말을 한다. 나의 잘못을 그 사람에게 솔직하게 말하고 3) ________ 으면/면 사람들은 보통 마음을 풀고 용서해 준다.

변명하다 to make an excuse　용서를 빌다 to ask for forgiveness
양해를 구하다 to ask to be excused

-지 그래요? P64

1 Give advice to someone in the following situation.

다음 상황의 사람에게 조언을 하십시오.

조언을 받을 사람	조언 내용
수업 시간에 너무 아파하는 친구	보기 선생님께 말씀드리고 집에 가지 그래?
성적이 나빠서 고민하는 친구	1)
밤에 잠이 안 와서 힘들어하는 친구	2)
회사 생활을 힘들어하는 친구	3)
옆집이 시끄러워서 피곤해하는 친구	4)

-고 해서 P64

2 Fill in the chart and make sentences.

표를 채우고 문장을 만드십시오.

질문	이유	
보기 왜 저 한식집에 자주 가요?	값이 싸다	가깝다
1) 집도 가까운데 왜 택시를 탔어요?	짐이 많다	피곤하다
2) 어제는 왜 그렇게 일찍 퇴근하셨어요?		
3) 왜 설날에 고향에 안 갔어요?	할 일이 많다	표를 못 구했다
4) 왜 주말에 집에만 있었어요?		

보기 값도 싸고 해서 저 한식집에 자주 가요.

1) ______________________________

2) ______________________________

3) ______________________________

4) ______________________________

1~3 **Read the following and answer the questions.**
다음을 읽고 질문에 답하십시오.

사과 데이(Apple Day)

10월 24일. 오늘은 '사과 데이'입니다. 이것은 학교 폭력을 예방하고 사회적으로 화해 분위기를 만들기 위해 2002년부터 매년 진행하고 있는 캠페인입니다. 평소 오해와 나쁜 감정이 쌓여 있는 사람에게 사과 향기가 가득한 10월에 둘(2)이 사(4)과를 선물하면서 자연스럽게 화해하자는 뜻으로 만든 날입니다. 미안한 일이 있어도 사과하고 용서를 비는 일이 어려워서 말하지 못하는 경우가 많은데 이런 사람들에게 용기를 주고 좀 더 쉽게 사과할 수 있는 계기를 마련해 주고자 했습니다. 그뿐만 아니라 피부미용과 건강에도 좋은 사과를 많이 먹어 우리 농산물을 살리자는 의미도 있습니다.

올해는 '사과! 화해! 그리고 행복!'이라는 주제를 가지고 대도시를 중심으로 '화해의 사과나무 만들기' 등 여러 가지 다양한 기념행사를 한다고 합니다. '화해의 사과나무 만들기'는 사과 모양의 메모지에 자신이 사과할 내용을 적어 나무에 붙이는 행사라고 합니다. 오늘 '사과 데이'를 맞아 화해를 해야 할 사람이 있거나 고마운 마음을 나눌 사람이 있다면 사과 선물을 해 보면 어떨까요? 그동안 용기도 안 나고 해서 마음을 표현하지 못했던 분들이 있다면 이번 기회를 이용해 보세요. 선물을 주는 사람이나 받는 사람 모두의 얼굴이 사과처럼 밝아질 것입니다.

1 **What is the purpose of creating "Apple Day"? (   )**
'사과 데이'를 만든 목적은 무엇입니까?

① 몸과 마음의 건강을 위해서
② 사과 판매량을 늘리기 위해서
③ 따뜻한 사회 분위기를 만들기 위해서
④ 학교 폭력 문제의 심각성을 알리기 위해서

폭력 violence　예방 prevention　진행하다 to progress　용기 courage　계기 chance/opportunity
마련하다 to prepare/arrange

2 Choose the option that is not written on the "Reconciliation Apple Tree". (　　)

'화해의 사과나무'에 적은 내용이 아닌 것을 고르십시오.

① "친구야, 미안해."
② "너 나한테 사과해."
③ "부모님 말씀 잘 들을게요."
④ "자기야, 미안해. 앞으로 잘할게."

3 Mark "O" if it matches what you read, and "X" if it doesn't.

읽은 내용과 같으면 O, 다르면 X 표시하십시오.

1) 매달 24일은 '사과 데이'이다. (　　)
2) '사과 데이'를 통해서 사과도 많이 팔 수 있다. (　　)
3) 사과를 선물로 받은 사람은 사과를 준 사람과 화해해야 한다. (　　)
4) '사과 데이'에 오해가 있는 사람에게 자연스럽게 사과할 수 있다. (　　)

4 What special days are there in your country? Talk about it.

여러분 나라에는 어떤 특별한 날이 있습니까? 이야기해 봅시다.

1~3 **Listen to the following and answer the questions.**
다음을 듣고 질문에 답하십시오.

1 **Choose a suitable title for this conversation. (   )**
이 대화의 제목으로 가장 적당한 것을 고르십시오.

① 고민 ② 부탁
③ 사과 ④ 실수

2 **Mark "O" if it matches what you heard, and "X" if it doesn't.**
들은 내용과 같으면 O, 다르면 X 표시하십시오.

1) 여자는 남자가 한 말실수 때문에 당황스러웠다. (   )
2) 여자도 전에 남자에게 비슷한 실수를 한 적이 있다. (   )
3) 남자는 어제 일이 미안해서 여자에게 점심을 사려고 한다. (   )
4) 여자는 남자 친구에 대해서 반 친구들에게 말한 적이 있다. (   )

3 **What mistake did the man make? Write.**
남자는 무슨 실수를 했습니까? 쓰십시오.

____

4 **What should and should not be said when apologizing? Talk about it.**
사과할 때 해야 할 말과 하지 말아야 할 말은 무엇일까요? 이야기해 봅시다.

일부러 to do something on purpose 신경을 쓰다 to be concerned about something

1 How would you apologize in the following situation? Fill out the table and talk about it.

여러분은 다음과 같은 상황에서 어떻게 사과하겠습니까? 표를 채우고 이야기해 보십시오.

상황	사과
아르바이트 시간에 늦었다.	늦어서 정말 죄송합니다. 눈이 와서 차가 많이 밀렸습니다. 일기예보를 미리 확인하고 보통 때보다 일찍 출발했어야 했는데 제 준비가 부족했습니다. 앞으로는 미리 준비하고 늦지 않도록 하겠습니다. 오늘 늦은 대신에 그 시간만큼 더 일하겠습니다. 다시 한번 진심으로 사과드립니다. 죄송합니다.
지나가다가 후배의 휴대전화를 떨어뜨려서 화면이 깨졌다.	
길에서 걷다가 앞 사람과 부딪쳐서 내가 들고 있던 커피를 그 사람 옷에 흘렸다.	

2 Have you ever made an error or mistake but failed to apologize properly? Talk about it.

여러분은 잘못이나 실수를 했는데 제대로 사과하지 못한 적이 있습니까? 이야기해 봅시다.

7과 사과

02 다른 방법으로 미안함을 표현하기도 하거든요

Learning Objective

To talk about your experience of apologizing

Grammar

-고도, -는단 말이에요?

Vocabulary

Understanding

MP3_14

- 두 사람은 무슨 이야기를 합니까?
- 여러분은 미안할 때 어떻게 사과합니까?

리 사: 한국 사람들은 미안하다는 말을 잘 안 하나 봐요.

제임스: 맞아요. 그래서 오해를 살 때도 있어요. 그런데 무슨 일 있었어요?

리 사: 어제 어떤 사람이 길에서 저하고 부딪쳤는데도 미안하다는 말을 하지 않았어요.

제임스: 그래요? 그 사람이 부딪치고도 사과를 하지 않았단 말이에요?

리 사: 미안하다고는 하지 않고 괜찮냐고만 계속 묻더라고요.

제임스: 그랬군요. 어떤 한국 사람들은 미안하다는 말 대신에 다른 방법으로 미안함을 표현하기도 하거든요. 아마 미안해서 그랬을 거예요.

오해를 사다 to create a misunderstanding　부딪치다 to bump (against/into)　계속 continuously

1 Choose the correct word and fill in the blank.

알맞은 말을 골라 빈칸에 쓰십시오.

보기 이해하다

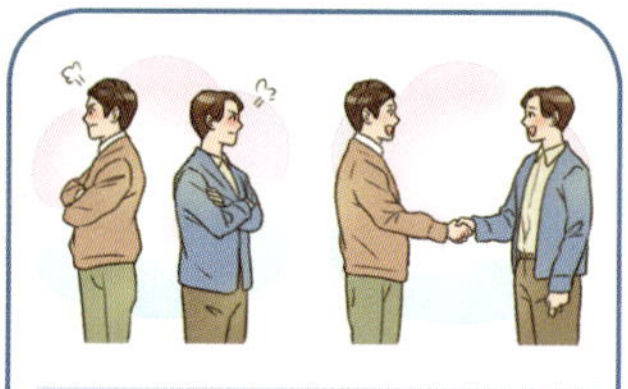

1)

2)

화해하다
이해하다
알아듣다
알아보다
설득하다

3)

4)

2 Write the correct word in the blank space.

빈칸에 알맞은 말을 쓰십시오.

> **보기**
> 초등학교 때 친구를 지금 다시 만나면 알아볼 을/ㄹ 수 있을까?

1) 그 사람은 고집이 정말 센데 네가 __________ 을/ㄹ 수 있겠어?

2) 역사 드라마는 단어가 어려워서 내용을 __________ 기가 어렵다.

3) 그 사람은 목소리가 너무 작아서 무슨 말을 하는지 __________ 을/ㄹ 수 없었다.

4) 저 두 사람은 아까 큰 소리로 싸웠는데 지금 같이 웃으면서 이야기하고 있다. 벌써 __________ 었나/았나/였나 보다.

화해하다 to reconcile　설득하다 to persuade

1 -고도

P66

1 Connect the related options and make sentences.

관계있는 것을 연결하고 문장을 만드십시오.

보기 편지를 받다	사과하지 않아요.
1) 친구를 보다	보러 가지 않았대요.
2) 그 사람은 잘못을 하다	읽지 않아요.
3) 뮤지컬 표를 예매하다	답장을 보내지 않았어요.
4) 책을 사다	인사하지 않다니요?

보기 편지를 받고도 답장을 보내지 않았어요.

1) ______________________

2) ______________________

3) ______________________

4) ______________________

❶❶ -는단/ㄴ단/단/이란 말이에요?

P66

2 The following is Lisa's diary. Read the diary and complete the conversation.

다음은 리사의 일기입니다. 일기를 읽고 대화를 완성하십시오.

오늘은 내가 좋아하는 가수 하늘의 생일이었다. 친구들과 나는 하늘의 생일을 축하해 주려고 학교에도 가지 않고 아침 일찍 서둘러 집을 나왔다. 하늘은 팬이 많아서 일찍 가지 않으면 생일 파티를 하는 동안 얼굴도 볼 수 없기 때문이다.

생일 파티는 올림픽 체조 경기장에서 했다. 경기장 앞에는 벌써 사람들이 많았다. 나중에 들으니까 10,000명도 넘게 왔다고 한다. 우리는 생일 축하 노래도 불러 주고 선물도 줬다. 하늘은 너무 행복해 보였다. 그 모습을 보니까 나도 행복해지는 것 같았다.

밖으로 나오니까 비가 오기 시작했다. 퇴근 시간에 비까지 오니까 차들이 움직이지 않았다. 우리는 버스를 기다리다가 걸어서 가기로 했다. 비를 맞으면서 한 시간이나 걸었다. 하지만 하늘의 공연을 본 게 너무 좋아서 추운 줄도 몰랐다. 행복한 하루였다.

선생님: 리사 씨, 어제 왜 학교에 안 왔어요? 어디 아팠어요?

리　사: 죄송해요, 선생님. 어제 가수 하늘의 생일 파티에 갔다 왔어요.

선생님: 가수 생일 파티 때문에 **보기** 학교에 안 왔단 말이에요?

리　사: 네, 죄송합니다. 일찍 가지 않으면 하늘을 가까이에서 볼 수 없거든요.

선생님: 그렇게 사람이 많았어요?

리　사: 네, 10,000명도 넘게 왔다고 들었어요.

선생님: 생일 파티에 **1)** ____________________

대단하네요. 생일 파티는 어디에서 했는데요?

리　사: 올림픽 체조 경기장에서요.

선생님: 리사 씨 집은 인천인데 거기까지 **2)** ____________________

그런데 리사 씨 어디 아파요? 안색이 안 좋은데요?

리　사: 어제 한 시간쯤 비를 맞았는데 감기 기운이 좀 있는 것 같아요.

선생님: 한 시간이나 **3)** ____________________

하늘을 정말 좋아하는군요. 오늘은 일찍 집에 가서 푹 쉬세요.

1~3 **Read the following and answer the questions.**
다음을 읽고 질문에 답하십시오.

실수를 했거나 잘못을 했을 때 어떻게 하면 좋을까? 다음은 사과의 방법에 대한 설명이다. 사과는 직접 만나서 하는 것이 좋다. 싸운 뒤 만나는 것이 어색하다고 생각하는 사람도 있겠지만 오히려 직접 마주 보고 이야기를 하는 것이 더욱 편안하고 자연스러운 분위기를 만들 수 있다.

사과부터 하기보다 먼저 상대방의 말을 듣는 것이 좋다. 사과부터 하는 것은 효과적이지 않다. 상대방이 왜 화가 났는지 어떤 점이 불만인지 말하게 하고 들어야 한다. 상대방이 어느 정도 화가 났고 자신의 어떤 점을 사과해야 하는지 정확하게 알아야 한다.

사과를 할 때에도 시간이 중요하다. 잘못을 한 뒤 될수록 빠른 시간 안에 사과를 하는 것이 좋지만 바로 그 자리에서 사과하는 것은 오히려 진심으로 미안한 마음이 없는 것처럼 보이기 쉽다. 싸우고 난 뒤 서로 어느 정도 화가 풀렸을 때쯤 사과를 하는 것이 좋다.

그리고 자신의 잘못이 무엇인지 정확히 알고 사과를 해야 한다. 사과의 의미로 꽃을 보내는 것은 좋은 방법이지만 만약 자신의 잘못이 무엇인지도 모르고 무조건 사과부터 하려고 한다면 상대방은 받은 꽃을 쓰레기통에 버릴 수도 있다.

1 **Choose a statement that was not mentioned in the text. (　　)**
이 글에서 말하지 않은 것을 고르십시오.

① 사과하기 좋은 시간　　② 사과할 때 주의할 점
③ 사과를 하는 적절한 방법　　④ 사과의 의미가 있는 선물

진심 sincerity/the bottom of one's heart　무조건 unconditionally　효과적이다 to be effective
불만 dissatisfaction/frustration

2 Choose the answer that matches the content of the text. (   )

이 글의 내용과 같은 것을 고르십시오.

① 사과는 할 수 있으면 여러 번 하는 것이 좋다.
② 사과는 싸우자마자 바로 그 자리에서 하는 것이 좋다.
③ 상대방의 말을 먼저 듣고 나서 사과를 하는 것이 좋다.
④ 사과하기 전에 선물로 상대방의 마음을 풀어 주는 것이 좋다.

3 How does your way of apologizing differ from this person's? Compare as shown in the example.

여러분의 사과 방법은 이 사람의 방법과 어떻게 다릅니까? 다음에 대해 보기 와 같이 비교해 봅시다.

보기

이 사람은 직접 만나서 사과하는 것이 분위기 면에서 좋다고 했는데 저는 직접 만나기 전에 먼저 편지로 사과하는 것이 좋다고 생각합니다. 얼굴을 보면 화가 났을 때의 상황이 생각나서 다시 화가 날 수 있잖아요. 편지로 얼마나 미안한지 알린 후에 만나서 진심으로 사과하는 게 어떨까요?

먼저 상대방의 말 듣기	사과부터 하기
빠른 시간 안에 사과하기	화가 풀렸을 때 사과하기
사과의 의미로 꽃 보내기	편지 보내기

4 Have you received an apology from someone recently? How did you receive the apology, and for what incident?

최근에 다른 사람의 사과를 받은 적이 있습니까? 무슨 일로 어떻게 사과를 받았습니까?

1~3 **Listen to the following and answer the questions.**
다음을 듣고 질문에 답하십시오.

1 Who is this book for?
이 책은 어떤 사람에게 필요한 책입니까?

---

2 Choose the answer that matches what you heard. ( )
들은 내용과 같은 것을 고르십시오.

① 사과할 때는 잘못한 이유를 구체적으로 설명해야 한다.
② 사과를 잘하는 것보다 실수를 안 하는 것이 더 중요하다.
③ 사과를 할 때 행동으로 미안함을 표현하는 것은 좋지 않다.
④ 사과는 잘못을 알게 되면 진실된 마음으로 바로 하는 것이 좋다.

3 Mark "O" if it matches what you heard, and "X" if it doesn't.
들은 내용과 같으면 O, 다르면 X 표시하십시오.

1) 이 책에는 사과를 해야 하는 이유가 쓰여 있다. ( )
2) 저자는 1분 이상 사과하는 것을 추천하지 않는다. ( )
3) 이 책은 '칭찬은 고래도 춤추게 한다'보다 먼저 출판됐다. ( )
4) 사과를 잘하면 나빠졌던 인간관계가 다시 좋아질 수 있다. ( )

4 Have you ever done something wrong but failed to apologize? Talk about why you couldn't apologize.
여러분은 잘못했지만 사과하지 못한 적이 있습니까? 왜 사과하지 못했는지 이야기해 봅시다.

선뜻 readily 제때 at the right time, right moment 깨닫다 to realize 순간 moment
진실하다 to be honest/sincere 행동 behavior 상황 situation

1 **Have you ever caused trouble to others due to an error or mistake you made? Fill out the following table.**

여러분의 잘못이나 실수로 다른 사람을 힘들게 한 적이 있습니까? 다음 표를 채우십시오.

사과 대상	방 친구	
잘못이나 실수	양해를 구하지 않고 기숙사 방에 다른 친구를 데려왔다.	
상대의 아픔 공감	편하게 쉬지 못해서 힘들었을 것이다.	
자신의 책임 인정	같이 사용하는 공간인데 상대방의 뜻을 물어보지 않은 것은 어떤 이유가 있어도 잘못이다.	
달라질 방법	나 자신의 편의만 생각했던 것을 바꾸겠다. 스스로 상대의 마음이 되어 생각해 보겠다.	

2 **Write a letter to that person with a sincere apology.**

진심으로 사과하는 마음을 담아서 그 사람에게 편지를 써 봅시다.

문화

비슷한 발음 때문에 생긴 실수

해외 토픽

'평창'에 가려다가 '평양'에 간 케냐인

한국말을 할 때 비슷한 발음 때문에 실수를 하는 경우가 있다. 예를 들면, 택시를 타고 '신촌'에 가려고 했는데 '시청'으로 간다거나 고속버스를 타고 '광주'에 가려고 했는데 '경주'에 가기도 한다.

케냐인 사핏 씨는 유엔(UN) 행사에 참석하기 위해 평창에 가려고 비행기를 탔다. 그런데 도착하고 보니까 그곳이 평양이었다고 한다. '평창'행 비행기를 타야 하는데 '평양'행 비행기를 탄 것이다.

이런 실수를 하지 않으려면 "연세대학교가 있는 신촌으로 가 주세요", "전라도 광주로 가는 표를 주세요"라고 그 장소에 대한 설명을 덧붙여서 말하는 것이 좋다.

1. 여러분은 한국어 발음 때문에 실수를 한 경험이 있습니까?

2. 여러분은 어떤 발음이 어렵습니까? 발음을 잘하기 위해서 어떤 노력을 합니까?

memo 메모

8과 학교생활 1

01 선생님 같은 사람이 되고 싶어요

Learning Objective

To talk about people you admire

Grammar

-었을 텐데, -거든

Vocabulary

Occupations

MP3_15

- 선희 씨가 기억하는 선생님은 어떤 분일까요?
- 여러분이 존경하는 사람은 누구입니까?

선희: 내 고등학교 때 사진 좀 봐. 이분이 우리 선생님인데 멋있으시지?

리사: 선생님을 많이 좋아했나 봐. 어떤 분이셨어?

선희: 마음이 넓으신 분이셨어. 우리 때문에 많이 힘드셨을 텐데 화를 내시는 모습을 본 적이 없어.

리사: 참 좋으신 분이네.

선희: 나도 다른 사람을 배려해 주는 우리 선생님 같은 사람이 되고 싶어.

리사: 다음 주에 동창회가 있다고 했지? 선생님을 뵙거든 존경한다고 말씀드려 봐. 흐뭇해하실 거야.

마음이 넓다 to be generous　배려하다 to be considerate　흐뭇하다 to be pleased

1 Choose the correct word and fill in the blank.

알맞은 말을 골라 빈칸에 쓰십시오.

교육자 연예인 정치인 사업가 언론인

- 학교에서 가르친다.
- 전문 지식을 다른 사람에게 잘 설명할 수 있다.

보기 교육자

- 신문이나 방송에서 새로운 소식을 전한다.
- 말재주, 글재주가 있다.

1)

- 방송에 나와서 다른 사람을 즐겁게 해 준다.
- 재주가 많다.

2)

- 국민을 대표해서 일한다.
- 지도력이 있다.

3)

- 회사를 경영한다.
- 경제를 잘 안다.

4)

2 Write the correct word in the blank space.

빈칸에 알맞은 말을 쓰십시오.

보기 가수, 배우 (연예인)

1) 기자, 아나운서 ( )

2) 사장, 회장 ( )

3) 교사, 교수 ( )

4) 대통령, 국회의원 ( )

교육자 educator 연예인 celebrity 정치인 politician 사업가 businessman 언론인 journalist

-었을/았을/였을 텐데

P68

1 Fill in the chart and make sentences.

표를 채우고 문장을 만드십시오.

내가 만난 사람	나의 추측	그 사람에게 하고 싶은 말
보기 밤 11시에 가게에 가려는 친구	그 가게는 문을 닫았을 것이다.	내일 가지 그래요?
1) 서울에서 처음 운전하신 어머니	길이 복잡했을 것이다.	운전하기가 힘들지 않으셨어요?
2) 한국어 능력 시험 고급을 본 친구	시험이 어려웠을 것이다.	
3) 여자 친구에게 영화 '살인의 추억'을 보자고 하려는 선배		
4) 밤새도록 아르바이트를 하고 돌아온 동생		

보기 그 가게는 문을 닫았을 텐데 내일 가지 그래요?

1) ______________________________

2) ______________________________

3) ______________________________

4) ______________________________

01 -거든 P69

2 Connect the related options and make sentences.

관계있는 것을 연결하고 문장을 만드십시오.

보기 공항에 도착하다	저한테 물어보세요.
1) 모르는 것이 있다	메모를 남겨 주세요.
2) 리사 씨를 만나다	이 책 좀 전해 주세요.
3) 이 약을 먹어도 낫지 않다	병원에 꼭 가셔야 해요.
4) 제가 없는 사이에 전화가 오다	먼저 전화부터 해 주세요.

보기 공항에 도착하거든 먼저 전화부터 해 주세요.

1) ________________

2) ________________

3) ________________

4) ________________

1~3 Read the following and answer the questions.

다음을 읽고 질문에 답하십시오.

존경하는 선생님께

아침저녁으로 날씨가 꽤 쌀쌀해졌어요. 선생님, 안녕하셨어요? 환절기에 선생님 건강은 어떠신지요? 그동안 자주 연락을 드리지 못해서 죄송해요.

저는 바쁘지만 잘 지내고 있습니다. 저는 아르바이트를 하면서 열심히 공부해서 이번 학기에도 장학금을 받았어요. 너무 힘들었지만 부모님 도움을 받지 않고 제힘으로 용돈도 벌고 공부할 수 있어서 보람을 느꼈어요.

선생님, 수업 시간에 자기의 꿈을 발표하라고 시키셨던 걸 기억하세요? 다른 친구들은 자신 있게 자기의 꿈을 말했는데 저는 그때 "저는 꿈이 없어요. 잘할 수 있는 것도 없고요."라고 작은 소리로 말하고 제 자리에 앉아 버렸지요. 선생님께서는 우리 발표를 다 들으시고는 이렇게 말씀하셨어요. "이름 없는 들꽃도 다 각각 향기가 있는 것처럼 너희들에게도 다 자기만이 가지고 있는 재능이 있다. 그것을 찾아 포기하지 말고 꿈을 이뤄라." 그때까지 저는 목표도 꿈도 없었고 공부를 왜 해야 하는지도 몰랐어요. '남들이 공부하니까 나도 공부해야 되나 보다' 하고 그렇게 살았지요. 선생님의 말씀을 듣고 '나도 잘할 수 있는 게 있을까? 나의 재능은 뭘까?' 곰곰이 생각해 봤어요. 여러 날 고민하다가 우연히 아프리카에서 평생을 봉사하면서 살아온 의사의 책을 읽고 그런 삶도 멋지다고 생각했어요. 그리고 저도 남을 도와주는 일을 해야겠다고 마음을 먹었어요. 그렇게 제 인생의 방향을 정하게 되었지요. 선생님의 말씀은 제게 희망을 주었고 꿈을 주었어요. 그리고 그 결과 지금은 이렇게 대학에서 사회복지학을 전공하게 되었고요. 제가 이렇게 제 꿈을 가지고 열심히 살게 된 것은 다 선생님 덕분이에요.

참, 선생님, 기쁜 소식이 하나 있어요. 내년에 저는 교환 학생으로 1년 동안 미국에 유학을 가게 되었어요. 어렵게 얻은 기회니까 더 열심히 공부해 보려고 합니다.

다음 달 중순쯤이면 시험이 끝나고 조금 여유가 생길 것 같아요. 그때 시간을 내서 꼭 한번 찾아뵙고 인사드릴게요. 선생님, 그럼 늘 건강하게 지내시고 안녕히 계세요.

10월 11일

제자 김진영 올림

용돈 pocket money　각각 each/respectively　재능 talent/ability　꿈을 이루다 to realize one's dream
목표 goal　남 others/other people　곰곰이 carefully/deeply　우연히 by chance/accidentally
평생 lifetime/one's entire life　희망 hope　사회복지학 social welfare studies
중순 the middle ten days of a month

1 **Letters are usually written in the following order. Write at least two words for the part where the following content begins in Jinyoung's letter.**

편지는 보통 다음의 순서로 씁니다. 진영이의 편지에서 다음 내용이 시작되는 부분을 찾아 두 단어 이상 쓰십시오.

받는 사람	
첫인사	
보내는 사람의 안부	
내용	
끝인사	
보낸 사람	
보낸 사람	

2 **Choose the correct description of Jinyoung. (　　)**

진영에 대한 설명으로 맞는 것을 고르십시오.

① 전공으로 사회복지학을 공부하고 있다.

② 선생님 덕분에 봉사의 중요성을 알게 됐다.

③ 지금 아르바이트를 하면서 대학원에 다닌다.

④ 이번 학기에 교환 학생으로 미국에 갈 것이다.

3 **Choose the statement that is not from the teacher.**

선생님의 말씀이 아닌 것을 고르십시오.

① 자기의 재능을 찾아 꿈을 이뤄라.

② 들에 핀 들꽃도 각각의 향기가 있다.

③ 너희들에게도 자기만의 재능이 있다.

④ 재능을 찾으려면 열심히 공부해야 한다.

4 **Has anyone given you a dream? What kind of person do you want to be?**

여러분에게 꿈을 준 사람이 있습니까? 여러분은 앞으로 어떤 사람이 되고 싶습니까?

1~3 **Listen to the following and answer the questions.**
다음을 듣고 질문에 답하십시오.

1 Choose the answer that matches what you heard. (　　)
들은 내용과 같은 것을 고르십시오.

① 학생 기자가 선생님을 만나서 인터뷰하고 있다.
② 선생님은 학생들의 문제에 대해 이야기하고 있다.
③ 학생들은 선생님의 이야기가 재미없다고 생각한다.
④ 두 사람은 인터넷으로 얻는 지식에 대해 걱정하고 있다.

2 What is the subject of the article written by the journalist? Write.
기자가 쓰는 기사의 주제는 무엇입니까? 쓰십시오.

____

3 Fill out the following table.
다음 표를 채우십시오.

학생의 질문	선생님의 대답
• 선생님의 인기 비결은 무엇입니까?	
•	
•	
•	

4 Do you have any memorable teachers? Talk about who they were.
기억에 남는 선생님이 있습니까? 어떤 분이셨는지 이야기해 봅시다.

지식 knowledge

1 Who do you admire? What would you like to ask them if you meet them? Write in the table below.

여러분이 존경하는 사람은 누구입니까? 그 사람을 만나면 무엇에 대해 질문하고 싶습니까? 다음 표에 써 봅시다.

존경하는 인물	질문하고 싶은 내용
빌 게이츠	1) 어떻게 처음 컴퓨터에 관심을 가지게 되었습니까?
	2) 처음 회사를 만들 때 힘들었던 점이 무엇입니까?
	3) 요즘 가장 관심을 가지고 있는 일은 무엇입니까?
	4) 지금까지 살면서 가장 후회되는 일은 무엇입니까?
	1)
	2)
	3)
	4)

2 Contact that person and conduct an interview. If you can't meet them in person, receive their responses via email and summarize them.

그 사람에게 연락해서 인터뷰를 해 봅시다. 직접 만날 수 없으면 이메일로 답변을 받아 정리해 봅시다.

질문	답변
1)	
2)	
3)	
4)	

8과
학교생활 1

02 같이 의논해 보도록 하자

Learning Objective
To plan school events

Grammar
-으면서도, -도록 하다

Vocabulary
MT (membership training)

MP3_16

- 두 사람은 무슨 이야기를 합니까?
- 여러분은 친구들과 보통 어디로 놀러 갑니까?

회　장: 이번 엠티는 언제 가는 게 좋을까?

제임스: 금요일 오후에 출발해서 1박 2일로 가는 게 좋겠어요. 주말에는 너무 복잡하잖아요.

회　장: 그래, 사람들이 복잡한 줄 알면서도 주말에 많이 놀러 가니까.

제임스: 그럼 장소와 일정은 어떻게 하지요?

회　장: 내일 동아리 전체 회의가 있으니까 같이 의논해 보도록 하자. 어때?

제임스: 그게 좋겠어요. 모두들 관심이 있을 테니까요.

엠티 MT (membership training)　일정 schedule　전체 all together
의논하다 to talk about something

1 Choose the correct word and fill in the blank.

알맞은 말을 골라 빈칸에 쓰십시오.

일정　회비　행사　회원　준비물　교통편　엠티　진행

- 여러 사람이 모여서 하는 특별한 활동
- 예) 졸업식
  소풍
  연극대회

보기 행사에 참여하다
행사를 열다

- 어떤 모임을 구성하는 사람들
- 예) 김영수(남, 24세, 인턴 사원)
  이지수(여, 27세, 대학원생)
  박철호(남, 21세, 대학생)

1) 동아리 ______
평생 ______
신입 ______

- 어떤 일을 하기 위해 필요한 물건
- 예) 세면도구
  운동화
  카메라

2) 수업 ______
여행 ______

- 정해진 기간 동안 해야 할 일의 계획을 날짜별로 짜 놓은 것
- 예) 9:00 학교 앞 출발
  10:00 목적지 도착
  12:00 점심 식사

3) 여행 ______
주말 ______

2 The following is an MT guide. Write the appropriate word in the blank space.

다음은 엠티 안내문입니다. 빈칸에 알맞은 말을 쓰십시오.

보기 국제학과 엠티 안내

학우 여러분, 안녕하세요? 새 학기를 맞이하여 교수님을 모시고 아래와 같이 엠티를 가기로 했습니다. 많은 참석 바랍니다.

날짜: 3월 25일　　장소: 대성리

1) ______ : 10:00　청량리 역 출발 (2) ______ : 기차)
12:00-13:30　대성리 도착 후 점심 식사
13:30-15:30　장기 자랑
15:30-17:30　자유 시간(배 타기, 자전거 타기)
18:00　서울로 출발

3) ______ : 2만 원

4) ______ : 음료수, 간식, 기타, 사진기, 비상약 등

준비물 supplies　교통편 means of transportation　진행 hosting an event

Ⅰ -으면서도/면서도 P71

1 Connect the related options and make sentences.

관계있는 것을 연결하고 문장을 만드십시오.

보기 그 사람을 잘 모르다	인사를 하지 않았다.
1) 건강에 나쁜 줄 알다	사과하지 않았다.
2) 그 사람이 화가 난 줄 알다	담배를 끊지 않았다.
3) 그는 나를 봤다	안다고 말했다.
4) 두 사람은 서로 사랑하다	결혼하지 않는다.

보기 그 사람을 잘 모르면서도 안다고 말했다.

1) ____________________

2) ____________________

3) ____________________

4) ____________________

Ⅱ -도록 하다 P71

2 What should you do if you catch a cold? Give advice to a friend who has a cold.

감기에 걸렸을 때는 어떻게 하면 좋습니까? 감기에 걸린 친구에게 조언해 주십시오.

어떻게 하면 좋을까요?	말해 봅시다
보기 푹 쉬어야 한다.	푹 쉬도록 해.
1) 따뜻한 차를 많이 마신다.	
2) 신선한 과일을 많이 먹는다.	
3)	
4)	

1~3 Read the following and answer the questions.

다음을 읽고 질문에 답하십시오.

온라인 동호회 '라면천국'은 라면을 좋아하는 사람들이 만든 모임이다. 이 모임은 10년 전에 한 라면 회사 직원이 라면을 좋아하는 사람들의 이야기를 듣고 싶어서 만들었다. 그 후 회원이 계속 늘어서 현재는 6만 7천 명이 넘는다. 한국에서 제일 큰 라면 동아리인 이 모임은 그동안 TV와 라디오 방송, 잡지, 인터넷 방송에도 여러 번 소개되었다.

이 모임의 회원들은 서로 다양한 라면 정보를 나눌 뿐만 아니라 자신만의 라면 끓이는 비법을 공개한다. 인터넷에는 김치, 치즈처럼 라면과 잘 어울리는 재료를 넣고 끓이는 간단한 요리법은 물론 라볶이나 라파게티, 잡채 라면 등 개성이 넘치는 요리법도 있다. 이들은 라면 요리 비법과 이야기들을 모아 '라면천국'이라는 책도 냈는데 이 책에 소개된 라면 요리법은 우리의 상식을 뛰어넘는다. 라면 위에 아이스크림을 올린 아이스크림 라면이나 초코 시럽을 뿌린 초코 라면 등 우리가 상상할 수 없는 것도 많다.

이들은 오프라인에서도 여러 활동을 한다. 동호회 회원들끼리 모여 전국의 유명한 라면집을 찾아다니면서 직접 먹어 보고 맛을 평가한다. 그리고 맛있는 집은 인터넷 사이트에 올려 소개한다. 이들이 낸 책에도 이렇게 찾아낸 전국의 맛있는 라면집이 소개되어 있다. 이들은 또한 라면 시식회가 열리는 곳과 라면 요리 대회에도 빠지지 않고 다니면서 새로운 맛과 요리법에 대한 서로의 생각을 나눈다.

라면천국 회원들은 자기가 좋아하는 라면을 서로 소개하며 새로운 맛과 친구를 만난다. 전국의 라면집을 찾아다니며 새로운 장소와 사람을 만나기도 한다. 또한 고아원이나 양로원 등을 방문하여 라면을 끓여 주는 봉사 활동을 통해서 보람을 느낀다. 라면을 통한 새로운 세상과의 만남, 이것이 바로 이들이 삶에서 느끼는 즐거움이다.

1 Find the main idea of each paragraph and connect them.

각 단락의 중심 내용을 찾아 연결하십시오.

첫 번째 단락 •	• 동호회 활동의 의미
두 번째 단락 •	• 동호회 '라면천국' 소개
세 번째 단락 •	• 인터넷에서의 활동
네 번짹 단락 •	• 인터넷 밖에서의 활동

천국 paradise, heaven　비법 secret method　공개하다 to make public
라볶이 a combination of ramen and seasoned sliced rice cake
라파게티 a combination of ramen and spaghetti　내다 to publish, release
상식 common sense　뛰어넘다 to exceed, go beyond　시럽 syrup　양로원 nursing home

2 Choose the correct description for the club "Ramen Paradise". (   )

동호회 '라면천국'에 대한 설명으로 맞는 것을 고르십시오.

① 라면 회사에 다니는 사람들의 모임이다.

② 한국에 있는 라면 동호회 중에서 가장 크다.

③ 동호회에서 매년 시식회와 요리 대회를 연다.

④ 온라인 동호회라서 인터넷 밖 활동은 하지 않는다.

3 Choose an answer that does not fit the description of the book "Ramen and Paradise". (   )

책 '라면천국'에 대한 설명으로 맞지 않는 것을 고르십시오.

① 이 책은 '라면천국' 회원들이 만들었다.

② 이 책은 세계의 맛있는 라면집을 소개하고 있다.

③ 이 책에 라볶이나 라파게티를 만드는 방법이 나온다.

④ 이 책에 라면 요리법뿐만 아니라 다른 이야기도 있다.

4 Are there any interesting clubs or societies that you know of? What are the good things about that club?

여러분이 알고 있는 재미있는 동아리나 동호회가 있습니까? 그 동아리의 좋은 점은 무엇입니까?

1~3 **Listen to the following and answer the questions.**
다음을 듣고 질문에 답하십시오.

1 **What are the two people talking about? (   )**
두 사람은 무엇에 대해 이야기하고 있습니까?

① 엠티 장소
② 장기 자랑 대회
③ 엠티의 장점
④ 동아리 엠티 계획

2 **Mark "O" if it applies to what you heard, and "X" if it does not.**
들은 내용과 같으면 O, 다르면 X 표시하십시오.

1) 학교에서 엠티 장소까지 약 두 시간쯤 걸린다. (   )
2) 이 사람들은 동아리 회원들과 함께 엠티를 간다. (   )
3) 선희 씨는 장기 자랑 대회의 진행을 맡을 것이다. (   )
4) 이 사람들은 노래자랑 대회가 끝나면 점심 식사를 할 것이다. (   )

3 **Write the location and schedule of the MT.**
엠티 장소와 일정을 쓰십시오.

1) 장소:
2) 일정:

4 **If you had to perform at a talent show, what would you do? Talk about it.**
여러분은 장기 자랑을 해야 한다면 무엇을 하겠습니까? 이야기해 봅시다.

나누다 to share　비상약 emergency medicine

1 Where do you want to go for the MT? Fill out your MT plans.

여러분은 어디로 엠티를 가고 싶습니까? 엠티 계획을 세워 봅시다.

행사	학과 동기 엠티	________________ 엠티
날짜	9월 8일	
장소	남이섬   	
장소 특징	호수, 숲, 경치가 아름답다. 식당 등 편의 시설이 많다. 하늘 자전거, 오리 배, 번지 점프 등 놀이 시설이 많다. 타조 등 동물도 구경할 수 있다.	
준비물	음료수, 간식, 기타, 사진기, 비상약 등	
기타	일기예보 확인 회비: 6만 원(교통비, 식비, 입장료 등)	

2 Among the MT plans your friends introduced, discuss the one you like best.

친구들이 소개한 엠티 계획 중에서 어느 것이 가장 마음에 드는지 이야기해 봅시다.

문화

선후배 문화

선배란 나보다 먼저 학교나 회사에 들어온 사람을 말한다. 학교 선배들은 후배에게 밥을 사 주기도 하고 학교생활에 대해 조언도 해 주는 고마운 존재이다. 이렇게 선배에게서 도움을 받았던 후배는 다음 해에 새로 들어오는 후배에게 밥을 사 주고 도움을 주는 선배가 된다. 그런데 요즘 학생들은 대학교에 입학하려고 재수나 삼수를 많이 해서 선배보다 나이가 많은 후배들도 흔히 볼 수 있다. 그래서 처음 만났을 때 예전처럼 '몇 학번이에요?'라며 나이를 돌려서 묻기보다 '몇 년생이에요?', '02년생이에요?'라고 직접 묻는 경우가 많다. 이제는 자기보다 나이가 많은 후배에게는 선배라도 존댓말을 쓰는 것이 예의가 되었다. 한국도 이제는 개인주의가 일반화되면서 예전만큼 선후배 사이가 가깝지 않고 밥을 사 주고 얻어먹는 문화도 많이 사라지고 있다. 하지만 여전히 한국의 선후배 문화는 한국 사람들이 집단 안에서 서로 정을 나누게 하는 데 중요한 역할을 한다.

1. 여러분에게는 어떤 선배나 후배가 있습니까?

2. 여러분은 한국의 선후배 문화에 대해서 어떻게 생각합니까?

9과 학교생활 2

01 우리 언어 교환을 할까요?

Learning Objective
To talk about language exchange

Grammar
얼마나 -는지, -고 말다

Vocabulary
Language Exchange

MP3_17

- 두 사람이 무슨 이야기를 하는 것 같습니까?
- 여러분은 외국어를 어떻게 공부합니까?

다니엘: 제임스 씨, 요즘도 중국어를 공부해요?

제임스: 아니요, 조금 배우다가 발음과 억양이 얼마나 어려운지 포기하고 말았어요.

다니엘: 외국어 공부는 정말 어려워요. 저도 영어를 배우고 있는데 쉽지가 않네요.

제임스: 그럼 우리 언어 교환을 할까요? 저도 중국어를 다시 배우고 싶거든요.

다니엘: 저도 영어를 좀 더 연습하고 싶었는데 마침 잘 됐네요. 제임스 씨는 언제 시간이 나요?

제임스: 저는 월요일이나 수요일 오후가 좋은데요.

얼마나 so　발음 pronunciation　마침 fortunately　언어 교환 language exchange
시간이 나다 to have time

1 Choose the correct word and fill in the blank.

알맞은 말을 골라 빈칸에 쓰십시오.

보기 연락처 성별 국적 모국어 기타

보기 국적	□한국 □미국 □중국 □일본 □베트남 □( )
1)	□여자 □남자
2)	□한국어 □영어 □중국어 □일본어 □베트남어 □( )
3)	☎ 010-1234-3456
교환 희망 언어	□한국어 □영어 □중국어 □일본어 □( )
4)	월요일, 수요일 오후 2시에 시간이 있습니다. 축구를 같이 할 수 있으면 좋겠습니다.

2 The following is a language exchange application form. Write your information in the table below.

다음은 언어 교환 신청서입니다. 여러분의 정보를 다음 표에 쓰십시오.

이름	
성별	
국적	
모국어	
연락처	
교환 희망 언어	

모국어 mother tongue/native language

얼마나 -는지/은지/ㄴ지

P73

1 Connect the related options and make sentences.

관계있는 것을 연결하고 문장을 만드십시오.

보기 요즘 일이 아주 많다	귀찮아 죽겠어요
1) 이 갈비가 아주 맛있다	다들 형제인 줄 알아요
2) 두 사람은 아주 많이 닮았다	둘이 먹다가 하나가 죽어도 모르겠어요
3) 그 친구가 전화를 자주 한다	화장실에 갈 시간도 없어요
4) 엠마 씨가 노래를 아주 잘 한다	진짜 가수 같아요

보기 요즘 일이 얼마나 많은지 화장실에 갈 시간도 없어요.

1) ______________________________

2) ______________________________

3) ______________________________

4) ______________________________

00 -고 말다 P74

2 Fill in the following table and talk about it.

다음 표를 채우고 이야기하십시오.

상황	바라지 않았던 결과	표현
보기 요즘 눈병이 유행해서 조심했다.	눈병에 걸렸다.	눈병에 걸리고 말았다.
1) 아침에 일찍 일어나려고 했다.	늦잠을 잤다.	
2) 운전면허시험 준비를 많이 했다.	시험에 떨어졌다.	
3) 우리 팀 선수들이 결승전에서 열심히 싸웠다.	시합에서 졌다.	
4) 이미 쇼핑을 많이 했다.	옷을 또 샀다.	

보기 요즘 눈병이 유행해서 조심했는데 눈병에 걸리고 말았어요.

1~3 Read the following and answer the questions.

다음을 읽고 질문에 답하십시오.

> 안내 게시판
>
> ________________ 구함
>
> 일본어를 배우고 싶습니다. 이 글을 보시는 일본인이나 주변에 일본인을 알고 있는 분은 연락 바랍니다. 저는 영어를 가르쳐 드릴 수 있습니다. 영화와 노래를 사랑하는 사람이면 더 좋겠습니다.
>
> 010-2123-1111 이제니

학생들은 외국어를 배우고 싶을 때 서로 언어 교환을 하기도 한다. 언어 교환을 하려면 자신이 배우고 싶은 언어와 가르쳐 줄 수 있는 언어를 써서 게시판에 붙여 함께할 사람을 찾아야 한다.

언어 교환을 하면 자연스럽게 대화를 나누면서 틀린 표현을 고칠 수도 있고 일상생활에서 자주 쓰는 표현도 배울 수 있다.

언어 교환의 가장 큰 장점은 무료로 언어를 배울 수 있다는 것이다. 서로 언어를 배우고 가르쳐 주는 방식이기 때문에 돈이 들지 않는다. 아무리 책으로 공부를 하더라도 실생활에서 직접 배운 언어를 사용하는 것이 어려워서 공부를 하다가 포기하고 마는 경우도 적지 않다. 하지만 언어를 교환하면 그 언어를 모국어로 사용하는 현지인에게 직접 언어를 배우기 때문에 외국인을 만났을 때 느끼는 두려움과 긴장감을 덜 수 있다.

서로 언어를 교환하면서 좋은 친구를 사귀게 되는 경우도 적지 않다. 취미가 비슷한 사람들끼리 만나 공부를 하다가 영화를 같이 보러 가거나 축구 경기를 같이 관람하러 가게 되기도 한다. 그러면서 좋은 친구로 우정을 쌓을 수도 있다.

1 Choose an appropriate title for the bulletin board announcement. (   )

게시판 안내문의 제목으로 알맞은 것을 고르십시오.

① 동호회 회원 구함

② 언어 교환 친구 구함

③ 같이 방 쓸 친구 구함

④ 같이 축구할 친구 구함

두려움 fear　긴장감 anxiety, tension

2 Write the biggest advantage of language exchange mentioned in the text.

이 글에서 말하는 언어 교환의 가장 큰 장점을 쓰십시오.

---

3 Choose the answer that matches the content of the text. (   )

읽은 내용과 같은 것을 고르십시오.

① 언어 교환을 하다가 연인이 되는 경우가 많다.

② 언어 교환을 포기하는 사람이 점차 늘고 있다.

③ 현지인과 언어를 연습하면 긴장감이 줄어든다.

④ 외국어 공부보다 취미 활동을 같이 하는 언어 교환이 많다.

4 Have you ever participated in a language exchange? Talk about it.

여러분도 언어 교환을 한 적이 있습니까? 이야기해 봅시다.

1~3 **Listen to the following and answer the questions.**
다음을 듣고 질문에 답하십시오.

1 **Choose the reason why the two people spoke on the phone. (　　)**
두 사람이 통화한 이유를 고르십시오.

① 친구를 소개하려고　　② 언어 교환을 하려고
③ 안부 인사를 전하려고　　④ 아르바이트를 소개하려고

2 **Mark "O" if it matches what you heard, and "X" if it doesn't.**
들은 내용과 같으면 O, 다르면 X 표시하십시오.

1) 두 사람은 친한 친구 사이이다. (　　　)
2) 남자는 주말마다 아르바이트를 한다. (　　　)
3) 두 사람은 매주 토요일 오전에 만날 것이다. (　　　)
4) 여자는 한국어를 배우고 싶어 하고 남자는 중국어를 배우고 싶어 한다. (　　　)

3 **Write down what you heard.**
들은 내용을 쓰십시오.

1) 만나는 장소:
2) 만나는 요일과 시간:
3) 만나서 할 일　• 선희:
　• 샤오밍:

4 **Fill in the table and talk about it.**
표를 채우고 이야기해 봅시다.

	보기	찾고 있는 언어 교환 친구
배우고 싶은 언어	중국어	
나이	상관없음	
언어 교환 가능 시간	월요일과 수요일 오후	
기타	축구를 좋아하는 친구였으면 좋겠음	

1 Write about the difficulties of studying a language.

언어 공부의 어려운 점을 써 봅시다.

	보기	나
한국어의 어려운 점	· 한국말 발음이 아주 어렵다. · 조사를 잘못 쓰는 일이 많다.	

2 Listen to your friends' concerns and give some advice on possible solutions.

친구들의 고민을 듣고 해결 방안을 조언해 봅시다.

보기

친구: /ㅃ/와 /ㅍ/ 발음이 잘 구분되지 않아요.

조언: 휴지를 들고 발음을 해 보세요. /ㅃ/ 발음을 할 때는 휴지가 움직이지 않지만 /ㅍ/을 발음할 때는 입 밖으로 나가는 공기가 많아서 휴지가 움직여요. /ㄲ/와 /ㅋ/, /ㅉ/와 /ㅊ/, /ㄸ/와 /ㅌ/도 같은 방법으로 발음을 구분할 수 있어요.

9과 학교생활 2

02 한국 대학원에 입학하고 싶은데요

Learning Objective

To consult and talk about college entrance and career paths

Grammar

-는답니다, -는다고 보다

Vocabulary

Counselling

MP3_18

- 이 사람은 지금 어디에 있습니까?
- 여러분은 상담실을 이용해 본 일이 있습니까?

엠　마: 선생님, 한국 대학원에 입학하고 싶은데 뭐부터 준비해야 할까요?

선생님: 우선 엠마 씨가 공부하고 싶은 전공과 학교를 생각해 봤어요?

엠　마: 네, 한국에서 국어국문학을 공부하고 싶어요. 한국대학교 국문과가 좋다고 해서 이 학교에 입학 원서를 내려고 해요.

선생님: 맞아요, 한국대학교는 국문과가 아주 유명하답니다. 그럼 먼저 대학교 성적 증명서와 졸업 증명서 그리고 자기소개서 등을 준비해야겠어요.

엠　마: 그렇군요. 그밖에 준비할 것은 없나요?

선생님: 수업을 잘 이해하기 위해서는 무엇보다 한국어 실력이 중요하다고 봐요. 그래서 한국어로 면접시험을 보는 학교도 있어요. 학교에 따라 다르니까 꼭 홈페이지를 확인해 보세요.

입학하다 to enter a school　원서 application form　접수하다 to submit
성적증명서 Grade Transcript　면접시험 an interview　그밖에 besides

1 Choose the correct word and fill in the blank.

알맞은 말을 골라 빈칸에 쓰십시오.

- 어떤 문제에 대해서 도와줄 수 있는 사람과 이야기하다
  보기 상담하다
- 다른 사람의 문제를 해결하는 데 도움이 되는 말
  1)
- 상담하는 장소
  2)
- 상담해 주시는 선생님
  3)
- 신청할 때 써야 하는 서류
  4)

상담실
상담 교사
조언
신청서
상담하다

2 You would like to seek counseling at the school counseling office. Choose the correct word and fill in the blank.

알맞은 말을 골라 빈칸에 쓰십시오.

상담실　　상담 교사　　조언　　신청서　　신청하다　　상담하다

보기 상담할 ~~을/를~~ 문제가 생기다 ➡ 1) ________ 에 가다 ➡ 상담을 2) ________

➡ 3) ________ 을/를 만나다 ➡ 문제를 이야기하다 ➡ 상담 교사의 4) ________ 을/를 듣다

➡ 문제를 해결하다

상담실 counseling center　상담 교사 counseling teacher　조언 advice
신청서 application form　상담하다 to consult/counsel

1 -는답니다/ㄴ답니다/답니다/이랍니다

P75

1 Read the following and complete the sentence.

다음을 읽고 문장을 완성하십시오.

웨이 씨에게

웨이 씨, 안녕하셨어요?

저는 작년에 국제학 수업을 같이 들었던 마이클입니다.

웨이 씨가 응원해 준 덕분에 저는 올해 한국대학교 국제학대학원에 **보기** 입학했습니다. 대학원생이 되니까 할 일도 많고 하고 싶은 일도 많아서 요즘 저는 정신없이 1) 지내고 있습니다. 한국 친구들과는 재미있게 지내고 있지만 전공 수업을 따라가기가 많이 힘듭니다. 이렇게 힘이 들 때는 교수님과 친구들 2) 생각이 많이 납니다. 정말 보고 싶습니다.

다음 주 월요일이 스승의 날이잖아요. 알고 있지요? 그런데 그 날이 3) 교수님 생신입니다. 같이 공부했던 라이언 씨, 크리스 씨, 제이미 씨하고 같이 교수님을 4) 찾아뵈려고 합니다. 웨이 씨도 바쁘지 않으면 같이 점심 식사를 하는 게 어때요? 연락 주세요.

5월 10일

마이클 씀

보기 입학했습니다. ➡ 입학했답니다.

1) 지내고 있습니다. ➡ ________________

2) 생각이 많이 납니다. ➡ ________________

3) 교수님 생신입니다. ➡ ________________

4) 찾아뵈려고 합니다. ➡ ________________

01 -는다고/ㄴ다고/다고/이라고 보다

P76

2 Write your thoughts in the following chart.

다음 표에 여러분의 생각을 쓰십시오.

	여러분의 생각
보기 수업을 한 시간 일찍 시작한다.	하루를 일찍 시작해서 시간을 효율적으로 활용할 수 있다고 봅니다.
1) 시험이 없다.	
2) 학교 안에 흡연실을 만든다.	
3) 1학년은 모두 기숙사 생활을 한다.	
4) 수업 시간에 휴대 전화 사용을 금지 한다.	

읽어 봅시다

1~3 Read the following and answer the questions.

다음을 읽고 질문에 답하십시오.

김진주 교수님께

교수님, 안녕하세요?

저는 지난 학기에 교수님 강의를 듣고 대학원 진학에 대해 상담드렸던 이안입니다. 한국에서 대학원에 진학을 해야 할지 고향에 돌아가서 취직을 해야할지 고민이 된다고 상담을 드렸었는데 기억하세요?

그때 교수님께서 한국에서 대학원에 진학하면 어떤 공부를 할 수 있고, 대학원 졸업 후에 어떤 선택을 할 수 있는지 가르쳐 주셔서 많은 도움이 되었습니다. 상담 후에 진로에 대해 더 고민을 해 보았는데 지금 제가 공부하는 전공이 정말 좋고 아직 모르는 것에 대해 더 배우고 싶은 마음이 들었습니다. 그래서 대학원 진학에 대해서 교수님과 한 번 더 이야기를 나눌 수 있을까 하여 연락을 드리게 됐습니다.

갑자기 연락드려 죄송하지만 교수님께서 다음 주에 시간이 괜찮으시면 제가 찾아뵙고 상담을 부탁드려도 될까요? 평일 오후 2시 이후에는 아무 때나 괜찮습니다. 교수님께서 편하신 요일과 시간을 알려 주시면 그때 연구실로 찾아뵙겠습니다. 그럼 답장 기다리겠습니다. 감사합니다.

이안 올림

이안 씨에게

이안 씨, 안녕하세요?

그동안 잘 지냈어요? 안 그래도 그동안 어떻게 지냈는지, 대학원에 갈 마음이 생겼는지 궁금했는데 연락줘서 고맙습니다.

그때도 말했지만 대학원에 진학을 한다고 해서 꼭 한 가지 일만 하는 것은 아닙니다. 대학원을 졸업하고 많은 일을 할 수 있답니다. 그래서 이안 씨가 무엇을 왜 공부하고 싶고, 공부를 다 한 후에 어떤 선택을 하고 싶은지 고민해 보는 것이 중요하다고 봐요. 저는 다음 주 수요일 2시가 괜찮을 것 같아요. 자세한 이야기는 만나서 합시다. 그럼 연구실에서 기다릴게요.

김진주 드림

진학 to enter school/go on to school　평일 weekday

1 **What was Ian's purpose in writing the letter? (   )**

이안 씨가 편지를 쓴 목적은 무엇입니까?

① 추천서 요청을 위해 ② 회사에 취업하기 위해
③ 강의를 수강하기 위해 ④ 졸업 후 진로 상담을 위해

2 **Choose a reason why Ian wants to consult with the professor again. (   )**

이안 씨가 교수님과 다시 상담을 하고 싶어 하는 이유를 고르십시오.

① 지난 상담에 대한 고마움을 전하고 싶다.
② 고향에 돌아갈 계획에 대해 말하려고 한다.
③ 대학교 전공을 대학원에서 더 공부해 보고 싶다.
④ 한국 생활에 대해 교수님의 다양한 조언을 듣고 싶다.

3 **Mark "O" if it matches what you read, and "X" if it doesn't.**

읽은 내용과 같으면 O, 다르면 X 표시하십시오.

1) 이안 씨는 교수님과 여러 번 상담을 했다. (   )
2) 교수님은 이안 씨에게 대학원 진학을 추천하고 있다. (   )
3) 대학원에 진학하면 졸업 후 다양한 선택을 하기가 어렵다. (   )
4) 두 사람은 다음 주에 학교에서 만나서 상담을 할 예정이다. (   )

4 **What is your dream? Discuss with a friend.**

여러분은 꿈이 무엇입니까? 친구와 이야기해 봅시다.

보기

저는 어렸을 때 초등학교 선생님이 되고 싶었습니다. 부모님께서 모두 선생님이셔서 저도 어른이 되면 부모님처럼 자상한 선생님이 되겠다고 생각했습니다. 그런데 고등학교 때 우연히 시작한 그림 그리기가 생각보다 너무 재미있어서 지금은 화가로 꿈이 바뀌었습니다. 앞으로 더 열심히 그림을 그려서 멋있는 화가가 되고 싶습니다.

1~3 Listen to the following and answer the questions.
다음을 듣고 질문에 답하십시오.

1 Choose the answer that matches what you heard. (　　)
들은 내용과 같은 것을 고르십시오.

① 남자는 평소에 상담실을 자주 이용하는 편이다.
② 남자는 여자에게 전공 선택에 대해 조언을 부탁했다.
③ 여자는 남자에게 상담실을 이용하는 방법을 설명해 주었다.
④ 두 사람을 같이 학교 상담실에 가서 상담 선생님을 만날 것이다.

2 Mark “O” if it matches what you heard, and “X” if it doesn’t.
들은 내용과 같으면 O, 다르면 X 표시하십시오.

1) 남자는 여자가 졸업 후에 취직하는 것을 부러워한다. (　　　)
2) 상담을 하기 위해서는 먼저 상담실에 상담 신청을 해야 한다. (　　　)
3) 남자는 대학원에 진학해서 대학교 전공을 계속하고 싶어 한다. (　　　)
4) 남자는 상담 선생님께 한국말 실력이 좋아지는 방법을 여쭈어볼 것이다. (　　　)

3 What are the majors of the two people? Write.
두 사람의 전공은 무엇입니까? 쓰십시오.

1) 여자:
2) 남자:

진로 caree　질문거리 questions

4 About what and with whom would you like to consult? Take a quick note and talk about it.

여러분은 무엇에 대해 누구와 상담하고 싶습니까? 간단하게 메모한 후 이야기해 봅시다.

상담내용	보기	여러분
진학	한국대학원 진학 방법	
학교생활		
한국 생활		
친구 관계		
취업		
공부		

상담자	보기	여러분
부모님		
담임 선생님		
상담 선생님	✓	
친구		
선배		
형제		

보기

저는 요즘 대학원 진학에 대해 생각하고 있습니다. 저는 한국에 오기 전에 대학교에서 경영학을 전공했는데 대학원은 한국에서 다니고 싶습니다. 한국에서 대학원에 진학하려면 어떻게 해야 하는지 상담 선생님께 여쭈어보고 싶습니다.

1 **The following is the university admission process in Korea. Is it similar to the process of entering universities in your country? Research and talk about it.**

다음은 한국의 대학교 입학 과정입니다. 여러분 나라의 대학에 입학하는 방법과 비슷합니까? 조사해서 이야기해 봅시다.

입학 원서 접수 ⇒ 서류 심사 ⇒ 면접시험 ⇒ 합격자 발표 ⇒
오리엔테이션 ⇒ 한국어 능력 시험(외국인) ⇒ 등록금 납부

보기

엠 마: 한국 대학교에 입학하려면 어떻게 해야 해요?
선생님: 먼저 입학 원서를 접수하고 졸업 증명서와 성적 증명서만 내면 돼요.
엠 마: 다른 시험은 보지 않나요?
선생님: 아니요, 면접시험도 있어요.
면접시험에 합격하면 입학할 수 있어요.
엠 마: 한국어 시험은 따로 안 보나요?
선생님: 엠마 씨는 외국인이라서 한국어 시험을 봐야 해요.
한국어 시험 결과가 5급 이하이면 '한국어 글쓰기' 수업을 들어야 해요.

2 **Talk about your college admissions experience.**

여러분의 대학교 입학 경험에 대해 이야기해 보십시오.

문화

유학생 상담 센터

한국에서 살고 있는 외국인 유학생 수는 해마다 증가하고 있습니다. 그런데 외국인들이 낯선 땅에서 공부하면서 겪어야 하는 불편은 한두 가지가 아닙니다. 이들의 어려움을 덜어주고 각종 정보를 제공하기 위해 전용 상담 센터가 문을 열었습니다.

외국인 유학생 상담 센터에서는 한국의 유학 제도와 장학금, 입학 시험 등 성공적인 한국 유학 생활에 필요한 내용을 각국의 언어로 상담해 주고 있습니다. 외국인 유학생을 위한 국내 생활 안내책을 만들어 나누어 주는 것은 물론 우수한 유학생들의 국내 기업 취업 지원의 기회도 확대해 나가고 있습니다. 유학생 상담 센터를 이용하게 되면 유학생들이 앞으로 한국에서 좀 더 편하게 생활을 할 수 있을 것으로 기대됩니다.

1. 여러분은 한국 생활의 어려움을 해결하기 위해 어떻게 합니까?

2. 여러분은 유학 생활이나 생활 상담을 위한 센터를 알고 있습니까?

10과 부탁과 거절

01 사진 좀 찍어 주실 수 있으세요?

Learning Objective

To ask for a favor depending on the situation

Grammar

-다니, 담화 표지

Vocabulary

Favors and Requests

MP3_19

- 두 사람은 지금 어디에 있습니까?
- 여러분은 모르는 사람에게 부탁을 해 본 적이 있습니까?

리 사: 이렇게 가까이에서 기린을 볼 수 있다니 너무 신기하다. 여기에서 사진 한 장 찍고 가자. 저기 지나가는 아저씨한테 부탁해 볼까?

(지나가는 아저씨에게 사진기를 내밀며)

제임스: 저, 죄송하지만 사진 좀 찍어 주실 수 있으세요?

아저씨: 아, 저요? 네, 찍어 드릴게요. 이걸 누르기만 하면 돼요?

제임스: 네, 그리고 뒤에 있는 기린도 나오게 찍어 주세요.

아저씨: 어, 뒤로 한 발짝만 물러나시면 더 좋을 것 같은데요.
자, 이제 찍습니다. 하나, 둘, 셋.

제임스: 정말 감사합니다.

지나가다 to pass by 내밀다 to hand over 기린 giraffe 발짝 a step 물러나다 to move backwards

1 Please choose the appropriate words and make a request suitable for the situation.

알맞은 말을 골라 상황에 맞게 부탁해 보십시오.

보기

지나가는 사람에게 사진 촬영을 부탁할 때
① 죄송하지만, 사진 좀 찍어 주세요.
② 실례지만, 사진 좀 찍어 주실 수 있으세요?
③ 죄송하지만, 사진 좀 찍어 주시겠어요?
④ 실례지만, 사진 좀 부탁해도 될까요?
⑤ 괜찮으시면, ______________________.

1) 처음 보는 사람에게 길을 물을 때

2) 식당에서 자리가 없어서 모르는 사람과 같이 앉아야 할 때

3) 윗사람과의 약속 시간을 미뤄야 할 때

4) 선생님께 인사를 가고 싶어서 전화할 때

2 Please write an appropriate request expression for the following situation.

다음 상황에 적절하게 부탁 표현을 써 보십시오.

상황	친구에게 부탁하기	모르는 사람에게 부탁하기
1) 영화관에서 자리 바꿔 달라고 하기	• •	• •
2) 분리수거 방법 물어보기	• •	• •

-다니

P78

1 Fill in the table and make sentences.

표를 채우고 문장을 만드십시오.

놀랄 만한 사실	하고 싶은 말
보기 한여름에 눈이 온다.	믿을 수가 없다.
1) 떡볶이 1인분에 10,000원이다.	비싸서 사 먹을 수가 없겠다.
2) 두 사람이 싸워서 1년 동안 말을 안 하고 있다.	
3) 제임스 씨가 4년 동안 장학금을 받았다.	
4) 그 일을 혼자 다 했다.	

보기 한여름에 눈이 오다니 믿을 수가 없네요.

1) ______

2) ______

3) ______

4) ______

02 담화 표지

P78

2 **Please converse by inserting the appropriate discourse markers in the next conversation.**

다음 대화에 알맞은 담화 표지를 넣어 대화하십시오.

<담화 표지> 아 / 어 / 음 / 자 / 저 / 저기 / 저기요 / 여기요
있잖아 / 뭐더라 / 글쎄요

보기

가: 저 , 선생님, 부탁드릴 게 있는데요.

나: 그래요? 뭔데요?

1) 가: 오늘 점심은 어디에서 먹을까?

나: ________, 냉면은 어때? 학교 앞에 냉면집이 새로 생겼던데 거기 가 볼까?

2) 가: ________, 혹시 최 선생님 아니세요?

나: 그런데 누구신지요? ________, 미선 씨 맞지요?

3) 가: 어제 우리가 간 식당 이름이 뭐였지요?

나: ________, 기억이 잘 안 나네요. 어제 같이 간 서준 씨한테 물어봅시다.

4) 가: ________, 비빔밥 두 그릇 주세요.

나: 네, 알겠습니다.

1~3 Read the following and answer the questions.

다음을 읽고 질문에 답하십시오.

옛날 옛날에 숲속 시냇가에 엄마 청개구리와 아들 청개구리가 살았습니다. 아들 청개구리는 말썽만 부리는 장난꾸러기였고 엄마가 무슨 일을 시키면 늘 반대로 해서 엄마를 속상하게 했습니다.

"아들아, 숲에는 들쥐들이 다니니까 위험해. 오늘은 바람도 불고 날씨가 나쁘니까 밖에 나가지 마라." 하고 엄마 청개구리가 말하면, "싫어, 나는 친구들과 밖에서 놀 거야."라고 말했습니다. 또 "아들아, 오늘은 노래 연습을 하자. 자, 따라해 봐. 개굴개굴 개굴개굴." 하고 엄마가 노래를 부르면, "싫어 엄마, 난 내 마음대로 부를 거야. 굴개 굴개 굴개굴개."라고 했습니다. 어느 비가 많이 오는 날, 엄마 청개구리는 아들에게 "물이 많은 곳에는 도마뱀이 있으니까 가면 큰일 난다."라고 말했습니다. 이 말을 들은 아들 청개구리는 "음……, 싫어, 난 도마뱀 구경하러 갈 거야." 하며 이번에도 엄마 말을 듣지 않고 도마뱀을 구경하러 나갔습니다.

언제나 반대로만 행동하는 아들 때문에 엄마 청개구리는 자나 깨나 걱정이 많았습니다. 엄마 청개구리는 언제나 "네가 이렇게 말을 안 듣다니 너무 속상하구나."라고 말했지만 아들은 엄마의 말을 듣지 않았습니다. 결국 엄마 청개구리는 아들을 걱정하다가 병에 걸리고 말았습니다. 약을 먹어도 병이 낫지 않았습니다. 엄마 청개구리는 자신이 죽을 때가 가까이 온 것을 알고 아들 걱정으로 마음이 무거웠습니다. 그래서 하루는 아들을 불렀습니다. 엄마는 죽은 뒤에 산에 묻히고 싶었습니다. 하지만 뭐든지 반대로만 하는 아들은 산에 묻어 달라고 하면 시냇가에 묻을 것 같았습니다. 그래서 엄마 청개구리는 아들에게 "내가 죽으면 산에 묻지 말고 시냇가에 묻어라."라는 유언을 남기고 눈을 감았습니다.

엄마가 돌아가시자 아들 청개구리는 너무 슬펐습니다. 그동안 말을 듣지 않고 엄마 속을 썩였던 자기의 잘못을 깨달았습니다. 아들은 엄마의 마지막 부탁을 꼭 들어 드리고 싶어서 엄마를 시냇가에 묻었습니다. 여름이 되니까 비가 많이 내렸습니다. 아들 청개구리는 시냇가에 있는 엄마의 무덤이 떠내려갈까 봐 걱정이 되었습니다. "엉엉, 엄마 제가 잘못했어요. 엄마 무덤을 제가 지켜 드릴게요." 그래서 비가 오는 날이면 아들 청개구리는 엄마 청개구리 무덤 옆에서 '개굴개굴' 운다고 합니다.

시냇가 stream/creek　청개구리 green frog　말썽을 부리다 to cause trouble　장난꾸러기 prankster
들쥐 field mouse　도마뱀 lizard　마음이 무겁다 to have a heavy heart　유언 one's last words
눈을 감다 to shut one's eyes　속을 썩이다 to worry (about)/ weigh on one's mind
무덤 grave　떠내려가다 to be washed away

1 What is something that the son frog did not do? (　　)
아들 청개구리가 한 행동이 아닌 것은 무엇입니까?

❶ 친구들과 놀기　　❷ 도마뱀 구경하기
❸ 들쥐 잡으러 다니기　　❹ 노래 거꾸로 부르기

2 Why does son frog cry when it rains? (　　)
아들 청개구리가 비가 오는 날 우는 이유는 무엇입니까?

❶ 섭섭해서　　❷ 무서워서
❸ 그리워서　　❹ 걱정이 되어서

3 Mark "O" if it matches what you written, and "X" if it doesn't.
읽은 내용과 같으면 O, 다르면 X 표시하십시오.

1) 엄마 청개구리는 산에 묻히고 싶어 했다. (　　)
2) 엄마 청개구리는 아들 때문에 병에 걸렸다. (　　)
3) 아들 청개구리는 엄마의 무덤이 떠내려가서 울었다. (　　)
4) 아들 청개구리는 엄마의 유언에 따라 시냇가에 엄마를 묻었다. (　　)

4 Is there a request you could not listen to?
여러분은 들어 주지 못한 부탁이 있습니까?

1~3 Listen to the following and answer the questions.
다음을 듣고 질문에 답하십시오.

1 Please choose the reason why the woman left a message for the owner. (   )

여자가 주인아저씨께 메시지를 남긴 이유를 고르십시오.

① 방을 옮기려고
② 수리를 부탁하려고
③ 다른 집으로 이사하려고
④ 주인아저씨가 먼저 메시지를 남겨서

2 Mark "O" if it matches what you heard, and "X" if it doesn't.

들은 내용과 같으면 O, 다르면 X 표시하십시오.

1) 여자는 이사한 지 얼마 안 됐다. (   )
2) 여자는 3층 사람과 방을 바꾸고 싶어 한다. (   )
3) 여자가 이사 간 건물 3층에 빈방이 많이 있다. (   )
4) 여자는 주인아저씨가 전화를 받지 않아서 메시지를 남겼다. (   )

3 Choose the problem that occurred in the woman's house. (   )

여자가 사는 집에 생긴 문제를 고르십시오.

① 방이 어둡다.
② 따뜻한 물이 안 나온다.
③ 근처에서 시끄러운 소리가 난다.
④ 3층에 사는 사람 때문에 불편하다

4 Please write the landlord's answer to the woman's request.

여자의 부탁에 대한 주인의 대답을 써 봅시다.

올가 씨, 안녕하세요?

주인 드림

욕실 수도 bathroom taps/faucet

1 Is there a favor you would like to ask of someone else? Talk about it.

여러분은 다른 사람에게 부탁하고 싶은 것이 있습니까? 이야기해 봅시다.

부탁하고 싶은 것	부탁하는 말
선생님께 시험을 먼저 보게 해 달라고 부탁드리기	다니엘: 선생님, 저, 부탁드릴 게 있는데요. 선생님: 뭔데요? 말해 보세요. 다니엘: 저, 쓰기하고 듣기 시험 보는 날 인턴십 면접을 보러 가야 해서요. 말하기 시험 보는 날 쓰기하고 듣기도 같이 볼 수 있을까요? 선생님: 시험을 보고 가면 안 돼요? 다니엘: 네, 면접 시간이 정해져서 꼭 그 시간에 가야 해요. 죄송합니다. 선생님: 그래요? 그럼 좋은 방법을 찾아 봅시다.

2 When you have a difficult situation, do you tend to ask others for help, or do you prefer to handle it alone?

여러분은 어려운 일이 있을 때 다른 사람에게 부탁을 하는 편입니까? 혼자 해결하는 편입니까?

10과 부탁과 거절

02 좀 곤란할 것 같은데요

Learning Objective

To decline with appropriate expressions

Grammar

-는다지요?, -을 건가요?

Vocabulary

Refusal and Rejection

MP3_20

- 두 사람은 어떤 관계입니까?
- 여러분은 모르는 사람에게 부탁을 해 본 적이 있습니까?

다니엘: 과장님, 이번 일요일에 중국 거래처에서 손님이 오신다지요?

과　장: 네, 귀한 손님들이 오시는 거니까 신경 써서 준비해 주세요.

다니엘: 과장님도 공항에 마중 나가실 건가요?

과　장: 네, 그렇지 않아도 다니엘 씨한테 부탁을 하려고 했어요. 혹시 그 날 저녁에 통역을 해 줄 수 있어요?

다니엘: 일요일 저녁이요? 그땐 좀 곤란할 것 같은데요. 중요한 선약이 있어서요.

과　장: 그래요? 그럼 다른 사람을 찾아 보지요.

거래처 a business connection　귀하다 to be precious

마중을 나가다 to go out and meet someone　통역 interpretation　곤란하다 to be difficult

1 Please choose the appropriate words to decline the request.

알맞은 말을 골라 부탁을 거절해 보십시오.

보기

- 그랬으면 좋겠는데 ______
- 도와 드리고 싶지만 ______
- 말씀은 감사하지만 ______
- 죄송합니다.
- 다음에 기회가 있으면, ______
- 생각해 보겠습니다. 다음에 연락드릴게요.

1) 직장 동료: 이 일을 내일까지 끝내야 하는데 시간이 부족해요. 도와줄 수 있어요?
   나: ______

2) 직장 상사: 다음 주말에 우리 집에서 생일 파티를 하려고 하는데 올 수 있나요?
   나: ______

3) 소개받은 남자/여자: 좋은 영화가 있는데 같이 보시겠어요?
   나: ______

4) 학교 선배: 이번에 괜찮은 아르바이트가 생겼는데 같이 해 볼래?
   나: ______

2 When do you use the following titles? Choose the correct words and fill in the blanks.

다음 호칭은 언제 사용할까요? 알맞은 말을 골라 빈칸에 쓰십시오.

보기 사장 대리 과장 오정희

-는다지요?/ㄴ다지요?/다지요?

P81

1 Read the following news and complete the conversation.

다음 뉴스를 읽고 대화를 완성하십시오.

보기

어제 강릉 지방에 갑자기 내린 큰 눈으로 출근길 시민들이 큰 불편을 겪었습니다. 교통사고가 많이 발생한 데다가 계속 내리는 눈 때문에 강릉 시내 일부 도로는 자동차가 다니지 못하고 있습니다. 기상청은 오늘 1~3㎝의 눈이 내렸고 내일 아침까지 2~6㎝의 눈이 더 내릴 것으로 예보했습니다.

다니엘: 선희 씨, 어제 강원도에 눈이 많이 **보기** 왔다지요?

선 희: 네, 저도 뉴스에서 봤어요.

다니엘: 사람들이 많이 1) ______________________

선 희: 네, 갑자기 눈이 많이 내렸으니까요.

다니엘: 교통사고도 많이 2) ______________________

선 희: 네, 그렇대요.

다니엘: 아직도 일부 도로는 3) ______________________

선 희: 그 도로를 이용해야 하는 분들은 불편하겠어요.

다니엘: 그렇겠네요, 내일도 눈이 4) ______________________

선 희: 네, 내일도 많이 올 거래요. 눈이 오면 불편한 일이 많기는 하지만 저는 서울에도 눈이 왔으면 좋겠어요.

-을/ㄹ 건가요? P81

2 As an employee, fill in the following table and complete the conversation.

여러분이 직원이 되어 다음 표를 채우고 대화를 완성하십시오.

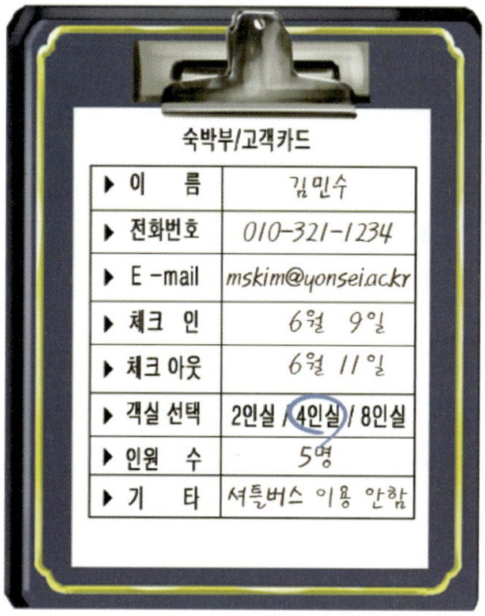

숙박부/고객카드

이 름	김민수
전화번호	010-321-1234
E-mail	mskim@yonsei.ac.kr
체크 인	6월 9일
체크 아웃	6월 11일
객실 선택	2인실 / 4인실 / 8인실
인원 수	5명
기 타	셔틀버스 이용 안함

직원: 연세 펜션입니다.

손님: 네, 방을 예약하려고 하는데요.

직원: 언제 **보기** 이용하실 건가요?

손님: 이번 주 금요일이요.

직원: 며칠 동안 1) ______

손님: 이틀이요.

직원: 어느 객실을 2) ______

손님: 아이들까지 다섯 명인데 어떤 방이 좋을까요?

직원: 가족 모두 함께 방을 3) ______

손님: 네, 같은 방을 쓸 거예요.

직원: 그럼 4인실이 좋을 것 같은데 예약해 드릴까요?

손님: 네, 그렇게 해 주세요.

직원: 그리고 기차역에 셔틀버스가 있는데 4) ______

손님: 아니요, 괜찮습니다. 차를 갖고 갈 거라서요.

1~3 **Read the following and answer the questions.**
다음을 읽고 질문에 답하십시오.

내가 뭘 잘못한 걸까?

12월 21일 맑음

지난 주말에 동아리 후배에게서 전화를 받았다. 알게 된 지 얼마 되지 않아서 그렇게 친한 사이라고는 생각하지 않았는데 갑자기 부탁을 하는 것이었다. 그 후배는 "선배님, 저번에 새로 샀다고 했던 카메라 혹시 주말에 쓰실 건가요? 안 쓰시면 저에게 빌려주실 수 있나요?"라고 하며 카메라를 빌려 달라고 했다. 그 후배는 주말에 친구들과 크리스마스 파티를 할 계획인데 그때 카메라를 쓰고 싶다고 했다. 그 카메라는 내가 오랫동안 아르바이트를 해서 산 전문가용 카메라이고 나도 아직 써 보지 않아서 빌려주고 싶지 않았다. 그런 이유를 대면서 곤란하다고 했는데 후배는 알겠다며 기운 없는 목소리로 짧게 인사를 하고는 전화를 끊었다.

그리고 오늘 동아리 방에서 그 후배를 만났는데 나를 보고도 인사를 하지 않았다. 내가 먼저 말을 걸었는데도 대답에도 성의가 없었다. 아무 일도 없던 것처럼은 힘들겠지만 그렇다고 인사조차 하지 않는 후배의 모습에 나도 기분이 안 좋아졌다. 부탁에 거절 한 번 한 것 가지고 이런 인간관계가 될 거였다면 처음부터 그 후배와 나는 가까워질 관계가 아니었나 하는 생각도 들었다. 내가 뭘 그렇게 잘못한 걸까?

1 **Choose the answer that matches the content of the text. (　　)**
읽은 내용과 같은 것을 고르십시오.

① 후배와 나의 인간관계는 깊고 오래됐다.
② 나는 후배에게 아끼는 물건을 빌려주고 후회했다.
③ 부탁을 거절한 후 후배와의 관계는 전보다 안 좋아졌다.
④ 후배의 부탁을 들어주고 싶었지만 거절할 수밖에 없었다.

기운이 없다 to have no energy　성의가 없다 to be insincere

2 **Please choose the mood of this person. (　　)**

이 사람의 기분은 어떨지 고르십시오.

① 기대되고 설렌다.

② 우울하고 답답하다.

③ 시원하고 뿌듯하다.

④ 초조하고 걱정된다.

3 **Choose the appropriate phrase to decline a request. (　　)**

이 사람은 후배의 부탁에 어떻게 말했을까요?

① 글쎄, 크리스마스 때 내가 써야 해.

② 미안하지만 내가 쓰고 난 후에 빌려줄게.

③ 고맙지만 나도 쓰는 방법을 몰라서 빌려줄 수가 없어.

④ 생각해 보겠지만 산 지 얼마 되지 않아서 빌려주고 싶지 않아.

4 **What would you do if you received a request like this? Talk about it. (　　)**

여러분이라면 이런 부탁을 받으면 어떻게 하겠습니까? 이야기해 봅시다.

1~3 **Listen to the following and answer the questions.**
다음을 듣고 질문에 답하십시오.

1 **Choose the most appropriate title for the book mentioned in this conversation. (　　)**
이 대화에서 나온 책의 제목으로 가장 적당한 것을 고르십시오.

① 거절 당할 용기　　② 거절을 거절하라
③ 거절하지 않는 남자　　④ 나를 위해 거절합니다

2 **Check all the points these people felt after watching the performance.**
들은 내용과 같으면 O, 다르면 X 표시하십시오.

1) 남자가 읽은 책은 콤플렉스에 관한 것이다. (　　)
2) 남자는 곤란한 부탁을 받으면 쉽게 거절하는 성격이다. (　　)
3) 여자는 평소에 부탁을 받으면 거절하기 어려워하는 성격이다. (　　)
4) 이 책은 부탁을 받으면 마음 편하게 승낙하는 것이 좋다고 한다. (　　)

3 **Write the two methods mentioned in this book.**
이 책에서 말하는 두 가지 방법을 쓰십시오.

1) ______________________

2) ______________________

이기적이다 to be selfish　한계 limit　파악하다 to grasp

4 The following are the results of a survey in which 10,000 Korean men and women were asked, "What are your excuses or lies for refusing to lend money when you don't want to?" Talk about how you say no when you don't want to lend money.

다음은 한국인 남녀 만 명에게 물어본 '돈을 빌려주기 싫을 때 거절하는 핑계나 거짓말은 무엇입니까?'에 대한 설문 조사 결과입니다. 여러분은 돈을 빌려주기 싫을 때 어떻게 거절하는지 이야기해 봅시다.

순위	내용
1	나도 요즘 거지야. 밥도 못 사 먹어.
2	급히 쓸 데가 있는 돈이라서.
3	내 카드 값도 못 냈어.
4	나도 엄마한테 매일 용돈 받아.
5	친구에게 돈을 빌려주면 친구, 돈 둘 다 잃어.
6	방금 다른 친구한테 빌려줬는데, 좀 일찍 말하지.
7	야~ 나도 지금 너한테 돈을 빌려 달라고 하려던 참이었어.
8	나도 이거 빌린 돈이야.
9	좀 전에 모두 다 써 버렸는데.
10	미안해! 이거 친구에게 돌려줄 돈이야.

1 What is a recent request you made? Talk about it.

여러분이 최근에 한 부탁은 무엇입니까? 이야기해 봅시다.

과제 돈 일 물건

소개 이사

2 Ask a family member or friend for a favor via text message. Discuss the response you receive.

가족이나 친구에게 문자 메시지로 부탁을 해 봅시다. 그리고 받은 답장의 내용을 이야기해 봅시다.

부탁 대상	
부탁 내용	
답장 내용	

문화

부드러운 거절

친한 사람의 부탁을 직접적으로 거절하기란 여간 어려운 일이 아니다. 그래서 한국 사람들은 꼭 거절을 해야 할 때 "아니요, 못 하겠어요."라고 직접적으로 거절하는 대신 "생각해 볼게요.", "다음에 연락 주세요."라고 말하면서 부드럽게 거절을 한다. 그러나 이렇게 거절을 하면 부탁한 사람은 거절당한 줄 모르고 오해를 하기도 한다. 오랜만에 반 모임에 참석하고 돌아왔을 때 반 친구한테서 사귀자는 메시지가 온다면 여러분은 어떻게 거절할 것인가?

1. 부탁한 사람이 기분 상하지 않도록 거절하는 좋은 방법을 알고 있습니까?

2. 여러분은 마음에 들지 않는 사람에게서 고백을 받는다면 어떻게 하겠습니까?

Workbook 301

YONSEI KOREAN for college students

1과 01 취미가 뭐예요?

어휘

1 Choose the word that does not fit in the blank space.
빈칸에 들어갈 말로 맞지 않는 것을 고르십시오.

보기 저는 시간이 있으면 ________ 을/를 해요.

운동	여행	~~춤~~	독서

1) 제 취미는 ________ 감상이에요.

연극	영화	그림	악기

2) 제 취미는 ________ 을/를 두는 것이에요.

우표	장기	바둑	체스

3) ________ 을/를 치면 시간이 정말 빨리 가요.

낚시	골프	테니스	탁구

4) 주말에는 친구들과 ________ 을/를 해요.

등산	축구	요리	자전거

5) 여러 나라를 여행하면서 ________ 을/를 모으는 것을 좋아해요.

엽서	음악	동전	열쇠고리

2 Choose the correct word to fill in the blank.
알맞은 말을 골라 빈칸에 쓰십시오.

세계	거의	가능하다	마음을 먹다	모으다	시간을 내다

보기 교실에 걸려 있는 세계 지도에서 우리나라를 찾아 봤어요.

1) 잠깐만 기다려. 일이 ________ 다 끝났어.

2) 오토바이를 사려고 돈을 ________ 고 있어요.

3) ________ 으면/면 오늘 저녁까지 그 일을 끝내 주세요.

4) 내년에 유학을 가기로 ________ 었어요/았어요/였어요.

5) 이번 주말에는 꼭 ________ 어서/아서/여서 할머니를 찾아뵐 거예요.

-던데요

3 **The following is Yuka's diary. Read the diary and complete the conversation.**
다음은 유카의 일기입니다. 일기를 읽고 대화를 완성하십시오.

> 5월 11일 토요일 맑음
> 한국 친구와 같이 경복궁에 다녀왔다. 신촌에서 가깝고 **보기** 입장료도 아주 쌌다. 주말이어서 그런지 **2)** 구경 온 사람들이 많았다. 나와 같은 외국인들도 많았다.
> 경복궁은 옛날에 왕이 살던 곳으로 **3)** 오래된 건물과 연못이 있어서 아주 멋있었다. **4)** 사람들은 여기저기에서 사진을 찍고 있었다. 우리도 천천히 구경을 하면서 사진을 찍었다. 한참 가다가 보니까 **5)** 민속 박물관이 있었다. **7)** 거기에서는 옛날 사람들의 생활 모습을 알 수 있어서 좋았다. 오늘 경복궁과 민속 박물관을 보고 한국의 역사와 문화를 많이 알게 되었다. 다음에 한가할 때 다시 가서 천천히 구경하고 싶다.

유카: 어제 경복궁에 갔다가 왔어요.

수지: 그래요? 저도 한번 가 보고 싶었는데……. 여기에서 가까워요?

유카: 네, 가까워요. 그리고 **보기** 입장료도 아주 싸던데요.

수지: 주말이어서 사람들이 많았지요?

유카: 네, **1)** ________________ 던데요.

수지: 경복궁은 어떤 곳이에요?

유카: 옛날에 왕이 살았던 곳이에요. **2)** ________ 던데요.
그래서 그런지 사람들이 여기저기에서 **3)** ________________

수지: 그래요? 그런데 경복궁만 구경하고 왔어요?

유카: 아니요, 한참 걸어가니까 그 옆에 **4)** ________________
그래서 거기도 들어가서 구경했어요.

수지: 민속 박물관은 어땠어요?

유카: **5)** ________________
한국의 역사와 문화에 대해서 많이 배웠어요.

수지: 좋았겠어요. 저도 다음에 꼭 가 봐야겠어요.

4 Look at the picture and complete the conversation.
그림을 보고 대화를 완성하십시오.

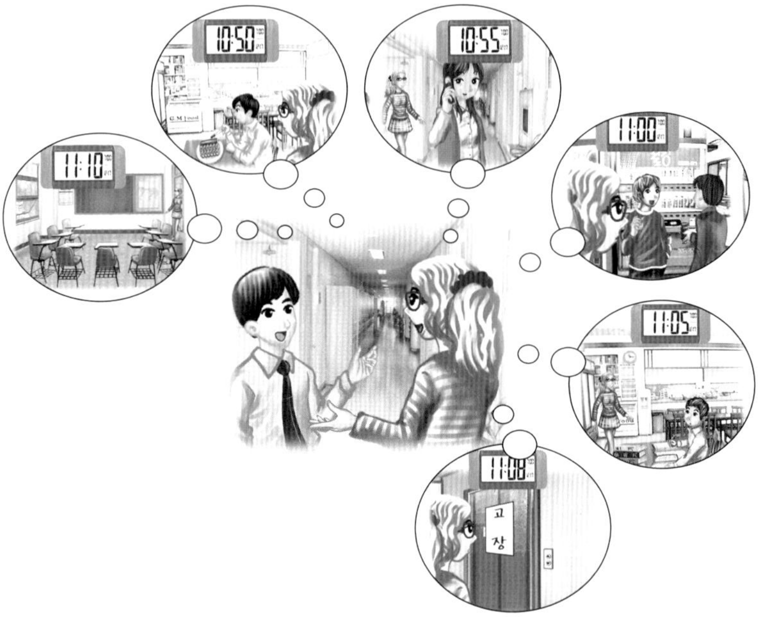

선생님: 올가 씨, 교실에 학생들이 다 있지요?

올　가: 아니요, 보기 아무도 없던데요.

선생님: 그래요? 샤오밍 씨도 없어요?

올　가: 네, 아까 샤오밍 씨를 봤는데 1) ______

선생님: 그럼, 수지 씨는요?

올　가: 2) ______

선생님: 에릭 씨도 봤어요?

올　가: 네, 3) ______

선생님: 히로시 씨는요?

올　가: 4) ______

선생님: 그래요? 곧 수업 시작할 테니까 올가 씨가 친구들 좀 불러 줄래요?

올　가: 네, 그럴게요.

선생님: 엘리베이터를 타고 내려가세요.

올　가: 아까 보니까 5) ______
빨리 뛰어갔다 올게요.

■■ -고요

5 Look at the chart and complete the conversation.
다음 표를 보고 대화를 완성하십시오.

	히로시	유카
독수리 카페	넓다, 분위기가 좋다.	시끄럽다, 커피가 맛없다.
몸짱 헬스장	비싸다, 사람이 많다.	깨끗하다, 시설이 좋다.
학교 앞 서점	책이 많다, 값이 싸다.	복잡하다, 친절하지 않다.
드라마 '오징어 게임'	무섭다, 한국말이 어렵다.	재미있다, 유명한 배우가 나온다.

수 지: 히로시 씨, 독수리 카페에서 모임을 하려고 하는데 어때요?
히로시: 좋아요. 거긴 아주 보기 넓어요. 분위기도 좋고요.
유 카: 그렇지만 거긴 좀 1) ____________ ____________

수 지: 유카 씨, 새로 생긴 몸짱 헬스장이 좋아요?
유 카: 네, 아주 2) ____________ ____________
히로시: 하지만 너무 3) ____________ ____________

수 지: 히로시 씨, 학교 앞 서점이 어때요?
히로시: 4) ____________ ____________
유 카: 하지만 좀 5) ____________ ____________

수 지: 유카 씨, 드라마 '오징어 게임' 봤어요? 어때요?
유 카: 6) ____________ ____________
히로시: 하지만 좀 7) ____________ ____________

6 Look at the following table and complete the conversation.

다음 표를 보고 사용해 대화를 완성하십시오.

보기 레스토랑: 오늘의 메뉴 할인	스테이크(15,000원 → 7,000원), 후식 제공
1) 김치 담그기 대회	외국인만 가능, 해외 교포도 가능
2) 백화점 세일	10% 할인, 10만 원 이상 사면 상품권 제공
3) 문화 체험	태권도 배우기, 한국 음식 만들기
4) 주스 할인 판매	3,000원 → 2,000원, 두 개 사면 하나 더(2+1)

보기

가: 스테이크는 얼마예요?

나: 오늘만 스테이크가 7,000원이에요. 후식도 드리고요.

1) 가: 한국 사람도 김치 담그기 대회에 나갈 수 있어요?

나: 아니요, ______________________

2) 가: 내일부터 백화점 세일인데 얼마나 할인되는지 아세요?

나: 네, ______________________

3) 가: 이번 문화체험은 뭘 한다고 해요?

나: ______________________

4) 가: 주스를 왜 이렇게 많이 샀어요?

나: ______________________

1과 02 앞집에 이사 온 리사라고 해요.

어휘

1 Write the correct word in the blank space.
알맞은 말을 골라 빈칸에 쓰십시오.

인사를 가다　인사를 받다　인사를 드리다　인사를 시키다　인사를 나누다

지난주에 큰아버지 댁에 보기 인사를 갔어요~~었어요/았어요/였어요~~. 큰아버지 댁에 도착해서 먼저 할아버지께 1) ________ 었어요/았어요/였어요. 2) ________ 으신/신 할아버지께서는 왜 이제 왔냐고 하시면서 아주 기뻐하셨어요. 그리고 할아버지께서는 저를 친척들에게 3) ________ 어/아/여 주셨어요. 아주 어렸을 때 봤기 때문에 누가 누군지 잘 몰랐어요. 친척들과 4) ________ 는/은/ㄴ 후에 다 같이 식사를 했어요. 식사를 하면서 친척들과 이런저런 이야기를 하니까 금방 친해졌어요. 앞으로는 자주 찾아뵈어야겠어요.

2 Write the correct word in the blank space.
알맞은 말을 골라 빈칸에 쓰십시오.

이사 떡　그렇지 않아도　궁금하다　맛을 보다　부탁하다

보기 한국에서는 이사를 하면 이사 떡을~~/를~~ 돌리는 풍습이 있다.

1) 제가 케이크를 만들었는데 한번 ________ 으세요/세요.

2) 혹시 ________ 는/은/ㄴ 것이 있으면 저한테 물어보세요.

3) 저는 아는 사람이 ________ 으면/면 거절을 못 해요.

4) 전화해 주셔서 고마워요. ________ 한번 찾아가 보려던 참이었어요.

-으려던 참이다

3 **Complete the following conversation.**
다음 대화를 완성하십시오.

> 보기
> 가: 지금 서점에 갈 건데 같이 안 갈래요?
> 나: 좋아요. 그렇지 않아도 겨울 옷이 필요해서 가려던 참이었어요.

1) 가: 에어컨 좀 꺼도 돼요?
   나: 네, 저도 ____________________
   너무 오래 켜니까 머리가 아프네요.

2) 가: 늦어서 미안해. 음식은 주문했어?
   나: 아니, ____________________
   넌 뭐 먹을래?

3) 가: 자장면이 아직도 안 오는데 다시 전화해 봤니?
   나: 지금 ____________________
   그런데 중국집 전화번호가 몇 번이었지?

4) 가: 미선 씨, 지금 집 앞에 방금 도착했는데 빨리 나오세요.
   나: 네, 저도 지금 ____________________
   조금만 기다려 주세요.

5) 가: 앉아서 공부만 하니까 졸리네요. 커피 마시러 안 갈래요?
   나: 좋아요. 그렇지 않아도 ____________________

4 **Look at the picture and complete the conversation.**
그림을 보고 대화를 완성하십시오.

엄마: 아침은 먹었니?

아들: 보기 지금 막 먹으려던 참이었어요.

엄마: 10시인데 아직도 안 먹었니? 그럼, 네 방 청소는 다 했지?

아들: 아직이요, **1)** ______________________________

엄마: 지금까지 아무것도 안 했다고? 혹시 너 컴퓨터 게임하는 것 아니야? 빨리 꺼!

아들: 알겠어요. 저도 지금 **2)** ______________________________

부인: 언제 퇴근할 거예요?

남편: 지금 막 **3)** ______________________________ 으려던/려던 참이에요.

부인: 빨리 오세요. 참, 여행사에 전화해서 비행기표를 예약했지요?

남편: 아직. 지금 **4)** ______________________________

아침에는 시간이 없어서 못 했어요.

부인: 그런데 노랫소리가 들리네요. 지금 어디에 있어요? 사실대로 말해요.

남편: 응, 사실은 노래방이에요.

하지만 지금 **5)** ______________________________ 금방 갈게요.

00 -을 텐데

5 Connect the following two sentences into one sentence.
다음 두 문장을 한 문장으로 연결하십시오.

보기 거기는 춥다 •	• 미리 준비하세요.
1) 백화점은 비싸다 •	• 안으로 들어갑시다.
2) 가족들이 걱정하다 •	• 오늘 밤에 출발합시다.
3) 곧 영화가 시작되다 •	• 시장에 가는 게 어때요?
4) 내일 아침은 교통이 복잡하다 •	• 두꺼운 옷을 가져가세요.
5) 취직할 때 성적 증명서가 필요하다 •	• 빨리 집에 전화하세요.

보기 거기는 추울 텐데 두꺼운 옷을 가져가세요.

1) ______________________

2) ______________________

3) ______________________

4) ______________________

6 Mr. Hiroshi has come to Korea on a business trip. He is talking to the person who came to pick him up at the airport. Complete the conversation.
히로시 씨가 한국에 출장을 왔습니다. 공항에서 마중 나온 사람과 이야기를 합니다. 대화를 완성하십시오.

김준호: 비행기를 오래 타고 오셔서 힘드시죠?
히로시: 괜찮습니다. 보기 바쁘실 텐데 ~~을/ㄹ 텐데~~ 이렇게 마중을 나와 주셔서 고맙습니다.
김준호: 뭘요. 1) ______________ 을/ㄹ 텐데 가방을 저한테 주세요. 제가 들어드릴게요.
히로시: 아니에요. 괜찮습니다.
김준호: 2) ______________ 을/ㄹ 텐데 식사부터 할까요?
히로시: 네, 좋습니다.

(식사 후)

김준호: 잘 드셨습니까?
히로시: 네, 맛있게 먹었습니다. 참, 지난번에 말씀드린 서류 내일까지 부탁드리겠습니다.
3) ______________ 을/ㄹ 텐데 ______________
김준호: 아닙니다. 저희가 해야 할 일인데요.
그럼 호텔로 갈까요? 오늘은 4) ______________ 을/ㄹ 텐데 푹 쉬세요.

2과 01 건강해야 뭐든지 할 수 있어요

어휘

1 Choose the correct word and fill in the blank.
알맞은 말을 골라 빈칸에 쓰십시오.

고혈압 불면증 비만 스트레스 운동 부족 흡연

보기
가: 회사일 때문에 신경을 많이 쓰니까 머리도 아프고 식욕도 없어요.
나: 스트레스 때문입니다. 마음을 편하게 하시고 좀 쉬세요.

1) 가: 요즘 통 잠을 잘 수가 없어요.
나: ________ 인 것 같습니다. 이 약을 드시면 잘 주무실 수 있을 겁니다.

2) 가: 의사 선생님, 제 아이가 어떻습니까?
나: 키에 비해서 몸무게가 너무 많이 나갑니다.
이렇게 계속 살이 찌면 ________ 아동이 될 수 있습니다.

3) 가: 제 혈압이 다른 사람보다 높지요?
나: 네, 아주 높습니다. ________ 이니까/니까 조심하셔야 합니다.

4) 가: 선생님, 제가 담배를 꼭 끊어야 하나요?
나: 물론이지요. ________ 처럼 건강에 나쁜 것은 없어요.

5) 가: 요즘 몸무게가 자꾸 늘어서 고민이에요. 혹시 무슨 병이 있는 게 아닐까요?
나: 운동을 안 하지요? 특별한 병은 아니고 ________ 인 것 같군요.
내일부터 운동을 시작하십시오.

2 Choose the correct word and fill in the blank.
알맞은 말을 골라 빈칸에 쓰십시오.

과로 안색 뭐니 뭐니 해도 몸살이 나다 무리하다 잃다

보기 직장인들 중에는 과로로으로/로 쓰러지는 사람들이 많다.

1) 진수 씨의 ____________ 이/가 안 좋네요. 아픈가 봐요.
2) 한국의 대표적인 음식은 ____________ 김치예요.
3) 아무리 돈이 많아도 건강을 ____________ 으면/면 소용이 없다.
4) 아직은 병이 다 나은 것이 아니니까 너무 ____________ 지 마십시오.
5) 어제 하루 종일 추운 곳에서 떨어서 그런지 ____________ 었다/았다/였다.

문법

-어야

3 Rewrite the following sentence.
다음 문장을 바꾸십시오.

보기 한국말을 잘하려면 연습을 많이 해야 해요.
→ 연습을 많이 해야 한국말을 잘할 수 있어요.

1) 비행기를 타려면 여권이 있어야 해요.
→ ____________ 어야/아야/여야 ____________

2) 좋은 자리에 앉으려면 일찍 가야 합니다.
→ ____________ 어야/아야/여야 ____________

3) 회의를 시작하려면 참석자가 모두 와야 합니다.
→ ____________ 어야/아야/여야 ____________

4) 수업을 들으려면 오늘까지 등록해야 합니다.
→ ____________ 어야/아야/여야 ____________

5) 운전면허 시험을 보려면 18세 이상이 되어야 합니다.
→ ____________ 어야/아야/여야 ____________

4 **Complete the following conversation.**
다음 대화를 완성하십시오.

<최고의 상을 받은 방법이 뭐예요?>

보기 과학자

1) 맛있는 음식을 만드는 요리사

2) 올림픽에서 금메달을 딴 선수

3) 슈퍼 모델 대회에서 1등을 한 여자

4) 자동차를 제일 많이 판 사람

5) 좋은 영화를 많이 만든 영화감독

보기 하루도 쉬지 않고 연구해야 좋은 결과를 얻을 수 있어요.

1) ______________________________

2) ______________________________

3) ______________________________

4) ______________________________

5) ______________________________

08 -는다면

5 What would you do if you were in the following situation? Write your answer.
여러분이 다음과 같은 상황이라면 어떻게 하겠습니까? 대답을 쓰십시오.

상황	하고 싶은 일	대답
보기 돈과 시간이 많다.	✔ 세계 여행을 한다. □ 갖고 싶었던 것을 산다.	돈과 시간이 많다면 세계 여행을 하고 싶어요.
1) 고등학교 때로 다시 돌아간다.	□ 재미있게 논다. □ 공부를 열심히 한다.	
2) 앞으로 1년밖에 살 수 없다.	□ 남은 시간을 가족과 같이 보낸다. □ 하지 못했던 일을 한다.	
3) 내가 부모이다.	□ 공부하라고 하지 않는다. □ 야단치지 않는다.	
4) 아무도 없는 섬에 혼자 간다.	□ 컴퓨터를 가지고 간다. □ 강아지를 데리고 간다.	
5) 옛날 사람을 만날 수 있다.	□ 세종대왕을 만나고 싶다. □ 돌아가신 할아버지를 만나고 싶다.	

6 Complete the following conversation.
다음 대화를 완성하십시오.

보기
가: 네가 선생님이면 어떻게 할 거야?
나: 내가 선생님이라면 시험을 보지 않겠어.

1) 가: 복권에 당첨되면 무엇을 하고 싶어요?
나: ________ 는다면/ㄴ다면 ________

2) 가: 이 세상에서 전쟁이 없어지면 어떨까요?
나: ________

3) 가: 한국말을 한국 사람처럼 잘하면 뭘 하고 싶어요?
나: ________

4) 가: 옛날로 돌아갈 수 있으면 언제로 돌아가고 싶어요?
나: ________

5) 가: 다시 태어나면 어떻게 살고 싶어요?
나: ________

2과 02 김치라든가 된장 같은 음식은 대표적인 건강식이죠

어휘

1 Choose the correct word and fill in the blank.
알맞은 말을 골라 빈칸에 쓰십시오.

곡류 생선류 육류 발효식품 인스턴트식품

종류	식품	열량(kcal)
보기 곡류	밥 1공기	149
1)	김치 100g	67
2)	생선 1마리	250
3)	햄버거 1개	458
4)	소고기 100g	250

2 Choose the correct word and fill in the blank.
알맞은 말을 골라 빈칸에 쓰십시오.

건강식 김장 귀찮다 대표적이다 번거롭다 손이 많이 가다

보기 날마다 일기를 쓰는 것은 좀 귀찮지만 한국어 공부에 큰 도움이 된다.

1) 바쁘실 텐데 ______________ 게 해 드려서 죄송합니다.
2) 동대문은 조선 시대의 ______________ 는/은/ㄴ 건축물이에요.
3) 영양제를 먹는 것보다 ______________ 을/를 먹는 게 더 좋아요.
4) 예전에는 겨울이 오기 전에 ______________ 을/를 하는 것이 주부들의 가장 큰 일이었어요.
5) 약과는 ______________ 는/은/ㄴ 음식이지만 맛도 좋고 영양도 풍부해서 많은 사람들이 좋아한다.

문법

이라든가

3 Look at the following chart and complete the conversation.
다음 표를 보고 대화를 완성하십시오.

학용품	장난감	책	액세서리	생활용품	건강식품
공책	공	소설	반지	커피 메이커	인삼
연필	자동차	잡지	목걸이	커피 잔	꿀
필통	북	만화책	귀걸이	액자	녹차

보기
가: 초등학교에 입학하는 조카가 있는데 무슨 선물이 좋을까요?
나: 연필이라든가 필통 같은 학용품을 사 주는 게 좋을 것 같아요.

1) 가: 세 살짜리 아이한테 무슨 선물을 하면 좋을까요?
나: ________ 이라든가/라든가 ________ 같은 ________________

2) 가: 병원에 입원해 있는 친구한테 가려고 하는데 뭘 가지고 가는 게 좋을까요?
나: ________ 이라든가/라든가 ________ 같은 ________________

3) 가: 곧 여자 친구의 생일인데 무슨 선물을 받으면 기뻐할까요?
나: ________ 이라든가/라든가 ________ 같은 ________________

4) 가: 다음 달에 친구가 결혼을 하는데 무슨 선물이 좋을까요?
나: ________________________________

5) 가: 다음 주 토요일이 할머니 생신인데 무슨 선물을 사는 게 좋을까요?
나: ________________________________

4 Complete the following conversation.
다음 대화를 완성하십시오.

보기
가: 한국 사람들은 어디에서 결혼식을 많이 해요?
나: 예식장이라든가 교회 같은 곳에서 많이 해요.

1) 가: 시간이 나면 뭘 해요?
나: ________________________________

2) 가: 무슨 운동을 좋아해요?
나: ________________________________

3) 가: 어떤 음료수를 준비할까요?

나: ______________________________

4) 가: 신혼여행은 어디로 많이 가요?

나: ______________________________

5) 가: 시험을 보는 친구에게 어떤 선물을 해요?

나: ______________________________

-는다고 하던데

5 Look at the picture and complete the conversation.

그림을 보고 대화를 완성하십시오.

보기

가: 한국 사람들이 가장 좋아하는 중국 음식은 자장면이라고 ~~는다고/다고/으라고/자고/냐고~~ 하던데 한번 먹어 볼까요?

나: 좋아요. 저도 한번 먹어 보고 싶었어요.

1)

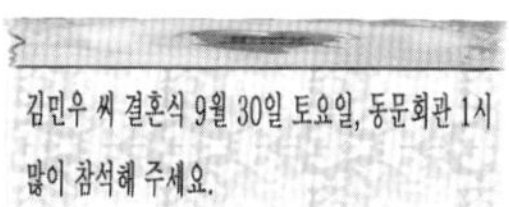

가: 민우 씨가 ______________________________ 는다고/다고/으라고/자고/냐고 하던데 갈 거예요?

나: 그럼요. 가서 축하해 줘야지요.

2)

가: ______________________________ 는다고/다고/으라고/자고/냐고 하던데 아세요?

나: 이번 주 수요일 아니에요?

3)

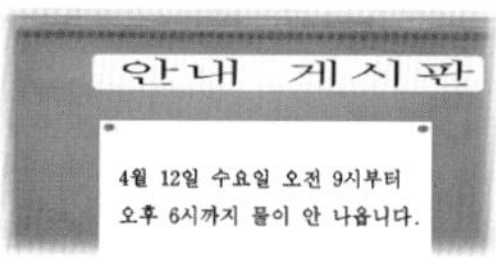

가: ______________________________ 는다고/다고/으라고/자고/냐고 하던데 ______________?

나: 네, 저도 어제 안내문을 보고 알았어요.

4)

가: ______________________________ 는다고/다고/으라고/자고/냐고 하던데 ______________?

나: 저쪽으로 똑바로 가세요.

5)

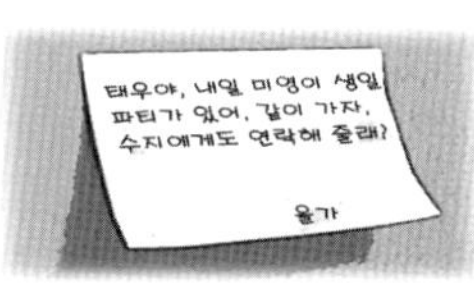

가: ______________________________ 는다고/다고/으라고/자고/냐고 하던데 ______________?

나: 미안해. 나는 약속이 있어서 못 가.

6 Read the following memo and complete the conversation.

다음 메모를 읽고 대화를 완성하십시오.

제주도

- 유명한 곳 : 한라산, 우도(바다가 아름다운 섬), 귤 농장
- 맛있는 음식 : 돼지고기, 생선회, 전복죽, 해물 뚝배기
- 숙박지 : 신라 호텔, 롯데 호텔, 바다 펜션, 제주 민박
- 선물 : 귤, 파인애플, 돌하르방(돌로 만든 인형)

에 릭: 우리 제주도에 가서 뭘 할까?

샤오밍: 보기 한라산이 아주 멋있다고 하던데 하루는 등산을 하면 어때?

에 릭: 좋아. 그럼 등산을 한 다음엔 바다에 가자.

1) ____________________

샤오밍: 그래, 그러자. 그런데 제주도에 가서 뭘 먹지?

에 릭: 2) ____________________

그런데 잠은 어디에서 잘까?

샤오밍: 3) ____________________

에 릭: 호텔은 너무 비싸지 않아?

4) ____________________

샤오밍: 그래, 그럼 네가 예약해.

제주도엔 유명한 물건이 많다고 하던데 선물로 뭘 사 오는 게 좋을까?

에 릭: 5) ____________________

샤오밍: 좋아, 그러자. 친구들한테 주면 좋아할 거야.

3과 01 표를 사는 대신에 저녁을 사 주세요

어휘

1 Choose the correct word and fill in the blank.
알맞은 말을 골라 빈칸에 쓰십시오.

작품명 관람 연령 공연 장소 공연 일시 작품 해설

오늘 친구한테서 오페라 '심청'의 초대권을 선물 받았다. 이번 주 토요일(11월 7일) 저녁 7시, 오페라 극장에서 하는 공연이었다. 이 작품은 한국의 옛날이야기인 '심청전'을 오페라로 만든 것이라고 한다. 뉴스에서 보니까 전통과 현대의 만남으로 독특한 분위기를 느낄 수 있는 공연이라고 쓰여 있었다. 공연은 7살 이상이면 볼 수 있다고 되어 있었다. 초등학교 3학년인 내 조카하고 같이 갈 수 있을 것 같아서 벌써부터 신난다.

보기 작품명: 오페라 '심청'

1) ________ : 11월 7일 오후 7시
2) ________ : 오페라 극장
3) ________ : 7세 이상
4) ________ : 전통과 현대의 만남으로 독특한 분위기의 공연

2 Choose the correct word and fill in the blank.
알맞은 말을 골라 빈칸에 쓰십시오.

공연 무대 뮤지컬 의상 자막 말할 것도 없다

보기 주말에는 오후 네 시와 일곱 시에 공연을/를 합니다.

1) 그 식당은 분위기가 아주 좋아요. 맛은 ________ 고요.
2) 연극이 끝나자 모든 배우들이 ________ 위로 올라와서 인사를 했다.
3) 그 배우의 ________ 에는 다이아몬드가 달려 있어 조명을 받을 때마다 반짝거렸다.
4) 오늘 외국 영화를 봤는데 ________ 이/가 너무 빨리 지나가서 다 읽을 수가 없었어요.
5) ________ 은/는 배우들의 연기뿐만 아니라 노래와 춤까지 볼 수 있어서 같은 내용이어도 영화와는 그 느낌이 다른 것 같아요.

❶ 만 못하다

3 Rewrite the following sentence.
다음 문장을 바꾸십시오.

보기 이 회사가 전에 일하던 회사보다 일하기가 좋아요.
→ 전에 일하던 회사가 이 회사만 못해요.

1) 형이 동생보다 프랑스어를 더 잘해요.
→ 동생의 프랑스어 실력이 ______________________ 만 못해요.

2) 말하기 성적이 쓰기 성적보다 좋아요.
→ 쓰기 성적이 ______________________ 만 못해요.

3) 이 휴대 전화가 컴퓨터보다 더 편리해요.
→ ______________________ 만 못해요.

4) 어머니가 만든 음식이 비싼 식당 음식보다 맛있어요.
→ ____.

5) 편의점에서 파는 커피가 커피숍에서 파는 커피보다 더 맛있어요.
→ ____.

4 Look at the following table and complete the conversation.
다음 표를 보고 대화를 완성하십시오.

	태우	히로시	안드레이
말하기 점수	89점	89점	84점
듣기 점수	80점	76점	80점
읽기 점수	83점	83점	86점
쓰기 점수	82점	88점	82점

태 우: 선생님, 성적이 오르지 않아서 고민이에요.
선생님: 시험 공부를 많이 못 했어요?
태 우: 아니요. 전 이번 시험 준비를 정말 열심히 했어요. 그렇지만 쓰기 점수가
보기 히로시만 못 해요~~어요/아요/여요~~.
읽기 점수는 1) ______________________ 고요.
선생님: 정말 속상하겠네요.
하지만 말하기는 안드레이 씨가 2) ______________________ 고
듣기는 3) ______________________ 으니까/니까 좀 더 힘내서 더 열심히 공부하세요.

	연세 노트북	한국 노트북
기능	적다	많다
디자인	예쁘다	예쁘지 않다

밍 밍: 노트북을 사려고 하는데 어떤 게 좋을까?
샤오밍: 기능은 4) ______
하지만 디자인은 5) ______
노트북은 비싼 물건이니까 잘 생각해 보고 결정해.

-는 대신에

5 Look at the picture and complete the conversation.
그림을 보고 대화를 완성하십시오.

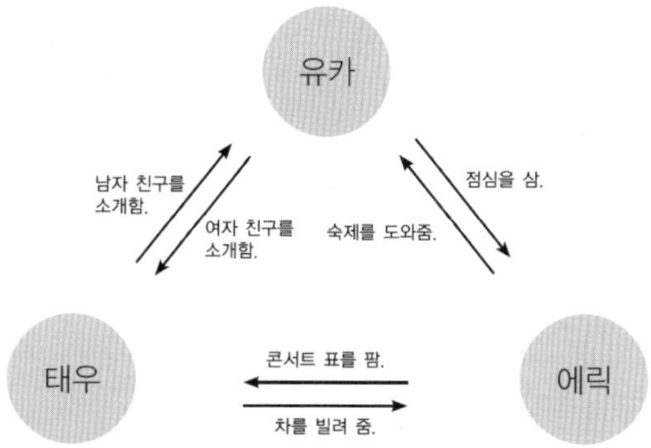

보기
유카: 오늘 숙제가 어렵던데 좀 도와줄 수 있어?
에릭: 그럼 내가 숙제를 도와주는 대신에 오늘 점심은 네가 사야 해.

1) 에릭: 여자 친구랑 오늘 놀이공원에 가기로 했는데 차 좀 빌려줄 수 있니?
태우: 그래. 그런데 내가 ______는 대신에 지난주에 네가 산 콘서트 표를 나한테 팔아라.

2) 태우: 지난번에 봤던 네 친구가 정말 예쁘던데 좀 소개해 줘.
유카: 그럼 내가 ______는 대신에 나한테도 멋진 남자 친구 소개해 주는 거지?

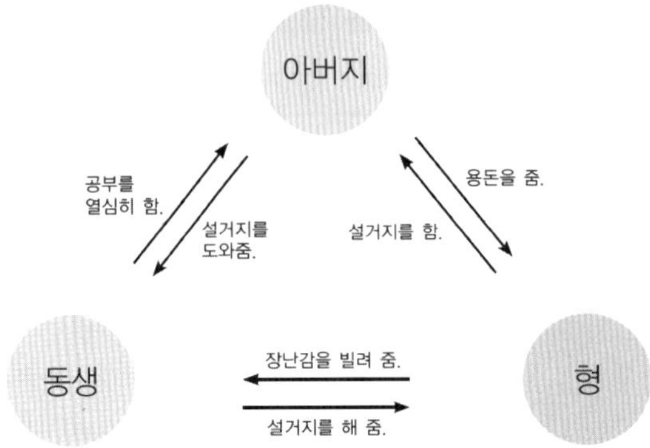

3) 아버지: 오늘 어머니가 안 계시니까 네가 설거지 좀 해라.

형: 그럼 ____________________는 대신에 용돈 좀 더 주세요.

4) 형: 설거지 좀 해 줘.

동생: 그럼, ____________________는 대신에 형 게임기 좀 빌려 줘.

5) 동생: 아빠, 설거지 좀 도와주세요.

아버지: 그럼 ____________________는 대신에 ____________________

그런데 잠깐. 설거지는 내가 네 형한테 부탁한 것 같은데…….

6 The following is Yuka's diary. Read the diary and complete the sentence.
다음은 유카 씨의 일기입니다. 일기를 읽고 문장을 완성하십시오.

5월 3일 토요일 비

오늘부터 1박 2일로 친구들과 부산으로 여행을 가기로 했다. 보기 처음에는 제주도에 갈까 했지만 비행기표가 비싸서 부산으로 정했다. 고속버스를 타려고 했지만 벌써 표가 매진이 되어서 우리는 **1)** 고속버스를 타지 않고 기차를 타고 갔다. 기차를 탄 우리들은 배가 고팠다. 영화에서 본 것처럼 삶은 계란하고 사이다를 마시고 싶었지만 기차에서 계란은 팔지 않았다. 그래서 **2)** 계란을 못 먹고 빵을 사서 먹었다. 기차에서 내린 우리는 해운대에 갔다. 바닷가를 조금 산책하니까 배가 고파졌다. **3)** 바닷가에 왔으니까 생선회를 먹어야겠다고 생각했지만 올가 씨가 회를 먹지 못해서 우리는 생선 구이를 시켜 먹었다. 맛있었다.

식사를 하고 호텔로 왔다. **4)** 처음에는 밍밍 씨 친구 집에서 자기로 했었지만 그 친구한테 갑자기 일이 생겨서 호텔에서 자기로 했다. 밍밍 씨는 숙박비를 혼자 내겠다고 했다. 그래서 우리는 **5)** 숙박비를 내지 않고 밍밍 씨에게 맛있는 저녁을 사 줬다.

보기 우리는 제주도에 가는 대신에 부산으로 여행을 가기로 정했다.

1) 우리는 ______________ 는 대신에 기차를 탔다.

2) 우리는 기차 안에서 ______________ 는 대신에 빵을 사 먹었다.

3) 올가 씨가 회를 먹지 못해서 ______________ 는 대신에 생선 구이를 먹었다.

4) ______________________________________ 에서 자기로 했다.

5) 밍밍 씨가 ______________________________________

3과 02 뮤지컬을 보자고 해서 예매하려고요

어휘

1 Choose the correct word and fill in the blank.
알맞은 말을 골라 빈칸에 쓰십시오.

변경하다 예매하다 예약하다 취소하다 확인하다 환불 받다

보기 시험 결과를 확인하려고~~으려고/려고~~ 사무실에 전화했다.

1) 휴가철이어서 호텔을 미리 ＿＿＿＿＿＿ 었다/았다/였다.
2) 일이 많아서 오늘 약속을 ＿＿＿＿＿＿ 어야겠다/아야겠다/여야겠다.
3) 지금 세운 계획을 다른 것으로 ＿＿＿＿＿＿ 으려면/려면 돈이 너무 많이 든다.
4) 추석에 고향에 가려면 몇 달 전에 기차표를 ＿＿＿＿＿＿ 어야/아야/여야 합니다.
5) 어제 산 옷을 교환하려고 갔는데 마음에 드는 옷이 없어서 그냥 ＿＿＿＿＿＿ 었다/았다/였다.

2 Choose the correct word and fill in the blank.
알맞은 말을 골라 빈칸에 쓰십시오.

인터넷 사이트 좌석 가입하다 간단하다 선택하다 알려 주다

보기 이 곳의 약도는 인터넷 사이트에서 보실 수 있습니다.

1) 시간이 없으니까 ＿＿＿＿＿＿ 게 말씀드릴게요.
2) 출근 시간이어서 버스에 빈 ＿＿＿＿＿＿ 이/가 없었다.
3) 미안한데 김 선생님 전화번호 좀 ＿＿＿＿＿＿ 을래/ㄹ래?
4) 전공을 ＿＿＿＿＿＿ 는/은/ㄴ 일은 중요한 일이니까 잘 생각해서 결정하세요.
5) 사진을 배우고 싶어서 어제 사진 동호회에 ＿＿＿＿＿＿ 었어요/았어요/였어요.

문법

-는다고 해서

3 Look at the picture and complete the conversation.
그림을 보고 대화를 완성하십시오.

보기

가: 왜 그렇게 옷을 얇게 입고 왔어요?
나: 오늘 무척 덥다고~~는다고/다고/으라고/자고~~ 해서 옷을 얇게 입고 왔어요.

1)

가: 오늘 뭐 할 거예요?
나: '정'이라는 영화가 ________________ 는다고/다고/으라고/자고 해서 그 영화를 보러 가려고요.

2)

가: 이렇게 밤 늦게 어디 가세요?
나: 친구가 ________________ 는다고/다고/으라고/자고 해서 그 술집에 가는 길이에요.

3)

가: 오늘 뭐 했어?
나: 친구가 ________________ 는다고/다고/으라고/자고 해서 친구를 만나러 갔다 왔어.

4)

가: 아침 일찍 누구한테 전화를 하세요?
나: 여자 친구가 ________________ 는다고/다고/으라고/자고 해서 여자 친구에게 전화를 거는 거예요.

5)

가: 오늘 오후에 뭐 할 거예요?
나: 여동생이 ________________ 는다고/다고/으라고/자고 해서 수영장에 다녀오려고요.

4 Read the following passage and complete the conversation.

다음 이야기를 읽고 대화를 완성하십시오.

옛날에 떡을 파는 어머니와 어린 남매가 살고 있었어요. 어느 날 어머니는 집으로 돌아오는 길에 호랑이를 만났어요. 호랑이는 "떡 하나 주면 안 잡아먹지." 하고 말했어요. 그래서 어머니는 떡을 줬어요. 조금 후에 또 호랑이가 나타나서 "떡 하나 주면 안 잡아먹지."라고 했지만 이번에는 떡이 없었어요. 호랑이는 어머니를 잡아먹고 아이들까지 잡아먹으러 집으로 갔어요. 그리고는 "얘들아, 엄마다. 빨리 문 열어라."라고 말했어요. 아이들은 엄마 목소리가 이상했지만 문을 열어 줬어요. 호랑이를 보자마자 아이들은 집 뒤에 있는 나무 위로 올라갔어요. 호랑이는 아이들에게 어떻게 나무 위로 올라갔냐고 물었어요. 오빠가 "손에 참기름을 바르고 올라왔어요." 하고 말했어요. 호랑이는 참기름을 바르고 나무 위로 올라가려고 했지만 자꾸 미끄러졌어요. 그것을 본 착한 여동생이 "도끼를 쓰면 쉽게 올라올 수 있는데……."라고 말해 줬어요. 호랑이가 도끼를 써서 나무 위로 올라오기 시작하자 아이들은 기도를 했어요. "하느님, 우리를 불쌍하게 생각하면 줄을 내려 주세요." 하늘에서 튼튼한 줄이 내려왔고 아이들은 줄을 잡고 하늘로 올라갔어요. 이것을 본 호랑이도 자기에게도 줄을 내려 달라고 기도했어요. 하늘에서 줄이 내려오기는 했지만 오래된 줄이 내려와서 떨어져 죽었어요. 하느님은 오빠는 해가, 동생은 달이 되라고 말씀하셨습니다. 하지만 여동생이 "밤은 어두워서 너무 무서워." 하고 말하자 오빠가 달이 되겠다고 했습니다. 그렇게 해서 오빠는 달이, 동생은 해가 되었답니다.

보기

가: 어머니는 왜 호랑이에게 떡을 줬습니까?

나: 떡을 주면 호랑이가 안 잡아먹겠다고 해서 호랑이에게 떡을 줬습니다.

1) 가: 아이들은 왜 문을 열어 줬습니까?

나: 호랑이가 ______________________ 아이들은 문을 열었습니다.

2) 가: 호랑이는 왜 참기름을 발랐습니까?

나: 오빠가 ______________________ 참기름을 발랐습니다.

3) 가: 호랑이는 어떻게 나무 위로 올라갔습니까?

나: 동생이 ______________________ 도끼를 써서 올라갔습니다.

4) 가: 하느님은 왜 아이들에게 줄을 내려줬습니까?

나: ______________________ 아이들에게 줄을 내려줬습니다.

5) 가: 오빠는 왜 달이 되었습니까?

나: ______________________ 오빠가 달이 되었습니다.

02 -고서

5 Complete the following conversation.
다음 대화를 완성하십시오.

> **보기**
> 가: 지금 밍밍 씨가 집에 있지요?
> 나: 아니요, 아까 전화를 받고서 나갔는데요.

1) 가: 대학 졸업 후에 뭘 하실 거예요?
   나: ____________________ 고서 유학을 가려고 해요.

2) 가: 그 친구는 회사를 그만두고 요즘 뭘 해요?
   나: ____________________ 고서 1년 동안 놀고 있대요.

3) 가: 요즘 감기가 심하던데 올가 씨는 금방 나으셨네요.
   나: 네, ____________________ 고서 금방 나았어요.

4) 가: 아까는 큰일도 아닌데 제임스 씨한테 왜 그렇게 화를 냈어요?
   나: 저도 ____________________ 고서 후회했어요.

5) 가: 왜 이렇게 일찍 돌아왔어요? 오늘 친구 안 만났어요?
   나: 만났어요. 그런데 친구가 바쁘다고 해서 ____________________ 고서 헤어졌어요.

6 Read the following passage and complete the conversation.
다음 글을 읽고 대화를 완성하십시오.

재료: 닭 한 마리, 인삼, 찹쌀, 마늘, 파, 소금, 후추
(1) 닭은 흐르는 물에 여러 번 깨끗이 씻어 놓는다.
(2) 찹쌀은 한 시간 정도 불리고, 인삼은 깨끗이 씻고, 대추는 씨를 빼 놓는다.
(3) 찹쌀과 마늘, 인삼, 대추를 닭 뱃속에 넣고 찹쌀이 나오지 않도록 이쑤시개로 구멍을 막아 놓는다.
(4) 큰 냄비에 닭과 인삼, 대추를 넣고 닭이 물 속에 들어갈 정도로 물을 붓는다.
(5) 센 불에서 끓이다가 약한 불로 줄여 살이 익을 때까지 오래 끓인다.
(6) 닭을 그릇에 담고 소금, 후추를 같이 낸다.

유카: 승연아, 삼계탕 끓이는 방법 좀 알려 줄래?
승연: 그래. 먼저 **보기** 닭을 깨끗이 씻어 놓고서 다른 재료들을 손질해.
그리고 닭 뱃속에 찹쌀과 인삼, 마늘, 대추를 **1)** ______________ 고서 재료들이 밖으로 나오지 않도록 이쑤시개로 구멍을 막아.
유카: 그런 다음에는?
승연: 찹쌀을 넣은 닭을 냄비에 넣고서 닭이 잠길 정도로 물을 부어. 센 불에서 끓으면 약한 불로 **2)** ______________ 고서 살이 완전히 익을 때까지 오래 끓여. 다 익은 닭을 그릇에 예쁘게 **3)** ______________ 고서 소금, 후추와 같이 상에 올리면 돼.
유카: 그래? 생각보다 어렵지 않네.
내가 **4)** ______________ 고서 연락할게. 꼭 먹으러 와.

4과 01 마지막 장면이 인상적이었어요

어휘

1 **Choose the correct word and fill in the blank.**
알맞은 말을 골라 빈칸에 쓰십시오.

감동적이다 신나다 심각하다 우울하다 환상적이다

보기 그 쇼는 환상적인~~는/은/ㄴ~~ 분위기로 사람들에게 인기가 높았다.

1) 날씨가 흐려서 기분이 ____________ 어졌다/아졌다/여졌다.
2) 주인을 위해서 죽은 개의 이야기는 아주 ____________ 었다/았다/였다.
3) 기분이 나쁠 때 ____________ 는/은/ㄴ 음악을 들으면 기분이 좋아집니다.
4) 의사 선생님 표정이 너무 ____________ 어서/아서/여서 동생이 큰 병에 걸린 줄 알았다.

2 **Choose the correct word and fill in the blank.**
알맞은 말을 골라 빈칸에 쓰십시오.

대사 마지막 목소리 연기 인상적이다 훌륭하다

보기 그 배우는 연기를~~을/를~~ 너무 잘해서 진짜 같아요.

1) 오래간만이다. 우리가 ____________ 으로/로 만난 게 언제였지?
2) 그 여자는 떨리는 ____________ 으로/로 경찰의 질문에 대답했다.
3) 이번 연극은 ____________ 이/가 많아서 배우들이 많이 힘들어했어요.
4) 물에 빠진 어린이를 구한 청년이 ____________ 는/은/ㄴ 시민상을 받았다고 한다.
5) 그 영화의 마지막 장면이 아주 ____________ 어서/아서/여서 며칠이 지나도 잊혀지지 않아요.

문법

-을 뿐만 아니라

3 Look at the following and choose two sentences to make a sentence.
다음을 보고 두 문장을 골라 문장을 만드십시오.

보기 그 사전은 예문이 적을~~을/ㄹ~~ 뿐만 아니라 설명도 어렵다.

1) 그 사전은 ______________ 을/ㄹ 뿐만 아니라
____

2) 동생은 밥을 ______________ 을/ㄹ 뿐만 아니라
____

3) 동생은 밥을 ______________ 을/ㄹ 뿐만 아니라
____

4) 우리 학교는 ______________ 을/ㄹ 뿐만 아니라
____

5) 우리 학교는 ______________ 을/ㄹ 뿐만 아니라
____

4 Read the following passage and complete the advertisement.
다음 글을 읽고 광고를 완성하십시오.

연세 리조트

저희 리조트는 공기 좋고 경치 좋은 강원도에 위치하고 있으며 교통이 편리합니다. 또 깨끗하고 조용합니다. 리조트 근처에는 바다와 산이 있어서 수영도 할 수 있고 등산도 할 수 있습니다. 그리고 골프장과 수영장이 있어서 어른들과 아이들 모두가 즐길 수 있습니다.

식사는 리조트 안에 있는 식당에서 하실 수 있습니다. 또 주방이 있어 직접 만들어 드실 수도 있습니다. 저희 홈페이지에 들어오시면 자세한 정보를 얻을 수 있고 할인권도 받으실 수 있으니까 많이 이용해 주십시오.

보기 공기가 좋을 뿐만 아니라 경치도 좋은 강원도에 위치한 저희 리조트는

1) 교통이 ______________________

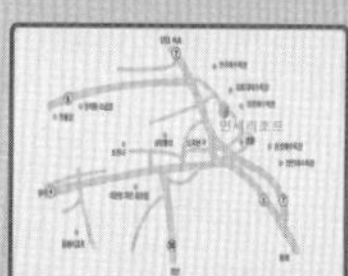

또 리조트 근처에 바다와 산이 있어서

2) ______________________

또 골프장과 수영장이 있어서

3) ______________________

식사는

4) ______________________

홈페이지를 이용하면

5) ______________________

-어야지

5 Look at the picture and write what this person is thinking.
그림을 보고 이 사람의 생각을 쓰십시오.

보기 빨리 점심을 먹어야지~~어야지/아야지/여야지~~.

1) ______________________ 어야지/아야지/여야지.

2) ______________________ 어야지/아야지/여야지.

3) ______________________ 어야지/아야지/여야지.

4) ______________________ 어야지/아야지/여야지.

5) ______________________ 어야지/아야지/여야지.

6 Look at the picture and write what the people think.
그림을 보고 사람들의 생각을 쓰십시오.

보기 어머니께 선물을 사 드려야지~~어야지/아야지/여야지~~.

1) ______________________________ 어야지/아야지/여야지.

2) ______________________________ 어야지/아야지/여야지.

3) ______________________________ 어야지/아야지/여야지.

4) ______________________________ 어야지/아야지/여야지.

5) ______________________________ 어야지/아야지/여야지.

02 정말 볼 만하던데요

어휘

1 Match the meanings of the following words and write the correct word in the blank space.
다음 단어의 뜻을 찾아 연결하고 알맞은 말을 골라 빈칸에 쓰십시오.

보기 권하다 •	• 계획이나 의견을 내놓다.
1) 소개하다 •	• 어떤 일을 하거나 무엇을 해 보라고 말하다.
2) 안내하다 •	• 인사를 시키거나 설명을 해서 알게 해 주다.
3) 제안하다 •	• 어떤 행사나 장소를 알려 주거나 데려다 주다.
4) 추천하다 •	• 알맞은 사람이나 물건을 다른 사람에게 소개하고 권하다.

보기 어머니는 손님에게 차를 권했다~~었다/았다/였다~~.

1) 저희 가족을 ________________ 겠습니다.
2) 저에게 맞는 일자리 좀 ________________ 어/아/여 주세요.
3) 주인 아주머니는 손님들을 2층으로 ________________ 었다/았다/였다.
4) 친구가 이번 주말에 봉사 활동을 하러 가자고 ________________ 었다/았다/였다.

2 Choose the correct word and fill in the blank.
알맞은 말을 골라 빈칸에 쓰십시오.

분위기　사물놀이　인기　확　지루하다　흥겹다

보기 승연 씨는 친절할 뿐만 아니라 성격도 밝아서 친구들한테 인기~~이~~/가 좋아요

1) 그 카페는 ____________ 이/가 좋아서 데이트하는 사람들이 많이 찾아요.
2) 어제 공연에서는 ____________ 은/ㄴ 장단에 맞춰 춤을 추는 사람도 있었다.
3) 그 영화는 내용을 알고 봐서 그런지 보는 내내 ____________ 었다/았다/였다.
4) 징, 꽹과리, 장구, 북, 이 네 가지 악기를 가지고 연주하는 것이 ____________ 입니다.
5) 노래방에 가서 큰 소리로 노래를 부르면 쌓인 스트레스가 ____________ 풀리는 것 같다.

문법

-을 만하다

3 Complete the following conversation.
다음 대화를 완성하십시오.

> 보기
> 가: 재미있는 책 좀 추천해 주세요.
> 나: '행복한 편의점'이라는 책이 읽을 만하던데 한번 읽어 보세요.

1) 가: 방학 때 친구하고 여행을 가려고 하는데 어디로 가면 좋을까요?
   나: ______________________________

2) 가: 그 식당은 뭐가 맛있어요?
   나: ______________________________

3) 가: ______________________________?
   나: 이번에 영화제에서 상을 받은 그 영화는 어때요?

4) 가: 두 시간 정도 걸으니까 더 못 걷겠다. 넌 괜찮아?
   나: 난 아직은 ______________________________

5) 가: 그 사람 ______________________________? 일을 맡겨도 괜찮을까요?
   나: 그럼요, 태우 씨라면 믿을 수 있고말고요. 걱정하지 마시고 맡겨 보세요.

4 The following is a miser's conversation with their neighbor. Complete the conversation.
다음은 구두쇠가 이웃 사람과 하는 대화입니다. 대화를 완성하십시오.

구두쇠: 이 옷 버리시는 겁니까?
이 웃: 네, 그런데요.
구두쇠: 저 주세요. 아직 보기 입을 만한데요~~는데요/은데요/ㄴ데요~~. 이 신발도 버리시는 거예요?
이 웃: 네.
구두쇠: 그럼, 이 신발도 저 주세요. 아직 **1)** ______________ 는데요/은데요/ㄴ데요.
이 가방도 버리지 마세요. 아직 **2)** ______________ 는데요/은데요/ㄴ데요.
이 웃: 네, 그럼 이 책도 가지고 가시겠어요? **3)** ______________ 는/은/ㄴ 책이라고 해서 샀는데 저는 별로 재미가 없어서요.

구두쇠: 네, 주세요. 혹시 그 케이크도 버리는 건가요? 아직 **4)** ______________ 는/은/ㄴ 것 같은데 저 주세요.

이 웃: 아니요, 이건 너무 오래돼서 안 드시는 게 좋을 것 같아요.

구두쇠: 아, 그래요? 그런데 이런 **5)** ______________ 는/은/ㄴ 만한 물건을 왜 버리세요? 다음에 물건을 버릴 때에는 저한테 꼭 연락해 주세요.

08 -을걸요

5 **Complete the following conversation.**
다음 대화를 완성하십시오.

> **보기**
> 가: 샤오밍 씨, 밍밍 씨 못 보셨어요?
> 나: 아까 집에 간다고 했으니까 지금 집에 있을걸요을걸요/ㄹ걸요. 집으로 전화해 보세요.

1) 가: 오늘 백화점에 사람이 많을까요?

나: 주말이니까 ______________ 을걸요/ㄹ걸요.

2) 가: 그분이 전화를 잘 안 받던데요.

나: 10시쯤 전화하면 ______________ 을걸요/ㄹ걸요. 보통 집에 있을 시간이거든요.

3) 가: 승연 씨가 내일 학교에 일찍 올까요?

나: 언제나 일찍 오니까 내일도 ______________ 을걸요/ㄹ걸요.

4) 가: 손님들이 점심을 드시고 오실까요?

나: 3시에 오신다고 하니까 점심은 ______________ 을걸요/ㄹ걸요.

5) 가: 태우 씨가 비행기를 탔을까요?

나: 지금 1시지요? 12시 비행기를 탄다고 했으니까 ______________ 을걸요/ㄹ걸요.

6 Look at the picture and complete the conversation.

그림을 보고 대화를 완성하십시오.

유카: 에릭 씨, 방학인데 우리 반 친구들과 같이 여행을 가는 게 어때요?

에릭: 저는 갈 수 있는데, 다른 친구들은 아마 **보기** 갈 수 없을걸요~~을걸요/ㄹ걸요~~.

유카: 왜요? 다들 바쁘대요? 수지 씨도 바쁘대요?

에릭: 수지 씨는 요즘 아르바이트를 해서 **1)** ______________ 을걸요/ㄹ걸요.

유카: 그럼, 밍밍 씨는요?

에릭: 밍밍 씨는 벌써 **2)** ______________ 을걸요/ㄹ걸요.

유카: 히로시 씨는요?

에릭: 히로시 씨는 취업 준비 때문에 **3)** ______________ 을걸요/ㄹ걸요.

유카: 승연 씨도 바쁜가요?

에릭: 승연 씨 할아버지께서 많이 편찮으시대요.

그래서 요즘 날마다 **4)** ______________ 을걸요/ㄹ걸요.

유카: 그럼 올가 씨는요?

에릭: 올가 씨는 다음 달에 결혼을 하니까 **5)** ______________ 을걸요/ㄹ걸요.

유카: 그렇군요. 여행은 다음 방학에 가야겠네요.

5과 01 친구가 어제 뉴스에 나오던데요

어휘

1 **Choose the correct word and fill in the blank.**
알맞은 말을 골라 빈칸에 쓰십시오.

능력이 뛰어나다 성공하다 유명하다 인기가 좋다 인정을 받다

보기 그분은 열심히 노력해서 결국 성공했어요~~었어요/았어요/였어요~~.

1) 그분이 여자들한테 ______________ 은/ㄴ 이유는 잘 생긴 데다가 매너도 좋아서이다.

2) 다른 사람보다 빨리 승진이 된 걸 보면 그 사람이 회사에서 ______________ 고 있는 거겠지요?

3) 그 식당은 칼국수로 ______________ 어서/아서/여서 그 식당에 온 사람들은 모두 칼국수만 먹어요.

4) 그 사람은 컴퓨터를 다루는 ______________ 어서/아서/여서 컴퓨터에 무슨 문제만 생기면 사람들은 다 그 사람을 찾는다.

2 **Choose the correct word and fill in the blank.**
알맞은 말을 골라 빈칸에 쓰십시오.

평 실력 패션쇼 겨우 나오다

보기 그 노래가 요즘 인기여서 그 가수가 텔레비전에 날마다 나온다~~는다/ㄴ다/다~~.

1) 어제는 너무 피곤해서 ______________ 세수만 하고 잤다.

2) 그 작품에 대한 ______________ 이/가 좋아서 상을 기대해도 될 것 같다.

3) 지난 주말에는 디자이너인 친구의 ______________ 에 초대받아서 다녀왔다.

4) 좋은 회사에 취직하려면 먼저 ______________ 을/를 쌓아야 한다고 생각해요.

문법

❶ -는 모양이다

3 Complete the following conversation.
다음 대화를 완성하십시오.

> **보기**
> 가: 오늘 날씨가 좋지 않네요.
> 나: 구름이 많이 낀 걸 보니까 곧 비가 올~~는/은/~~을 모양이에요.

1) 가: 아무도 전화를 안 받아요.

   나: 집에 사람이 ____________ 는/은/을 모양이에요.

2) 가: 샤오밍 씨가 팔에 깁스를 하고 왔던데요.

   나: 어제 농구를 하다가 넘어졌는데 그때 ____________ 는/은/을 모양이네요.

3) 가: 안드레이 씨가 어디에 가지요?

   나: 책을 들고 가는 걸 보니까 ____________

4) 가: 이 식당 음식이 맛있어요?

   나: 잘 모르겠지만 이렇게 사람이 많은 걸 보니까 ____________

5) 가: 히로시 씨가 시험을 잘 봤대요?

   나: ____________ 는/은/ㄴ 걸 보니까 ____________

4 Look at the picture and complete the sentence.

그림을 보고 문장을 완성하십시오.

보기 어머니께서 상을 차리시는 걸 보니까 가족들이 곧 저녁을 먹을~~는/은~~/을 모양입니다.

1) 오빠가 ____________ 는 걸 보니까 ____________ 는/은/을 모양입니다.

2) 할아버지께서 ____________ 는 걸 보니까 ____________ 는/은/을 모양입니다.

3) 남동생이 ____________ 는 걸 보니까 ____________ 는/은/을 모양입니다.

4) 승연이가 ____________ 는 걸 보니까 ____________ 는/은/을 모양입니다.

5) 아버지께서 ____________ 는 걸 보니까 ____________ 는/은/을 모양입니다.

08 -을 뿐이다

5 Complete the conversation as shown in the example.

보기 와 같이 대화를 완성하십시오.

보기
가: 그 분을 잘 아세요?
나: 아니요, 이름만 알을/ㄹ 뿐이에요.

1) 가: 그림을 참 잘 그리시네요. 혹시 화가세요?

나: 아니에요. 그림 그리는 것을 좋아해서 ____________ 을/ㄹ 뿐이에요.

2) 가: 많이 편찮으시면 집에 가서 쉬세요.

나: 아니에요. 머리가 조금 ________________ 을/ㄹ 뿐입니다.

3) 가: 도와주셔서 감사합니다.

나: 뭘요. 제가 할 일을 ________________ 을/ㄹ 뿐인데요.

4) 가: 어제 같이 영화를 보시던 그분은 남자 친구이신가요?

나: 아니요, 같이 공부하는 ________________________________

5) 가: 이번 시험 성적이 좋던데요. 무슨 비결이 있나요?

나: 비결은요. 수업만 열심히 ________________________________

6 Look at the schedule and complete a simple diary entry.

일정을 보고 간단한 일기를 완성하십시오.

9월		
11일(월)	미용실 가기	보기 오늘 미용실에 가서 긴 머리를 자르고 파마를 했다. 하숙집 아주머니와 친구들이 너무 예뻐서 누군지 몰랐다고 했다. 파마만 했을을/ㄹ 뿐인데.....
12일(화)	신문 발표 준비	1) 오늘 학교에서 발표를 했다. 발표 준비 때문에 며칠 동안 잠을 자지 못했다. 지금은 아무 생각도 나지 않는다. 그냥 ________________ 을/ㄹ 뿐이다.
13일(수)	유카 씨에게 연락하기	2) 지난주에 유카 씨 생일 파티에서 만난 친구가 학교에서 나한테 인사를 했다. 옆에 있던 친구들이 잘생긴 그 친구를 소개해 달라고 했다. 그냥 파티에서 ________________ 을/ㄹ 뿐인데…….
14일(목)	아르바이트	3) 오늘은 기분이 몹시 나빴다. 사장님이 다른 직원들한테 내가 말이 많다고 했다. 나는 사장님 질문에 ________________ 을/ㄹ 뿐인데…….
15일(금)	승연 씨 집들이	4) 오늘 승연 씨가 집들이를 했다. 그래서 수업이 끝나고 승연 씨 집에 가서 조금 도와줬다. 친구들이 음식이 맛있다고들 했다. 승연 씨는 내 덕분이라고 했다. 나는 그냥 조금 ________________ 을/ㄹ 뿐인데.…….
16일(토)	가족 모임	5) 나는 주말마다 할머니께 전화를 드린다. 친척 어른들은 모두 나를 칭찬했다. 나는 그냥 할머니께 ________________ 을/ㄹ 뿐인데…….

어휘

1 Choose the correct word and fill in the blank.
알맞은 말을 골라 빈칸에 쓰십시오.

기부하다	낭비하다	돈을 벌다	저축하다	절약하다	투자하다

보기
돈을 벌다
일을 해서 돈을 자기 것으로 만들다

1) ________
돈을 은행에 맡겨두다

2) ________
이익을 얻으려고 돈을 쓰다

3) ________
좋은 일을 하거나 다른 사람을 돕기 위해 돈을 쓰다

돈을 쓰다

4) ________
돈을 아끼지 않고 쓰다

5) ________
돈을 아껴서 쓰다

2 Choose the correct word and fill in the blank.
알맞은 말을 골라 빈칸에 쓰십시오.

소식　　자신　　혹시　　놀랍다　　말이다　　대단하다

보기 오랫동안 소식이/가 끊긴 친구에게서 연락이 왔다.

1) ________ 김 선생님 전화번호를 알고 있으면 좀 알려 줄래?

2) 50년 동안 잠을 자지 않은 사람이 있다는 ________ 은/ㄴ 이야기를 들었다.

3) 다른 사람과 한 약속보다 ________ 과/와 한 약속을 지키는 것이 더 어렵다.

4) 그 사람을 아십니까? 아까 학교 앞에서 인사한 사람 ________ 습니다/ㅂ니다.

5) 외국에서도 그 배우를 만나려고 오는 걸 보니까 그 배우의 인기가 ________ 은/ㄴ 모양이에요.

문법

-기란

3 Complete the sentence.
다음 문장을 완성하십시오.

보기 외국어를 공부하다 / 쉽지 않은 일입니다.
→ 외국어를 공부하기란 쉽지 않은 일입니다.

1) 직업을 바꾸다 / 보통 일이 아니에요.
→ ________

2) 좋은 부모가 되다 / 참 어려운 일이지요.
→ ________

3) 까다로운 사람과 일하다 / 쉬운 일은 아니지요.
→ ________

4) 날마다 아침 운동을 하다 / 그리 쉬운 일이 아니에요.
→ ________

5) 아르바이트를 하면서 공부를 하다 / 어려운 일이에요.
→ ________

4 Complete the following conversation.

다음 대화를 완성하십시오.

나　: 밍밍 씨, 한국생활이 어때요? 많이 힘들지요?

밍밍 : 네, 날마다 하루에 네 시간씩 한국말 수업을 들어야 해요.

나　: 보기 외국어로 수업을 듣기란 쉬운 일이 아니지요.

밍밍 : 그리고 집이 멀어서 지각하지 않으려면 날마다 6시에 일어나야 해요.

나　: 1) 날마다 ______________________

밍밍 : 날마다 숙제도 많고 꼭 해야 해요

나　: 2) 날마다 ______________________

밍밍 : 또 수업 끝나고 아르바이트도 해야 하고요.

나　: 3) ______________________

밍밍 : 아르바이트를 할 때는 아무리 힘들어도 손님에게 친절하게 대해야 해요.

나　: 4) ______________________

밍밍 : 아르바이트가 끝나고 집에 와서는 집안일도 해야 해요.

나　: 5) ______________________

그래도 열심히 생활하는 밍밍 씨가 참 보기 좋아요. 힘내세요.

-었던 것 같다

5 The following are items used by our ancestors. Look at the picture and make sentences about what the object was used for.

다음은 옛 조상들이 쓰던 물건입니다. 무엇을 할 때 쓰던 물건인지 그림을 보고 문장을 만드십시오.

곡식을 갈다	곡식을 빻다	여름을 시원하게 보내다
실을 만들다	다림질을 하다	화장실로 사용하다

보기 이 물건으로 곡식을 빻았던었던/았던/였던 것 같아요.

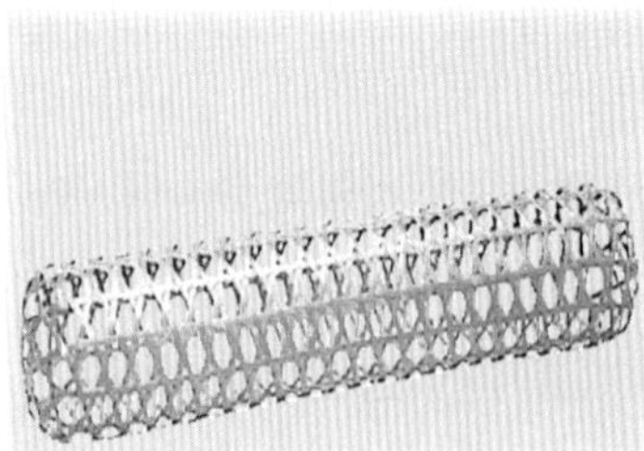

1) 이 물건으로 ______________ 었던/았던/였던 것 같아요.

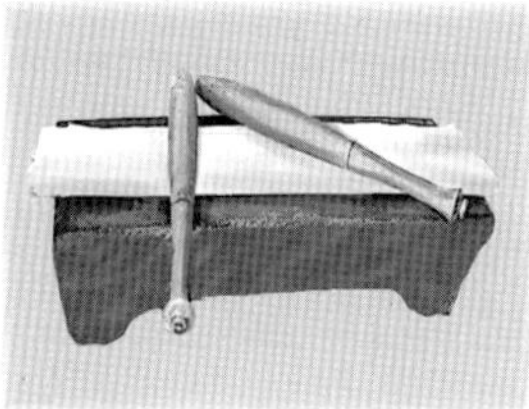

2) 이 물건으로 ______________ 었던/았던/였던 것 같아요.

3) 이 물건으로 ______________ 었던/았던/였던 것 같아요.

4) 이 물건으로 ______________ 었던/았던/였던 것 같아요.

5) 이 물건은 ______________ 었던/았던/였던 것 같아요.

6 Complete the following conversation.

다음 대화를 완성하십시오.

보기

가: 집에 누가 왔던~~었던/았던/였던~~ 것 같아요. 서랍이 다 열려 있어요.

나: 경찰에 신고부터 해야겠어요.

1) 가: 이 노래는 전에 ______________ 었던/았던/였던 것 같아요.

나: 네, 옛날 노래를 이 가수가 다시 부른 거래요.

2) 가: 이 근처에 식당이 ______________ 었던/았던/였던 것 같은데요.

나: 네, 그런데 얼마 전에 문을 닫았어요.

3) 가: 저 사람 언제 ______________ 었던/았던/였던 것 같아. 낯이 많이 익어.

나: 그럼 가서 인사해 봐.

4) 가: 제 안경 못 보셨어요?

나: 조금 전 까지 식탁 위에 ______________ 었던/았던/였던 것 같은데요. 한번 가 보세요.

5) (영화를 보면서) 가: 이 영화 재미있지?

나: 응, 그런데 전에 한 번 ______________ 었던/았던/였던 것 같아. 주인공도 낯이 익고 내용도 알겠어.

복습 1~5과

말하기

1 【Talking about health. 건강에 대해서 이야기하기】

1) What should you do to live a long and healthy life?
2) What do you usually do to live a healthy lifestyle?
3) What would your life be like if you were not healthy?
4) What do you think is bad for your health?

1) 건강하게 오래 살려면 어떻게 해야 합니까?
2) 평소에 건강한 생활을 위해 어떤 것을 합니까?
3) 만약 건강하지 않다면 생활이 어떨까요?
4) 무엇이 건강에 나쁘다고 생각합니까?

2 【Introducing and recommending performances. 공연 소개와 추천하기】

1) What was an entertaining performance you watched?
2) When and how did you book the tickets for the performance?
3) What aspects of the performance did you find interesting?
4) To whom would you recommend this performance?

1) 재미있게 본 공연은 무엇입니까?
2) 언제, 어떻게 공연을 예매했습니까?
3) 어떤 점이 재미있었습니까?
2) 누구에게 이 공연을 추천하고 싶습니까?

3 【Introducing characters. 인물 소개하기】

1) Who is a famous person in your country?
2) What kind of person are they, and why are they famous?
3) How did you come to know about this person?
4) What do people generally think about this person?

1) 여러분 나라에서 유명한 사람은 누구입니까?
2) 그 사람은 어떤 사람입니까? 왜 유명합니까?
3) 그 사람을 어떻게 알게 되었습니까?
4) 그 사람에 대해 사람들이 어떻게 생각합니까?

쓰기

I Choose the correct word to fill in (　　).
(　　) 안에 알맞은 말을 고르십시오.

1 내용을 잘 이해하기 위해서 (　　)을/를 읽어보면 좋아요.

① 취미　② 연기　③ 작품 해설　④ 가입 방법

2 리에 씨의 (　　)이/가 안 좋은 걸 보니 어디가 아픈가 봐요.

① 비만　② 안색　③ 불면증　④ 스트레스

3 김치는 한국의 (　　)은/는/ㄴ 음식이다.

① 간단하다　② 궁금하다　③ 대표적이다　④ 말할 것 없다

4 영화 표를 예매하기 전에 먼저 홈페이지에 회원으로 (　　)었다/았다/였다.

① 투자하다　② 확인하다　③ 가입하다　④ 마음을 먹다

5 이 과자가 너무 맛있어서 저도 모르게 자꾸 (　　)어요/아요/여요.

① 움직이다　② 알려 주다　③ 손이 가다　④ 감동적이다

II Choose the correct version of the underlined word.
밑줄 친 단어를 알맞게 고친 것을 고르십시오.

6 수지 씨가 감기에 걸리던데요? → (　　)

① 걸던데요?　② 걸렸던데요?　③ 걸리는던데요?　④ 걸린다던데요?

7 이 이야기는 영화가 책만해요. → (　　)

① 책만 봐요.　② 책만이에요.　③ 책만 그래요.　④ 책만 못해요.

8 이 공연은 예매할 수 있는 기간이 이미 지날 모양이에요. → (　　)

① 지난　② 지나는　③ 지나던　④ 지났을

9 이 바둑 수업은 10명 이상이 신청해서야 들을 수 있어요. → (　　)

① 신청해야　② 신청하다가　③ 신청할 텐데　④ 신청하는 대신에

10 제 친구는 아는 것이 많아요. 성격도 좋아요. → (　　)

① 좋고요.　　② 좋기는요.　　③ 좋기만 해요.　　④ 좋을 뿐이에요.

III Choose the concluding sentence from the following.

다음 중 맞는 문장을 고르십시오.

11 (　　)

① 친척 어른들께 인사를 드리러 가려던 참이에요.
② 친척 어른들께 인사를 드리러 갈려던 참이에요.

12 (　　)

① 좌석 선택을 하려면 먼저 회원 가입을 해서 예매를 하세요.
② 좌석 선택을 하려면 먼저 회원 가입을 하고서 예매를 하세요.

13 (　　)

① 예전에 한 번 그분을 만나던 것 같아요.
② 예전에 한 번 그분을 만났던 것 같아요.

14 (　　)

① 항상 어려운 사람을 돕기란 쉬운 일이 아니에요.
② 항상 어려운 사람을 도우기란 쉬운 일이 아니에요.

15 (　　)

① 에릭 씨와 저는 그냥 오빠, 동생 하면서 지내는 사이뿐이에요.
② 에릭 씨와 저는 그냥 오빠, 동생 하면서 지내는 사이뿐일 뿐이에요.

IV Choose the correct question or answer for the following conversation.

다음 대화에 알맞은 질문이나 대답을 고르십시오.

16 가: 요즘도 이사 떡을 돌리나요?

나: 네, ______________________

① 이사 떡을 돌리지 그래요?　　② 이사 떡을 돌리는 모양이에요.
③ 이사 떡을 돌린단 말이에요?　　④ 이사 떡을 돌리도록 하세요.

17 가: 예전에 이 오페라를 본 적이 있다고 했지요?

나: 네, ____________________

① 많이들 본답니다.
② 보는 것만 못해요.
③ 곧 보려던 참이에요.
④ 재미있게 봤던 것 같아요.

18 가: 김치는 만들기가 아주 어렵다고 들었어요.

나: ____________________

① 그래서 건강에 좋다고 봐요.
② 하지만 생각보다 어려울걸요.
③ 그럼 열심히 만들어 보도록 하세요.
④ 그래도 한 번 배우면 혼자 만들어 볼 만해요.

19 가: 연락도 없이 여기엔 갑자기 웬일이에요?

나: ____________________

① 연락을 하고 찾아오다니요?
② 미리 연락을 하고 오지 그랬어요?
③ 얼마나 약속이 많은지 정말 피곤해요.
④ 근처에 약속도 있고 해서 왔다가 잠깐 들렀어요.

20 가: 언어교환을 하고 있다면서요? 해 보니까 어때요?

나: ____________________

① 요즘 시간이 없고 해서요.
② 나도 언어교환을 해 봐야지.
③ 말하기 연습에 도움이 많이 되던데요.
④ 언어라든가 문화를 배우는 모양이에요.

V Write a text with the following title. Use informal, casual language and write at least 10 sentences.

다음 제목으로 글을 쓰십시오. 비격식체 반말을 사용하고 10문장 이상 쓰십시오.

21

제목: 취미생활

듣기

MP3_21

I Listen to the conversation and answer the question.
대화를 듣고 질문에 답하십시오.

1 Choose the answer that matches what you heard. (　　)
들은 내용과 같은 것을 고르십시오.

① 남자는 제임스의 여자 친구와 잘 아는 사이이다.
② 여자는 제임스의 여자 친구를 만나고 싶어 한다.
③ 여자는 제임스와 같은 수업을 들으면서 알게 됐다.
④ 남자는 식사 자리에서 제임스의 여자 친구를 소개 받았다.

2 Choose a description about James' girlfriend that is <u>incorrect</u>. (　　)
제임스의 여자 친구에 대한 설명으로 틀린 것을 고르십시오

① 영수와 아는 사이이다.
② 남자와 여러 번 만난 적이 있다.
③ 제임스와 비슷한 취미를 가지고 있다.
④ 학교 친구에게서 제임스를 소개 받았다.

3 Choose the appropriate statement that the man might say to the woman. (　　)
남자가 여자에게 할 말로 알맞은 것을 고르십시오.

① "네가 열심히 취미 생활을 찾아야지."
② "그럼 제임스의 여자 친구에게 한번 연락해 봐."
③ "동아리라든가 새로운 모임에 가 보는 것은 어때?"
④ "새로운 친구와 친해지기란 정말 쉬운 일이 아니야."

II Listen to the conversation and answer the question.
대화를 듣고 질문에 답하십시오.

4 What is the story about? (　　)
무엇에 대한 이야기입니까?

① 공연 감상　　② 공연 예매　　③ 공연 해설　　④ 공연 일시

5 Choose the answer that matches what you heard. (　　)
들은 내용과 같은 것을 고르십시오.

① 이 사람은 공연장에서 일한다.
② 이 사람은 클래식 음악을 좋아한다.
③ 이 사람은 공연을 보면서 잠이 들었다.
④ 이 사람은 무료로 공연을 볼 수 있었다.

6 **How did this person feel before the performance started? (   )**
공연이 시작되기 전에 이 사람은 어떻게 생각했습니까?

① 지루하고 재미없을 것 같다.
② 환상적인 분위기가 기대된다.
③ 연주자의 연주가 감동적일 것 같다.
④ 자주 들어본 연주라서 궁금하지 않다.

III Listen to the story and answer the question.
이야기를 듣고 질문에 답하십시오.

7 **Choose the answer that matches what you heard. (   )**
들은 내용과 맞는 것을 고르십시오

① 떡 대신에 과일이나 차를 돌린 집도 있다.
② 집과 가까운 데 사는 이웃에게만 떡을 돌렸다
③ 처음 해 보는 일이었지만 전에 해 본 것처럼 익숙했다.
④ 이웃들이 떡을 받고 좋아해 줘서 힘들지만 기분이 좋았다.

8 **Choose the reason that is not why they hand out moving-in rice cakes. (   )**
이사 떡을 돌린 이유가 아닌 것을 고르십시오

① 집수리 소음으로 시끄럽게 해서 미안해서
② 앞으로 자주 보게 될 것 같아서 미리 인사하려고
③ 이사 떡을 주면 어색한 사이가 좋아질 것 같아서
④ 전에 떡을 받았을 때 기분 좋았던 경험이 있어서

9 **Choose the reaction that is not from the people who received the rice cake. (   )**
이사 떡을 받은 사람들의 반응이 아닌 것을 고르십시오

① 오랜만에 떡을 받아서 반가워했다.
② 자기 집으로 차를 마시러 오라고 초대를 했다.
③ 누구냐고 하면서 문을 쉽게 열어 주지 않았다.
④ 다른 것을 갖다 주면서 잘 지내자고 인사를 했다.

IV Listen to the conversation and answer the question.
대화를 듣고 질문에 답하십시오.

10 **What are they talking about? (   )**
무엇에 대해 이야기하고 있습니까?

① 마을 노인들의 장수 비결
② 마을 노인들의 식사 문화
③ 마을 노인들의 수면 방법
④ 마을 노인들의 추천 영양제

11 **Choose the answer that matches what you heard. (　　)**
들은 내용과 같은 것을 고르십시오

① 장수 노인들은 육류는 거의 먹지 않았다.
② 장수 노인들은 하루에 9시간 이상 자는 편이다.
③ 장수 노인들은 혼자서 식사를 하는 사람이 많았다.
④ 술과 담배는 장수와는 별로 관계가 없는 것으로 나타났다.

12 **Choose a statement that someone who heard this news would say. (　　)**
이 뉴스를 들은 사람의 말로 알맞은 것을 고르십시오

① "장수를 하려면 편안한 곳에서 잠을 자야 해."
② "장수를 하려면 항상 비슷한 시간에 자고 일어나는 것이 중요해."
③ "장수를 하려면 가능한 고기는 먹지 말고 채소를 많이 먹어야겠어."
④ "장수를 하려면 영양제나 건강 보조 식품을 먹는 것이 좋을 것 같아."

V Listen to the conversation and answer the question.
대화를 듣고 질문에 답하십시오.

13 **What did the two people not talk about? (　　)**
두 사람이 이야기하지 않은 것은 무엇입니까?

① 작품명　　② 관람 연령
③ 공연 일시　　④ 작품 해설

14 **Choose the answer that matches what you heard. (　　)**
들은 내용과 같은 것을 고르십시오.

① 남자는 시간을 넘나드는 내용의 공연을 좋아한다.
② 여자는 공연을 본 후에 갈 식당을 알아볼 것이다.
③ 남자는 친구에게서 소개 받은 공연을 여자에게 추천했다.
④ 두 사람은 전시회에 갔다온 후에 공연을 보러 갈 예정이다.

15 **Choose the answer that does not match the content of the performance. (　　)**
공연에 대한 내용으로 맞지 않는 것을 고르십시오.

① 감동적인 사랑 이야기이다.
② 과거의 슬픈 사랑을 추억하는 내용이다.
③ 배우 혼자 두 사람 역할을 하기도 한다.
④ 일반적이지 않은 특별한 사랑에 대한 내용이다.

읽기

I [1~2] Read the following and answer the question.
다음을 읽고 질문에 답하십시오.

1 Choose the answer that corresponds to the details about the performance. (　　)
공연의 내용과 같은 것을 고르십시오.

① 이 공연을 보려면 관람료를 내야 한다.
② 이 공연은 매주 수요일마다 볼 수 있다.
③ 날씨에 따라 공연을 하지 않을 수도 있다.
④ 공연 전 출연하는 가수들과 이야기를 나눌 수 있다.

2 Choose what is <u>not</u> what someone who saw the ad would think. (　　)
이 광고를 본 사람의 생각이 <u>아닌</u> 것을 고르십시오.

① '일찍 가서 좋은 자리에 앉아야지.'
② '출연하는 가수들이 많으니까 비싸도 볼 만할 거야.'
③ '저녁 공연이니까 퇴근하고서 친구하고 같이 가야지.'
④ '오늘은 비가 오니까 공연을 하는지 전화를 해 봐야겠다.'

Ⅱ [3~4] Read the following and answer the question.
다음을 읽고 질문에 답하십시오.

"우표 못 사서 천 원 넣어"… 50대 노동자 울린 우체국 답장

하루하루 일해서 돈을 버는 일용직 노동자 50대 남성이 아내 생일을 기념해 편지를 보내려 했지만 우표를 구하지 못해 천 원을 봉투에 넣어 우체통에 넣었다가 우체국으로부터 감동적인 답장을 받았다는 사연이 화제다.

57세인 김영민 씨는 집을 떠나 여기저기에서 일을 하는 직업이어서 몇 년 전 암 수술을 받은 아내 곁을 늘 떠나 있다. 곧 아내 생일인데 편지라도 한 통 써서 생일 축하한다고 하고 싶어서 손 편지를 썼다. 그런데 마침 일요일이어서 우체국 문은 닫혀 있었고 우표를 살 수가 없었다. 그래서 김 씨는 종이에 메모를 남겼다. "일요일이라 우표를 못 사서 이렇게 천 원을 봉투에 넣습니다. 죄송합니다만 편지를 부칠 수 있게 부탁드립니다. 번거롭게 해 드려서 정말 죄송합니다." 그리고는 편지 봉투에 편지와 돈 천 원을 넣고 우체국 앞에 있는 우체통에 넣었다.

화요일, 퇴근하고 돌아온 김 씨는 자신에게 온 편지를 보고 깜짝 놀랐다. 우체국으로부터 편지가 온 것이다. 봉투 안에는 우표 값 430원을 뺀 잔돈 570원과 김 씨가 쓴 메모와 영수증이 들어 있었다.

김 씨는 "너무 감동이었다. 우체국 직원분께 감사한 마음을 전하고 싶다. 아내와 연애할 때 편지를 많이 썼다. 아내와 편지를 주고받은 게 결혼 후 처음이라서 아내와 저에게는 정말 눈물이 나올 만큼 큰 감동이었다."고 우체국 직원에게 감사한 마음을 전했다.

세연신문 최민수 기자

3 **Choose the purpose of Mr. Kim telling the story to the reporter. (　　)**
김 씨가 기자에게 이야기를 알린 목적을 고르십시오.

① 직원에게 감사 인사를 하기 위해서
② 일용직 일의 어려움을 알리기 위해서
③ 아내에게 사랑하는 마음을 전하기 위해서
④ 우편을 보내는 방법의 문제를 알리기 위해서

4 **Choose the answer that matches the content of the text. (　　)**
글의 내용과 같은 것을 고르십시오.

① 김 씨 아내는 김 씨한테서 생일 기념 편지를 받았다.
② 김 씨는 암에 걸렸지만 하루하루 열심히 일을 하고 있다.
③ 우체국 직원은 우표 값을 받지 않고 편지를 배달해 주었다.
④ 이 우체국은 앞으로 일요일에 문을 닫지 않고 영업할 예정이다.

Ⅲ [5~7] Read the following and answer the question.
다음을 읽고 질문에 답하십시오.

뮤지컬 맘마미아를 보고

오늘 뮤지컬 '맘마미아'를 보고 왔다. 맘마미아는 유명 가수 그룹 '아바'의 음악으로 만든 뮤지컬로 전 세계 450개 도시들에서 16개 언어로 공연되었고 뮤지컬 역사상 다섯 번째로 오랜 시간 동안 공연 중이라고 한다. 한국에서도 2004년부터 지금까지 계속 공연을 이어왔다고 하니 정말 그 인기가 대단한 것 같다.

나는 맘마미아를 영화로 먼저 관람했었는데 아버지를 찾고 싶어 하는 여주인공과 잊고 있던 과거의 꿈과 사랑을 떠올리게 된 주인공의 엄마가 진짜 원하는 것을 찾게 된다는 내용이 정말 좋았다.

뮤지컬을 보면서 무엇보다도 이야기의 내용에 맞게 나오는 '아바'의 노래가 정말 인상적이었다. 음악으로만 듣던 '아바'의 노래를 뮤지컬 속의 이야기와 함께 들으니 더욱 더 감동적이었다. 배우들의 노래 실력도 정말 좋았다. 특히 여주인공의 마지막 대사와 노래는 영원히 잊을 수 없을 것 같다. 영화로도 충분히 좋은 작품이었지만 생생하게 연주되는 음악과 배우들의 호흡과 노래를 현장에서 들으니까 더 크게 와 닿았다. 노래들도 거의 다 밝고 신나는 분위기여서 즐거웠고, 공연이 끝난 후 앵콜 무대로 노래를 다시 불러주니까 콘서트장 분위기도 나서 정말 즐거웠다.

5 What is this passage about? ( )
무엇에 대한 글입니까?

① 공연 해설　② 공연 비교　③ 공연 감상　④ 공연 안내

6 Choose the reason this person was deeply moved. ( )
이 사람이 크게 감동한 이유를 고르십시오.

① 역사가 오래된 공연이어서
② 가수가 뮤지컬에 출연한 것을 보고
③ 좋아하는 가수의 노래들이 많이 나와서
④ 노래와 이야기가 하나 된 공연을 봤기 때문에

7 Choose the answer that does not match the content of the text. ( )
글의 내용과 다른 것을 고르십시오.

① 이 사람은 공연을 보고서 이 글을 썼다.
② 공연장 분위기는 밝고 신나는 콘서트장 같았다.
③ 공연에서 배우들은 연기뿐만 아니라 노래도 했다.
④ 이 사람은 뮤지컬을 본 후에 영화를 관람하기로 했다.

Ⅳ [8~10] Read the following and answer the question.
다음을 읽고 질문에 답하십시오.

최근 여성들이 즐기는 취미 생활이 빠르게 변하고 있다. 예전에는 취미로 꽃꽂이라든가 요리를 취미로 하는 여성들이 많았지만 이제 그런 것은 옛날이야기가 된 지 오래다. 요즘은 복싱 같은 스포츠에서 고전 무용까지 다양한 취미를 가진 여성들이 늘었다.

이제 여성들에게 취미는 더 이상 단순한 여가 활동이 아니라 자신의 꿈을 이룰 수 있는 길이기도 하다. 디자이너이면서 인라인 스케이트 마니아인 주부 박은경 씨는 인라인을 타기 시작한 지 4년 만에 국가 대표 선수가 됐다. 박은경 씨는 "인라인을 좀 더 타기 위해 아기도 내년쯤이나 가질 계획"이라고 말했다. 국내 프로 복싱 여자 심판인 김정선 씨는 취미로 복싱 에어로빅을 즐기다가 심판이 되기로 마음먹었다. 취미로 즐기던 일이 직업이 된 것이다. 여자 심판은 김 씨가 처음이다. 54세 이순명 씨는 아마추어 발레리나이다. 20년 전 '백조의 호수' 공연을 보고 발레를 배우고 싶다는 생각을 했다. 하지만 나이도 많고 아무나 할 수 없다는 생각 때문에 포기했다가 4년 전 발레 학원에 등록해서 발레를 배우기 시작했다. 20년 동안 가지고 있던 소원을 이룬 이 씨는 요즘 매우 행복하다고 한다.

취미로 일상생활의 힘을 얻는 현대인들이 점점 늘고 있는 요즘, 여성들의 취미 생활은 더 새로워지고 있으며 다양한 취미 생활을 통해 인생의 즐거움을 찾는 여성들이 늘고 있다.

세연신문 최영수 기자

8 Choose a suitable title for the article. ( )
기사의 제목으로 적당한 것을 고르십시오

① 취미 생활의 종류
② 직업과 취미의 관계
③ 여성과 남성의 취미
④ 여성 취미 생활의 변화

9 Choose the answer that matches the content of the text. ( )
글의 내용과 같은 것을 고르십시오.

① 요즘은 취미 활동이 직업으로 바뀌는 일도 있다.
② 이순명 씨는 지금 발레 학원에서 학생들을 가르치고 있다.
③ 박은경 씨는 인라인 스케이트 선수를 하다가 디자이너가 됐다.
④ 김정선 씨는 복싱 심판이 되기 위해서 복싱 에어로빅을 배웠다.

10 Write the occupations of the people introduced in the article. ( )
기사에 소개된 사람의 직업을 쓰십시오.

1) 박은경:
2) 김정선:
3) 이순명:

V [11~13] Read the following and answer the question.
다음을 읽고 질문에 답하십시오.

건강 칼럼

걷기만 해도 건강해집니다!

대중교통의 발달과 과학의 발달로 우리 생활은 점점 편리해지고 있지만 다른 한편으로는 새로운 문제점이 나타나고 있습니다. 옛날에는 걸어야 갈 수 있던 곳에 요즘은 차나 지하철, 버스 등으로 아주 빠르고 편하게 갈 수 있게 되면서 많은 현대인들의 '걷는 시간'이 매우 짧아진 것입니다. 반드시 걸어가야 할 이유가 없다면 많은 시간을 내서 걷는 것을 선택하는 현대인은 많지 않습니다.

그러나 편리함이 언제나 좋은 것만은 아닙니다. 삶이 편해진 만큼 운동 시간이 충분하지 않아 비만이 되거나 고혈압, 심장병 등 여러 가지 병에 걸리기도 합니다. 이제 현대인들은 시간을 내서 특별히 운동을 하지 않으면 건강한 생활을 하기 어렵습니다. 회사에서 일을 하는 사람뿐만 아니라 학생들도 많은 시간을 책상에서 보내기 때문에 노력해서 운동하지 않으면 건강을 유지하기란 쉬운 일이 아닙니다. 어디든 걸어서 갔던 조상들의 생활을 생각해 보면 '걷기' 시간은 옛날의 반도 되지 않습니다. 만약 지금처럼 계속 앉아 있기만 한다면 현대인의 건강은 더 나빠질 것입니다. 그럼 어떤 방법으로 걷는 것이 현대인들에게 가장 효과적인 운동법일까요?

흔히 걷기 운동은 천천히 산책을 하는 것처럼 걷는 것이라고 생각하지만 가장 효과적인 걷기 방법은 조깅보다는 느리게, 그리고 평소의 걸음보다는 조금 빠르게 옆 사람과의 대화가 가능할 정도로 빠르게 걷는 것입니다. 빨리 걷기를 해보지 않은 사람은 매일 10분 정도, 익숙해진 사람은 30분 정도 걸어 보는 것을 추천합니다. 머리끝부터 발끝까지 몸 전체를 사용하는 가장 효과적인 운동 방법인 빨리 걷기를 지속적으로 하면 건강한 몸을 유지할 수 있습니다.

현대인의 건강이 나빠지는 대부분의 이유는 꾸준히 운동을 하기 어려운 환경에 있기 때문입니다. 만약 운동 시간을 내기 어렵다면 가까운 거리는 버스나 지하철을 타는 대신 걸어 보는 것은 어떨까요? 건강한 삶을 얻게 될 것입니다.

11 What is the main reason for the declining health of modern people? (　　)
현대인들의 건강이 나빠지는 가장 큰 이유는 무엇입니까?

① 수면 시간이 충분하지 않아서
② 효과적인 걷기 방법을 몰라서
③ 운동을 하는 시간이 부족해서
④ 대중교통 이용으로 스트레스를 받아서

12 **Choose the answer that matches the content of the text. (   )**
글의 내용과 같은 것을 고르십시오.

① 예전처럼 걷지 않아도 갈 수 있는 곳이 많아졌다.
② 옛날 사람들이 걸었던 만큼 요즘 사람들은 걷지 않는다.
③ 현대인들은 운동을 하기 위해 특별히 시간을 내야 한다.
④ 가까운 곳에 갈 때 걸어서 가는 것은 건강에 도움이 된다.

13 **What is not an effective walking exercise method? (   )**
효과적인 걷기 운동 방법이 아닌 것은 무엇입니까?

① 산책할 때와 같은 빠르기로 걷는다.
② 익숙해지기 전까지는 10분 정도 걷는 것이 좋다.
③ 옆 사람과 대화를 하면서 걸으면 더 건강해진다.
④ 자주 걷는 사람들은 30분 정도 걸으면 효과적이다.

memo 메모

6과 01 할머니께 인사부터 드리고요

어휘

1 **Choose the correct word and fill in the blank.**
알맞은 단어를 골라 빈칸에 쓰십시오.

결혼식 돌잔치 집들이 차례 회갑 잔치

한국에는 여러 가지 가족 행사가 있습니다. 할아버지, 할머니의 예순 번째 생신에는 앞으로 오래오래 건강하게 사시라고 보기 회갑 잔치를을/를 합니다. 그리고 아기가 건강하게 첫 번째 생일을 맞이한 것을 축하하는 1) ________ 도 있습니다. 설날이나 추석 같은 명절에는 음식을 정성스럽게 차려놓고 조상님들께 2) ________ 을/를 지냅니다. 이사를 하면 손님을 초대해서 3) ________ 도 합니다. 물론, 신랑, 신부가 새 가정을 이루는 4) ________ 도 중요한 가족 행사 중의 하나입니다.

2 **Choose the correct word and fill in the blank.**
알맞은 단어를 골라 빈칸에 쓰십시오.

빈대떡 우선 큰어머니 고생하다 안 그래도

보기
가: 저 동그랗고 납작한 음식은 이름이 뭐예요?
나: 빈대떡이에요~~이에요/예요~~. 한번 드셔 보세요.

1) 가: ________ 은/는 누구를 가리키는 말이에요?
나: 아버지 형님의 부인을 부르는 말이에요.

2) 가: 우리 다음 주에 이 선생님 찾아뵈러 가는데 같이 갈래?
나: 좋아, 나도 같이 가. ________ 선생님을 뵈러 갈까 했었거든.

3) 가: 상 받으신 거 축하드립니다. 지금 누가 제일 생각나십니까?
나: 지금까지 저 때문에 ________ 으신/신 어머님이 제일 생각납니다.

4) 가: 이삿짐센터에서 왔습니다. 뭐부터 할까요?
나: ________ 이 짐부터 싸 주시고요. 그 다음엔 저 그릇들을 좀 옮겨 주세요.

문법

이라도

3 Look at the following picture and complete the sentence.
다음 그림을 보고 문장을 완성하십시오.

보기

❶

❷

❸

❹

❺

보기 밥이 없으면 빵이라도/~~라도~~ 주세요.

1) 주스가 없으면 ________ 이라도/라도 마십시다.

2) 전화를 자주 할 수 없으면 ________ 이라도/라도 자주 ________ 으세요/세요.

3) 제주도에 갈 수 없으면 ________________

4) 자동차가 고장났으면 ________________

5) 애인하고 올 수 없으면 ________________

4 Complete the following conversation.
다음 대화를 완성하십시오.

보기
가: 비가 많이 오는데 우산이 없네요. 빨리 가 봐야 하는데…….
나: 그럼, 제 것이라도~~이라도/라도~~ 쓰고 가세요. 저는 친구랑 같이 쓰고 갈게요.

1) 가: 에어컨이 고장 나서 너무 더워요.
   나: ________ 이라도/라도 켜세요. 조금은 나아질 거예요.

2) 가: 일을 오늘까지 다 끝내야 하는데 도와줄 사람이 없네요.
   나: 다른 사람이 없으면 ________ 이라도/라도 도와 드릴까요?

3) 가: 지금 내가 이 일을 시작하기에는 너무 늦지 않았을까?
   나: 늦지 않았어. ________ 이라도/라도 시작해 봐. 잘할 수 있을 거야.

4) 가: 급한 일이 생겨서 오늘 못 가겠는데요.
   나: 그러면 ________ 이라도/라도 오세요. 오셔서 보고 결정하시는 게 나으니까요.

5) 가: 지금은 지하철이 끊겼을 텐데 오실 수 있겠어요?
   나: ________ 이라도/라도 갈 테니까 걱정하지 마세요.

08 -어다가

5 Look at the picture and complete the sentence.
그림을 보고 문장을 완성하십시오.

보기

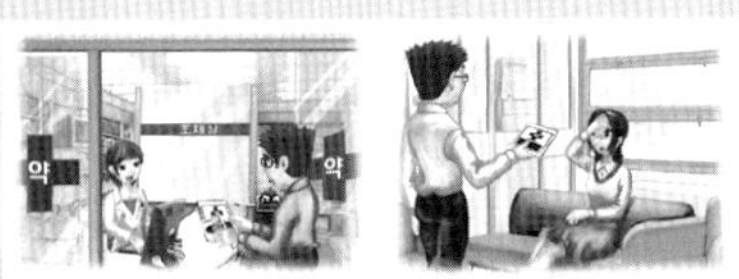

약국에서 약을 사다가~~어다가/아다가/여다가~~ 친구에게 줬어요.

1)

________ ________ 어다가/아다가/여다가 집에서 읽어요.

2) 

______________________ 어다가/아다가/여다가 제 방 꽃병에 꽂아 놓았어요.

3) 

______________________ 어다가/아다가/여다가 책상 위에 놓았어요.

4) 

슈퍼마켓에서 ______________________

5) 

____

6 Complete the following conversation.

다음 대화를 완성하십시오.

> **보기**
> 가: 내일 놀이공원에 가는데 점심은 어떻게 할까요?
> 나: 김밥이나 사다가 먹읍시다.

1) 가: 심심한데 뭘 할까?
   나: 만화책이나 ______________________
2) 가: 지난번에 빌려 드린 책 내일 돌려주실 수 있어요?
   나: 그럼요. 내일 ______________________
3) 가: 엄마, 지난번에 세탁소에 맡긴 옷 찾아오셨어요? 내일 입어야 하는데요.
   나: 알았어. 이따가 ______________________
4) 가: 승연 씨, 죄송하지만 커피 좀 ______________________?
   나: 네. 안 그래도 저도 커피를 마시려던 참이었거든요.
5) 가: 이쪽 벽에 그림 좀 ______________________
   나: 그거 좋겠는데요. 오늘 제가 사 올게요.

6과 02 너에게 안부 전해 달래

어휘

1 Choose the correct word and fill in the blank.
알맞은 말을 골라 빈칸에 쓰십시오.

안부가 궁금하다	안부를 묻다	안부를 전하다
안부 문자를 보내다	안부 인사를 드리다	안부 전화를 하다

보기 친구한테 잘 지내냐고 휴대전화로 안부 문자를 보냈다~~었다/았다/였다~~.

1) 어제는 할머니 댁에 ____________________ 으러/러 갔다. 할머니께서는 오랜만에 우리를 보고 아주 기뻐하셨다.

2) 고향에 돌아간 친구가 한국어 수업을 같이 들었던 반 친구들 모두 잘 지내냐고 ____________________ 었다/았다/였다.

3) 한국 여행을 하고 돌아가는 고향 친구에게 우리 부모님께 ____________________ 어/아/여 달라고 부탁했다.

4) 오늘 우연히 초등학교 동창을 길에서 만났다. 이런저런 이야기를 하니까 그때 친구들의 ____________________ 어졌다/아졌다/여졌다.

5) 한국에 유학 온 뒤로 1주일에 한 번씩 고향에 계신 부모님께 ____________________ 는다/ㄴ다. 전화로 부모님 목소리를 들으면 더 열심히 공부해야겠다는 생각이 든다.

2 Choose the correct word and fill in the blank.
알맞은 말을 골라 빈칸에 쓰십시오.

대학원	동창회	아까	야	준비 중이다	보이다

보기 가: 어제 동창회는~~은/는~~ 어땠어요?
나: 아주 좋았어요. 오랜만에 초등학교 때 친구들을 만나니까 다시 그때로 돌아간 기분이 들었어요.

1) 가: ______________, 지금 어디야? 친구들이 다 기다리고 있는데.
나: 그래? 거의 다 왔어. 빨리 갈게. 조금만 기다려.

2) 가: 승연 씨는 요즘 많이 바쁜가 봐요.

나: 네, 다음 달에 유학을 가려고 ______________ 거든요.

3) 가: 이 집은 왜 이렇게 비싸요?

나: 전망이 좋아서 그래요. 저기 한강이 ______________ 지요?

4) 가: 내 책 못 봤니? 여기에 있었던 것 같은데…….

나: 아, 그 책이요? ______________ 미연 씨가 분실물 센터에 가지고 가던데요.

문법

-기만 하다

3 Complete the following sentence.
다음 문장을 완성하십시오.

> 보기 아기가 아픈가 봐요. 우유도 먹지 않고 계속 울기만 해요.

1) 책을 __________ 기만 하고 왜 안 읽어요?

2) 회사에 와서 일은 안 하고 __________ 기만 하는 사람은 필요 없어요.

3) 그 사람한테 질문하면 언제나 대답은 하지 않고 __________ 기만 해요.

4) 안드레이 씨는 월급을 받으면 저금은 하지 않고 __________ 기만 해요.

5) 아이들이 식당에서 밥은 안 먹고 __________ 기만 해요. 시끄러워서 식사를 할 수 없어요.

4 Complete the following conversation.
다음 대화를 완성하십시오.

기자: 요즘 주말을 어떻게 보내고 있는지 지나가는 분들께 물어보겠습니다.
실례지만 주말에 가족들이 무엇을 합니까?

여자: 제 남편은 하루 종일 보기 자기만 해요.
큰아들은 컴퓨터 앞에서 1) ______________ 만 해요.
딸은 친구들과 2) ______________ 만 하고요.
막내아들은 쉬지 않고 3) ______________ 기만 해요.

기자: 그럼 부인께서는 뭘 하세요?

여자: 저는 하루 종일 4) ______________ 만 해요. 청소하고 빨래하고 식사 준비하고…….

아이들: 아니에요. 우리 엄마는 하루 종일 5) ______________ 기만/만 해요.

02 -다니요?

5 Complete the following conversation.
다음 대화를 완성하십시오.

보기
가: 오늘 학교에 안 가셨다면서요?
나: 학교에 안 가다니요?~~다니요?/이라니요?~~ 지금 학교에서 오는 길인데요.

1) 가: 언제 졸업하세요?
나: ______________ 다니요/이라니요? 전 작년에 졸업했는데요.

2) 가: 미선 씨가 많이 아프대요.

나: ________________ 다니요/이라니요? 어제까지도 괜찮았는데요.

3) 가: 오늘 숙제가 많다면서요?

나: ________________ 다니요/이라니요? 시험이 끝나서 오늘은 숙제가 없는데요.

4) 가: 샤오밍 씨가 공부를 아주 열심히 하지요?

나: ________________ 다니요/이라니요? 어제도 학교에 안 왔는데요.

5) 가: 선생님이 화가 많이 나셨다면서요?

나: ________________ 다니요/이라니요? 오늘 기분이 아주 좋으시던데요.

6 Reporter 'Sato' interviews movie actress 'Yumi.' Complete the conversation.
기자 '사토' 씨가 영화배우 '유미' 씨를 인터뷰합니다. 대화를 완성하십시오.

사토: 유미 씨, 오래간만입니다. 지난번 영화를 끝내고 지금까지 특별한 활동이 없으셨는데 푹 쉬셨나요?

유미: 보기 푹 쉬다니요~~다니요/이라니요~~? 너무 바빠서 눈코 뜰 새가 없었어요.

사토: 그동안 외국에 계셨다는 소문이 있던데요.

유미: 1) ________________ 다니요/이라니요? 계속 한국에 있었는데요.

사토: 아, 그래요? 그리고 너무 예뻐지셔서 성형 수술을 했다는 소문도 들었는데요.

유미: 2) ________________ 다니요/이라니요? 너무 바빠서 살이 좀 빠졌을 뿐이에요.

사토: 그럼, 남자 친구와 헤어졌다는 말은 사실인가요?

유미: 3) ________________ 다니요/이라니요? 조금 전에도 같이 식사했는걸요.

사토: 이번에 새로 찍는 영화의 남자 주인공과 사이가 나쁘다고 들었는데 연기하기 불편하지 않으시겠어요?

유미: 4) ________________ 다니요/이라니요? 예전부터 친구 사이였는걸요.

사토: 아, 그래요? 곧 가수로 데뷔한다고 들었는데요. 언제 앨범이 나옵니까?

유미: 5) ________________ 다니요/이라니요? 저는 연기밖에 모르는 사람이에요.

사토: 아, 그렇군요. 잘 알겠습니다. 오늘 바쁘실 텐데 이렇게 시간을 내 주셔서 감사합니다.

7과 01 오히려 제가 미안한데요

어휘

1 Choose the correct word and fill in the blank.
알맞은 말을 골라 빈칸에 쓰십시오.

변명하다　사과하다　양해를 구하다　용서를 빌다

보기
가: 제가 괜히 친구들한테 화를 내서 친구들이 다 가 버렸어요.
나: 그럼 빨리 친구들한테 사과하세요~~으세요/세요~~.

1) 가: 아르바이트 시간에 늦을 것 같은데 뭐라고 하지요?
   나: ________________ 지 말고 솔직하게 말하세요.

2) 가: 제가 아버지께서 아주 좋아하시는 도자기를 깼어요.
   나: 아버지께 ________________ 으세요/세요.

3) 가: 내일 부모님이 고향에서 오셔서 친구 이사를 도와줄 수 없을 것 같아요. 어떡하죠?
   나: 그럼 빨리 친구에게 ________________ 으세요/세요. 도와줄 다른 사람을 찾아봐야지요.

2 Choose the correct word and fill in the blank.
알맞은 말을 골라 빈칸에 쓰십시오.

볼일　부담　오히려　직접적으로　들르다　그럴 리가요

보기
동아리에서 큰일을 맡아서 부담이~~어/가~~ 돼요.

1) 민수 씨가 고향에 일이 생겨서 학교를 그만둔다고요? ________________

2) 엠마 씨는 ________________ 이/가 있어서 오늘 모임에 좀 늦게 온대요.

3) 그 사람은 1시간이나 늦게 오고서 ________________ 우리들한테 화를 내요.

4) 친구의 부탁을 그렇게 ________________ 거절하면 사이가 나빠질 수도 있어요.

5) 집에 오는 길에 서점에 ________________ 어서/아서/여서 책을 사 가지고 왔어요.

문법

-지 그래요?

3 Complete the following conversation.
다음 대화를 완성하십시오.

보기
가: 몸이 아파서 움직일 수가 없어요.
나: 병원에 가지 그래요?

1) 가: 이 옷이 마음에 안 드는데 어떻게 할까요?
나: ______________________________ 지 그래요?

2) 가: 단어를 몰라서 숙제를 못 하겠어요.
나: ______________________________ 지 그래요?

3) 가: 카메라가 고장 나서 쓸 수가 없어요.
나: ______________________________ 지 그래요?

4) 가: 여행 가고 싶은데 돈이 없어요.
나: ______________________________ 지 그래요?

5) 가: 다음 학기에도 수업을 듣고 싶은데 언제까지 등록해야 하는지 모르겠어요.
나: ______________________________ 지 그래요?

4 Look at the picture and write what people think.
그림을 보고 사람들의 생각을 쓰십시오.

보기

카메라 구입	
백화점 38만원	인터넷 33만원

가: 백화점에 카메라를 사러 갔는데 너무 비싸더라.
나: 그럼 인터넷으로 사지 그래요? 훨씬 쌀걸요.

1)

가족 모임 장소	
집	식당

가: 집들이를 할까 하는데 요리를 잘 못해서 걱정이에요.
나: 그럼 ______________________________
편하잖아요.

2)

듣기 연습	
뉴스	드라마

가: 저는 듣기 연습으로 뉴스를 듣는데 단어가 너무 어려워요.

나: 그럼 ______________________

단어도 쉽고 재미있잖아요.

3)

운동	
테니스	스쿼시

가: 저는 테니스를 좋아하는데 같이 칠 친구가 없어요.

나: 그럼 ______________________

혼자서도 할 수 있잖아요.

4)

부산 ↔ 오사카 왕복	
비행기 30만 원	배 15만 원

가: 오사카에 가고 싶은데 비행기 표가 생각보다 비싸네요.

나: ______________________

____

5)

선물	
옷	상품권

가: 어머니께 옷을 사 드리고 싶은데 고르기가 힘들어.

나: ______________________

____

00 -고 해서

5 Look at the following table and complete the conversation.
다음 표를 보고 대화를 완성하십시오.

보기 시골로 이사한 이유	☐ 공기가 좋다	☐ 경치가 좋다	☑ 집값이 싸다
그 카페에 자주 가는 이유	☐ 분위기가 좋다	☐ 커피가 맛있다	☐ 아르바이트생이 멋있다
집에만 있는 이유	☐ 날씨가 덥다	☐ 비가 올 것 같다	☐ 외출하기가 귀찮다
청소를 하는 이유	☐ 부모님이 오신다	☐ 할 일이 없다	☐ 주말에 파티가 있다
모임에 안 간 이유	☐ 머리가 아프다	☐ 술을 안 좋아한다	☐ 돈이 없다
전화를 한 이유	☐ 심심하다	☐ 물어볼 것이 있다	☐ 친구들 소식을 듣고 싶다

보기

가: 왜 시골로 이사했어요?
나: 집값도 싸고 해서 이사했어요.

1) 가: 왜 그 카페에 자주 가요?
나: ______

2) 가: 왜 집에만 있었어요?
나: ______

3) 가: 왜 청소를 해요?
나: ______

4) 가: 왜 그 모임에 안 갔어요?
나: ______

5) 가: 왜 전화를 했어요?
나: ______

6 Complete the following conversation.

다음 대화를 완성하십시오.

보기

가: 시장에 다녀오세요?
나: 네, 주말에 손님도 오시고 해서 먹을 것 좀 사 왔어요.

1) 가: 어제 일찍 퇴근하셨지요?
나: 네, ______

2) 가: 왜 그 동네로 이사하셨어요?
나: ______

3) 가: 운동을 시작하셨다면서요?
나: 네, ______

4) 가: 어제 빌린 책을 벌써 다 읽었어?
나: 응, ______

5) 가: 그 식당에 자주 가는 이유가 뭐예요?
나: ______

7과 02 다른 방법으로 미안함을 표현하기도 해요

어휘

1 **Match the meanings of the following words and choose the correct word to fill in the blank.**
다음 단어의 뜻을 찾아 연결하고 알맞은 말을 골라 빈칸에 쓰십시오.

보기 이해하다 •   • 어떤 사람을 보고 누구인지 알다.
1) 알아보다 •   • 다른 사람의 말이나 뉴스 등을 알게 되다.
2) 알아듣다 •   • 싸운 다음에 사과하고 다시 사이좋게 지내다.
3) 화해하다 •   • 다른 사람의 생각을 바꾸어서 내 생각과 같이 만들다.
4) 설득하다 •   • 말이나 글의 뜻을 알거나 다른 사람의 상황을 알아주다.

보기 한국에서 오래 살아 보니까 한국 사람들의 사고방식을 이해할~~을/ㄹ~~ 수 있어요.

1) 10년 만에 그 친구를 봤는데도 첫눈에 ________ 을/ㄹ 수 있었어요.
2) 그 사람은 고집이 너무 세서 그 사람을 ________ 기는 참 어려워요.
3) 그 사람의 말은 너무 빨라서 ________ 기가 어려워요.
4) 친구와 싸워서 마음이 불편했는데 ________ 으니까/니까 기분이 좋아요.

2 **Choose the correct word and fill in the blank.**
알맞은 말을 골라 빈칸에 쓰십시오.

방법   계속   부딪치다   오해를 사다   표현하다

보기 종이로 배를 접는 방법을~~을/를~~ 알면 가르쳐 주세요.

1) 너무 기뻐서 말로 ________ 을/ㄹ 수가 없어요.
2) 약을 먹어도 배가 ________ 아픈데 어떻게 하지요?
3) 뛰어가다가 친구와 ________ 어서/아서/여서 같이 넘어졌어요.
4) 다른 사람들한테 ________ 을/ㄹ 수 있는 행동은 안 하는 게 나아요.

문법

❶ -고도

3 Complete the following conversation.
다음 대화를 완성하십시오.

> 보기
> 가: 누구한테 편지를 써요?
> 나: 고향 친구한테요. 제가 편지를 받고도 답장을 쓰지 못했거든요.

1) 가: 수지 씨, 왜 그렇게 화가 났어요?
   나: 친구가 ________________ 고도 사과를 하지 않아서요.
2) 가: 아이가 거짓말을 해서 야단친 거예요?
   나: 아니요, ________________ 고도 반성하지 않아서 야단을 쳤어요.
3) 가: 올가 씨, 지난번에 산 카메라 어때요?
   나: 요즘 너무 바빠서 ________________ 고도 아직 한 장도 못 찍어봤어요.
4) 가: 우리 아이는 책을 ________________ 고도 무슨 내용인지 몰라요.
   나: 집중해서 읽지 않아서 그래요. 좀 크면 나아질 거예요.
5) 가: 샤오밍 씨가 대학교 입학시험에 합격했어요?
   나: 네, 하지만 등록금이 없어서 대학교에 ________________ 고도
   ____

4 Look at the following table and complete the conversation.
다음 표를 보고 대화를 완성하십시오.

샤오밍의 말	히로시의 말
보기 히로시가 돈을 빌렸는데 갚지 않음.	1) 내가 샤오밍한테 여러 번 밥을 사 주었는데도 고맙다는 인사를 하지 않음.
2) 히로시가 학교에서 나를 봤는데도 인사하지 않고 그냥 감.	3) 길에서 불렀을 때 샤오밍이 들었는데도 대답을 하지 않음.
4) 히로시가 문자 메시지를 받았을 텐데 답장을 하지 않음.	5) 샤오밍이 전화를 받았는데도 말하지 않고 끊어 버림.

수　지: 샤오밍 씨와 히로시 씨, 두 사람 싸웠어요? 왜 말을 안 해요?

샤오밍: 제가 히로시한테 돈을 빌려 줬어요. 보기 그런데 히로시가 돈을 빌리고도 갚지 않잖아요.

히로시: 저는 샤오밍이 돈이 없을 때마다 밥을 사 줬어요. 그런데 샤오밍은 1) 밥을 먹고도 ______

그리고 제가 돈을 조금 빌렸는데 만날 때마다 돈을 달라고 해요.

샤오밍: 너는 학교에서 2) ______

히로시: 샤오밍, 너도 내가 길에서 불렀을 때 3) ______

샤오밍: 너는 내 문자 메시지를 4) ______

히로시: 네가 먼저 내 전화를 5) ______

수 지: 그만, 그만하세요. 무슨 오해가 있는 것 같은데 우리 어디 가서 한잔하면서 이야기 해 봐요

-는단 말이에요?

5 Complete the following conversation.

다음 대화를 완성하십시오.

보기

가: 날마다 2시간씩 공부했는데 이번 시험에서 55점을 받았어요.

나: 날마다 그렇게 열심히 공부했는데 55점을 받았단~~는단/단/이란~~ 말이에요?

1) 가: 휴대 전화가 고장 나서 수리를 맡겼는데 수리비가 10만 원이래요.

나: ______ 는단/단/이란 말이에요?

2) 가: 수지 씨 집에는 자동차가 4대나 있대요.

나: ______ 는단/단/이란 말이에요?

3) 가: 샤오밍 씨 여자 친구가 미인 대회에서 1등을 했대요.

나: ______ 는단/단/이란 말이에요?

4) 가: 날마다 5시간씩 일하는데 월급을 70만 원밖에 못 받아요.

나: ______ 는단/단/이란 말이에요?

5) 가: 아침에 눈이 와서 학교까지 오는 데 2시간이나 걸렸어요.

나: ______ 는단/단/이란 말이에요?

6 The following is the title of a newspaper article. Look at the title and complete the sentences.
다음은 신문 기사 제목입니다. 기사 제목을 보고 문장을 완성하십시오.

보기
친구와 불장난 하다가 산불, 오래된 나무 수천 그루 불에 타
불장난을 하다가 산불을 냈단 말이에요?

삼겹살 1인분에 1,500원, 더 싼 집이 있으면 돈 안 받아

1) ______________________________

고등학생이 인터넷으로 가짜 물건 팔아 1억 이상 벌어

2) ______________________________

한 집에 사는 개와 고양이, 서로 연인처럼 사이가 좋아

3) ______________________________

집에서 살기 싫어 은행 강도를 하다가 붙잡힌 남자, 교도소 가고 싶어서

4) ______________________________

다이어트 때문에 날마다 빵 하나와 과일 하나만 먹어 성인 여자 몸무게가 35kg

5) ______________________________

8과 01 선생님 같은 사람이 되고 싶어요

어휘

1 **What should this person do?Choose the correct word and fill in the blank.**
이 사람은 어떤 일을 하면 좋을까요? 알맞은 말을 골라 빈칸에 쓰십시오.

교육자　사업가　언론인　연예인　정치인

보기 새로운 소식을 사람들에게 제일 먼저 알리고 싶어요. (언론인)

1) 제 회사를 하나 갖고 싶어요. (　　　　)

2) 국민들을 위해 일하고 싶어요. (　　　　)

3) 아이들을 좋아하고 가르치기를 좋아해요. (　　　　)

4) 다른 사람들 앞에서 노래하고 춤추기를 좋아해요. (　　　　)

2 **Choose the correct word and fill in the blank.**
알맞은 말을 골라 빈칸에 쓰십시오.

마음이 넓다　배려하다　존경하다　화를 내다　흐뭇하다

보기 아버지께서는 거짓말을 한 나에게 무섭게 화를 내셨다~~으셨다/셨다~~.

1) 저는 우리 할아버지 같은 교육자가 되고 싶어요. 저는 할아버지를 아주 ________ 어요/아요/여요.

2) 그 사람은 너무 자기만 생각해요. 남을 ________ 는/은/ㄴ 마음부터 배워야겠다.

3) 선생님은 우리 반 학생들의 연극을 보시고 무척 ________ 어하셨다/아하셨다/여하셨다.

4) 카페에서 아르바이트를 하는데 사장님께서 ________ 으셔서/셔서 제가 가끔 실수를 해도 이해해 주시고 용서해 주신다.

문법

1 -었을 텐데

3 Rewrite the two sentences into a single sentence.
두 문장을 한 문장으로 바꾸십시오.

보기
힘들었을 것 같아요. / 푹 쉬세요.
→ 힘들었을 텐데 푹 쉬세요.

1) 비행기가 도착했을 거예요. / 왜 연락이 없지?

→ ______________________________

2) 번거로우셨을 것 같다. / 도와주셔서 감사합니다.

→ ______________________________

3) 백화점에 사람이 많았을 거예요. / 힘들지 않았어요?

→ ______________________________

4) 날씨가 많이 추웠을 거예요. / 고생하지 않으셨어요?

→ ______________________________

5) 친구들은 다 돌아갔을 거예요. / 혼자서 할 수 있겠어요?

→ ______________________________

4 Complete the following conversation.
다음 대화를 완성하십시오.

보기
가: 교실에 가서 빨리 반 친구들에게 알려 줘야겠어요.
나: 지금은 친구들이 다 집에 갔을~~었을/았을/였을~~ 텐데 내일 알려 주세요.

1) 가: 샤오밍 씨가 이번에 장학금을 탔어요.

나: 그래요? 일을 하면서 공부하기가 ______________ 었을/았을/였을 텐데 정말 대단해요.

2) 가: 내가 보낸 택배가 벌써 ______________ 었을/았을/였을 텐데 왜 아직까지 연락이 없지?

나: 받으면 연락한다고 했으니까 조금만 더 기다려 봐.

3) 가: 내일 승연이랑 같이 그 공연을 보러 갈까 해.

나: 그래? 승연이는 그 공연을 이미 ____________________ 었을/았을/였을 텐데 한 번 확인해 봐.

4) 가: 어제가 여자 친구 생일이었는데 깜빡 잊고 축하한다는 말도 못 했어요.

나: ____________________ 었을/았을/였을 텐데 빨리 연락해 보세요.

5) 가: 수업이 ____________________ 었을/았을/였을 텐데 왜 아이들이 안 오지요?

나: 걱정하지 마세요. 수업이 끝나고 친구들하고 놀다 오는 거겠지요.

08 -거든

5 Complete the following conversation.

다음 대화를 완성하십시오.

> **보기**
> 가: 수리가 다 됐나요?
> 나: 다 됐습니다. 혹시 또 문제가 생기거든 서비스 센터로 연락하십시오.

1) 가: 다음 연휴에 고향에 좀 다녀오려고 해.

나: 그럼 부탁 하나만 해도 될까? ____________________ 거든 우리 부모님께 선물 좀 전해 줄래?

2) 가: 일찍 집에 가려고요? 선생님께서 찾으시면 뭐라고 하지요?

나: ____________________ 거든 몸이 아파서 일찍 집에 갔다고 해 주세요.

3) 가: 어제 연극을 보셨다면서요? 다음에는 저도 데려가 주세요.

나: 네, ____________________

4) 가: 오늘 안드레이 씨를 만나신다면서요? ____________________

나: 네, 전해 드리겠습니다.

5) 가: 어디 아프세요? ____________________

나: 아니에요. 좀 피곤할 뿐이에요.

6 Complete the conversation based on what the housewife asks her child at home to do while going out.

한 주부가 외출하면서 집에 있는 아이에게 부탁하는 내용입니다. 다음을 보고 대화를 완성하십시오.

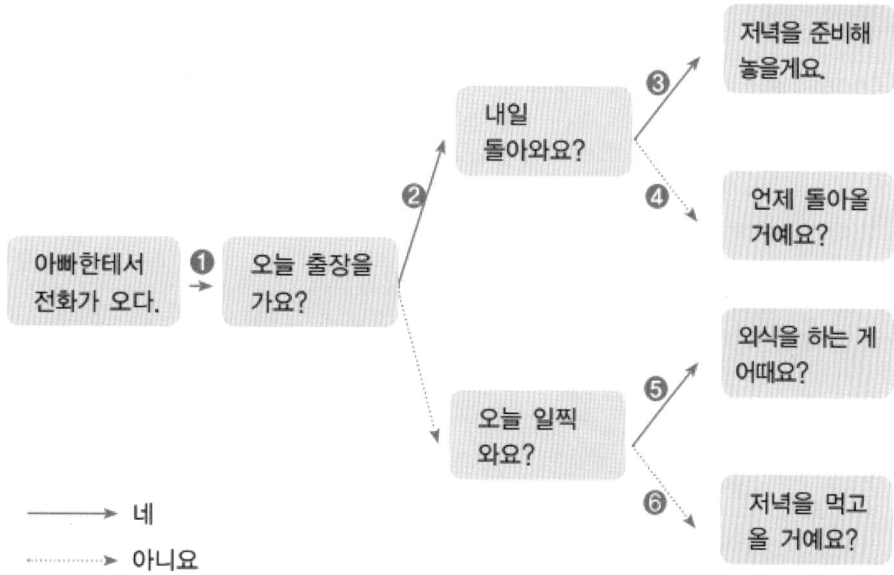

보기 엄마가 외출한 사이에 아빠한테서 전화가 오거든 오늘 출장을 가시냐고 여쭤 봐.

1) 출장을 ________________ 거든 내일 돌아오시냐고 여쭤 봐.

2) 내일 ________________ 거든 맛있는 저녁을 준비해 놓겠다고 해.

3) 내일 ________________ 거든 언제 돌아오실 거냐고 여쭤 봐.
   출장을 안 간다고 하시거든 오늘 일찍 오시냐고 여쭤 봐.

4) 오늘 ____________ 거든 오늘 저녁은 외식을 하는 게 어떠냐고 여쭤 봐.

5) 오늘 늦게 ____________ 거든 ____________________.

8과 02 같이 의논해 보도록 하자

어휘

1 **Choose the correct word and fill in the blank.**
알맞은 말을 골라 빈칸에 쓰십시오.

교통편	준비물	행사	회비	회원

사랑의 김장 담그기

올해도 '사랑의 김장 담그기' 보기 행사에 참가하려고 합니다. 봉사 동아리 '날개 없는 천사' **1)** ________ 모두가 함께해 주실 거라고 믿습니다. **2)** ________ 은/는 따로 내지 않으셔도 되고 점심도 무료로 드립니다.

날짜: 11월 20일 (토)
장소: 시청 앞 광장
3) ________ : 버스 (학교 정문 앞에서 오전 8시 30분에 출발합니다.)
4) ________ : 앞치마, 고무 장갑

2 **Choose the correct word and fill in the blank.**
알맞은 말을 골라 빈칸에 쓰십시오.

__박 __일	엠티	일정	전체	의논하다

보기 이번 여행은 1박 2일로~~으로/로~~ 간다. 오늘 떠나서 내일 돌아올 예정이다.

1) 경주는 도시 ________ 이/가 마치 박물관 같다.

2) 문제가 생기면 누구하고 ________ 어요/아요/여요?

3) 지난번 여행은 여행사가 짠 ________ 에 맞춰 다녀야 해서 제대로 관광을 할 수 없었다.

4) 지난 주말에는 학교에서 남한산성으로 ________ 을/를 가서 친구 집들이에는 가지 못했다.

문법

❶ -으면서도

3 Choose the correct word and complete the sentence.
알맞은 말을 골라 문장을 완성하십시오.

보기
담배가 건강에 나쁘다는 것을 안다. ① 담배를 끊었어요. (X)
② 담배를 계속 피워요. (○)
→ 담배가 건강에 나쁘다는 걸 알면서도~~으면서도/면서도~~ 담배를 계속 피워요.

1) 돈이 있다. ① 친구에게 빌려 줬어요. ( )
② 친구에게 빌려 주지 않았어요. ( )
→ ______ 으면서도/면서도 ______

2) 돈이 별로 없다. ① 쓰기만 해요. ( )
② 쓰지 못해요. ( )
→ ______ 으면서도/면서도 ______

3) 단어의 뜻을 모른다. ① 안다고 말했어요. ( )
② 모른다고 말했어요. ( )
→ ______ 으면서도/면서도 ______

4) 두 사람은 서로 사랑한다. ① 결혼했어요. ( )
② 결혼하지 않았어요. ( )
→ ______ 으면서도/면서도 ______

5) 그 사람이 잘못했다. ① 나한테 사과했어요. ( )
② 나한테 사과하지 않았어요. ( )
→ ______ 으면서도/면서도 ______

4 Complete the following conversation.

다음 대화를 완성하십시오.

> 보기
> 가: 이 옷은 아주 얇은데 지금 입기에는 좀 춥지 않을까요?
> 나: 아니요, 이 옷은 얇으면서도~~으면서도/면서도~~ 아주 따뜻해요.

1) 가: 그 친구가 부자 아니에요? 그 친구한테 도와 달라고 해 보세요.
   나: 그 친구는 ____________ 으면서도/면서도 다른 사람을 도와주지 않아요.
2) 가: 건강에는 운동만 한 게 없다는 걸 아시잖아요.
   나: ____________ 으면서도/면서도 시작하기가 어렵네요.
3) 가: 샤오밍 씨는 그 이야기를 ____________ 으면서도/면서도 아는 것처럼 말해요.
   나: 저는 샤오밍 씨가 그 이야기를 다 알고 있는 줄 알았는데 아니었어요?
4) 가: 동생이 시험을 잘 봤나요?
   나: 아니요. ____________ 으면서도/면서도 저렇게 잠만 자네요.
5) 가: 선생님께서 왜 화가 나셨어요?
   나: 밍밍 씨가 ____________ 으면서도/면서도 숙제를 다 했다고 거짓말을 했거든요.

08 -도록 하다

5 Complete the following conversation.

다음 대화를 완성하십시오.

> 보기
> 가: 다음부터는 조심하세요.
> 나: 네, 다시는 이런 실수를 하지 않도록 하겠습니다.

1) 가: 오늘은 강의가 많아서 내가 좀 바쁜데…….
   나: 네, 교수님, 그럼 다음에 ____________ 도록 하겠습니다.
2) 가: 오늘까지 이 일을 다 끝내셔야 하는데요.
   나: 걱정하지 마세요. ____________ 도록 하겠습니다.
3) 가: 내일 회의는 11시에 시작합니다. ____________ 도록 하세요.
   나: 네, 일찍 오겠습니다.

4) 가: 차를 여기에 세우시면 안 됩니다. 다음부터는 ______________ 도록 하세요.
   나: 죄송합니다. 다음부터는 꼭 주차장에 세우겠습니다.

5) 가: 기침이 자꾸 나요.
   나: ______________ 도록 하세요. 훨씬 좋아질 거예요.

6 Complete the following conversation.

다음 대화를 완성하십시오.

사장: 출장 준비는 거의 다 됐지요? 서류 준비는 다 됐나요?

비서: 아니요, 아직 안 됐습니다. **보기** 서류는 오늘 오후까지 준비해 놓도록 하겠습니다.

사장: 비행기를 오후에 탔으면 좋겠는데……. 오후 비행기 표로 좀 바꿔 주세요.

비서: 네, **1)** ______________ 도록 하겠습니다.

사장: 비행기 표를 바꾸면 호텔 예약 날짜도 바뀌니까 확인해 보세요.

비서: 네, **2)** ______________ 도록 하겠습니다.

사장: 아, 그리고 출장 가기 전에 회의를 했으면 좋겠는데……. 부장들한테 내일 오전에 회의가 있다고 연락 좀 해 주세요.

비서: 네, **3)** ______________ 도록 하겠습니다.

사장: 미안한데 비행기에서 읽을 책도 좀 부탁해요.

비서: 네, **4)** ______________ 도록 하겠습니다.

사장: 그리고 이번 토요일 김 과장 결혼식에 나 대신 참석 좀 해 주세요.

비서: 네, 그럼 제가 **5)** ______________ 도록 하겠습니다.

9과 01 우리 언어 교환을 할까요?

어휘

1 The following is a document submitted by a student. Choose the correct word and fill in the blank.
다음은 어떤 학생이 낸 서류입니다. 알맞은 말을 골라 빈칸에 쓰십시오.

국적 기타 모국어 성명 성별 연락처

구직 신청서

보기 성명 : 이 제니퍼 (Jennifer Lee)
1) ______ : 캐나다
2) ______ : 남 / 여
3) ______ : 영어, 프랑스어
4) ______ : 저는 아이들을 좋아합니다. 아이들을 가르치는 일이었으면 좋겠습니다.
5) ______ : 02) 2112 -1234

2 Choose the correct word and fill in the blank.
알맞은 말을 골라 빈칸을 채우십시오.

마침 발음 억양 교환하다 시간이 나다 포기하다

보기 배달해 드린 물건에 이상이 있으면 바로 교환해~~어/아/여~~ 드리겠습니다.

1) 제 친구는 일본에서 왔는데 'ㅇ'받침 ______ 이/가 정말 어렵대요.
2) 그 학생은 발음은 좋은데 ______ 이/가 자연스럽지 않은 것이 문제예요.
3) 어렵다고 그만두면 어떻게 해? ______ 지 말고 조금만 더 노력해 보자.
4) 친구한테 전화를 하려고 하는데 ______ 그 친구한테서 전화가 왔다.
5) 약속이 취소돼서 두 시간 정도 ______ 어서/아서/여서 영화를 봤다.

3

문법

얼마나 -는지

3 Complete the following conversation.
다음 대화를 완성하십시오.

보기
가: 그 학생이 정말 열심히 공부해요?
나: 네, 얼마나 열심히 하는지~~는지/은지/ㄴ지~~ 제가 깜짝 놀랐어요.

1) 가: 그곳이 그렇게 추워요?
나: 네, ________________ 는지/은지/ㄴ지 얼어 죽는 줄 알았어요.
2) 가: 그 영화가 그렇게 재미있어요?
나: 네, ________________ 는지/은지/ㄴ지 세 번을 봤는데 또 보고 싶어요.
3) 가: 밖에 바람이 많이 불어?
나: 응, ________________ 는지/은지/ㄴ지 눈을 뜰 수가 없었어.
4) 가: 시험이 많이 어려웠어요?
나: 네, ________________ 는지/은지/ㄴ지 한 문제도 못 풀었어요.
5) 가: 고기 뷔페에 가서 많이 드셨어요?
나: 네, ________________ 는지/은지/ㄴ지 배가 터질 것 같아요.

4 Choose the correct word to complete the story.
알맞은 말을 골라 이야기를 완성하십시오.

맵다 보고 싶다 슬프다 아프다 많이 싸 주다 무섭게 야단을 치다

내 별명은 울보다. 어제도 하루 종일 울었다. 아침에 늦게 일어나서 학교에 늦었다. 선생님께서 지각을 자주 한다고 보기 얼마나 무섭게 야단을 치시는지~~는지/은지/ㄴ지~~ 울 수밖에 없었다. 수업이 끝나고 친구 집에 갔다. 친구 어머니를 보니까 갑자기 고향에 계신 어머니가 보고 싶어졌다. 1) ________________ 는지/은지/ㄴ지 눈물이 났다. 눈물을 닦고 친구 어머니가 차려 주신 점심을 먹었다. 고추를 하나 입에 넣었는데 2) ________________ 는지/은지/ㄴ지 또 눈물이 났다. 식사를 하고 나서 한국 영화를 봤다. 이야기가 3) ________________ 는지/은지/ㄴ지 한참을 울었다. 집에 오려고 하는데 친구 어머니가 음식을 많이 싸 주셨다. 음식을 4) ________________ 는지/은지/ㄴ지 무거워서 걸을 수가 없었다. 또 눈물이 나왔다. 지하철역까지 걸어가다가 넘어졌다. 5) ________________ 는지/은지/ㄴ지 눈물이 나왔다.

■■ -고 말다

5 Complete the following conversation.
다음 대화를 완성하십시오.

보기
가: 감기에 걸렸어요?
나: 네, 독감이 유행이라고 해서 조심했는데 감기에 걸리고 말았어요.

1) 가: 두 사람이 헤어졌다면서요? 어떻게 된 일이에요?
나: 부모님의 반대로 결국 ________________ 고 말았대요.

2) 가: 지난번 사고로 다친 그 사람은 어떻게 되었대요?
나: 의사들이 살리려고 많이 노력했는데 며칠 전에 ________________ 고 말았대요.

3) 가: 이 옷 굉장히 비쌀 텐데……. 돈이 없다고 하지 않으셨어요?
나: 돈이 없어서 안 사려고 했는데 다들 잘 어울린다고 해서 ________________ 고 말았어요.

4) 가: 동생 간식도 남겨 놓았지? 어디에다 두었니?
나: 죄송해요. 너무 맛있어서 한 개 두 개 먹다 보니까 ________________ 고 말았어요.

5) 가: 시험공부는 다 했어요?
나: 아니요, 너무 피곤해서 잠깐 누웠다가 일어나려고 했는데 아침까지 ________________ 고 말았어요.

6 Choose the correct word to complete the story.
알맞은 말을 골라 이야기를 완성하십시오.

보다 보이다 웃다 졸다 쫓겨나다 화를 내다

오늘 오후에 있었던 일입니다. 점심을 먹은 지 얼마 안 된 데다가 햇볕도 따뜻해서 저는 그만 깜빡 보기 졸고 말았습니다. 저뿐만 아니라 몇몇 학생들이 졸고 있었나 봅니다. 그런데 선생님께서 이 모습을 **1)** ____________ 고 말았습니다. 선생님께서 우리들에게 자리에서 일어나라고 하시고 야단을 치시기 시작했습니다. 그런데 한 친구가 일어서서 야단을 맞으면서도 계속 조는 거예요. 그 모습이 너무 웃겨서 우리들은 소리 내어 **2)** ____________ 고 말았습니다. 선생님께서는 그런 우리들을 보시고 더 화를 내셨고 우리는 결국 교실에서 **3)** ____________ 고 말았습니다. 쉬는 시간이 됐지만 우리는 교실에 들어갈 수 없었습니다. 그런데 그때 그곳을 지나가던 남자 친구에게 제 모습을 **4)** ____________ 고 말았습니다. 너무 창피했는데 남자 친구는 오후에 만나서도 계속 그 이야기만 했습니다. 그래서 저는 남자 친구에게 **5)** ____________ 고 말았습니다.

어휘

1 Choose the correct word and fill in the blank.
알맞은 말을 골라 빈칸에 쓰십시오.

상담 교사	상담실	신청서	조언	상담 받다

저희 보기 상담실을을/를 찾아 주셔서 감사합니다. 1) ________ 기를 원하시는 분은 먼저 2) ________ 을/를 작성해 주십시오. 원하는 시간과 상담 내용을 간단히 적어 주시면 저희가 3) ________ 께 연락을 드려서 상담을 받을 수 있게 해 드립니다. 친절하고 경험이 많으신 분들이니까 좋은 4) ________ 을/를 해 주실 겁니다. 궁금한 것이 있으면 전화로 연락해 주십시오.

2 Choose the correct word and fill in the blank.
알맞은 말을 골라 빈칸에 쓰십시오.

면접시험	성적증명서	원서	입학하다	접수시키다

보기 학생의 성적을 증명하는 서류 → (성적증명서)

1) 신청서 같은 서류를 내다 → ( )

2) 학교에 들어가 학생이 되다 → ( )

3) 직접 만나서 질문에 대답하는 시험 → ( )

4) 회사나 학교에 지원하는 내용을 적은 서류 → ( )

문법

-는답니다

3 Look at the picture and make a sentence.
그림을 보고 문장을 만드십시오.

내 동생

공부, 운동, 모두 잘함.
고등학교 때 축구 선수였음.

우리 집 강아지

귀여움.
사람들 말을 잘 알아들음.

기타

중학교 때 샀음.
소리가 맑고 깨끗함.

보기 제 동생인데 공부도 잘하고 운동도 잘한답니다~~는답니다/답니다/이랍니다~~.

1) 제 동생은 ________________ 는답니다/답니다/이랍니다.
2) 우리 집 강아지인데 ________________ 는답니다/답니다/이랍니다.
3) 제 강아지는 ________________ 는답니다/답니다/이랍니다.
4) 제 기타인데 ________________ 는답니다/답니다/이랍니다.
5) 제 기타는 ________________ 는답니다/답니다/이랍니다.

4 Look at the picture and complete the conversation.
그림을 보고 대화를 완성하십시오.

보기
가: 서울에서는 어디가 유명해요?
나: 경복궁이 유명하답니다.

1) 가: 인천에는 뭐가 있어요?
나: ______

2) 가: 이천은 뭐가 유명해요?
나: ______

3) 가: 불국사라는 절은 어디에 있어요?
나: ______

4) 가: 전주에 유명한 음식이 있어요?
나: ______

5) 가: 부산에 가면 꼭 가 봐야 할 곳이 어디예요?
나: ______

-는다고 보다

5 Look at the table and complete the conversation.
표를 보고 대화를 완성하십시오.

	유카	태우
사형 제도	사형 제도가 필요하다.	사형 제도는 필요하지 않다.
성형 수술	수술 후 자신감을 얻을 수 있으면 해도 된다.	수술 후 부작용이 많으니까 안 하는 것이 낫다.
한국 경제의 미래	곧 좋아질 것이다.	몇 년 동안은 어려울 것이다.

사회자: 사형 제도에 대해서 어떻게 생각하세요?

유카: 보기 저는 사형 제도가 필요하다고 봐요.

태우: 1) ______

사회자: 성형 수술에 대해서 어떻게 생각하세요?

유카: 2) ______

태우: 3) ______

사회자: 앞으로 한국 경제는 어떻게 될까요?

유카: 4) ______________________________

태우: 5) ______________________________

6 Complete the following conversation.
다음 대화를 완성하십시오.

대도시의 문제
- 교통이 복잡하다.
- 주택이 부족하다.
- 환경오염

가: 서울 같은 대도시의 문제는 뭐라고 생각하십니까?

나: 보기 교통이 복잡한 것이 문제라고 봐요.

다: 1) ______________________________

라: 2) ______________________________

가: 이런 문제를 해결하려면 어떻게 해야 할까요?

나: 3) 교통 문제를 해결하려면 ______________________________

다: 4) 주택 문제를 해결하려면 ______________________________

라: 5) ______________________________

10과 01 사진 좀 찍어 주실 수 있으세요?

어휘

1 Complete the following sentence.
다음 문장을 완성하십시오

보기
처음 보는 사람한테 길을 물을 때
실례지만 길 좀 묻겠습니다.

1) 윗사람과의 약속을 미뤄야 할 때
죄송하지만 ______________________

2) 윗사람한테 인사를 간다고 전화할 때
오늘 시간이 있으세요? ______________________

3) 지나가는 사람한테 사진 촬영을 부탁할 때
실례지만 ______________________

4) 식당에서 자리가 없어서 모르는 사람과 같이 앉아야 할 때
실례지만 ______________________

2 Choose the correct word and fill in the blank.
알맞은 말을 골라 빈칸을 채우십시오.

지나가다 발짝 내밀다 누르다 물러나다 찍다

보기
사진을 찍을을/ㄹ 때 찡그리지 마시고 활짝 웃으세요.

1) 시계가 없어서 __________는 사람한테 시간을 물어봤다.

2) 문 옆에 있는 벨을 __________으면/면 직원이 나올 거예요.

3) 얼굴이 너무 작게 나오니까 한 __________만 앞으로 나와 주세요.

4) 그 아이는 갑자기 손을 __________으면서/ 면서 돈을 달라고 했다.

5) 지금 곧 지하철이 들어올 예정이니까 한 걸음 뒤로 __________어/아/여 주십시오.

문법

담화 표지

3 Choose the correct word and fill in the blank.
알맞은 말을 골라 빈칸을 쓰십시오.

아	저	자	글쎄요	있잖아	저기요

담화표지	상황	예문
보기 저	말을 시작하기가 어려울 때	(저), 할 말이 있는데요.
1) ______	놀라거나 당황했을 때 급할 때	( ), 무서워.
2) ______	지나가는 사람을 부를 때 말을 시작하기가 어려울 때	( ), 혹시 이 근처에 은행이 있나요?
3) ______	어떤 것을 강조하거나 확인할 때	( ), 그 말이 사실이래. ( ), 그 사람 유명한 배우였대.
4) ______	다른 사람의 말이나 행동에 대답하기 어렵거나 생각하는 시간이 필요할 때	( ), 잘 모르겠는데요.
5) ______	사람의 관심이나 주의를 끌고 싶을 때	( ), 저를 보세요. ( ), 그만 갑시다.

4 Complete the following conversation.
다음 대화를 완성하십시오.

보기
가: 어, 내 안경 어디 있지?
나: 저기 식탁 위에 있잖아.

1) 가: ______, 이제 슬슬 일어날까요?
나: 네, 가요.

2) 가: ______, 공기밥 하나 더 주세요.
나: 네, 잠깐만 기다리세요. 곧 갖다 드릴게요.

3) 가: 우리가 지난번에 학생 식당에서 먹었던 그 음식이 뭐지?
나: ______, 뭐더라.

4) 가: ______, 아까 만난 그 사람이 이 회사 사장이래.
나: 정말이야? 그냥 직원인 줄 알았는데.

5) 가: ______, 잠깐 할 얘기가 있는데 시간이 있으세요?
나: 무슨 일이신데요?

00 -다니

5 **Read the following passage and complete the sentence.**
다음 글을 읽고 문장을 완성하십시오.

보기 아이를 제일 많이 낳은 여자: 바실리에드(러시아) 69명

1) 세상에서 제일 작은 책: 가로, 세로 3.5mm

2) 딸꾹질을 제일 오래 한 사람: 찰스 오스본(미국) 69년

3) 키가 제일 큰 사람: 로봇 피싱 와들로우(미국) 272cm

4) 한국에서 제일 긴 이름: 황금독수리하늘을날며세상을놀라게하다

5) 세상에서 제일 비싼 커피: 코피 루왁(인도네시아) 한 잔에 오만 원

보기 아이를 69명이나 낳다니 믿을 수 없어요.

1) ______________________

2) ______________________

3) ______________________

4) ______________________

5) ______________________

6 **Read the following passage and complete the sentence.**
다음 글을 읽고 문장을 완성하십시오.

12월 23일

요즘 전 세계적으로 이상한 날씨가 계속되고 있다.

서울 여의도에는 봄에 피는 꽃들이 활짝 피어서 거리는 꽃구경을 나온 사람들로 교통 혼잡이 일어나기도 했다. 그런가 하면 제주도는 기온이 영하 15도로 내려가서 많은 나무와 꽃이 얼어 죽었다고 한다.

이런 이상한 일은 세계 여러 나라에서도 일어나고 있다. 유럽에서는 겨울에 큰비가 내려 홍수가 일어났다. 동남아에서는 갑자기 기온이 떨어지고 눈이 내렸다. 또 러시아에서는 갑자기 날씨가 따뜻해져서 여름옷을 입고 다니는 사람들이 늘고 있을 뿐만 아니라 호수에서 수영을 하는 사람도 있다고 한다. 계절이 반대인 호주에서도 우박이 내리는 등 지구 곳곳에서 이상한 일들이 계속 일어나고 있다.

보기 여의도에서 겨울에 꽃이 피다니 믿을 수 없어요.

1) 제주도에서 ______________________

2) 유럽에서 ______________________

3) 동남아에서 ______________________

4) 러시아에서 ______________________

5) 호주에서 ______________________

10과 02 좀 곤란할 것 같은데요

어휘

1 Choose the correct word and fill in the blank.
알맞은 말을 골라 빈칸에 쓰십시오.

과장님 사모님 사장님 선생님 ____ 씨 ____ 아/야

보기 회사원 중 대리 바로 위인 사람을 부를 때 쓰는 말 → (과장님)

1) 회사의 책임자 또는 회사 대표를 부를 때 쓰는 말 → ( )
2) 보통 사람을 부를 때 이름 뒤에 붙여 쓰는 말 → ( )
3) 자기보다 나이가 어린 사람의 이름을 부를 때 쓰는 말 → ( )
4) 선생님의 부인 또는 다른 사람의 부인을 부를 때 쓰는 말 → ( )
5) 보통 남자 어른을 부를 때 쓰는 말 또는 학생들을 가르치는 사람 → ( )

2 Choose the correct word and fill in the blank.
알맞은 말을 골라 빈칸에 쓰십시오.

거래처 선약 통역 곤란하다 귀하다 마중을 나가다

보기
가: 내일 약속 말인데요. 혹시 오늘 오후로 바꿔도 될까요?
나: 죄송합니다. 오늘 오후에는 선약이어/가 있어서 곤란할 것 같은데요.

1) 가: 한국어를 배워 가지고 무슨 일을 하고 싶으세요?
나: 저는 나중에 국제회의에서 ______________ 을/를 하고 싶습니다.

2) 가: 어디 가세요?
나: 친구가 온다고 해서 공항에 ______________ 는/은/ ㄴ 길이에요.

3) 가: 그동안 감사했습니다. 이거 제가 만든 것인데 한번 써 보세요.
나: 이렇게 ______________ 는/은/ ㄴ선물을 받아도 될지 모르겠네요. 감사합니다.

4) 가: 사장님, ________ 에서 연락이 왔는데요. 오늘까지 물건을 보내 달래요.

나: 어, 그래요? 오늘까지 보내려면 서둘러야겠네요.

5) 가: 이거 한 달 전에 여기서 산 옷인데 교환할 수 있어요?

나: 그건 좀 ________ 는데요/은데요/ㄴ데요. 구입하신 지 너무 오래 되어서요.

문법

-는다지요?

3 Read the following passage and complete the conversation.
다음 글을 읽고 대화를 완성하십시오.

> 설날 연휴가 시작되었습니다. 지금 고속도로는 고향으로 가는 차들로 매우 복잡합니다. 이미 비행기표와 기차표는 두 달 전에 예매가 끝났습니다. 자동차로 고향에 가시는 분들은 좀 일찍 서두르시는 게 좋을 것 같습니다. 서울을 출발해 부산까지 가는 데는 평소보다 네 시간 정도 더 걸릴 것으로 보입니다.
>
> 한편 서울 동대문 시장과 남대문 시장에는 설날 준비를 하러 나온 사람들로 무척 복잡합니다. 대부분의 시장과 가게들은 오늘까지만 문을 열고 내일부터는 쉴 예정입니다. 또한 가정에서는 설날 아침에 먹을 떡국과 그 밖의 설날 음식을 준비하느라고 바쁘고, 은행은 아이들에게 줄 세뱃돈을 새 돈으로 바꾸려는 어른들로 만원입니다. 모두가 바쁘고 힘들지만 얼굴에는 웃음이 가득한 것 같습니다. 모두 모두 새해 복 많이 받으시길 바랍니다.

에릭: 한국 사람들은 명절이 되면 **보기** 고향에 간다지요~~는다지요/다지요/이라지요~~?

올가: 네, 그런가 봐요. 그래서 명절이 되면 서울 거리는 오히려 한산해요.

에릭: 비행기나 기차를 타려면 **1)** ________ 는다지요/다지요/이라지요?

올가: 네, 그래서 비행기 표나 기차표를 사는 걸 하늘의 별따기라고 한대요.

에릭: 그렇겠네요. 표를 구하지 못한 사람들은 자동차를 가지고 가기 때문에 **2)** ________ 는다지요/다지요/이라지요?

올가: 네, 너무 밀려서 고향으로 가다가 되돌아오는 사람도 있다고 들었어요.

에릭: 가게와 시장들도 **3)** ________ 는다지요/다지요/이라지요?

올가: 네, 그래서 필요한 것은 미리 사 놓아야 한대요.

에릭: 설날 아침에는 가족들이 모여 **4)** ________ 는다지요/ 다지요/이라지요?

올가: 네, 그렇대요. 한국 사람들은 떡국을 먹어야 나이를 먹는다고 생각한대요.

에릭: 떡국을 먹고 세배를 하는데 세배를 하면 5) ________________ 는다지요/다지요/이라지요?

올가: 네, 그래서 아이들은 설날을 제일 좋아한대요.

에릭: 저도 세배하고 세뱃돈을 받았으면 좋겠네요.

4 **The following are some things that Korean people like. Look at the table and complete the conversation.**

다음은 한국 사람들이 좋아하는 것입니다. 표를 보고 대화를 완성하십시오.

1) 가장 좋아하는 음식	2) 가장 있기 있는 공연	3) 가장 많이 타는 자동차
1위 된장찌개 2위 김치 3위 불고기	1위 난타 2위 아이다 3위 비보이	1위 중형차 2위 소형차 3위 대형차
4) 가장 자주 하는 운동	**5) 가장 많이 먹는 술안주**	**6) 가장 좋아하는 숫자**
1위 축구 2위 등산 3위 농구	1위 오징어 2위 마른 안주 3위 과일 안주	1위 7 2위 3 3위 5

보기

가: 한국 사람들이 제일 좋아하는 음식이 된장찌개라지요~~는다지요/다지요/이라지요?~~

나: 네, 그렇대요. 저도 아주 좋아해요.

1) 가: ________________ 는다지요/다지요/이라지요?

나: 그런가 봐요. 우리도 한번 보러 가요.

2) 가: 한국 사람들은 중형차를 ________________ 는다지요/다지요/이라지요?

나: 네, 그렇대요.

3) 가: ________________ 는다지요/다지요/이라지요?

나: 네, 그래서 그런지 주말에 공원에 가면 축구하는 사람이 참 많던데요.

4) 가: ________________

나: ________________

5) 가: ________________

나: ________________

02 -을 건가요?

5 Complete the following conversation.
다음 대화를 완성하십시오.

보기 가: 머리를 얼마나 자르실을/ㄹ 건가요?
나: 머리를 기르고 싶어요. 조금만 잘라 주세요.

1) 가: ______________ 을/ㄹ 건가요?
나: 이따가 시킬게요. 친구 한 명이 아직 안 왔거든요.

2) 가: ______________ 을/ㄹ 건가요? ______________ 을/ㄹ 건가요?
나: 내일 가려고 합니다.

3) 가: ______________ 을/ㄹ 건가요? ______________ 을/ㄹ 건가요?
나: 가지고 가서 먹을 거예요.

4) 가: ______________ 을/ㄹ 건가요? ______________ 을/ㄹ 건가요?
나: 선물할 거니까 포장해 주세요.

5) 가: ______________ 을/ㄹ 건가요? ______________ 을/ㄹ 건가요?
나: 친한 친구들 몇 명만 초대해서 집에서 간단히 하려고요.

6 Complete the following conversation.
다음 대화를 완성하십시오.

가: 비행기표를 사려고 하는데요.
나: 보기 어디로 가실을/ㄹ 건가요?
가: 미국이요.
나: 1) ______________ 을/ㄹ 건가요?
가: 다음 달 3일이요.
나: 한국 항공과 아리랑 항공이 있는데 2) ______________ 을/ㄹ 건가요?
가: 한국 항공이요.
나: 오후 4시와 8시에 비행기가 있는데 어느 것을 타시겠어요?
가: 오후 4시가 좋겠어요.
나: 네, 알겠습니다. 그날은 아직 좌석이 많이 남아 있네요. 3) ______________
가: 일반석이요.
나: 4) ______________
가: 두 명이요.
나: 계산은 어떻게 하시겠어요? 5) ______________
가: 네, 카드로 할게요.

복습 6~10과

말하기

1 【Talking about Family Events. 가족 행사 이야기하기 】

Introduce family events in your country (first-birthday celebrations, 60th birthday parties, weddings, housewarmings, etc.)
여러분 나라의 가족 행사를 소개하세요(돌잔치, 회갑 잔치, 결혼식, 집들이 등).

1) When, where, and with whom do you celebrate these events?
2) What is the significance of the event?
3) Is there any special food you eat on that day?
4) Is there something that must be done on that day? What do you usually do?
5) What kind of greetings do people exchange on that day?

1) 언제 어디에서 누구와 무슨 행사를 합니까?
2) 그 행사는 어떤 의미가 있습니까?
3) 그날 먹는 특별한 음식이 있습니까?
4) 그날 꼭 해야 하는 일이 있나요? 보통 무엇을 합니까?
5) 그날 모인 사람들은 어떤 인사를 나눕니까?

2 【Sharing an Apology Experience. 사과 경험 이야기하기】

Share a recent experience of apologizing.
최근에 사과한 경험을 이야기하세요.

1) When and to whom did you apologize?
2) What mistake/error did you make?
3) How did you apologize?
4) What did you say when you apologized?
5) Did the person accept the apology?
   ① If you answered "Yes" → What was the most challenging part of apologizing?
   ② If you answered "No" → How would you try to make amends?

1) 언제 누구에게 사과했습니까?
2) 어떤 잘못을/실수를 했습니까?
3) 어떤 방법으로 사과를 했습니까?
4) 사과할 때 뭐라고 말했습니까?
5) 그 사람이 사과를 받아줬나요?
   ① "네"로 응답했을 경우 → 사과할 때 뭐가 제일 어려웠습니까?
   ② "아니요"로 응답했을 경우 → 어떻게 하면 사과를 받아줄까요?

3 【Talking about the University Admissions Process 대학 입학 과정 이야기하기】

How did you get into university? Describe the admissions process.
___씨는 어떤 방법으로 대학교에 입학했나요? 입학 과정을 설명하세요.

1) What did you in high school to prepare for college admission?
2) What documents were required?
3) How did you apply to the school you wanted?
4) What exams did you have to take? Talk about them in order.
5) What was the most challenging part of preparing for college admission?

1) 대학 입학을 위해서 고등학생 때 무엇을 준비했나요?
2) 어떤 서류가 필요했습니까?
3) 원하는 학교에 어떤 방법으로 지원했습니까?
4) 어떤 시험을 봐야 했습니까? 순서대로 이야기해 보세요.
5) 대학 입학을 준비하는 과정에서 뭐가 제일 힘들었습니까?

쓰기

I Choose the correct word to fill in (　　).
(　　) 안에 알맞은 말을 고르십시오.

1 맛있는 만두를 먹고 싶었는데 (　　) 어머니께서 사 오셨다.

① 마침　② 그밖에　③ 오히려　④ 아무리

2 고향 친구와 오랫동안 연락을 못 해서 (　　)이/가 궁금하다.

① 안부　② 진행　③ 발음　④ 부담

3 제가 잘못했습니다. 제 실수니까 (　　)지 않겠습니다.

① 사과하다　② 변명하다　③ 용서를 빌다　④ 양해를 구하다

4 친구가 갑자기 돈을 빌려 달라고 해서 (　　)었다/았다/였다.

① 이겨내다　② 물러나다　③ 곤란하다　④ 오해를 사다

5 경찰은 집 나온 아이들을 (　　)어서/아서/여서 다시 집으로 보냈다.

① 화해하다　② 이해하다　③ 설명하다　④ 설득하다

II Choose the correct version of the underlined word.
밑줄 친 단어를 알맞게 고친 것을 고르십시오.

6 웨이 씨가 많이 아픈다니요? 오늘 아침까지도 건강했는데요. (　　)

① 아파다니요?　② 아프다니요?　③ 아프다라니요?　④ 아플 거라니요?

7 치즈버거 두 개요? 매장에서 먹으실 건가요? (　　)

① 들　② 드실　③ 들으실　④ 들르실

8 영화를 보면서 어찌나 많이 웃는지 배가 아파요. (　　)

① 웃지　② 웃던지　③ 웃을지　④ 웃었는지

9 밤새워 보고서를 쓰느라고 못 쉬어서 오늘은 푹 쉬세요. (　　)

① 못 쉬고　② 못 쉬니까　③ 못 쉬었어서　④ 못 쉬었을 텐데

10 저는 친구를 보는데도 인사를 하지 않았습니다. (　　)

① 봤고도　　② 못 보거든　　③ 봤으면서도　　④ 못 봤을 텐데

Ⅲ Choose the concluding sentence from the following.
다음 중 맞는 문장을 고르십시오.

11 (　　)

① 책을 사 놓고도 못 봐요.
② 책을 사 놓고도 읽을 거예요.

12 (　　)

① 운동이 건강에 좋은 줄 알면서도 해요.
② 운동이 건강에 좋은 줄 알면서도 안 해요.

13 (　　)

① 친구 생일이라서 케이크를 만들다가 선물로 줬다.
② 친구 생일이라서 케이크를 만들어다가 선물로 줬다.

14 (　　)

① 휴대 전화가 고장 나서 수리를 맡겼어요.
② 휴대 전화가 고장 나고 해서 수리를 맡겼어요.

15 (　　)

① 지난번 시험을 그렇게 못 본단 말이에요?
② 지난번 시험을 그렇게 못 봤단 말이에요?

Ⅳ Choose the correct question or answer for the following conversation.
다음 대화에 알맞은 질문이나 대답을 고르십시오.

16 가: 일주일 동안 약을 먹었는데도 감기가 낫지 않네요.

나: ______________________

① 몸살이지 그래요?　　② 많이 아프지 그래요?
③ 병원에 가지 그래요?　　④ 감기가 심하지 그래요?

17 가: 이번 쓰기 시험에서 100점을 받지 못한 학생이 없대요.

나: ______________________

① 학생이 그렇게 많단 말이에요?
② 학생이 그렇게 없단 말이에요?
③ 시험이 그렇게 쉬웠단 말이에요?
④ 시험이 그렇게 어려웠단 말이에요?

18 가: 이런 실수를 하면 어떻게 해요. 다음부터는 조심하세요.

나: ______________________

① 앞으로 실수하지 않도록 하겠습니다.
② 앞으로 조심하지 않도록 하겠습니다.
③ 죄송합니다. 실수하도록 급하게 했어요.
④ 죄송합니다. 천천히 하도록 실수했어요.

19 가: 왜 등산 약속을 취소하셨어요?

나: ______________________

① 걷지 못하고 해서 취소했어요.
② 날씨도 춥고 해서 취소했어요.
③ 시간도 많고 해서 취소했어요.
④ 오랜만에 산에 가고 해서 취소했어요.

20 가: 한국 사람들은 ______________________

나: 네, 한식에는 김치가 빠지지 않으니까 날마다 먹게 되지요.

① 매일 김치를 먹는다지요?
② 집에서 김치를 만든다지요?
③ 김치를 안 먹는 사람도 있다지요?
④ 김치가 없으면 밥을 안 먹는다지요?

V Write a text with the following title. Use informal, casual language and write at least 10 sentences.

다음 제목으로 글을 쓰십시오. 비격식체 반말을 사용하고 10문장 이상 쓰십시오.

21

제목: 내가 존경하는 사람

듣기

MP3_22

I Listen to the conversation and answer the question.(1-2)
대화를 듣고 질문에 답하십시오.(1-2번)

1 What has not been decided yet? (   )
결정되지 않은 것은 무엇입니까

① 장기 자랑 장소　　② 동아리 엠티 일정
③ 동아리 엠티 장소　　④ 장기 자랑 진행자

2 Choose the answer that matches what you heard. (   )
들은 내용과 같은 것을 고르십시오.

① 두 사람은 같은 동아리 회원이다.
② 엠티 장소까지는 한 시간 거리이다.
③ 장기 자랑을 한 후에 점심을 먹기로 했다.
④ 선희 씨에게 행사 준비를 부탁하기로 했다.

II Listen to the story and answer the questions.(3-5)
이야기를 듣고 질문에 답하십시오.(3-5번)

3 Who would you recommend this book to? (   )
책은 어떤 사람에게 추천하면 좋을까요?

① 칭찬이 필요한 사람　　② 거절을 잘 못하는 사람
③ 실수를 자주 하는 사람　　④ 사과하기 어려워하는 사람

4 What can you not know from listening to the story? (   )
이야기를 듣고 알 수 없는 것은 무엇입니까?

① 진실한 사과의 효과　　② 사과를 잘하는 방법
③ 사과를 해야 하는 이유　　④ 제때 사과하지 못하는 이유

5 Choose the answer that matches what you heard. (   )
들은 내용과 같은 것을 고르십시오.

① 1분이라도 바로 사과하는 것이 좋다.
② 사과는 행동보다 말로 표현하는 것이 중요하다.
③ 인간관계를 잘하는 사람은 사과도 잘할 수 있다.
④ 누구나 실수하기 때문에 사과하는 연습을 해야 한다.

III Listen to the story and answer the questions.(6-7)
이야기를 듣고 질문에 답하십시오.(6-7번)

6 **Choose the reason that is not why Olga left a message. (   )**
올가가 메시지를 남긴 이유가 아닌 것을 고르십시오.

① 따뜻한 물이 나오지 않아서
② 방이 너무 춥고 시끄러워서
③ 다른 방으로 옮기고 싶어서
④ 욕실 수도가 잘 잠기지 않아서

7 **Choose the answer that matches what you heard. (   )**
들은 내용과 같은 것을 고르십시오.

① 올가는 이 집에서 산 지 일주일쯤 됐다.
② 올가는 3층에 있는 빈방을 이용하고 싶어 한다.
③ 올가는 방을 옮길 수 없으면 수리해 달라고 한다.
④ 올가는 주인 아저씨의 부탁을 받고 메시지를 남겼다.

IV Listen to the conversation and answer the question.(8-10)
대화를 듣고 질문에 답하십시오.(8-10번)

8 **What are the two people talking about? (   )**
두 사람은 무엇에 대해 이야기하고 있습니까?

① 부탁을 못하는 성격
② 고민을 해결하는 순서
③ 콤플렉스를 느끼는 이유
④ 거절을 잘할 수 있는 방법

9 **Choose the correct description of the "kind person complex". (   )**
'착한 사람 콤플렉스'에 대한 설명으로 맞는 것을 고르십시오.

① 이기적인 사람이 이 콤플렉스에 빠지기 쉽다.
② 착한 사람으로 보이고 싶어서 거절하지 못한다.
③ 거절을 잘 못하면 이 콤플렉스에 빠질 수 있다.
④ 칭찬을 받으면 이 콤플렉스에서 벗어나게 된다.

10 **Choose the answer that does not match what you heard. (   )**
들은 내용과 다른 것을 고르십시오.

① 부탁을 받으면 마음 편하게 바로 승낙하는 게 좋다.
② 거절을 잘하려면 자신의 한계를 아는 것이 중요하다.
③ 약속하고 지키지 못하면 더 곤란하니까 거절해야 한다.
④ 부탁을 들어주기 전에 자신의 일을 먼저 생각해야 한다.

V Listen to the conversation and answer the question.(11-12)
대화를 듣고 질문에 답하십시오.(11-12번)

11 What are the three people talking about? (　　)
세 사람은 무엇에 대해서 이야기하고 있습니까?

① 다양한 문화 체험 활동　　② 유학 생활을 잘하는 방법
③ 친구를 많이 사귀는 방법　　④ 대학교 학생 활동의 종류

12 Mark "O" if it matches what you heard, and "X" if it doesn't. (　　)
들은 내용과 같으면 O, 다르면 x 표시하십시오.

1) 한국말이 서투르면 동아리에 가입할 수 없다. (　　)
2) 다양한 체험 활동을 하면 한국 문화를 이해하게 된다. (　　)
3) 학교 체육관에서 운동을 하면 한국 친구도 사귈 수 있다. (　　)
4) 이 대화 후에 한국말을 잘하는 방법에 대해 소개할 것이다. (　　)

읽기

Ⅰ [1~3] Read the following and answer the question.
다음을 읽고 질문에 답하십시오.

존경하는 선생님께

아침저녁으로 날씨가 꽤 쌀쌀해졌어요. 선생님, 안녕하셨어요? 환절기에 선생님 건강은 어떠신지요? 그동안 자주 연락을 드리지 못해서 죄송해요.

저는 바쁘지만 잘 지내고 있습니다. 저는 아르바이트를 하면서 열심히 공부해서 이번 학기에도 장학금을 받았어요. 너무 힘들었지만 부모님 도움을 받지 않고 제힘으로 용돈도 벌고 공부할 수 있어서 보람을 느꼈어요.

선생님, 수업 시간에 자기의 꿈을 발표하라고 시키셨던 걸 기억하세요? 다른 친구들은 자신 있게 자기의 꿈을 말했는데 저는 그때 "저는 꿈이 없어요. 잘할 수 있는 것도 없고요."라고 작은 소리로 말하고 제 자리에 앉아 버렸지요. 선생님께서는 우리 발표를 다 들으시고는 이렇게 말씀하셨어요. "이름 없는 들꽃도 다 각각 향기가 있는 것처럼 너희들에게도 다 자기만이 가지고 있는 재능이 있다. 그것을 찾아 포기하지 말고 꿈을 이뤄라." 그때까지 저는 목표도 꿈도 없었고 공부를 왜 해야 하는지도 몰랐어요. '남들이 공부하니까 나도 공부해야 되나 보다' 하고 그렇게 살았지요. 선생님의 말씀을 듣고 '나도 잘할 수 있는 게 있을까? 나의 재능은 뭘까?' 곰곰이 생각해 봤어요. 여러 날 고민하다가 우연히 아프리카에서 평생을 봉사하면서 살아온 의사의 책을 읽고 그런 삶도 멋지다고 생각했어요. 그리고 저도 남을 도와주는 일을 해야겠다고 마음을 먹었어요. 그렇게 제 인생의 방향을 정하게 되었지요. 선생님의 말씀은 제게 희망을 주었고 꿈을 주었어요. 그리고 그 결과 지금은 이렇게 대학에서 사회복지학을 전공하게 되었고요. 제가 이렇게 제 꿈을 가지고 열심히 살게 된 것은 다 선생님 덕분이에요.

참, 선생님 기쁜 소식이 하나 있어요. 내년에 저는 교환 학생으로 1년 동안 미국에 유학을 가게 되었어요. 어렵게 얻은 기회니까 더 열심히 공부해 보려고 합니다.

다음 달 중순쯤이면 시험이 끝나고 조금 여유가 생길 것 같아요. 그때 시간을 내서 꼭 한번 찾아뵙고 인사드릴게요. 선생님, 그럼 늘 건강하게 지내시고 안녕히 계세요.

10월 11일
제자 김진영 올림

1 **Choose the main idea of this text. (　　)**
이 글의 중심내용을 고르십시오.

① 전공을 잘 선택해야 한다.
② 남을 돕는 일은 멋진 일이다.
③ 선생님 덕분에 꿈을 가지게 됐다.
④ 사람은 각자 다른 재능을 가지고 있다.

2 Choose the correct description of Kim Jinyoung. (　　)
김진영에 대한 설명으로 맞는 것을 고르십시오.

① 의사가 되는 것이 꿈이다.
② 교환 학생으로 미국에 갔다 왔다.
③ 다음 달에 선생님을 뵈러 갈 것이다.
④ 선생님 말씀을 듣고 봉사에 관심이 생겼다.

3 Choose what is <u>not</u> what the teacher said. (　　)
선생님의 말씀이 아닌 것을 고르십시오.

① 자기의 재능을 찾아 꿈을 이뤄라.
② 재능을 찾을 때까지 포기하지 마라.
③ 들에 핀 들꽃도 각각의 향기가 있다.
④ 너희들에게도 자기만의 재능이 있다.

III [4~5] Read the following and answer the question.
다음을 읽고 질문에 답하십시오.

학생들은 외국어를 배우고 싶을 때 서로 언어 교환을 하기도 한다. 언어 교환을 하려면 자신이 배우고 싶은 언어와 가르쳐 줄 수 있는 언어를 써서 게시판에 붙여 함께할 사람을 찾아야 한다.

언어 교환을 하면 자연스럽게 대화를 나누면서 틀린 표현을 고칠 수도 있고 일상생활에서 자주 쓰는 표현도 배울 수 있다.

언어 교환의 가장 큰 장점은 무료로 언어를 배울 수 있다는 것이다. 서로 언어를 배우고 가르쳐 주는 방식이기 때문에 돈이 들지 않는다. 아무리 책으로 공부를 하더라도 실생활에서 직접 배운 언어를 사용하는 것이 어려워서 공부를 하다가 포기하고 마는 경우도 적지 않다. 하지만 언어를 교환하면 그 언어를 모국어로 사용하는 현지인에게 직접 언어를 배우기 때문에 외국인을 만났을 때 느끼는 두려움과 긴장감을 덜 수 있다.

서로 언어를 교환하면서 좋은 친구를 사귀게 되는 경우도 적지 않다. 취미가 비슷한 사람들끼리 만나 공부를 하다가 영화를 같이 보러 가거나 축구 경기를 같이 관람하러 가게 되기도 한다. 그러면서 좋은 친구로 우정을 쌓을 수도 있다.

4 Choose what is <u>not</u> an advantage of language exchange. (　　)
언어 교환의 장점이 아닌 것을 고르십시오.

① 책으로 공부할 때 도움이 된다.
② 외국어 공부할 때 돈이 안 든다.
③ 외국인을 만났을 때 덜 긴장하게 된다.
④ 실생활에서 자주 쓰는 표현을 배울 수 있다.

5 Choose the answer that matches the content of the text. (　　)
이 글의 내용과 같은 것을 고르십시오.

① 현지인에게 직접 언어를 배우려면 두려움을 느낄 수 있다.
② 틀린 표현으로 대화하는 것은 외국어 공부에 도움이 안 된다.
③ 외국인 친구와 우정을 쌓으려면 언어 교환을 하는 것이 좋다.
④ 언어교환을 하려면 배우고 싶은 말과 가르칠 수 있는 언어가 있어야 한다.

Ⅲ [6~7] Read the following and answer the question.
다음을 읽고 질문에 답하십시오.

실수를 했거나 잘못을 했을 때 어떻게 하면 좋을까? 다음은 사과의 방법에 대한 설명이다. 사과는 직접 만나서 하는 것이 좋다. 싸운 뒤 만나는 것이 어색하다고 생각하는 사람도 있겠지만 오히려 직접 마주 보고 이야기를 하는 것이 더욱 편안하고 자연스러운 분위기를 만들 수 있다.

사과부터 하기보다 먼저 상대방의 말을 듣는 것이 좋다. 사과부터 하는 것은 효과적이지 않다. 상대방이 왜 화가 났는지 어떤 점이 불만인지 말하게 하고 들어야 한다. 상대방이 어느 정도 화가 났고 자신의 어떤 점을 사과해야 하는지 정확하게 알아야 한다.

사과를 할 때에도 시간이 중요하다. 잘못을 한 뒤 될수록 빠른 시간 안에 사과를 하는 것이 좋지만 바로 그 자리에서 사과하는 것은 오히려 진심으로 미안한 마음이 없는 것처럼 보이기 쉽다. 싸우고 난 뒤 서로 어느 정도 화가 풀렸을 때쯤 사과를 하는 것이 좋다.

그리고 자신의 잘못이 무엇인지 정확히 알고 사과를 해야 한다. 사과의 의미로 꽃을 보내는 것은 좋은 방법이지만 만약 자신의 잘못이 무엇인지도 모르고 무조건 사과부터 하려고 한다면 상대방은 받은 꽃을 쓰레기통에 버릴 수도 있다.

6 **What can you not know from reading the text? (　　)**
글을 읽고 알 수 없는 것은 무엇입니까?

① 사과하는 순서　　② 사과해야 하는 이유
③ 사과하기 적당한 때　　④ 사과할 때 조심할 것

7 **Choose a statement that can be said after reading this text. (　　)**
이 글을 읽고 할 수 있는 말을 고르십시오.

① 상대방에게 말할 기회를 주지 말고 먼저 사과해야겠다.
② 상대방의 화가 풀리기 전에 빨리 만나서 사과해야겠다.
③ 사과하기 전에 내가 뭘 잘못했는지 잘 생각해 봐야겠다.
④ 얼굴을 보면 어색할 테니까 편지로 사과하는 게 좋겠다.

Ⅳ [8~10] Read the following and answer the question.
다음을 읽고 질문에 답하십시오.

오늘 처음으로 초등학교 동창회에 나갔다. 예전부터 동창회가 있다는 것은 알고 있었지만 어렸을 때의 나를 기억하는 아이들을 만나는 게 왠지 어색하고 자신이 없어서 모임에 나가지 않았었다.

며칠 전 초등학교 동창 모임에서 오늘 동창회를 한다는 이메일이 왔다. 전에는 모임 안내

메일이 오면 읽기만 하고 답장은 하지 않았다. 그런데 이번에는 주말 저녁이고 다른 계획도 없어서 나가겠다고 했다. 오랜만에 만나면 어색할까 봐 걱정했는데 친구들을 만나 보니까 금방 어색함이 사라졌다. 친구들은 외모가 많이 변하긴 했지만 옛날 얼굴이 조금씩은 남아 있어서 금방 알아볼 수 있었다. 나를 환영해 주는 애들을 보면서 좀 더 일찍 동창회에 참석하지 않은 걸 후회했다.

옛날 추억을 떠올리며 이런저런 이야기를 나누고 있는데 갑자기 한 아이가 내 옆으로 와서 인사를 했다. 처음에는 누군지 몰랐다. 하지만 한참을 본 후에 준호인 것을 알았다. 초등학교 때 준호는 그렇게 눈에 띄는 아이가 아니었고 나와 별로 친하지도 않았다. 하지만 지금은 너무 멋있는 모습으로 변해 있었다. 준호는 어렸을 때 내가 자기에게 도시락을 나눠준 일을 이야기하면서 그때부터 나를 많이 좋아했었다고 했다. 우리는 모임이 끝날 때까지 많은 이야기를 했다. 준호가 나에 대해서 작은 것까지 자세히 기억하고 있는 걸 보고 좀 놀랐다.

모임이 끝나고 집으로 돌아오는데 나를 보던 준호의 눈빛이 자꾸 생각났다. 왠지 가슴이 설렜다. 옛날 일이지만 그렇게 멋있는 애가 날 좋아했었다니 정말 믿을 수가 없다. 준호가 다음 모임에도 나올까? 혹시 여자 친구는 있을까? 준호와 더 친해질 수 있으면 좋겠다.

8 What type of text is this? (　　)
이 글의 종류는 무엇입니까?

① 기사　　② 일기
③ 설명문　　④ 감상문

9 Choose the correct description of Junho. (　　)
준호에 대한 설명으로 맞는 것을 고르십시오.

① 초등학교 때 글쓴이와 친했다.
② 어렸을 때와 별로 달라지지 않았다.
③ 처음에는 글쓴이를 알아보지 못했다.
④ 글쓴이에 대해 자세히 기억하고 있었다.

10 Choose the answer that matches the content of the text. (　　)
이 글의 내용과 같은 것을 고르십시오.

①여자는 동창회에 나간 것을 후회했다.
② 여자는 친구들이 많이 변해서 당황했다.
③ 여자는 동창회에서 준호를 만난 후 설레었다.
④ 여자는 오랜만에 동창회에 참석해서 어색했다.

V [11~12] Read the following and answer the question.
다음을 읽고 질문에 답하십시오.

민주야, 안녕! 그동안 잘 지냈어? 네가 미국에서 교환학생을 마치고 한국으로 돌아간 지 벌써 6개월이 됐구나. 나는 요즘 한국 유학 준비를 하느라고 좀 바빠. 내가 다음 달에 교환학생으로 한국에 간다고 말했었잖아. 그런데 문제가 하나 있어. 다른 건 다 여기서 준비할 수 있을 것 같은데 한국에서 지낼 집을 구하기가 쉽지 않아. 그래서 너한테 부탁하려고 이 메일을 썼어.

나는 가능하면 하숙집에서 살고 싶어. 하숙집에서 살면 한국 가정의 보통 식사도 경험해 볼 수 있고 다른 하숙생들과 가족처럼 지낼 수도 있고. 그리고 하숙집 아주머니와 한국어 연습도 하면 좋을 것 같아.

그런데 하숙집을 소개하는 인터넷 광고에는 자세한 정보가 없어서 선택하기가 좀 어려워. 그래서 네가 좀 도와 줬으면 좋겠어. 하숙집 주변에 시끄러운 가게가 없고 학교에서 멀지 않은 집이면 좋을 것 같아. 그리고 냉방 시설이 잘 되어 있고 혼자 쓰는 방이면 좋겠어.

갑자기 이런 부탁을 해서 정말 미안해. 내가 한국에 갈 때 네가 좋아할 만한 멋진 선물을 가지고 갈게. 빨리 한국에 가서 우리가 좋아하는 가수 콘서트에도 같이 가고 맛있는 한국 음식도 많이 먹었으면 좋겠다. 그럼 다시 연락할게. 그때까지 건강하게 잘 지내. 안녕!

뉴욕에서 제이린

11 Why did Jaylene send her friend an email? (　　)
제이린은 왜 친구에게 이메일을 보냈습니까

① 친구가 잘 지내는지 안부가 궁금해서
② 하숙집 광고를 보내 달라고 부탁하려고
③ 친구와 같이 콘서트에 갈 약속을 하려고
④ 하숙집 찾는 것을 도와 달라고 부탁하려고

12 Mark "O" if it matches the content of the text, and "X" if it doesn't. (　　)
읽은 내용과 같으면 O, 다르면 X 표시하십시오.

1) 민주는 교환학생으로 있을 때 혼자 살았다. (　　)
2) 민주는 미국에서 교환학생으로 지낸 적이 있다. (　　)
3) 제이린은 교환학생으로 한국에 오려고 준비하고 있다. (　　)
4) 제이린은 조용하고 시원한 하숙집에서 살고 싶어 한다. (　　)

memo 메모

memo 메모

대학생을 위한 연세한국어

YONSEI KOREAN

for college students

301

부록

KOREAN LANGUAGE INSTITUTE

YONSEI UNIVERSITY PRESS

대학생을 위한 연세한국어

YONSEI KOREAN

for college students

301

부록

KOREAN LANGUAGE INSTITUTE

YONSEI UNIVERSITY PRESS

부록

모범답안

1과 일상생활

01. 취미가 뭐예요?

▶ **어휘 연습**

1. 1) 두다　2) 치다
3) 감상하다　4) 수집하다

2. 1) 여행하기　2) 독서
3) 운동
4) 도자기 / 우표 수집

▶ **문법 연습**

1. 1) 집이 크던데요 / 깨끗하던데요.
2) 아주 귀엽던데요.　3) 정말 맛있던데요.
4) 잘하던데요.

2. 1) 서울 공원이 멀어요. 사람도 많고요. / 입장료도 비싸고요.
한국 공원이 좋아요. 집에서도 가깝고요./
입장료도 싸고요.
2) 동대문 시장이 더 싸요. 옷도 많고요.
남대문 시장은 어때요? 남대문 시장은 더 비싸요. 옷도 많지 않고요.
3) 연세 하숙집이 더 좋아요. 하숙비도 싸고요 / 조용하고요.
신촌 하숙집은 어때요? 신촌 하숙집은 하숙비가 더 비싸요. 시끄럽고요.
4) 정말 복잡해요. 사람도 많고요.
조용해요. 바다도 예쁘고요.

▶ **읽어 봅시다**

1. ④

2. 1) 이 사람이 좋아하는 감독의 영화이다.
2) 이 사람이 좋아하는 배우가 나온다.
3) 감독이 오랜만에 만든 작품이다.

3. ③

▶ **들어 봅시다**

1. ①

2. 1) X　2) ○　3) X　4) ○

3. 풍경화, 정물화, 자화상

02. 앞집에 이사 온 리사라고 합니다

▶ **어휘 연습**

1. 1) 인사를 나누다　2) 인사를 시키다
3) 인사를 드리다

2. 1) 인사를 간다　2) 인사를 드리러
3) 인사를 나눴다　4) 인사를 시켰다

▶ **문법 연습**

1. 1) 제임스: 저도 영화를 보려던 참이었어요.
2) 리사: 저도 도서관에 가려던 참이었어요.
3) 다니엘: 같이 가요. 저도 커피를 마시러 가려던 참이었어요.
4) 제니: 저도 선생님께 질문을 드리려던 참이었어요. 같이 가요.

2. 1) 피곤할 텐데　2)혼자서하기힘들텐데
3) 배가 고플 텐데　4) 비가 올 텐데

▶ **읽어 봅시다**

1. ③

2. 상대방에게 우리의 마음을 보여 주기 위해 / 알리기 위해

3. ③

▶ **들어 봅시다**

1. ②

2. 1) X　2) X　3) ○　4) ○

3. 나쁜 것을 쫓아낸다. / 앞으로 나쁜 일은 없고 좋은 일이 많이 생기기를 바란다.

2과 건강

01. 건강해야 뭐든지 할 수 있어요.

▶ **어휘 연습**

1. 1) 스트레스　2) 흡연
3) 비만　4) 고혈압
5) 불면증

2. 1) 흡연은　2) 운동 부족이
3) 비만　4) 불면증이

▶ **문법 연습**

1.

보기 매일 운동을 하다	주말에 마음 놓고 쉴 수 있어요.
1) 약을 먹다	학교에 지각하지 않을 거예요.
2) 학생증이 있다	도서관에서 책을 빌릴 수 있어요.
3) 오늘까지 이 일을 끝내다	건강하게 지낼 수 있어요.
4) 아침 8시에 집에서 나오다	빨리 나을 거예요.

1) 약을 먹어야 빨리 나을 거예요.
2) 학생증이 있어야 도서관에서 책을 빌릴 수 있어요.
3) 오늘까지 이 일을 끝내야 주말에 마음 놓고 쉴 수 있어요.
4) 아침 8시에 집에서 나와야 학교에 지각하지 않을 거예요.

2. 1) 영원히 살 수 있다면 스물 다섯 살의 나이로 살고 싶어요.
2) 다시 태어난다면 뮤지컬 배우가 되고 싶어요.
3) 타임머신이 있다면 10년 후의 생활을 미리 경험해 보고 싶어요.
4) 제가 만약 복권에 당첨된다면 세계 여행을 할 거예요.

▶ **읽어 봅시다**

1. ③
2. ③
3. 흡연, 과로, 과음, 야식, 과식

▶ **들어 봅시다**

1.

감기의 원인	바이러스
감기의 증상	열이 나고 몸이 떨리고 콧물이 나거나 목이 붓는다.
감기의 종류	코감기, 목감기, 기침감기
감기 치료 방법	영양 섭취, 충분한 휴식, 실내 온도와 습도 유지, 물 많이 마시기

2. ②
3. 1) × 2) ○ 3) × 4) ×

02. 김치라든가 된장 같은 음식은 대표적인 건강식이죠

▶ **어휘 연습**

1. 1) 생선류 2) 발효 식품
3) 곡류 4) 인스턴트식품
5) 유기농 식품
2. 1) 곡류를 2) 인스턴트식품을
3) 생선류를 4) 육류를

▶ **문법 연습**

1. 1) 녹차라든가 레몬차 같은 따뜻한 차를 마셔.
2) 손수건이라든가 스카프
3) 가방이라든가 지갑 같은 어머니께 필요한 물건이
4) 목걸이라든가 귀걸이 같은 액세서리
2. 1) 비타민 C가 많은 유자나 레몬이 좋다고
2) 심한 운동은 감기에 좋지 않다고
3) 기침할 때는 배와 꿀이 좋다고
4) 따뜻한 소금물로 양치를 하면 목 아픈 데 도움이 된다고

▶ **읽어 봅시다**

1. ③
2. ②
3. 1) ○ 2) ○ 3) X 4) ○

▶ **들어 봅시다**

1. 1) 다섯 가지 흰색 식품(흰쌀, 백설탕, 흰 밀가루, 흰 소금, 화학조미료)을 멀리해야 한다.
2) 적게 먹고 많이 씹어야 한다.
3) 여러 가지 음식을 골고루 먹는 것이 좋다.
2. ④
3. 1) ○ 2) X 3) X 4) X

3과 공연 관람

01. 표를 사는 대신에 저녁을 사 주세요

▶ **어휘 연습**

1. 1) 공연 장소 2) 공연 일시
3) 관람 연령 4) 작품 해설
2. 1) 춘향전 2) 5월 15일 15시
3) R30 4) 전체 관람 가

▶ **문법 연습**

1. 1) 쓰기 성적이 듣기 성적만 못해요.
2) 다니엘 씨만 못해요.
3) 어머니가 만드신 음식만 못해요.
4) 책만 못해요.

2. 1) 내가 친구에게 점심을 사 주는 대신에 친구가 나에게 영화를 보여 주기로 했다.
2) 내가 친구의 이사를 도와주는 대신에 친구는 우리 집 대청소를 도와주기로 했다.
3) 내가 콘서트표를 예매하는 대신에 친구는 나에게 밥을 사 주기로 했다.
4) 내가 친구에게 돈을 빌려주는 대신에 친구는 나에게 게임을 가르쳐 주기로 했다.

▶ **읽어 봅시다**

1.

경험한 것	느낌
대통밥	놀라웠다
대나무 숲	몸과 마음이 다 깨끗해지는 것 같았다
국악 공연	인상적이었다
죽마	재미있었다
대나무 전등 갓	아름다웠다

2. ①

3. 1) X 2) ○ 3) X 4) X

▶ **들어 봅시다**

1. ②

2. ③

3. 1) 연극 공연 2) 거리 춤 공연

02. 뮤지컬을 보자고 해서 예매하려고요

▶ **어휘 연습**

1. 1) 예약하다 - 식당에 전화해서 토요일 6시에 가기로 약속했어요.
2) 확인하다 - 예약이 잘 되었는지 전화로 알아봤어요.
3) 취소하다 - 물건을 주문했다가 사지 않기로 했어요.
4) 환불 받다 - 산 물건을 돌려주고 돈을 돌려받았어요.
5) 변경하다 - 약속 시간을 바꾸었어요.

2. 1) 환불 받았어요 2) 예매했어요
3) 예약했어요 4) 변경했어요
5) 확인할 거예요

▶ **문법 연습**

1. 1) 아이스크림을 먹자고 해서
2) 감기에 걸렸다고 해서
3) 공항에 간다고 해서
4) 서두르라고 하셔서

2. 1) 옷을 입어요.
2) 게임을 해요.
3) 저녁을 먹어요.
4) 운동하러 체육관에 가요.
5) 가족과 영상 통화를 해요.

▶ **읽어 봅시다**

1. ③

2. ①

3. ①

▶ **들어 봅시다**

1. ②

2. 1) X 2) X 3) ○ 4) X

3. 1) 첫사랑 2) 영화박스

4과 공연 감상

01. 마지막 장면이 인상적이었어요

▶ **어휘 연습**

1. 1) 심각하다 2) 신나다
3) 환상적이다 4) 인상적이다
5) 우울하다

▶ **문법 연습**

1.

1) 집 근처 시장	물건이 많다	싸다	물건이 많을 뿐만 아니라 싸요.
2) 지금 사는 집	가깝다	조용하다	학교와 가까울 뿐만 아니라 조용해요.
3) 우리 부모님	친절하다	재미있다	친절하실 뿐만 아니라 재미있으세요.
4) 최근에 본 영화	재미있다	감동적이다	재미있을 뿐만 아니라 감동적이었어요.

2. 1) 앞으로 게임을 하지 말아야지.
2) 이제 숙제를 날마다 해야지.
3) 배운 단어를 열심히 외워야지.
4) 아침에 간단한 음식이라도 꼭 먹어야지.

▶ 읽어 봅시다

1. ④
2. 1) ○ 2) X 3) ○ 4) ○
3. 아일랜드 거리의 음악가와 체코에서 이민 온 가난한 소녀의 사랑 이야기

▶ 들어 봅시다

1. 신난다, 훌륭하다, 감동적이다
2. ②
3. 1) X 2) X 3) X 4) ○

02. 정말 볼 만하던데요

▶ 어휘 연습

1. 1) 추천하다 2) 안내하다
3) 소개하다 4) 제안하다
2. 1) 권했다 2) 소개했다
3) 안내해 4) 제안했다

▶ 문법 연습

1. 1) 영화 '기생충'이 볼 만해요.
2) '해리포터'가 읽을 만해요.
3) 한국 가수 아이유의 노래가 들을 만해요.
4) 겨울에는 호떡이나 붕어빵이 먹을 만해요.
2. 1) 저녁 9시까지는 저녁 식사를 할 수 있을걸요.
2) 다른 사람들도 있으니까 파티를 하면 시끄러워서 안 될걸요.
3) 아마 아주머니께 말씀드리면 커튼을 달아 주실걸요.
4) 아주머니께서 항상 일찍 일어나시니까 부탁드리면 깨워 주실걸요.

▶ 읽어 봅시다

작품명	장르	특징
1) 지저스 크라이스트 슈퍼스타	뮤지컬	노래가 아름답고 감동적이다.
2) 캣츠	뮤지컬	고양이가 사람처럼 춤추고 노래한다. 음악과 춤, 웃음을 주는 이야기가 좋다.
3) 라따뚜이	만화 영화	식욕과 자신감을 찾아 준다.
4) 사물놀이	전통 악기	공연 분위기가 신난다.

2. 영화, 뮤지컬, 전통 음악
3. ④

▶ 들어 봅시다

1. ③
2. 1) X 2) ○ 3) X 4) X

3. 1) 수면제 2) 지루하고 졸릴

5과 사람

01. 친구가 어제 뉴스에 나오던데요

▶ 어휘 연습

1. 1) 인기가 좋다 2) 능력이 뛰어나다
3) 성공하다 4) 인정을 받다

▶ 문법 연습

1. 1) 피곤한 모양이다. 2) 자는 모양이다.
3) 나를 못 본 모양이다. 4) 바쁜 모양이다.
2. 1) 매일 30분씩 산책했을 뿐이에요.
2) 저는 농담을 했을 뿐이에요.
3) 날마다 숙제를 열심히 했을 뿐이에요.
4) 배가 좀 고플 뿐이에요.

▶ 읽어 봅시다

1. ①
2. ④
3. 무슨 일을 하든지 자기가 하는 일에 만족하면서 기쁜 마음으로 일을 하는 사람

▶ 들어 봅시다

1. ③
2. 1) 부산 2) 경영학, 의상 디자인 3) 디자이너
3. 1) ○ 2) ○ 3) X 4) ○

02. 큰 돈을 기부하기란 쉬운 일이 아닌데

▶ 어휘 연습

1. 1) 저축하다 2) 기부하다
3) 낭비하다 4) 절약하다
5) 투자하다
2. 1) 저축했습니다 2) 낭비하는
3) 투자해서 4) 기부했다고

▶ 문법 연습

1. 1) 시험에서 모두 100점 받기란 쉬운 일이 아니에요.
   2) 일류 대학교에 들어가기란 정말 어려운 일이에요.
   3) 날마다 운동을 하기란 보통 일이 아니에요.
   4) 항상 아침에 일찍 일어나기란 쉬운 일이 아니에요
2. 1) 옛날에는 자동차가 없었던 것 같아요.
   2) 옛날에는 한복을 입고 결혼을 했던 것 같아요.
   3) 옛날에는 남녀가 함께 담배를 피울 수 없었던 것 같아요.
   4) 옛날에는 강에서 손으로 빨래를 했던 것 같아요.

▶ 읽어 봅시다

1. 1) 김연순 할머니
   2) 고아원에 2억 원을 기부했다.
2. ①
3. 1) ○ 2) X 3) X 4) X

▶ 들어 봅시다

1. ③
2. ③
3. 1) 김순희 씨 가족/ 김순희 씨, 어머니, 아들
   2) 최 씨　　3) 이동필 씨

6과 모임 문화

01. 할머니께 인사부터 드리고요

▶ 어휘 연습

1. 1) 집들이　　2) 결혼식
   3) 차례　　4) 돌잔치
2. 1) 회갑 잔치를　　2) 집들이에
   3) 돌잔치에　　4) 차례를

▶ 문법 연습

1. 1) 할 일이 없으면 영화라도 한 편 보세요.
   2) 친구 생일 파티에 못 가면 전화라도 해 주세요.
   3) 병원에 갈 시간이 없으면 약국에라도 가세요.
   4) 새 차가 너무 비싸면 중고차라도 사세요.
2. 1) 도서관에서 소설책을 빌려다가 카페에 가서 읽었어요.
   2) 도자기 체험관에서 도자기를 만들어다가 제 방 책상 위에 놓았어요.
   3) 시장에 가서 고기를 사다가 불고기를 만들었어요.
   4) 관광지에서 기념품을 사다가 부모님께 드렸어요.

▶ 읽어 봅시다

1. ②
2. 1) ○　2) X　3) ○　4) X
3. 12년마다 자기 띠가 돌아오는데 이렇게 12년씩 다섯 번 돌아서 60세가 되면 사람이 다시 태어나는 것과 같다고 생각했다.

▶ 들어 봅시다

1. ②
2. ④
3. ③

02. 너에게 안부 전해 달래

▶ 어휘 연습

1. 1) 안부를 전하다　　2) 안부 편지를 쓰다
   3) 안부를 묻다
2. 1) 안부 전화를 드렸다　　2) 안부를 전해
   3) 안부를 묻는　　4) 안부를 전하러

▶ 문법 연습

1. 1) 배우기만 하고　　2) 내기만 하면
   3) 받기만 해서　　4) 알려 주기만 하면

2. 1) 취소되다니요?　　2) 생일이라니요?
   3) 사고가 나다니?　　4) 숙제라니요?

▶ 읽어 봅시다

1.

동창회에 가기 전	어색할까 봐 걱정했다
동창회가 시작된 후	더 일찍 동창회에 참석하지 않은 걸 후회했다
동창회가 끝난 후	가슴이 설레었다

2. ④
3. 1) X　2) ○　3) X　4) ○

▶ 들어 봅시다

1. 밍밍이 할머니께
2. ③
3. ①

7과 사과

01. 오히려 제가 미안한데요

▶ 어휘 연습

1. 1) 양해를 구하다　　2) 용서를 빌다
3) 변명하다

2. 1) 미안하다고　　2) 죄송하다는
3) 용서를 빌면

▶ 문법 연습

1. 1) 공부 방법을 바꿔 보지 그래?
2) 책이라도 읽지 그래?
3) 다른 회사를 알아보지 그래?
4) 옆집에 가서 말해 보지 그래?

2. 1) 짐도 많고 해서 택시를 탔어요.
2) 몸도 안 좋고 해서 일찍 퇴근했어요.
3) 할 일도 많고 해서 설날에 고향에 안 갔어요.
4) 비도 오고 해서 집에만 있었어요.

▶ 읽어 봅시다

1. ③

2. ②

3. 1) X　2) ○　3) X　4) ○

▶ 들어 봅시다

1. ③

2. 1) ○　2) X　3) ○　4) X

3. 리사가 마크와 사귀는 것을 반 친구들 앞에서 실수로 말해 버렸다.

02. 다른 방법으로 미안함을 표현하기도 해요

▶ 어휘 연습

1. 1) 화해하다　　2) 알아듣다
3) 설득하다　　4) 알아보다

2. 1) 설득할　　2) 이해하기가
3) 알아들을　　4) 화해했나

▶ 문법 연습

1.

보기 편지를 받다 ― 답장을 보내지 않았어요.
1) 친구를 보다 ― 인사하지 않다니요?
2) 그 사람은 잘못을 하다 ― 사과하지 않아요.
3) 뮤지컬 표를 예매하다 ― 보러 가지 않았대요.
4) 책을 사다 ― 읽지 않아요.

1) 친구를 보고도 인사하지 않다니요?
2) 그 사람은 잘못을 하고도 사과하지 않아요.
3) 뮤지컬 표를 예매하고도 보러 가지 않았대요.
4) 책을 사고도 읽지 않아요.

2. 1) 그렇게 사람이 많이 왔단 말이에요?
2) 갔단 말이에요?
3) 비를 맞았단 말이에요?

▶ 읽어 봅시다

1. ④

2. ③

3. 이 글에서는 싸우고 난 그 자리에서 사과하는 것보다 화가 풀린 다음에 하는 것이 좋다고 했지만 나는 그렇게 생각하지 않아요. 사과는 빨리하면 할수록 좋다고 생각해요. 시간이 지나면서 오해가 더 쌓일 수 있으니까요.

▶ 들어 봅시다

1. 사과하기 어려워하는 사람

2. ④

3. 1) ○　2) X　3) X　4) ○

8과 학교 생활 1

01. 선생님 같은 사람이 되고 싶어요

▶ 어휘 연습

1. 1) 언론인　2) 연예인　3) 정치인　4) 사업가

2. 1) 언론인　2) 사업가　3) 교육자　4) 정치인

▶ 문법 연습

1. 1) 길이 복잡했을 텐데 운전하기가 힘들지 않으셨어요?
2) 시험이 어려웠을 텐데 잘 봤어?
3) 그 영화는 무서울 텐데 다른 영화를 보는 게 어때요?

4) 어젯밤에 잠을 못 잤을 텐데 오늘은 일찍 자.

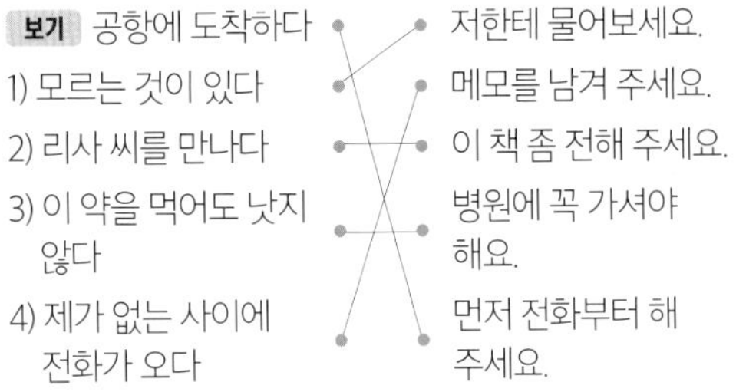

1) 모르는 것이 있거든 저한테 물어보세요.
2) 리사 씨를 만나거든 이 책 좀 전해 주세요.
3) 이 약을 먹어도 낫지 않거든 병원에 꼭 가셔야 해요.
4) 제가 없는 사이에 전화가 오거든 메모를 남겨 주세요.

▶ **읽어 봅시다**

1.

받는 사람	존경하는 선생님께
첫인사	아침저녁으로 날씨가
보내는 사람의 안부	저는 바쁘지만
내용	선생님, 수업 시간에
끝인사	다음 달 중순쯤이면
날짜	10월 11일
보낸 사람	제자 김진영

2. ① **3.** ④

▶ **들어 봅시다**

1. ① **2.** 우리 학교 인기 선생님

3.

학생의 질문	선생님의 대답
선생님의 인기 비결은 무엇입니까?	재미있고 쉽게 가르치려고 노력한다.
학생들에게 화를 내신 적이 없다고 들었는데 정말인가요?	화를 내기보다는 학생들을 이해하려고 한다.
어떻게 그렇게 다양한 분야의 지식을 쌓을 수 있으셨어요?	책을 많이 읽는 것이 도움이 되는 것 같다.
요즘 학생들에 대해서 어떻게 생각하세요?	인터넷으로 많은 지식을 얻을 수 있으니까 내 이야기를 재미없어할까 봐 걱정이 되기도 한다.

02. 같이 의논해 보도록 하자

▶ **어휘 연습**

1. 1) 회원 2) 준비물 3) 일정

2. 1) 일정 2) 교통편 3) 회비 4) 준비물

▶ **문법 연습**

1.

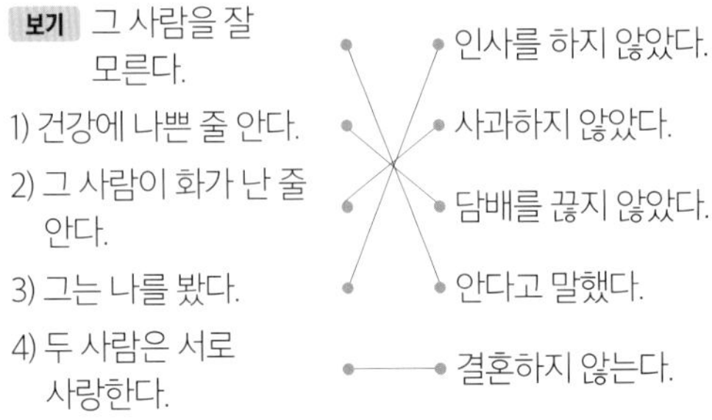

1) 건강에 나쁜 줄 알면서도 담배를 끊지 않았다.
2) 그 사람이 화가 난 줄 알면서도 사과하지 않았다.
3) 그는 나를 봤으면서도 인사를 하지 않았다.
4) 두 사람은 서로 사랑하면서도 결혼하지 않는다.

2.

어떻게 하면 좋을까요?	말해 봅시다
보기 푹 쉬어야 한다.	푹 쉬도록 해.
1) 따뜻한 차를 많이 마신다.	따뜻한 차를 마시도록 해.
2) 신선한 과일을 많이 먹는다.	신선한 과일을 많이 먹도록 해.
3) 외출을 하지 않는다.	외출을 하지 않도록 해.
4) 잠을 많이 잔다.	잠을 많이 자도록 해.

▶ **읽어 봅시다**

1.

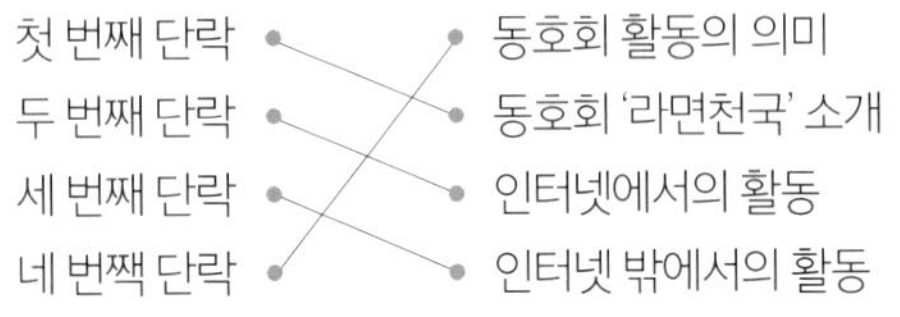

2. ②

3. ②

▶ **들어 봅시다**

1. ④

2. 1) ○ 2) ○ 3) ○ 4) X

3. 1) 남이섬 2) 8시 학교 앞에서 출발, 10시 남이섬 도착, 두 시간 산책, 점심 식사, 장기 자랑

9과 학교생활 2

01. 우리 언어 교환을 할까요?

▶ **어휘 연습**

1. 1) 성별 2) 모국어 3) 연락처 4) 기타

▶ **문법 연습**

1.

1) 이 갈비가 얼마나 맛있는지 둘이 먹다가 하나가 죽어도 모르겠어요.
2) 두 사람은 얼마나 닮았는지 다들 형제인 줄 알아요.
3) 그 친구가 얼마나 전화를 자주 하는지 귀찮아 죽겠어요.
4) 엠마 씨가 노래를 얼마나 잘하는지 진짜 가수 같아요.

2. 1) 늦잠을 자고 말았다.
2) 시험에 떨어지고 말았다.
3) 시합에서 지고 말았다.
4) 옷을 또 사고 말았다.

▶ **읽어 봅시다**

1. ②

2. 무료로 언어를 배울 수 있다.

3. ③

▶ **들어 봅시다**

1. ②

2. 1) X 2) ○ 3) ○ 4) X

3. 1) 학교 앞 독수리 커피숍 2) 토요일 오전 10시
3) 선희: 중국어를 배운다 샤오밍: 한국어를 연습한다.

02. 한국 대학원에 입학하고 싶은데요

▶ **어휘 연습**

1. 1) 조언 2) 상담실
3) 상담 교사 4) 신청서

2. 1) 상담실에 2) 신청하다
3) 상담 교사를 4) 조언을

▶ **문법 연습**

1. 1) 지내고 있답니다.
2) 생각이 많이 난답니다.
3) 교수님 생신이랍니다.
4) 찾아뵈려고 한답니다.

2. 1) 스트레스를 받지 않아서 좋을 거라고 봅니다. / 학생들의 실력을 알 수 없기 때문에 좋지 않다고 봅니다.
2) 담배를 피우지 않는 학생들이 담배 냄새를 맡지 않을 수 있으니까 아주 좋은 방법이라고 봅니다. / 공부하는 학교에 흡연실을 따로 만드는 것은 불필요한 일이라고 봅니다.
3) 모두 같이 즐겁게 공부할 수 있어서 좋은 경험이 될 거라고 봅니다. / 집이 가까운 학생은 기숙사 생활을 할 필요가 없기 때문에 불필요한 일이라고 봅니다.
4) 공부에 집중할 수 있을 거라고 봅니다. / 휴대전화 사용을 금지하는 것은 너무 과한 규칙이라고 봅니다.

▶ **읽어 봅시다**

1. ④

2. ③

3. 1) X 2) X 3) X 4) ○

▶ **들어 봅시다**

1. ③

2. 1) X 2) ○ 3) ○ 4) X

3. 여자: 마케팅 남자: 한국학

10과 부탁과 거절

01. 우리 언어 교환을 할까요?

▶ **어휘 연습**

1. 1) 실례지만 길 좀 묻겠습니다. / 실례지만 서울역이 어디 있는지 아세요?
2) 실례지만 여기에 앉아도 될까요?
3) 죄송하지만 약속 시간을 바꿔도 될까요?
4) 선생님, 토요일 오후에 시간 있으세요? / 제가 찾아뵈어도 될까요?

상황	친구에게 부탁하기	모르는 사람에게 부탁하기
1) 영화관에서 자리 바꿔 달라고 하기	• 미안한데 나하고 자리를 좀 바꿔 줄 수 있을까? • 괜찮으면 내 자리하고 바꿔 줄 수 있어?	• 죄송하지만 자리를 좀 바꿔 주실 수 있으세요? • 저, 혹시 많이 안 불편하시면 자리 좀 바꿔 주실 수 있으세요?
2) 분리수거 방법 물어보기	• 분리수거는 어떻게 해야 해? • 분리수거를 어떻게 하는지 좀 알려줄 수 있어?	• 실례지만 분리수거하는 방법을 여쭤봐도 될까요? • 저, 제가 잘 몰라서 그러는데요. 분리수거를 어떻게 해야 하나요?

▶ **문법 연습**

1. 1) 떡볶이 1인분에 10,000원이라니 비싸서 사 먹을 수가 없겠군요.
2) 두 사람이 1년 동안 말을 안 하고 있다니 불편해서 어떻게 지내고 있을까요?
3) 4년 동안 장학금을 받았다니 정말 놀랍네요.
4) 그 일을 혼자 다 하다니 정말 대단해요.

2. 1) 글쎄 / 음 / 있잖아
2) 저, 아
3) 뭐더라/글쎄요/음
4) 여기요

▶ **읽어 봅시다**

1. ③

2. ④

3. 1) ○ 2) ○ 3) X 4) ○

▶ **들어 봅시다**

1. ②

2. 1) ○ 2) X 3) X 4) ○

3. ②

02. 좀 곤란할 것 같은데요

▶ **어휘 연습**

1. 1) 그랬으면 좋겠는데 저도 바빠서 도와드릴 수가 없을 것 같아요. 죄송해요.
2) 다음 주말에 선약이 있어서 어려울 것 같습니다. 죄송합니다.
3) 제가 요즘 일이 많아서 영화를 보러 갈 수 없을 것 같은데 다음에 기회가 있으면 같이 가요.
4) 말씀은 감사하지만 요즘 공부할 것이 많아서 아르바이트는 힘들 것 같습니다.

2. 1) 사장님
2) 김 대리
3) 이 과장
4) 오정희 씨

▶ **문법 연습**

1. 1) 불편을 겪었다지요?
2) 발생했다지요?
3) 자동차가 못 다니고 있다지요?
4) 온다지요?

2. 1) 묵으실 건가요?
2) 사용하실 건가요?
3) 쓰실 건가요?
4) 셔틀버스를 이용하실 건가요?

▶ **읽어 봅시다.**

1. ③

2. ②

3. ④

▶ **들어 봅시다**

1. ④

2. 1) X 2) X 3) ○ 4) X

3. 1) 착한 사람 콤플렉스에서 벗어나라.
2) 자신의 한계를 파악해라.

1과 일상생활

01. 취미가 뭐예요?

▶ 어휘

1. 1) 악기　2) 우표
   3)낚시　4) 자전거
   5) 음악
2. 1) 거의　2) 모으고
   3) 가능하면　4) 마음을 먹었어요
   5) 시간을 내서

▶ 문법

-던데요

3. 1) 구경 온 사람들이 많던데요.
   2) 오래된 건물과 연못이 있어서 아주 멋있던데요.
   3) 사진을 찍던데요.
   4) 민속 박물관이 있던데요.
   5) 옛날 사람들의 생활 모습을 알 수 있어서 좋던데요.
4. 1) 식당에서 김밥을 먹던데요.
   2) 수지 씨는 복도에서 전화하던데요.
   3) 에릭 씨는 친구와 이야기하던데요.
   4) 히로시 씨는 식당에서 숙제를 하던데요.
   5) 엘리베이터가 고장났던데요.

-고요

5. 1) 시끄러워요. 커피도 맛없고요.
   2) 깨끗해요. 시설도 좋고요.
   3) 비싸요. 사람도 많고요.
   4) 책이 많아요. 값도 싸고요.
   5) 복잡해요. 친절하지 않고요.
   6) 재미있어요. 유명한 배우도 나오고요.
   7) 무서워요. 한국말도 어렵고요.
6. 1) 외국인만 나갈 수 있어요. 해외 교포도 가능하고요.
   2) 10% 할인돼요. 10만 원 이상 사면 상품권도 주고요.
   3) 태권도를 배워요. 한국 음식도 만들고요.
   4) 3,000원인데 2,000원으로 할인해요. 두 개 사면 하나 더 주고요.

02. 앞집에 이사 온 리사라고 합니다

▶ 어휘

1. 1) 인사를 드렸어요.　2) 인사를 받으신
   3) 인사를 시켜 주셨어요.　4) 인사를 나눈
2. 1) 맛을 보세요.　2) 궁금한
   3) 부탁하면　4) 그렇지 않아도

▶ 문법

-으려던 참이다

3. 1) 지금 끄려던 참이었어요.
   2) 지금 막 주문하려던 참이었어.
   3) 전화하려던 참이었어.
   4) 나가려던 참이었어요.
   5) 커피를 마시려던 참이었어요.
4. 1) 지금 하려던 참이었어요.
   2) 끄려던 참이었어요.
   3) 퇴근하려던
   4) 전화하려던 참이었어요.
   5) 막 나가려던 참이었어요.

-을 텐데

5. 1) 백화점은 비쌀 텐데 시장에 가는 게 어때요?
   2) 가족들이 걱정할 텐데 빨리 집에 전화하세요.
   3) 곧 영화가 시작될 텐데 안으로 들어갑시다.
   4) 내일 아침은 교통이 복잡할 텐데 오늘 밤에 출발합시다.
   5) 취직할 때 성적 증명서가 필요할 텐데 미리 준비하세요.
6. 1) 무거우실
   2) 시장하실 / 배가 고프실
   3) 바쁘실, 배가 고프실 부탁을 드려서 죄송합니다.
   4) 피곤하실

2과 건강

01. 건강해야 뭐든지 할 수 있어요

▶ 어휘

1. 1) 불면증인　2) 비만
   3) 고혈압이니까　4) 흡연
   5) 운동 부족인
2. 1) 안색이　2) 뭐니 뭐니 해도
   3) 잃으면　4) 무리하지
   5) 몸살이 났다.

▶ 문법

-어야

3. 1) 여권이 있어야 비행기를 탈 수 있어요.
   2) 일찍 가야 좋은 자리에 앉을 수 있어요.
   3) 참석자가 모두 와야 회의를 시작할 수 있어요.
   4) 오늘까지 등록해야 수업을 들을 수 있어요.
   5) 18세 이상이 되어야 운전면허 시험을 볼 수 있어요.
4. 1) 좋은 재료를 써야 맛있는 음식을 만들 수 있어요.
   2) 하루도 빠지지 않고 운동을 해야 금메달을 딸 수 있어요.
   3) 음식을 골고루 잘 먹고 규칙적인 생활을 해야 슈퍼모델이 될 수 있어요.
   4) 항상 손님들께 최선을 다해야 자동차를 많이 팔 수 있어요.
   5) 다양한 경험을 많이 해야 좋은 영화를 만들 수 있어요.

-는다면

5. 1) 고등학교 때로 다시 돌아간다면 공부를 열심히 하고 싶어요.
   2) 앞으로 1년밖에 살 수 없다면 남은 시간을 가족과 같이 보내고 싶어요.
   3) 내가 부모라면 공부하라고 하지 않겠어요.
   4) 아무도 없는 섬에 혼자 간다면 강아지를 데리고 가고 싶어요.
   5) 옛날 사람을 만날 수 있다면 돌아가신 할아버지를 만나고 싶어요.
5. 1) 복권에 당첨된다면 큰 집을 사고 싶어요.
   2) 이 세상에서 전쟁이 없어진다면 평화로운 세상이 될 거예요.
   3) 한국말을 한국 사람처럼 잘한다면 한국 회사에서 일하고 싶어요.
   4) 옛날로 돌아갈 수 있다면 초등학생 때로 돌아가고 싶어요.
   5) 남자로 다시 태어난다면 군대에 한번 가 보고 싶어요./여자로 다시 태어난다면 치마를 입어 보고 싶어요.

02. 김치라든가 된장 같은 음식은 대표적인 건강식이죠

▶ 어휘

1. 1) 발효식품　2) 생선류
   3) 인스턴트식품　4) 육류
2. 1) 번거롭게　2) 대표적인
   3) 건강식을　4) 김장을
   5) 손이 많이 가는

▶ 문법

이라든가

3. 1) 공이라든가 자동차, 장난감을 사 주세요.
   2) 잡지라든가 만화책, 책이 좋을 것 같아요.
   3) 목걸이라든가 귀걸이, 액세서리를 받으면 기뻐할 거예요.
   4) 커피 메이커라든가 커피 잔 같은 생활용품이 좋을 것 같아요.
   5) 인삼이라든가 꿀 같은 건강식품이 좋을 것 같아요.
4. 1) 드라마라든가 영화 같은 것을 봐요.
   2) 배구라든가 농구 같은 공을 가지고 하는 운동을 좋아해요.
   3) 콜라라든가 주스 같은 시원한 걸 준비하세요.
   4) 제주도라든가 하와이 같은 휴양지에 많이 가요.
   5) 떡이라든가 엿 같은 것을 선물해요.

-는다고 하던데

5. 1) 결혼을 한다고
   2) 승연 씨가 시험 보는 날이 언제냐고
   3) 4월 12일에 물이 안 나온다고, 아세요?
   4) 도쿄행 비행기를 탈 사람은 45번 문으로 오라고, 어느 쪽으로 가야 해요?
   5) 올가가 내일 미영이 생일 파티에 가자고, 갈 수 있어?
6. 1) 우도가 아름답다고 하던데 거기에 가자.
   2) 돼지고기가 유명하다고 하던데 돼지고기를 먹자.
   3) 롯데 호텔이 전망이 좋다고 하던데 롯데 호텔에서 잘까?
   4) 민박이 좀 싸다고 하던데 민박을 하자.
   5) 귤이 맛있다고 하던데 귤을 사 오자.

3과 공연 관람

01. 표를 사는 대신에 저녁을 사 주세요

▶ 어휘

1. 1) 공연 일시　2) 공연 장소
   3) 관람 연령　4) 작품 해설

2. 1) 말할 것도 없고요 2) 무대
3) 의상에는 4) 자막이
5) 뮤지컬은

▶ 문법

만 못하다

3. 1) 형만
2) 말하기 성적만
3) 컴퓨터가 휴대 전화만
4) 비싼 식당 음식이 어머니가 만든 음식만 못해요.
5) 커피숍에서 파는 커피가 편의점에서 파는 커피만 못해요.
4. 1) 안드레이만 못하고요
2) 태우 씨만 못하고
3) 히로시 씨가 태우 씨만 못하니까
4) 연세 노트북이 한국 노트북만 못해.
5) 한국 노트북이 연세 노트북만 못해.

-는 대신에

5. 1) 차를 빌려 주는
2) 그 친구를 소개해 주는
3) 제가 설거지를 하는
4) 내가 설거지를 해 주는
5) 내가 설거지를 도와주는, 공부 열심히 하기다.
6. 1) 고속버스를 타는
2) 계란을 먹는
3) 생선회를 먹는
4) 우리는 밍밍 씨 친구 집에서 자는 대신에 호텔에서
5) 숙박비를 내는 대신에 우리는 밍밍 씨에게 맛있는 저녁을 사 줬다.

02. 뮤지컬을 보자고 해서 예매하려고요

▶ 어휘

1. 1) 예약했다. 2) 취소해야겠다.
3) 변경하려면 4) 예매해야
5) 환불 받았다.
2. 1) 간단하게 2) 좌석이
3) 알려 줄래? 4) 선택하는
5) 가입했어요.

▶ 문법

-는다고 해서

3. 1) 재미있다고
2) 혼자서 술 마시고 있다고
3) 고향에서 돌아왔다고
4) 깨워 달라고
5) 수영장에 가자고
4. 1) 엄마라고 해서
2) 손에 참기름을 바르고 나무 위로 올라왔다고 해서
3) 도끼를 쓰면 쉽게 올라올 수 있다고 해서
4) 아이들이 줄을 내려 달라고 해서
5) 동생이 밤은 어두워서 무섭다고 해서

-고서

5. 1) 대학을 졸업하고서 2) 회사를 그만두고서
3) 약을 먹고서 4) 화를 내고서
5) 점심만 먹고서
6. 1) 넣고서 2) 줄이고서
3) 담고서 4) 다 만들고서

4과 공연 감상

01. 마지막 장면이 인상적이었어요

▶ 어휘

1. 1) 우울해졌다 2) 감동적이었다
3) 신나는 4) 심각해서
2. 1) 마지막으로 2) 목소리로
3) 대사가 4) 훌륭한
5) 인상적이어서

▶ 문법

-을 뿐만 아니라

3. 1) 예문이 많을, 설명도 쉽다.
2) 조금 먹을, 잘 안 먹는다.
3) 많이 먹을, 자주 먹는다.
4) 캠퍼스가 넓을, 아름답다.
5) 숙제가 많을, 시험도 자주 본다.
4. 1) 편리할 뿐만 아니라 깨끗하고 조용합니다.
2) 수영뿐만 아니라 등산도 할 수 있습니다.
3) 어른들뿐만 아니라 아이들도 즐길 수 있습니다.
4) 리조트 안에 있는 식당에서 할 수 있을 뿐만 아니라 주방에서 직접 만들어 드실 수도 있습니다.
5) 자세한 정보를 얻을 수 있을 뿐만 아니라 할인권도 받으실 수 있습니다.

-어야지

5. 1) 우산을 가져가야지.

2) 따뜻한 옷을 입어야지.
3) 내일부터는 일찍 자야지.
4) 고향에 계신 부모님께 전화를 해야지.
5) 병원에 가야지.

6. 1) 예쁜 옷을 사야지.
2) 노트북을 사야지.
3) 친구들하고 파티를 해야지.
4) 해외여행을 가야지.
5) 은행에 저금해야지.

02. 정말 볼 만하던데요

▶ 어휘

1.

보기 권하다	어떤 일을 하거나 무엇을 해 보라고 말하다.
1) 소개하다	인사를 시키거나 설명을 해서 알게 해 주다.
2) 안내하다	어떤 행사나 장소를 알려 주거나 데려다 주다.
3) 제안하다	계획이나 의견을 내놓다.
4) 추천하다	알맞은 사람이나 물건을 다른사람에게소개하고 권하다.

1) 소개하겠습니다 2) 추천해
3) 안내했다 4) 제안했다

2. 1) 분위기가 2) 흥겨운
3) 지루했다 4) 사물놀이입니다
5) 확

▶ 문법

-을 만하다

3. 1) 설악산이 가 볼 만하던데 한번 가 보세요.
2) 불고기가 먹을 만해요.
3) 친구하고 영화를 보려고 하는데 요즘 볼 만한 영화가 있어요?
4) 걸을 만해.
5) 믿을 만해요?

4. 1) 신을 만한데요. 2) 쓸 만한데요.
3) 읽을 만한 4) 먹을 만한
5) 쓸 만한

-을걸요

5. 1) 많을걸요. 2) 받을걸요.
3) 일찍 올걸요. 4) 드시고 오실걸요.
5) 탔을걸요.

6. 1) 바쁠걸요. 2) 고향에 돌아갔을걸요.
3) 여행을 못 갈걸요. 4) 병원에 가야 할걸요.
5) 바쁠걸요.

5과 사람

01. 친구가 어제 뉴스에 나오던데요

▶ 어휘

1. 1) 인기가 좋은 2) 인정을 받고
3) 유명해서 4) 능력이 뛰어나서

2. 1) 겨우 2) 평이
3) 패션쇼에 4) 실력을

▶ 문법

-는 모양이다

3. 1) 없는 2) 다친
3) 도서관에 가는 모양이에요.
4) 맛있는 모양이에요.
5) 기분이 좋은, 시험을 잘 본 모양이에요.

4. 1) 욕실에 들어오는, 샤워를 할
2) 졸고 계시는, 피곤하신
3) 즐거워하는, 텔레비전이 재미있는
4) 공부하는, 시험 기간인
5) 웃으시는, 기분이 좋으신

-을 뿐이다

5. 1) 취미로 그릴 2) 아플
3) 했을 4) 친구일 뿐이에요.
5) 들었을 뿐인데요.

6. 1) 자고 싶을 2) 인사만 했을
3) 대답을 했을 4) 도와줬을
5) 인사를 드렸을

02. 큰 돈을 기부하기란 쉬운 일이 아닌데

▶ 어휘

1. 1) 저축하다 2) 투자하다
3) 기부하다 4) 낭비하다
5) 절약하다

2. 1) 혹시 2) 놀라운
3) 자신과 4) 말입니다.
5) 대단한

▶ **문법**

-기란

3. 1) 직업을 바꾸기란 보통 일이 아니에요.
2) 좋은 부모가 되기란 참 어려운 일이지요.
3) 까다로운 사람과 일하기란 쉬운 일은 아니지요.
4) 날마다 아침 운동을 하기란 그리 쉬운 일이 아니에요.
5) 아르바이트를 하면서 공부를 하기란 어려운 일이에요.

4. 1) 일찍 일어나기란 쉬운 일이 아니지요.
2) 숙제를 하기란 보통 일이 아니지요.
3) 수업이 끝나고 아르바이트를 하기란 보통 일이 아니지요.
4) 항상 손님에게 친절하게 대하기란 쉬운 일이 아니지요.
5) 아르바이트를 하고 와서 집안일을 하기란 쉬운 일이 아니지요.

-었던 것 같다

5. 1) 여름을 시원하게 보냈던
2) 다림질을 했던 3) 실을 만들었던
4) 곡식을 갈았던 5) 화장실로 사용했던

6. 1) 들었던 2) 있었던
3) 만났던 4) 있었던
5) 봤던

복습(1-5과)

>> 말하기

1. 건강하게 살려면 무엇보다 규칙적인 생활을 해야 해요. 그래서 저는 평소에 가능한 비슷한 시간에 자고 일어나려고 합니다. 식사도 비슷한 시간에 하고요. 만약 지금 건강하지 않다면 공부도 할 수 없고, 하고 싶은 일을 할 수도 없을 것 같아요. 그래서 더 건강해지려고 노력합니다. 특히 술이라든가 담배 같은 것이 건강에 나쁘다고 생각합니다. 그래서 저는 술도 마시지 않고 담배도 피우지 않습니다.

2. 저는 최근에 '오페라의 유령'이라는 뮤지컬을 재미있게 봤습니다. 공연을 보러 가기 전에 공연장 홈페이지에서 예매할 수 있다고 해서 인터넷으로 공연 표를 예매했습니다. 인기가 많아서 항상 금방 매진되는 공연이라고 들었는데 실제로 보니까 공연의 내용이나 노래는 말할 것도 없고 의상과 무대도 정말 화려하고 좋았습니다. 남자, 여자, 어른, 아이 누구나 좋아할 공연이라고 생각합니다. 특히 아이들과 같이 보러 가면 음악과 무대를 같이 즐길 수 있어서 좋을 것 같습니다. 그리고 유명한 배우가 나와서 그 배우를 좋아하는 사람들이라면 더욱 좋아할 것 같습니다.

3. 우리나라에서 OO이/가 아주 유명합니다. 아주 성공한 디자이너인데 이 사람이 만든 옷이 아주 인기가 많고 디자인 실력이 뛰어나서 유명합니다. 저는 텔레비전에서 이 사람의 패션쇼를 소개하는 것을 보고 알게 되었습니다. 아무리 실력이나 능력이 좋아도 성격까지 좋기란 쉽지가 않은데 후배 디자이너들에게도 많은 도움을 주는 사람이라 훌륭한 디자이너로 인정을 받고 있습니다. 그래서 어른들뿐만 아니라 젊은 세대에게도 인기가 아주 많습니다.

>> 쓰기

Ⅰ **1.** ③ **2.** ② **3.** ③ **4.** ③ **5.** ③
Ⅱ **6.** ② **7.** ④ **8.** ① **9.** ① **10.** ①
Ⅲ **11.** ① **12.** ② **13.** ② **14.** ① **15.** ②
Ⅳ **16.** ② **17.** ④ **18.** ④ **19.** ④ **20.** ③
Ⅴ **21.** 제 취미는 영화 감상입니다. 시간이 많을 때는 일주일에 두 번 정도 영화를 봐요. 타이타닉이라든가 로미오와 줄리엣 같은 사랑 이야기도 좋아하지만 역사를 알 수 있는 영화를 좋아합니다. 어릴 때부터 역사에 대한 내용의 영화를 재미있게 봤던 것 같아요.
또 혼자 영화를 보고 그 영화에 대한 감상을 생각할 뿐만 아니라 친구와 같이 이야기를 할 때도 있어요. 특히 저는 영화를 보고서 그 후의 이야기를 상상하거나 주인공이 어떤 마음이었을지 다시 생각해 보는 것을 좋아해요. 친구는 저와 전혀 다른 생각을 할 때도 있어서 다른 사람의 감상을 듣는 것도 아주 재미있어요. 제일 인상적이었던 장면을 이야기하는 것도 즐겁고요.
어떤 사람들은 영화가 책만 못하다고 하지만 저는 영화도 책만큼 훌륭하다고 생각합니다. 영화는 책과 다른 감동이 있다고 생각해요. 그래서 저는 영화 감상을 아주 좋아합니다.

>> 듣기

Ⅰ **1.** ④ **2.** ② **3.** ③

여자: 제임스한테 여자 친구가 생겼다면서?
남자: 응, 그렇대. 최근에 만난 것 같아. 요즘 날마다 데이트를 해서 아주 바쁜 모양이야.

여자: 그렇구나, 그런데 여자 친구랑은 어떻게 만났대?
남자: 아마 영수한테서 소개를 받았을걸. 영수가 제임스의 여자 친구와 같이 수업을 들은 적이 있대.
여자: 너도 제임스의 여자 친구를 만난 적이 있어?
남자: 응, 그런데 잘은 몰라. 한번 같이 밥을 먹었을 뿐이야. 제임스가 나한테 여자 친구를 소개해 주고 싶다고 해서 지난주에 같이 만났어. 좋아하는 음식과 취미가 비슷해서 둘이 아주 잘 맞을 것 같았어.
여자: 좋은 사람을 만나기란 쉬운 일이 아닌데 정말 잘 됐다. 나도 그런 사람을 만날 수 있다면 얼마나 좋을까? 마음에 드는 사람을 만나는 것이 어려워서 고민이야.
남자: 너는 학교하고 집만 왔다갔다 하잖아. 사람을 새로 만날 수 있는 기회를 만들어 보는 게 어때?
Woman: I heard James has a girlfriend?
Man: Yes, that's right. Seems like they recently started dating. He's been very busy these days going on dates every day.
Woman: I see, but how did he meet his girlfriend?
Man: They were probably introduced by Youngsoo. Youngsoo said he once took a class with James' girlfriend.
Woman: Have you ever met James' girlfriend?
Man: Yes, but I don't know her well. We only ate together once. James said he wanted to introduce me to his girlfriend, so we met together last week. They had similar tastes in food and hobbies, so I thought the two would get along very well.
Woman: It's not easy to meet a good person, but it turned out really well. How great would it be if I could meet someone like that? I'm worried because it's difficult to meet someone I like.
Man: You just go back and forth between school and home. Why not create an opportunity to meet new people?

Ⅱ 4. ① 5. ④ 6. ①

지난주 금요일에 '서울예술회관'에서 일하는 친구가 좋은 공연을 보여 줄 테니까 오라고 해서 갔습니다. 친구를 만나서 초대권을 받고 자리에 앉아서 무슨 공연인지도, 누가 나오는지도 모르면서 공연 시작을 기다렸습니다. 친구는 아주 훌륭한 공연이라고 했지만 커튼이 올라가고 바이올린을 든 연주자를 보면서 '좀 지루하겠구나.'하는 생각을 했습니다. 하지만 클래식 음악을 별로 좋아하지 않는 저는 몇 분 지나지 않아서 바이올린 소리에 빠져 들었습니다. 지루할 것 같다고 생각했던 바이올린 소리가 그렇게 아름다운지 처음 알았습니다. 신나는 곡을 연주하면 고개를 흔들면서 박자를 맞추고, 부드럽고 느린 곡을 연주할 때는 눈을 감고 감상했습니다. 한 시간 반 동안 이어진 공연은 시간이 너무 짧게 느껴질 정도로 환상적이고 감동적이었습니다. 앞으로는 클래식 공연도 가끔 찾아보고 다양한 음악을 감상하는 것도 좋겠다고 생각했습니다.
Last Friday, a friend working at the "Seoul Arts Center" invited me to see a great performance. I met up with my friend, received a complimentary ticket, sat down and waited for the performance to start, not knowing what it was or who would be performing. My friend said it was an excellent performance, but when the curtains went up and I saw a musician holding the violin, I thought, "This is going to be a bit boring." However, as someone who doesn't really like classical music, I fell in love with the sound of the violin within a few minutes. For the first time, I realized that the sound of the violin, which I thought would be dull, was so beautiful. When an exciting song was played, I shook my head to match the beat, and when a soft, slow song was played, I closed my eyes and enjoyed it. The performance, which lasted for an hour and a half, was so fantastic and moving that time seemed to fly by. From then on, I decided to occasionally attend classical performances and explore various genres of music.

Ⅲ 7. ④ 8. ③ 9. ③

어제 새 아파트로 이사를 하고 주변에 이사 떡을 돌렸어요. 처음에는 우리 옆집과 바로 위아래 집에만 돌리려고 하다가 그동안 집수리 때문에 시끄럽게 한 게 미안하기도 하고 또 앞으로 계속 살면서 마주칠 텐데 얼굴도 보고 인사하는 것이 좋을 것 같아서 1층부터 10층까지 모두 돌리기로 했어요. 저도 전에 이사 떡을 받았을 때 기분이 좋았던 기억도 있었고요.
처음에는 벨을 누르기도 어색하고 누구냐는 물음에 빨리 대답이 안 나왔지만 조금 지나니까 괜찮아졌어요. 떡을 받고 다들 좋아하셨어요. 요즘 이사 떡을 돌리는 사람이 별로 없는데 오랜만에 받는다면서 정말 반갑다고 하시는 할머니도 계셨어요. 한 아주머니는 떡을 받고 앞으로 잘 지내자고 하면서 과일을 가져다 주셨어요.
내 나이와 비슷해 보이는 8층 여자는 내일 자기 집으로 차를 마시러 오라고 했어요. 다 돌리고 나니까 힘도 들고 시간도 걸렸지만 기분이 좋았어요. 처음에는 떡을 돌릴까 말까 고민했는데 떡을 돌리기를 잘한 것 같아요. 나도 나중에 다른 사람이 이사 떡을 가져오면 우리 집으로 초대해서 차 한 잔 마시면서 친해져야겠어요.
Yesterday, I moved into a new apartment and

handed out moving-in rice cakes to my neighbors. Initially, I was only going to give them to the neighbors next door and the houses just above and below me, but I decided to give them to everyone from the 1st to the 10th floor because I felt sorry for making a lot of noise due to house repairs, and thought it would be nice to see and greet the neighbors since we will continue to see each other in the future. I also remember feeling good when I received moving-in rice cakes before.

At first, it was awkward to ring the bell and I couldn't answer quickly when asked who it was, but it got better after a while. Everyone was happy to receive the rice cake. There was one grandmother who said there aren't many people who go around giving rice cakes these days and she was really happy to receive it after such a long time. One lady received the rice cakes and gave me fruits in return, saying that she hopes we'll get along well. A woman from the 8th floor who looked about my age told me to come to her house tomorrow for tea. It was tiring and took a lot of time to hand it all around, but it felt good. In the beginning, I hesitated about whether or not to hand rice cakes around, but I think I did a good job. In the future, when someone else brings me rice cakes, I should invite them to my house for a cup of tea and become friends.

Ⅳ 10. ① **11.** ② **12.** ②

여자: 요즘 인간의 평균 수명이 80세를 넘어 90세에 가까워지고 있는데요. 건강하게 장수를 하려면 어떻게 해야 할까요? 이승훈 기자가 자세히 알려드리겠습니다.

남자: 네, 요즘 장수에 대한 사람들의 관심이 아주 높아지면서 장수 마을로 알려진 세연 마을 주민들의 비결을 궁금해 하는 사람도 늘었습니다.

여자: 그렇군요. 그곳 주민들의 가장 큰 장수 비결은 무엇인가요?

남자: 무엇보다 충분한 수면을 취하고 규칙적인 식사를 한 것이었습니다. 이곳 주민들 중 85세 이상의 노인 52명의 생활 습관을 조사한 결과 9시간 이상 자고, 식사는 하루 세 번 규칙적으로 한다고 응답한 사람이 대부분이었습니다.

여자: 규칙적인 생활이 중요하군요.

남자: 네, 또한 80%는 가족과 같이 식사한다고 대답했으며 그래서 식사 시간이 즐겁다는 노인도 85.7%나 됐습니다.

여자: 마을 노인들은 주로 어떤 음식을 드십니까?

남자: 채소, 된장, 두부와 같은 식물성 식품을 즐기는 것으로 조사됐는데 고기도 주 4회 이상은 먹는다는 주민들이 많았습니다. 또 술이라든가 담배와 같이 건강에 나쁜 영향을 끼칠 수 있는 것은 하지 않는다고 대답한 노인도 70% 이상이었습니다.

여자: 건강을 지키기 위해 여러 영양제나 건강식품을 먹는 현대인들도 많은데요. 장수 마을 주민들은 어땠습니까?

남자: 네, 생각보다 영양제나 건강식품을 먹는 사람은 많지 않았습니다. 전체 노인 중 20%만이 꾸준히 영양제를 먹는다고 대답했습니다.

여자: 그렇군요, 건강보조식품도 도움이 되겠지만 무엇보다 규칙적인 생활을 해야겠습니다.

Woman: These days, the average human lifespan is over 80 years old and approaching 90. What should I do to live a long and healthy life? Reporter Seunghoon Lee will tell you more.

Man: Yes, as people's interest in longevity has increased these days, more and more people are curious about the secret of the residents of Seyeon Village, known as the Longevity Village.

Woman: I see, what is the biggest secret to the longevity of the residents there?

Man: The most important thing was getting enough sleep and eating regularly. As a result of a survey of the lifestyle habits of 52 residents over the age of 85, most of them responded that they sleep more than 9 hours and eat regularly three times a day.

Woman: Regular routines seem to be crucial.

Man: Yes. 80% also answered that they eat together with their family, which is why 85.7% of elderly people also say that they enjoy mealtimes.

Woman: What kind of food do older people in the village usually eat?

Man: Surveys showed that residents enjoy plant-based foods such as vegetables, soybean paste, and tofu, but many residents also said they eat meat four or more times a week. Additionally, more than 70% of seniors responded that they do not drink or smoke anything that could have a negative impact on their health.

Woman: Many modern people take various nutritional supplements and health foods to maintain their health. How were the residents of Longevity Village?

Man: Yes, surprisingly, not many residents consumed nutritional supplements or health foods. Only 20% of all seniors responded that they take nutritional supplements consistently.

Woman: I see. While health supplements may be helpful, maintaining a regular lifestyle seems to be most important above everything else.

V **13.** ② **14.** ③ **15.** ②

남자: 오늘 갔던 전시회 정말 좋았지요? 사람의 표정을 색깔로 표현한다는 주제가 참 신기했어요.

여자: 맞아요. 정말 재미있었어요. 전시회에서 나온 후에 사람들 얼굴을 보면 색깔이 보이는 것 같아요.

남자: 정희 씨, 다음엔 뭘 할래요? 공연을 좋아하니까 오랜만에 뮤지컬을 보는 건 어때요?

여자: 그것도 좋은 생각이네요. 좋은 공연을 아세요?

남자: 친구가 최근에 '사랑 찾기'라는 뮤지컬을 봤는데 아주 재미있었대요.

여자: 사랑 찾기요? 어떤 내용이에요? 슬픈 사랑 이야기인가요?

남자: 자세한 건 일부러 안 물어봤어요. 그런데 우리가 생각할 수 있는 보통의 이야기가 아니라 아주 특별한 사랑 이야기라고 해요. 정희 씨가 좋아하는 시간을 넘나드는 내용이라고 하고요. 과거와 현재를 오가는...

여자: 와, 그래요? 그럼 무조건 봐야지요. 재미있을 것 같네요.

남자: 네, 내용도 아주 감동적이래요. 배우들이 1인 2역을 하는데 연기도 아주 훌륭하대요. 이번 달 말까지 한다는데 언제 볼까요?

여자: 그럼 다음 주 토요일 오후 어때요? 좋은 공연을 알려줬으니까 이번에는 제가 표를 예매할게요.

남자: 정말요? 그럼 오후 3시 공연을 보고 그 후에 저녁을 먹으러 가요. 정희 씨가 표를 사는 대신 저녁은 제가 살게요. 공연장 근처에 유명한 맛집이 많으니까 제가 알아보고 얘기해 줄게요.

여자: 네, 고마워요. 다음 주 토요일이 벌써부터 너무 기대되네요.

Man: Did you enjoy the exhibition we went to today? The theme of expressing human expressions through color was really fascinating.

Woman: Yes, it really was interesting. After leaving the exhibition, when I look at people's faces, I think I see colors.

Man: Jeonghee, what do you want to do next? Since you like performances, how about watching a musical for the first time in a while?

Woman: That's a great idea. Do you know of any good shows?

Man: My friend recently saw a musical called "Finding Love" and said it was very entertaining.

Woman: Finding love? What is it about? Is this a sad love story?

Man: I intentionally didn't ask for details However, it's not an ordinary story that we might think of, but a very special love story. It's about crossing over time, something that you like. Going back and forth between the past and present...

Woman: Wow, really? Then we should definitely watch it. It sounds like fun.

Man: Yes, I was told the story was very touching. The actors play dual roles and their acting is very good. It's running until the end of this month. When should we go?

Woman: How about next Saturday afternoon? Since you suggested a good performance, I'll reserve the tickets this time.

Man: Really? Then let's see the 3PM show and go to dinner afterward. I will buy dinner since you'll buy the tickets, There are many famous restaurants near the concert hall, so I will look into it and let you know.

Woman: Sure, thank you. I'm already looking forward to next Saturday.

>> 읽기

I **1.** ③ **2.** ②

- 공연 날짜: 8월 30일(수) 19:00 ~ 21:00
- 장소: 한강 시민공원 야외무대
- 출연자: 재즈 가수 9명
- 관람료: 무료

* 공연 후 출연 가수들과의 대화 시간이 마련되어 있습니다.

* 행사 일정 및 프로그램은 사정에 따라 변경될 수 있으며 비가 올 경우 행사가 취소될 수 있습니다.

* 매월 마지막 주 수요일은 '시민들과 함께하는 무료 콘서트'의 날입니다. 시민 여러분들의 많은 관람 바랍니다.

- Performance Date: August 30th (Wednesday) 19:00 ~ 21:00
- Location: Hangang Citizen Park Outdoor Stage
- Cast: 9 Jazz Singers
- Admission fee: Free

* Conversation time with the singers will be arranged after the performance.
* The event schedule and program are subject to change depending on circumstances, and may be canceled in case of rain.
* The last Wednesday of every month is "Free Concert with Citizens" day. We hope that many citizens will attend.

Ⅱ 3. ① **4.** ①

"우표 못 사서 1000원 넣어"…
50대 노동자 울린 우체국 답장

하루하루 일해서 돈을 버는 일용직 노동자 50대 남성이 아내 생일을 기념해 편지를 보내려 했지만 우표를 구하지 못해 1000원을 봉투에 넣어 우체통에 넣었다가 우체국으로부터 감동적인 답장을 받았다는 사연이 화제다.
57세인 김영민 씨는 집을 떠나 여기저기에서 일을 하는 직업이어서 몇 년 전 암 수술을 받은 아내 곁을 늘 떠나 있다. 곧 아내 생일인데 편지라도 한 통 써서 생일 축하한다고 하고 싶어서 손 편지를 썼다. 그런데 마침 일요일이어서 우체국 문은 닫혀 있었고 우표를 살 수가 없었다. 그래서 김 씨는 종이에 메모를 남겼다. '일요일이라 우표를 못 사서 이렇게 1000원을 봉투에 넣습니다. 죄송합니다만 편지를 부칠 수 있게 부탁드립니다. 번거롭게 해 드려서 정말 죄송합니다'. 그리고는 편지봉투에 편지와 돈 1000원을 넣고 우체국 앞에 있는 우체통에 넣었다.
화요일, 퇴근하고 돌아온 김 씨는 자신에게 온 편지를 보고 깜짝 놀랐다. 우체국으로부터 편지가 온 것이다. 봉투 안에는 우표 값 430원을 뺀 잔돈 570원과 김 씨가 쓴 메모와 영수증이 들어 있었다.
김 씨는 "너무 감동이었다. 우체국 직원분께 감사한 마음을 전하고 싶다. 아내와 연애할 때 편지를 많이 썼다. 아내와 편지를 주고받은 게 1992년 이후 처음이라서 아내와 저에게는 정말 눈물이 나올 만큼 큰 감동이었다."고 우체국 직원에게 감사한 마음을 전했다.

세연신문 최민수 기자

"Couldn't Buy Stamps, So I Put in 1,000 Won"…
Touching Response from the Post Office to a Worker in his 50s.

The story of a man in his 50s, a day laborer who earns money by working day after day, tried to send a letter to commemorate his wife's birthday, but couldn't find a stamp, so he put 1,000 won in an envelope and put it in the mailbox, receiving a touching reply from the post office, has since become a hot topic.
Youngmin Kim, 57, has a job that requires him to leave home and work here and there, so he is always away from his wife, who underwent cancer surgery a few years ago. It was his wife's birthday soon, and he wanted to write a letter to wish her a happy birthday, so he wrote a handwritten letter. But since it was Sunday, the post office was closed and he couldn't buy stamps. So Mr. Kim wrote a note on paper. "I couldn't buy stamps because it was Sunday, so I put 1,000 won in the envelope. I'm sorry, but please help me mail this letter. I'm truly sorry for the inconvenience." Then, he put the letter and 1,000 won in an envelope and put it in the mailbox in front of the post office.
When Mr. Kim returned from work on Tuesday, he was surprised to see a letter sent to him. It was a letter from the post office. Inside the envelope was 570 won in change minus the 430 won stamp price, along with Mr. Kim's note and a receipt.
"It was so touching. I would like to convey my gratitude to the post office employees. When I was dating my wife, I wrote a lot of letters. It was the first time since 1992 that I exchanged letters with my wife, so we were moved to tears," Mr. Kim said, expressing his heartfelt gratitude to the post office staff.

Seyeon News, Reporter Choi Min-soo

Ⅲ 5. ③ **6.** ④ **7.** ④

뮤지컬 맘마미아를 보고

오늘 뮤지컬 '맘마미아'를 보고 왔다. 맘마미아는 유명 가수 그룹 '아바'의 음악으로 만든 뮤지컬로 전 세계 450개 도시들에서 16개 언어로 공연되었고 뮤지컬 역사상 다섯 번째로 오랜 시간 동안 공연 중이라고 한다. 한국에서도 2004년부터 지금까지 계속 공연을 이어왔다고 하니 정말 그 인기가 대단한 것 같다.
나는 맘마미아를 영화로 먼저 관람했었는데 아버지를 찾고 싶어 하는 여주인공과 잊고 있던 과거의 꿈과 사랑을 떠올리게 된 주인공의 엄마가 진짜 원하는 것을 찾게 된다는 내용이 정말 좋았다.
뮤지컬을 보면서 무엇보다도 이야기의 내용에 맞게 나오는 '아바'의 노래가 정말 인상적이었다. 음악으로만 듣던 '아바'의 노래를 뮤지컬 속의 이야기와 함께 들으니 더욱 더 감동적이었다. 배우들의 노래 실력도 정말 좋았다. 특히 여주인공의 마지막 대사와 노래는 영원히 잊을 수 없을 것 같다. 영화로도 충분히 좋은 작품이었지만 생생하게 연주되는 음악과 배우들의 호흡과 노래를 현장에서 들으니까 더 크게 와 닿았다. 노래들도 거의 다 밝고 신나는 분위기여서 즐거웠고, 공연이 끝난 후 앵콜 무대로 노래를 다시 불러주니까 콘서트장 분위기도 나서 정말 즐거웠다.

Watching the musical Mamma Mia

Today, I went to see the musical "Mamma Mia". Mamma Mia is a musical made with the music of the famous pop group "ABBA", and has been performed in 450 cities around the world in 16 languages, making it the fifth longest-running musical in history. They have been performing continuously in Korea since 2004, so it seems to be immensely popular.

I first watched Mamma Mia as a movie, and I really liked the story about the heroine, who wants to find her father, and her mother, who is reminded of forgotten past dreams and love, discovering what she truly wants.

While watching the musical, I was most impressed by the "ABBA" songs that fit the story. It was even more touching to hear the "ABBA" songs, which I had only heard through music, intertwined with the story in the musical. The singing skills of the cast were also really good. In particular, the final lines and song of the female lead were unforgettable. While the movie was already great, experiencing the music live and the actor's chemistry and singing so vividly on stage made a much deeper impression. It was fun because most of the songs had a bright and exciting atmosphere, and after the performance was over, the songs were sung again as an encore, creating a concert-like atmosphere, which was really delightful.

IV **8.** ④ **9.** ①

10. 1) 디자이너, 인라인 스케이트 국가 대표 선수 2) 프로 복싱 심판 3) 발레리나

최근 여성들이 즐기는 취미 생활이 빠르게 변하고 있다. 예전에는 취미로 꽃꽂이라든가 요리를 취미로 하는 여성들이 많았지만 이제 그런 것은 옛날이야기가 된 지 오래다. 요즘은 복싱 같은 스포츠에서 고전 무용까지 다양한 취미를 가진 여성들이 늘었다.

이제 여성들에게 취미는 더 이상 단순한 여가 활동이 아니라 자신의 꿈을 이룰 수 있는 길이기도 하다. 디자이너이면서 인라인 스케이트 마니아인 주부 박은경 씨는 인라인을 타기 시작한 지 4년 만에 국가 대표 선수가 됐다. 박은경 씨는 "인라인을 좀 더 타기 위해 아기도 내년쯤이나 가질 계획"이라고 말했다. 국내 프로 복싱 여자 심판인 김정선 씨는 취미로 복싱 에어로빅을 즐기다가 심판이 되기로 마음먹었다. 취미로 즐기던 일이 직업이 된 것이다. 여자 심판은 김 씨가 처음이다. 54세 이순명 씨는 아마추어 발레리나이다. 20년 전 '백조의 호수' 공연을 보고 발레를 배우고 싶다는 생각을 했다. 하지만 나이도 많고 아무나 할 수 없다는 생각 때문에 포기했다가 4년 전 발레 학원에 등록해서 발레를 배우기 시작했다. 20년 동안 가지고 있던 소원을 이룬 이 씨는 요즘 매우 행복하다고 한다.

취미로 일상생활의 힘을 얻는 현대인들이 점점 늘고 있는 요즘, 여성들의 취미 생활은 더 새로워지고 있으며 다양한 취미 생활을 통해 인생의 즐거움을 찾는 여성들이 늘고 있다.

세연신문 김영수 기자

Recently, hobbies enjoyed by women are changing rapidly. In the past, many women enjoyed flower arranging or cooking as hobbies, but this has long since become a thing of the past. These days, the number of women with diverse hobbies ranging from sports, such as boxing, to classical dance has increased.

Now, for women, hobbies are no longer just a leisure activity, but also a way to achieve their dreams. Park Eunkyung, a housewife who is both a designer and an inline skating enthusiast, became a national athlete four years after she started inline skating. Park Eunkyung said, "I plan to have a baby around next year so I can skate more." Kim Jeongseon, a female professional boxing referee in Korea, enjoyed boxing aerobics as a hobby and decided to become a referee. What she enjoyed as a hobby became her job. Kim is the first female referee. 54-year-old Lee Soonmyeong is an amateur ballerina. Twenty years ago, she saw a performance of "Swan Lake" and knew she wanted to learn ballet. But she was old and believed that not anyone could do it, so she gave up. Four years ago, she enrolled in a ballet academy and started learning ballet. Ms. Lee is very happy these days, having fulfilled a wish she had for 20 years.

These days, as the number of modern people who gain strength in their daily lives through hobbies is increasing, women's hobbies are becoming more innovative, and more and more women are finding joy in life through various hobbies.

Seyeon Newspaper, Reporter Kim Youngsoo

V **11.** ③ **12.** ② **13.** ②

걷기만 해도 건강해집니다!

대중교통의 발달과 과학의 발달로 우리 생활은 점점 편리해지고 있지만 다른 한편으로는 새로운 문제점이 나타나고 있습니다. 옛날에는 걸어야 갈 수 있던 곳에 요즘은 차나 지하철, 버스 등으로 아주 빠르고 편하게 갈 수 있게 되

면서 많은 현대인들의 '걷는 시간'이 매우 짧아진 것입니다. 반드시 걸어가야 할 이유가 없다면 많은 시간을 내서 걷는 것을 선택하는 현대인은 많지 않습니다.
그러나 편리함이 언제나 좋은 것만은 아닙니다. 삶이 편해진 만큼 운동 시간이 충분하지 않아 비만이 되거나 고혈압, 심장병 등 여러 가지 병에 걸리기도 합니다. 이제 현대인들은 시간을 내서 특별히 운동을 하지 않으면 건강한 생활을 하기 어렵습니다. 회사에서 일을 하는 사람뿐만 아니라 학생들도 많은 시간을 책상에서 보내기 때문에 노력해서 운동하지 않으면 건강을 유지하기란 쉬운 일이 아닙니다. 어디든 걸어서 갔던 조상들의 생활을 생각해 보면 '걷기' 시간은 옛날의 반도 되지 않습니다. 만약 지금처럼 계속 앉아 있기만 한다면 현대인의 건강은 더 나빠질 것입니다. 그럼 어떤 방법으로 걷는 것이 현대인들에게 가장 효과적인 운동법일까요?
흔히 걷기 운동은 천천히 산책을 하는 것처럼 걷는 것이라고 생각하지만 가장 효과적인 걷기 방법은 조깅보다는 느리게 그리고 평소의 걸음보다는 조금 빠르게 옆 사람과의 대화가 가능할 정도로 빠르게 걷는 것입니다. 빨리 걷기를 해 보지 않은 사람은 매일 10분 정도, 익숙해진 사람은 30분 정도 걸어보는 것을 추천합니다. 머리끝부터 발끝까지 몸 전체를 사용하는 가장 효과적인 운동 방법인 빨리 걷기를 지속적으로 하면 건강한 몸을 유지할 수 있습니다.
현대인의 건강이 나빠지는 대부분의 이유는 꾸준히 운동을 하기 어려운 환경에 있기 때문입니다. 만약 운동 시간을 내기 어렵다면 가까운 거리는 버스나 지하철 대신 걸어보는 것은 어떨까요? 건강한 삶을 얻게 될 것입니다.

Just Walking Makes You Healthier!

With the development of public transportation and scientific advancements, our lives are becoming increasingly convenient, but, on the other hand, new problems are emerging. Nowadays, places that could only be reached by walking in the past can be reached very quickly and conveniently by car, subway, or bus, and the "walking time" of many modern people has become significantly decreased. Not many modern people choose to spend a lot of time walking unless there is a compelling reason to do so.
But convenience isn't always a good thing. As life has become easier, people do not have enough time to exercise, which can lead to obesity, high blood pressure, heart disease, and various other illnesses. Nowadays, it is difficult for modern people to live a healthy life if they do not make time to exercise. Not only office workers but also students spend a lot of time at their desks, so it is not easy to stay healthy without making an effort to exercise. If we think about the lives of our ancestors who walked everywhere, the time spent "walking" is not even half of what it used to be. If we continue to sit like we do now, the health of modern people will worsen. So what kind of walking is the most effective exercise method for modern people?
While walking exercise is commonly thought of as strolling slowly, the most effective way to walk is to walk slower than jogging and a little faster than your usual pace, enough to have a conversation with the person next to you. It is recommended for those who have never tried brisk walking before to walk for about 10 minutes every day, and for those who are used to it, about 30 minutes every day. You can maintain a healthy body by continuously walking briskly, which is the most effective exercise method that uses your entire body from head to toe.
The primary reason for the deteriorating health of modern individuals is that they live in an environment where it is difficult to exercise consistently. If you have difficulty finding time to exercise, how about walking a short distance instead of taking the bus or subway? It can lead to a much healthier life.

6과 모임 문화

01. 할머니께 인사부터 드리고요

▶ **어휘**

1. 1) 돌잔치도　　2) 차례를
3) 집들이도　　4) 결혼식도

2. 1) 큰어머니는　　2) 안 그래도
3) 고생하신　　4) 우선

▶ **문법**

이라도

3. 1) 우유라도
2) 이메일이라도, 보내세요.
3) 춘천이라도 갑시다.
4) 버스라도 타고 갈게요.
5) 동생하고라도 같이 오세요.

4. 1) 선풍기라도　　2) 저라도

3) 지금이라도 4) 내일이라도
5) 걸어서라도

-어다가

5. 1) 도서관에서 책을 빌려다가
2) 정원에서 꽃을 꺾어다가
3) 우편함에서 편지를 꺼내다가
4) 고기를 사다가 불고기를 만들었어요.
5) 샌드위치를 만들어다가 공원에서 친구들과 먹었어요.
6. 1) 빌려다가 읽자.
2) 가져다가 드릴게요.
3) 찾아다가 놓을게.
4) 뽑아다가 줄래요?
5) 사다가 걸면 좋겠어요.

02. 너에게 안부 전해 달래

▶ 어휘

1. 1) 안부 인사를 드리러
2) 안부를 물었다.
3) 안부를 전해
4) 안부가 궁금해졌다.
5) 안부 전화를 한다.
2. 1) 야 2) 준비 중이거든요
3) 보이지요 4) 아까

▶ 문법

-기만 하다

3. 1) 사기만 2) 놀기만
3) 웃기만 4) 쓰기만
5) 떠들기만
4. 1) 게임만 2) 전화만
3) 먹기만 4) 집안일만
5) 잔소리만 / 화를 내기만

-다니요?

5. 1) 졸업이라니요?
2) 많이 아프다니요?
3) 숙제라니요?
4) 열심히 공부하다니요?
5) 화가 많이 나시다니요?
6. 1) 외국에 있다니요?
2) 성형 수술을 하다니요?
3) 남자 친구와 헤어지다니요?
4) 사이가 나쁘다니요?
5) 가수로 데뷔하다니요?

7과 사과

01. 오히려 제가 미안한데요.

▶ 어휘

1. 1) 변명하지
2) 용서를 비세요
3) 양해를 구하세요
2. 1) 그럴 리가요 2) 볼일이
3) 오히려 4) 직접적으로
5) 들러서

▶ 문법

-지 그래요?

3. 1) 바꾸지
2) 사전을 찾지
3) 고치지
4) 아르바이트를 하지
5) 사무실에 가서 물어보지
4. 1) 배달시키지 그래요?
2) 드라마를 보지 그래요?
3) 스쿼시를 하지 그래요?
4) 그럼 배를 타고 가지 그래요? 10만 원 정도 싸요.
5) 그럼 상품권을 드리지 그래? 어머니가 직접 고르실 수가 있잖아.

-고 해서

5. 1) 커피도 맛있고 해서 자주 가요.
2) 날씨도 덥고 해서 집에만 있었어요.
3) 할 일도 없고 해서 청소를 해요.
4) 머리도 아프고 해서 모임에 안 갔어요.
5) 물어볼 것도 있고 해서 전화를 했어요.
6. 1) 컨디션도 안 좋고 해서 일찍 퇴근했어요.
2) 조용하고 해서 그 동네로 이사했어요.
3) 살도 찌고 해서 운동을 시작했어요.
4) 잠도 안 오고 해서 어젯밤에 다 읽었어.
5) 아주머니도 친절하고 해서 거기에 자주 가요.

02. 다른 방법으로 미안함을 표현하기도 해요

▶ 어휘

1. 보기 이해하다 – 말이나 글의 뜻을 알거나 다른 사람의 상황을 알아주다.
1) 알아하다 – 어떤사람을 보고 누구인지 알다.
2) 알아듣다 – 다른 사람의 말이나 뉴스 등을 알게 되다.
3) 화해하다 – 싸운 다음에 사과하고 다시 사이좋게 지내다.
4) 설득하다 – 다른 사람의 생각을 바꾸어서 내 생각과 같이 만들다.

1) 알아볼 2) 설득하기는
3) 알아듣기가 4) 화해하니까

2. 1) 표현할 2) 계속
3) 부딪쳐서 4) 오해를 살

▶ 문법

-고도

3. 1) 잘못을 하고도 2) 거짓말을 하고도
3) 시디(CD)를 사고도 4) 읽고도
5) 합격하고도 등록을 하지 못했대요.

4. 1) 고맙다는 인사를 한번도 한 적이 없어요.
2) 나를 보고도 인사도 안 하고 그냥 갔잖아.
3) 부르는 소리를 듣고도 대답도 안 하고 가 버렸잖아.
4) 받고도 답장을 안 했어.
5) 받고도 대답도 안 하고 그냥 끊어 버렸잖아.

-는단 말이에요?

5. 1) 수리비가 그렇게 비싸단
2) 자동차가 그렇게 많단
3) 여자 친구가 그렇게 예쁘단
4) 그렇게 조금 받는단
5) 그렇게 오래 걸렸단

6. 1) 삼겹살이 이렇게 싸단 말이에요?
2) 고등학생이 가짜 물건을 팔았단 말이에요?
3) 개와 고양이가 그렇게 사이가 좋단 말이에요?
4) 교도소에 가고 싶어서 은행 강도를 했단 말이에요?
5) 어른 몸무게가 겨우 35kg밖에 안 된단 말이에요?

8과 학교 생활1

01. 선생님 같은 사람이 되고 싶어요

▶ 어휘

1. 1) 사업가 2) 정치인
3) 교육자 4) 연예인

2. 1) 존경해요 2) 배려하는
3) 흐뭇해하셨다 4) 마음이 넓으셔서

▶ 문법

-었을 텐데

3. 1) 비행기가 도착했을 텐데 왜 연락이 없지?
2) 번거로우셨을 텐데 도와주셔서 감사합니다.
3) 백화점에 사람이 많았을 텐데 힘들지 않았어요?
4) 날씨가 많이 추웠을 텐데 고생하지 않으셨어요?
5) 친구들은 다 돌아갔을 텐데 혼자서 할 수 있겠어요?

4. 1) 힘들었을 2) 도착했을
3) 봤을 4) 화가 많이 났을
5) 벌써 끝났을

-거든

5. 1) 고향에 가거든
2) 선생님께서 찾으시거든
3) 다음에 재미있는 연극을 하거는 같이 봅시다.
4) 안드레이 씨를 만나거든 제 안부 좀 전해 주세요.
5) 아프시거든 먼저 퇴근하세요.

6. 1) 간다고 하시거든
2) 돌아온다고 하시거든
3) 돌아오지 않는다고 하시거든
4) 일찍 온다고 하시거든
5) 온다고 하시거든, 저녁을 잡수시고 오실 거냐고 여쭤 봐.

02. 같이 의논해 보도록 하자

▶ 어휘

1. 1) 회원 2) 회비는
3) 교통편 4) 준비물

2. 1) 전체가 2) 의논해요?
3) 일정에 4) 엠티를

▶ 문법

-으면서도

3. 1) ②, 돈이 있으면서도 친구에게 빌려 주지 않았어요.
2) ①, 돈이 별로 없으면서도 쓰기만 해요.
3) ①, 단어의 뜻을 모르면서도 안다고 말했어요.
4) ②, 두 사람은 서로 사랑하면서도 결혼하지 않았어요.

5) ②, 그 사람이 잘못했으면서도 나한테 사과하지 않았어요.

4. 1) 부자이면서도 2) 알면서도
3) 모르면서도
4) 시험을 잘 못 봤으면서도
5) 숙제를 안 했으면서도

-도록 하다

5. 1) 찾아뵙도록 2) 꼭 오늘까지 끝내도록
3) 늦지 않도록 4) 주차장에 세우도록
5) 따뜻한 차를 마시도록

6. 1) 바꿔 놓도록 2) 확인하도록
3) 연락하도록 4) 준비해 놓도록
5) 참석하도록

9과 학교 생활2

01. 우리 언어 교환을 할까요?

▶ **어휘**

1. 1) 국적 2) 성별
3) 모국어 4) 기타
5) 연락처

2. 1) 발음이 2) 억양이
3) 포기하지 4) 마침
5) 시간이 나서

▶ **문법**

얼마나 -는지

3. 1) 얼마나 추운지 2) 얼마나 재미있는지
3) 얼마나 많이 부는지 4) 얼마나 어려운지
5) 얼마나 많이 먹었는지

4. 1) 얼마나 보고 싶은지 2) 얼마나 매운지
3) 얼마나 슬픈지
4) 얼마나 많이 싸 주셨는지
5) 얼마나 아픈지

-고 말다

5. 1) 헤어지고 2) 죽고
3) 사고 4) 다 먹고
5) 자고

6. 1) 보시고 2) 웃고
3) 쫓겨나고 4) 보이고
5) 화를 내고

02. 한국 대학원에 입학하고 싶은데요

▶ **어휘**

1. 1) 상담 받기를 2) 신청서를
3) 상담 교사 4) 조언을

2. 1) 접수시키다 2) 입학하다
3) 면접시험 4) 원서

▶ **문법**

-는답니다

3. 1) 고등학교 때 축구 선수였답니다.
2) 아주 귀엽답니다.
3) 사람들 말도 잘 알아듣는답니다.
4) 중학교 때 샀답니다.
5) 소리가 맑고 깨끗하답니다.

4. 1) 인천에는 인천 국제공항이 있답니다.
2) 이천은 도자기가 유명하답니다.
3) 불국사는 경주에 있답니다.
4) 전주는 비빔밥이 유명하답니다.
5) 부산에 가면 꼭 가 봐야 할 곳이 해운대랍니다.

-는다고 보다

5. 1) 사형 제도는 필요하지 않다고 봐요.
2) 저는 수술 후 자신감을 얻을 수 있으면 해도 된다고 봐요.
3) 저는 그렇게 생각하지 않아요. 수술 후 부작용이 많으니까 안 하는 것이 낫다고 봐요.
4) 저는 곧 좋아질 거라고 봐요.
5) 저는 그렇게 생각하지 않아요. 몇 년 동안은 어려울 거라고 봐요.

6. 1) 주택이 부족한 것이 문제라고 봐요.
2) 환경오염이 문제라고 봐요.
3) 사람들이 버스라든가 지하철 같은 대중교통을 더 많이 이용해야 한다고 봐요.
4) 집을 더 많이 지어야 한다고 봐요.
5) 환경오염을 해결하려면 일회용품의 사용을 줄여야 한다고 봐요.

10과 부탁과 거절

01. 사진 좀 찍어 주실 수 있으세요?

▶ **어휘**

1. 1) 약속 시간을 좀 미룰 수 있을까요?

2) 제가 오늘 찾아뵈어도 될까요?
3) 사진 좀 찍어주시겠어요?
4) 여기 앉아도 될까요?

2. 1) 지나가는 2) 누르면
3) 발짝만 4) 내밀면서
5) 물러나

▶ **문법**

담화 표지

3. 1) 아 2) 저기요
3) 있잖아 4) 글쎄요
5) 자

4. 1) 자 2) 여기요
3) 글쎄 4) 있잖아
5) 저

-다니

5. 1) 책이 그렇게 작다니 믿을 수가 없어요.
2) 딸국질을 그렇게 오래 하다니 정말이에요?
3) 키가 그렇게 크다니 정말이에요?
4) 이름이 그렇게 길다니 믿어지지 않아요.
5) 커피가 그렇게 비싸다니 정말이에요?

6. 1) 기온이 영하 15도로 내려가다니 정말이에요?
2) 홍수가 일어나다니 정말이에요?
3) 갑자기 기온이 떨어지고 눈이 내리다니 정말 이상하네요.
4) 갑자기 날씨가 따뜻해져서 겨울에 여름옷을 입고 다니다니 믿을 수가 없어요. / 갑자기 날씨가 따뜻해져서 수영을 하다니 믿을 수가 없어요.
5) 우박이 내리다니 정말이에요?

02. 좀 곤란할 것 같은데요

▶ **어휘**

1. 1) 사장님 2) __ 씨
3) __아/야 4) 사모님
5) 선생님

2. 1) 통역을 2) 마중을 나가는
3) 귀한 4) 거래처에서
5) 곤란한데요

▶ **문법**

-는다지요?

3. 1) 보통 두 달 전에 예약해야 한다지요?
2) 시간이 더 걸린다지요?
3) 문을 닫는다지요?
4) 떡국을 먹는다지요?
5) 세뱃돈을 받는다지요?

4. 1) 가장 인기 있는 공연이 난타라지요?
2) 가장 많이 탄다지요?
3) 한국 사람들은 축구를 자주 한다지요?
4) 가: 한국 사람들은 술안주로 오징어를 많이 먹는다지요?
나: 네, 그렇대요.
5) 가: 한국 사람들은 숫자 중에서 '7'을 제일 좋아한다지요?
나: 네, 그렇대요.

-을 건가요?

5. 1) 지금 주문하실
2) 오늘 가실, 내일 가실
3) 여기서 드실, 가져가실
4) 손님이 쓰실, 선물하실
5) 파티를 집에서 하실, 음식점에서 하실

6. 1) 언제 가실
2) 어느 항공사를 이용하실
3) 일반석으로 하실 건가요? 비즈니스 석으로 하실 건가요?
4) 몇 분이 가실 건가요?
5) 카드로 하실 건가요?

복습(6-10과)

>> 말하기

1. 일본에는 '히나마츠리'라는 여자아이의 날이 있습니다. 매년 3월 3일에 여자아이가 있는 집에서 가족들이 모여서 하는데 여자아이가 아프지 말고 건강하게 자라기를 기원하는 의미가 있습니다. 여자아이는 '히나아라레'라는 네 가지 색깔의 쌀과자를 먹습니다. 가족들은 아이에게 "건강하게 자라라."라고 하고 채소와 생선, 특히 새우를 넣어서 만든 '치라시스시'라는 덮밥 같은 것을 먹으면서 다 같이 축하합니다. 1, 2주 전부터 집에는 '히나' 인형을 사다가 '히나단'을 차려 놓는데 이날 모두 모여서 사진도 찍습니다.

2. 지난주에 친구에게 사과를 했습니다. 제가 '한국어 능력 시험'을 준비하려고 친구가 사용했던 책을 몇 권 빌렸는데 한 권을 못 찾아서 돌려주지 못했습니

다. 최근에 제가 잠도 잘 못 자고 해서 그 책을 어디에 두었는지 기억이 잘 나지 않았습니다. 그래서 친구한테 다음에 찾으면 바로 돌려주겠다고, 미안하다고 했어요. 친구는 벌써 시험을 봤기 때문에 필요 없다고 하면서 괜찮다고 했지만 너무 미안해서 친구한테 맛있는 점심을 사 줬어요.

3. 저는 미술 대학에 가려고 고등학교 1학년 때부터 미술학원에 다녔습니다. 원하는 대학에 합격하려면 '자기소개서'를 써야 했기 때문에 학교 신문사에서 광고도 만들고 미술 봉사 활동도 열심히 했습니다. 그리고 학교 성적도 잘 받아야 해서 학교에서 10% 안에 들도록 노력했습니다. 대학교 지원은 인터넷으로 했는데 지원서를 쓰면 '학교생활 기록부'는 자동으로 연결되기 때문에 따로 준비하지 않았습니다. 1차에서 합격한 후 2차로 면접시험을 봤는데 어찌나 긴장되는지 손에서 땀이 났지만 끝까지 잘해서 원하던 대학교에 입학할 수 있었습니다.

>> 쓰기

I **1.** ① **2.** ① **3.** ② **4.** ③ **5.** ④
II **6.** ② **7.** ② **8.** ④ **9.** ④ **10.** ③
III **11.** ① **12.** ② **13.** ② **14.** ① **15.** ②
IV **16.** ③ **17.** ③ **18.** ① **19.** ② **20.** ①
V **21.** 나는 세종대왕을 존경한다. 세종은 조선의 왕인데 정치, 경제, 문화 등 여러 분야에서 나라와 사람들을 위해 많은 일을 했다. 나는 그중에서 가장 훌륭한 일이 한글을 만든 것이라고 생각한다. 그때 조선에는 생각과 말을 적을 수 있는 글자가 없어서 중국 글자를 사용해야 했다. 하지만 그것은 교육을 받지 못한 많은 사람들에게 너무 어려웠다. 그래서 사람들은 대부분 글자 없이 생활해야 했다. 세종은 이런 사람들을 위해 쉽게 배울 수 있는 글자를 만들게 됐고 그것이 한글이다. 그때 세종은 눈이 나빠져서 잘 볼 수 없으면서도 힘든 일을 계속했다고 한다. 과학에도 관심이 많아서 생활에 도움을 주는 여러 물건들을 과학적으로 만들었다. 세종은 능력도 뛰어나고 사람을 사랑하는 마음도 가진 훌륭한 왕이었기 때문에 존경받을 만하다고 생각한다.

>> 듣기

I **1.** ① **2.** ①

제임스: 다음 주말에 있는 우리 동아리 엠티는 어디로 가는 것이 좋을까요?
정희: 어떤 행사를 할 것인가에 따라 장소를 정해야 할 것 같아요.
제임스: 음, 오랜만에 갖는 모임이니 장기 자랑 같은 재미있는 행사가 있으면 좋겠어요.
정희: 그럼, 남이섬 어때요? 너무 멀지 않으면서도 근처에 맛있는 식당도 많고.
제임스: 아, 거기가 좋겠네요. 그럼 좀 더 구체적인 일정을 짜 보도록 할까요?
정희: 아침 여덟 시에 학교 앞에서 출발하면 열 시쯤 남이섬에 도착할 거예요. 두 시간 정도 산책을 한 다음 점심 식사를 하고 그 다음에 장기 자랑을 합시다.
제임스: 그런데 그런 행사를 할 만한 장소가 있을까요?
정희: 제가 좀 알아볼게요. 참, 장기 자랑 사회는 누가 보지요?
제임스: 그런 일은 선희 씨가 잘하니까 선희 씨한테 부탁하는 게 어때요?
정희: 좋아요. 우리는 행사 준비와 정리를 맡고 진행은 선희 씨가 하고. 이렇게 일을 나누면 되겠네요.
James: Where should we go for our club MT (Membership Training) next weekend?
Jeonghee: I think we should decide on a location depending on what kind of event we will be holding.
James: Well, since it's been a while since we had a gathering, it would be great to have something fun, like talent shows.
Jeonghee: How about Nami Island then? It's not too far, and plenty of good restaurants are nearby.
James: Oh, that sounds good. Shall we plan a more detailed schedule? Jeonghee: If we depart from the school at 8 in the morning, we should arrive at Nami Island around 10. We can take a walk for about two hours, have lunch, and then have the talent show.
James: But do they have a suitable place for such an event?
Jeonghee: I'll look into that. By the way, who should be the show host?
James: Seonhee is good at these things, so why don't we leave it to her?
Jeonghee: Sounds good. We'll be in charge of preparing and organizing the event, and Seonhee can be the host. This way, it should work out fine.

II **3.** ④ **4.** ③ **5.** ①

오늘 소개해 드릴 책은 '진실한 사과는 우리를 춤추게 한다.'입니다.

이 책은 '칭찬은 고래도 춤추게 한다.'의 작가로 유명한 켄 블렌차드의 새로운 작품으로 사과하기 어려워하는 사람들에게 꼭 필요한 책입니다. 사람들은 종종 잘못이나 실수를 하고도 여러 가지 이유로 선뜻 사과하지 못하는 경우가 많습니다. 때로는 부끄러워서, 때로는 두려워서, 아니면 어떻게 말해야 할지 몰라서 제때에 사과를 하지 못합니다.
저자는 잘못을 했을 때 왜 사과해야 하는지 그리고 어떻게 사과해야 하는지를 구체적으로 설명해 주고 있습니다. 인간은 누구나 실수를 하는데 자신의 잘못을 깨달았다면 단 1분이라도 바로 사과하라고 조언합니다. 사과하기까지 마음먹기가 힘든 것이지 진심이 담긴 마음으로 사과를 하는 것은 1분이면 된다고 말합니다. 사과는 잘못을 깨닫는 순간 바로 해야 하며 진실한 마음으로 해야 한다는 것입니다. 그리고 자신이 잘못한 것을 알고 있다는 걸 행동으로 보여 주는 것이 중요하다고 말합니다. 그렇게 하면 실수로 나빠졌던 상황이 오히려 더 좋은 상황으로 바뀔 수 있다고 합니다.
이 책에서는 "미안합니다", "제 잘못입니다"라는 말 한마디가 가지고 있는 놀라운 힘을 여러분에게 알려 주려고 합니다. 진실한 사과는 여러분의 인간관계와 인생을 바꿀 수 있다는 것입니다.
The book I'm going to introduce today is "Sincere Apologies Make Us Dance" ("The One Minute Apology").
This book is a new work by Ken Blanchard, renowned for writing "Praise Makes Even Whales Dance" ("Whale Done!"), a must-read for those who find it difficult to apologize. Many people often struggle to apologize despite making mistakes or errors for various reasons. They sometimes feel embarrassed, afraid, or simply don't know what to say, and fail to apologize in time.
The author explains in detail why one should apologize when they've made a mistake and how to go about it. All humans make mistakes, so when you realize your mistake, he advises that you apologize immediately, even if only for a minute. He says it's difficult to make up your mind to apologize, but it only takes one minute to apologize sincerely. An apology must be made immediately upon realizing your mistake and must be done with a sincere heart. He also says it's important to show you know what you did was wrong through your actions. This can actually turn a situation accidentally made worse into a more positive one.
In this book, the author aims to show the remarkable power of simply saying the words "I'm sorry" and "It's my fault." A sincere apology can change your relationships and your life.

Ⅲ 6. ② **7.** ②

주인 아저씨, 안녕하세요? 저는 그저께 502호에 이사 온 올가입니다. 오늘 몇 번 전화를 드렸지만 안 받으셔서 메시지를 남겨요. 남향이어서 방에 햇빛도 잘 들어오고 주변 소음도 없어서 조용하고 다 좋은데 어젯밤부터 욕실에 문제가 생겼어요. 욕실에 있는 수도에서 물이 계속 흐릅니다. 수도를 꼭 잠갔는데도 계속 물이 흘러서 그 소리 때문에 어제는 잠도 잘 수가 없었어요. 그리고 온수도 잘 나오지 않고요. 그리고 어…, 만약 빨리 고칠 수 없다면 방을 옮길 수는 없나요? 날씨도 추운데 따뜻한 물이 나오지 않으니까 너무 힘드네요. 어제 3층에 살던 사람이 나가서 빈방이 하나 있다고 들었는데 아직 그 방이 비어 있다면 제가 그 방으로 옮겨도 될까요? 그 방으로 꼭 옮기고 싶어요. 부탁드릴게요. 이 메시지를 들으시고 가능한 빨리 연락을 주시면 좋겠습니다.
Hello, Sir. I'm Olga, and I moved into room 502 the day before yesterday. I've called you several times today, but you didn't answer, so I'm leaving this message. Because it faces south, the room gets plenty of sunlight and there isn't much noise in the area, so it is nice and quiet. However, there has been a problem with the bathroom since last night. Water continues to run from the tap in the bathroom. Even though I turned off the faucet, the water kept flowing and the sound kept me awake all night. The hot water is also not working properly. So, um…, if this problem can't be resolved quickly, is it possible for me to move to another room? It's quite challenging not to have any warm water in the cold weather. I heard that the person who used to live on the 3rd floor moved out yesterday and there is an empty room. If that room is still empty, may I move into that room? I would really like to move to that room. Please. I hope you'll contact me as soon as possible after hearing this message.

Ⅳ 8. ④ **9.** ② **10.** ①

남자: 선희 씨, 이 책 읽어 봤어요?
여자: 제목이 재미있네요. 어때요? 내용도 읽을 만하던가요?
남자: 네. 저는 참 좋았어요. 평소에 거절하는 것이 어려워서 부탁을 들어주겠다고 하고 고민하는 경우가 많았거든요.

여자: 저도 좀 그런 편이에요. 요즘 거절을 못해서 고민하는 사람이 많다지요?좋은 방법을 알았으면 저에게도 좀 가르쳐 주세요.
남자: 먼저, 착한 사람 콤플렉스에서 벗어나는 것이 중요하대요.
여자: 착한 사람 콤플렉스라니요?
남자: '아니요'라고 말하고 싶지만 이기적인 사람으로 보일까 봐 '네'라고 대답한다면 착한 사람 콤플렉스에 빠진 거래요. 할 수 없는 일을 적당히 거절하는 것이 착하다는 칭찬을 받는 것보다 중요하다고 해요.
여자: 그런 것 같네요. 또 다른 방법은요?
남자: 자신의 한계를 먼저 파악하는 것이 중요하대요. 부탁받는 순간에는 승낙하는 것이 편하게 생각될지도 모르지요. 그러나 자신의 일을 미리 생각하지 않고 약속해 놓고는 일을 잘 끝내지 못하면 더욱 곤란해지잖아요.
여자: 듣고 보니 다 맞는 말이네요.
Man: Seonhee, have you read this book?
Woman: The title seems interesting. How is it? Is it worth reading?
Man: Yes, I really liked it. I usually have a hard time saying no and struggle with situations where people ask for favors.
Woman: I'm somewhat like that too. These days, many people seem to have trouble saying no, don't they? If you know some good methods, please teach me.
Man: First, it's important to get over the "nice person complex."
Woman: "Nice person complex"?
Man: If you want to say "no" but answer "yes" because you're afraid of appearing selfish, it means you're suffering from "nice person complex". They say it's more important to sensibly turn down things you can't do, rather than seeking praise for being nice.
Woman: That makes sense. Are there any other methods?
Man: They say it's crucial to understand your limitations first. The moment you are asked for a request, it might seem easier to say yes. However, if you make a promise without thinking ahead, if you fail to fulfill your commitments, you will be under even more distress.
Woman: Now that I hear you talking about it, it all makes sense.

대학 신문 기자: 지금까지 효과적인 한국말 공부 방법에 대한 이야기를 들어봤는데요. 이제 마지막으로 후배들에게 도움이 될 만한 유학 생활 방법을 좀 소개해 주세요.
유리: 제가 먼저 말씀드릴게요. 저 같은 경우에는 학교 안에서 학생 활동을 열심히 했어요. 제가 처음 한국에 왔을 때는 한국말이 서툴러서 한국 친구도 못 사귀고 같은 고향 친구들하고만 어울려 다녔어요. 그러다가 용기를 내서 동아리에도 가입하고 언어 교환 프로그램에도 참여했어요. 학교 체육관에 다니면서 운동도 하고요. 이러다 보니까 자연스럽게 한국 친구를 많이 사귀게 되었고 그 친구들이 지금 제 유학 생활에 큰 도움을 주고 있어요.
마이클: 저는 학교 밖에서 다양한 경험을 해 보려고 노력하고 있어요. 시간이 날 때마다 한국의 여기저기를 직접 가 보고 다양한 체험 활동도 하고 있어요. 한국 문화를 이해하게 되니까 공부도 더 재미있어지고 유학 생활도 더 즐거워지는 것 같아요.
대학 신문 기자: 여러분들이 스스로 찾아서 많은 활동을 하고 있군요. 후배들도 이렇게 적극적으로 생활한다면 즐겁고 의미 있는 유학 생활이 될 것 같습니다. 오늘 말씀 감사합니다.
University newspaper reporter: So far, we've heard stories about effective ways to study Korean. Now, please introduce some tips for studying abroad that may be helpful to your juniors.
Yuri: I'll go first. In my case, I worked hard in student activities at school. When I first came to Korea, I wasn't good at Korean, so I couldn't make Korean friends and only hung out with friends from my hometown. Then I mustered up the courage to join a club and participate in a language exchange program. I also went to the school gym and exercised. Through this, I naturally made a lot of Korean friends, and those friends are of great help to me in my current study abroad life.
Michael: I'm trying to have a variety of experiences outside of school. Whenever I have time, I explore various places in Korea and participate in diverse experiential activities. Understanding Korean culture has made studying more enjoyable and my study abroad life more fulfilling.
University Newspaper Reporter: You guys are doing a lot of things on your own. If juniors also live actively like this, I think studying abroad will become a joyful and meaningful experience. Thank you for sharing your thoughts today.

V **11.** ② **12.** 1) x 2) ○ 3) ○ 4) x

>> 읽기

I **1.** ③ **2.** ③ **3.** ②

존경하는 선생님께
아침저녁으로 날씨가 꽤 쌀쌀해졌어요. 선생님, 안녕하셨어요? 환절기에 선생님 건강은 어떠신지요? 그동안 자주 연락을 드리지 못해서 죄송해요.
저는 바쁘지만 잘 지내고 있습니다. 저는 아르바이트를 하면서 열심히 공부해서 이번 학기에도 장학금을 받았어요. 너무 힘들었지만 부모님 도움을 받지 않고 제힘으로 용돈도 벌고 공부할 수 있어서 보람을 느꼈어요.
선생님, 수업 시간에 자기의 꿈을 발표하라고 시키셨던 걸 기억하세요? 다른 친구들은 자신 있게 자기의 꿈을 말했는데 저는 그때 "저는 꿈이 없어요. 잘할 수 있는 것도 없고요."라고 작은 소리로 말하고 제 자리에 앉아 버렸지요. 선생님께서는 우리 발표를 다 들으시고는 이렇게 말씀하셨어요. "이름 없는 들꽃도 다 각각 향기가 있는 것처럼 너희들에게도 다 자기만이 가지고 있는 재능이 있다. 그것을 찾아 포기하지 말고 꿈을 이뤄라." 그때까지 저는 목표도 꿈도 없었고 공부를 왜 해야 하는지도 몰랐어요. '남들이 공부하니까 나도 공부해야 되나 보다' 하고 그렇게 살았지요. 선생님의 말씀을 듣고 '나도 잘할 수 있는 게 있을까? 나의 재능은 뭘까?' 곰곰이 생각해 봤어요. 여러 날 고민하다가 우연히 아프리카에서 평생을 봉사하면서 살아온 의사의 책을 읽고 그런 삶도 멋지다고 생각했어요. 그리고 저도 남을 도와주는 일을 해야겠다고 마음을 먹었어요. 그렇게 제 인생의 방향을 정하게 되었지요. 선생님의 말씀은 제게 희망을 주었고 꿈을 주었어요. 그리고 그 결과 지금은 이렇게 대학에서 사회복지학을 전공하게 되었고요. 제가 이렇게 제 꿈을 가지고 열심히 살게 된 것은 다 선생님 덕분이에요.
참, 선생님 기쁜 소식이 하나 있어요. 내년에 저는 교환 학생으로 1년 동안 미국에 유학을 가게 되었어요. 어렵게 얻은 기회니까 더 열심히 공부해 보려고 합니다.
다음 달 중순쯤이면 시험이 끝나고 조금 여유가 생길 것 같아요. 그때 시간을 내서 꼭 한번 찾아뵙고 인사드릴게요. 선생님, 그럼 늘 건강하게 지내시고 안녕히 계세요.

10월 11일
제자 김진영 올림

To my respected teacher,
The weather has become quite chilly in the mornings and evenings. Hello teacher, how have you been? How is your health during this change of seasons? I apologize for not contacting you more frequently.
I'm busy, but I'm doing well. I've been working part-time and studying hard, and I received a scholarship again this semester. It was tough, but I felt a great sense of achievement because I managed to earn pocket money and study on my own without my parent's help.
Do you remember when you asked us to present our dreams during class? Other friends confidently shared their dreams, but at that time, I quietly said, "I don't have a dream. There's nothing I can do well," and sat down in my seat. After listening to our presentations, your response was, "Just as nameless wildflowers each have their unique fragrance, each of you all have your own talents. Find it and don't give up on your dreams." Until then, I had no goals, no dreams, and I didn't even know why I should study. I just thought, "I should study because others are studying." But after hearing your words, I began to wonder, "Do I have something I'm good at? What is my talent?" After days of contemplation, I coincidentally read a book about a doctor who had spent his whole life volunteering in Africa and thought such a life would be wonderful. And I decided that I should do something to help others. That's how I found a sense of direction in my life. Your words gave me hope and a dream. As a result, I am now majoring in social welfare studies at university. Thanks to you, I've been able to pursue my dreams and work hard.
By the way, I have some exciting news. Next year, I'll be going to the United States as an exchange student for a year. It's a hard-earned opportunity so I will study even harder.
I'll have some free time around mid-next month after the exams. I'll make sure to visit and say hello then. Please take care teacher, and always stay healthy.

October 11th
Sincerely,
Your student Kim Jinyoung

II **4.** ① **5.** ④

학생들은 외국어를 배우고 싶을 때 서로 언어 교환을 하기도 한다. 언어 교환을 하려면 자신이 배우고 싶은 언어와 가르쳐 줄 수 있는 언어를 써서 게시판에 붙여 함께할 사람을 찾아야 한다.
언어 교환을 하면 자연스럽게 대화를 나누면서 틀린 표현을 고칠 수도 있고 일상생활에서 자주 쓰는 표현도 배울 수 있다.
언어 교환의 가장 큰 장점은 무료로 언어를 배울 수 있다는 것이다. 서로 언어를 배우고 가르쳐 주는 방식이기 때문에 돈이 들지 않는다. 아무리 책으로 공부를 하더라도 실생활에서 직접 배운 언어를 사용하는 것이 어려워서 공부를 하다가 포기하고 마는 경우도 적지 않다. 하지만 언어를 교환하면 그 언어를 모국어로 사용하는 현지인에게 직접 언어를 배우기 때문에 외국인을 만났을 때 느끼는 두려움과 긴장감을 덜 수 있다.
서로 언어를 교환하면서 좋은 친구를 사귀게 되는 경우도 적지 않다. 취미가 비슷한 사람들끼리 만나 공부를 하다가 영화를 같이 보러 가거나 축구 경기를 같이 관람하러 가게 되기도 한다. 그러면서 좋은 친구로 우정을 쌓을 수도 있다.
When students want to learn a foreign language, they exchange languages with each other. To participate in language exchange, you must write down the language you want to learn and the language you can teach, post it on the bulletin board, and find a language exchange partner.
Through language exchange, you can naturally correct incorrect expressions and learn common phrases used in daily life while conversing.
The most significant advantage of language exchange is that you can learn a language for free. Since it involves mutual language learning and teaching, no costs are involved. No matter how much you study from books, using the language you've learned in real-life situations can be challenging, often leading to many cases where people give up. However, in language exchange, you learn the language directly from a native speaker who uses it as their mother tongue, which can help reduce the fear and anxiety you might feel when meeting foreigners.
In the process of language exchange, you also have the opportunity to make good friends. People with similar hobbies meet and study together, sometimes going to the movies or watching soccer games together afterward. Through these activities, strong friendships can develop.

Ⅲ 6. ② **7.** ③

실수를 했거나 잘못을 했을 때 어떻게 하면 좋을까? 다음은 사과의 방법에 대한 설명이다. 사과는 직접 만나서 하는 것이 좋다. 싸운 뒤 만나는 것이 어색하다고 생각하는 사람도 있겠지만 오히려 직접 마주 보고 이야기를 하는 것이 더욱 편안하고 자연스러운 분위기를 만들 수 있다.
사과부터 하기보다 먼저 상대방의 말을 듣는 것이 좋다. 사과부터 하는 것은 효과적이지 않다. 상대방이 왜 화가 났는지 어떤 점이 불만인지 말하게 하고 들어야 한다. 상대방이 어느 정도 화가 났고 자신의 어떤 점을 사과해야 하는지 정확하게 알아야 한다.
사과를 할 때에도 시간이 중요하다. 잘못을 한 뒤 될수록 빠른 시간 안에 사과를 하는 것이 좋지만 바로 그 자리에서 사과하는 것은 오히려 진심으로 미안한 마음이 없는 것처럼 보이기 쉽다. 싸우고 난 뒤 서로 어느 정도 화가 풀렸을 때쯤 사과를 하는 것이 좋다.
그리고 자신의 잘못이 무엇인지 정확히 알고 사과를 해야 한다. 사과의 의미로 꽃을 보내는 것은 좋은 방법이지만 만약 자신의 잘못이 무엇인지도 모르고 무조건 사과부터 하려고 한다면 상대방은 받은 꽃을 쓰레기통에 버릴 수도 있다.
What should you do when you make a mistake or do something wrong? The following is an explanation of how to apologize. It's best to apologize in person. Some people may find it awkward to meet after an argument, but facing each other and having a conversation actually creates a more comfortable and natural atmosphere.
Before offering an apology, it's a good idea to listen to the other person's words. Apologizing right away may not be effective. You should listen and let the other person tell you why they are upset and what they are frustrated about. You need to know how upset they are and exactly what you need to apologize for.
Timing is also important when apologizing. It's better to apologize as soon as possible after making a mistake, but offering an apology on the spot can make it seem like you don't genuinely feel sorry. After an argument, it's best to apologize when both parties have calmed down to some extent.
Moreover, it's crucial to know exactly what your mistake is before apologizing. Sending flowers as an apology is a good method, but if you don't even know your mistake and jump straight to apologizing unconditionally, the other person might just throw the flowers into the trash.

Ⅳ 8. ④ **9.** ① **10.** ③

오늘 처음으로 초등학교 동창회에 나갔다. 예전부터 동창회가 있다는 것은 알고 있었지만 어렸을 때의 나를 기억하는 아이들을 만나는 게 왠지 어색하고 자신이 없어서 모임에 나가지 않았었다.
며칠 전 초등학교 동창 모임에서 오늘 동창회를 한다는 이메일이 왔다. 전에는 모임 안내 메일이 오면 읽기만 하고 답장은 하지 않았다. 그런데 이번에는 주말 저녁이고 다른 계획도 없어서 나가겠다고 했다. 오랜만에 만나면 어색할까 봐 걱정했는데 친구들을 만나 보니까 금방 어색함이 사라졌다. 친구들은 외모가 많이 변하긴 했지만 옛날 얼굴이 조금씩은 남아 있어서 금방 알아볼 수 있었다. 나를 환영해 주는 애들을 보면서 좀 더 일찍 동창회에 참석하지 않은 걸 후회했다.
옛날 추억을 떠올리며 이런저런 이야기를 나누고 있는데 갑자기 한 아이가 내 옆으로 와서 인사를 했다. 처음에는 누군지 몰랐다. 하지만 한참을 본 후에 준호인 것을 알았다. 초등학교 때 준호는 그렇게 눈에 띄는 아이가 아니었고 나와 별로 친하지도 않았다. 하지만 지금은 너무 멋있는 모습으로 변해 있었다. 준호는 어렸을 때 내가 자기에게 도시락을 나눠준 일을 이야기하면서 그때부터 나를 많이 좋아했었다고 했다. 우리는 모임이 끝날 때까지 많은 이야기를 했다. 준호가 나에 대해서 작은 것까지 자세히 기억하고 있는 걸 보고 좀 놀랐다.
모임이 끝나고 집으로 돌아오는데 나를 보던 준호의 눈빛이 자꾸 생각났다. 왠지 가슴이 설   다. 옛날 일이지만 그렇게 멋있는 애가 날 좋아했었다니 정말 믿을 수가 없다. 준호가 다음 모임에도 나올까? 혹시 여자 친구는 있을까? 준호와 더 친해질 수 있으면 좋겠다.
Today, I went to my elementary school class reunion for the first time. I've known about the alumni gatherings for a while, but I never attended one because I felt awkward and insecure about meeting people who remembered me from when I was younger.
A few days ago, I received an email from the elementary school alumni about today's reunion. Before, when I received emails with information about the reunion, I just read them and did not reply. But this time, it was on a weekend evening, and I had no other plans, so I decided to go. I was worried about feeling awkward after such a long time, but as soon as I met my friends, all the awkwardness disappeared. Even though their appearances changed a lot, traces of their old faces were still there, so I recognized them quickly. Looking at my welcoming friends, I regretted not attending these gatherings earlier.
As we reminisced about old memories and shared various stories, someone suddenly approached me to say hello. At first, I didn't recognize who he was. But after a while, I realized it was Junho. Junho wasn't particularly noticeable in elementary school, and we weren't very close. But now, he had transformed into a very cool person. Junho told me about how I shared my lunch with him when we were kids, and said that he has liked me a lot ever since. We talked a lot throughout the gathering. It was surprising to see that Junho remembered even the little things about me in such detail.
As I was heading back home after the reunion, I kept thinking about Junho's gaze. For some reason, it made my heart flutter. It was a long time ago, but I can't believe that such a cool guy used to like me. I wonder if Junho will come to the next gathering. Does he have a girlfriend? I hope I can become closer to Junho.

V **11.** ④ **12.** 1) x 2) x 3) ○ 4) ○

민주야, 안녕! 그동안 잘 지냈어? 네가 미국에서 교환학생을 마치고 한국으로 돌아간 지 벌써 6개월이 됐구나. 나는 요즘 한국 유학 준비를 하느라고 좀 바빠. 내가 다음 달에 교환 학생으로 한국에 간다고 말했었잖아. 그런데 문제가 하나 있어. 다른 건 다 여기서 준비할 수 있을 것 같은데 한국에서 지낼 집을 구하기가 쉽지 않아. 그래서 너한테 부탁하려고 이메일을 썼어.
나는 가능하면 하숙집에서 살고 싶어. 하숙집에서 살면 한국 가정의 보통 식사도 경험해 볼 수 있고 다른 하숙생들과 가족처럼 지낼 수도 있고. 그리고 하숙집 아주머니와 한국어 연습도 하면 좋을 것 같아.
그런데 하숙집을 소개하는 인터넷 광고에는 자세한 정보가 없어서 선택하기가 좀 어려워. 그래서 네가 좀 도와 줬으면 좋겠어. 하숙집 주변에 시끄러운 가게가 없고 학교에서 멀지 않은 집이면 좋을 것 같아. 그리고 냉방 시설이 잘 되어 있고 혼자 쓰는 방이면 좋겠어.
갑자기 이런 부탁을 해서 정말 미안해. 내가 한국에 갈 때 네가 좋아할 만한 멋진 선물을 가지고 갈게. 빨리 한국에 가서 우리가 좋아하는 가수 콘서트에도 같이 가고 맛있는 한국 음식도 많이 먹었으면 좋겠다. 그럼 다시 연락할게. 그때까지 건강하게 잘 지내. 안녕!

뉴욕에서 제이린이

Hello Minjoo! How have you been? It's already been 6 months since you returned to Korea after completing your exchange program in the United States. I'm a bit busy these days preparing to study abroad in Korea. I told you I was going to Korea as an exchange student next month, but there is one problem. I think I can prepare everything else here, but it's not easy to find a place to stay in Korea. So I wrote an email to ask you for a favor.
I would like to live in a boarding house if possible. If I live in a boarding house, I can experience a typical Korean meal and live with other boarders like a family. Also, I think it would be good to practice Korean with the lady at the boarding house.
However, Internet advertisements introducing

boarding houses don't have detailed information, so it is difficult to choose. This is why I hope you can help me. It would be great if the boarding house is not far from the school and there are no noisy stores around. Also, it would be nice to have a private room that has good air conditioning. I'm really sorry for suddenly asking you this. When I go to Korea, I will bring a wonderful gift that you'll like. I can't wait to go to Korea so we can go to concerts of our favorite singers together and eat lots of delicious Korean food. I'll contact you again soon. Until then, take care and stay health. Goodbye!

Jaylene from New York

영문 번역

Unit 1

Section 1. What is your hobby?

제임스: 선희 씨는 취미가 뭐예요?
James: Seonhee, what are your hobbies?
선희: 저는 여행하는 것을 좋아해서 시간이 있을 때마다 여행을 가요. 등산도 좋아하고요.
Seonhee: I like to travel, so I go traveling whenever I have time. I also like hiking.
제임스: 그래요? 시간을 내기가 힘들지 않아요?
James: Really? Isn't it difficult to make time for it?
선희: 어렵기는 하지만 마음만 먹으면 시간을 내는 것은 가능하던데요. 제임스 씨는요?
Seonhee: It is difficult, but it's possible to make time if I put my mind to it. What about you, James?
제임스: 저는 세계 여러 나라의 동전 모으는 것을 좋아해요. 거의 스무 개 나라의 동전을 모았어요.
James: I like to collect coins from various countries. I've collected coins from almost 20 countries.
선희: 정말 많이 모았네요.
Seonhee: You really have collected a lot.

문법

1. -던데요

· Meaning and Usage
This is used with an action or descriptive verb when explaining with excitement the facts of what one has personally seen or felt in the past.

· Examples
저는 오늘 도서관에서 존 씨를 봤어요. 존 씨가 열심히 책을 읽던데요.
I saw John at the library today. He was diligently reading his books.
존 씨가 노래대회에서 노래를 했어요. 아주 잘 부르던데요.
John sang at a singing contest. He sang very well.
유명한 식당에서 저녁을 먹었어요. 그 식당 음식이 아주 맛있던데요.
I had dinner at a famous restaurant. The food was delicious.
1시에 교실에 갔어요. 수업이 벌써 끝났던데요.
I went to class at one o'clock. The class was already over.

가: 하늘아, 유키가 어디에 있어?
A: Haneul, where is Yuki?
나: 조금 전에 식당에 있던데.
B: She was at the restaurant just a little while ago.

가: 흐엉 씨, 제주도가 어땠어요?
A: Huang, how was Jeju Island?
나: 경치가 정말 아름답던데요.
B: The scenery was truly beautiful.

· Note
This can only be used when the speaker is talking about what he or she has directly seen or heard. It cannot be used with a first-person subject except for descriptive verbs that are subjective or psychological such as '슬프다, 외롭다, 좋다, 아프다,' etc.

2. -고요

· Meaning and Usage
This is added to an action verb or a descriptive verb to present additional information to the statements already spoken by the speaker or listener.

· Examples
비가 많이 와요. 바람도 불고요.
It is raining a lot. The wind is blowing too.
이 식당 음식이 맛있어요. 값도 싸고요.
The food at this restaurant is delicious. It's cheap too.
추석에 가족을 만나요. 맛있는 음식도 먹고요.
I meet my family on Chuseok. I also eat delicious food.
우진 씨가 재미있어요. 친절하고요.
Woojin is funny. He's kind too.

가: 제주도가 아름답지요?
A: Jeju-do is beautiful, isn't it?
나: 네, 아름다워요. 사람들도 친절하고요.
B: Yes, it's beautiful. The people are friendly too.

가: 여행을 가서 무엇을 했어요?
A: What did you do on your trip?
나: 여기저기 구경했어요. 쇼핑도 하고요.
B: I looked around here and there. I also went shopping.

▶읽어 봅시다
제 취미는 영화 감상입니다. 저는 다양한 장르의 영화를 모두 좋아하지만 특히 공포 영화를 좋아합니다. 어떤 사람들은 공포 영화가 너무 무서워서 싫다고 하지만 저는 그 무서움과 사람을 긴장하게 만드는 영화 속 이야기, 영상, 소리 등의 모든 부분을 아주 좋아합니다. 특히 아주 더운 여름에 공포 영화를 보고 나면 목이 많이 마를 때 차가운 물을 한 잔 마신 것처럼 몸도 마음도 시원해 집니다. 스트레스도 풀리고요. 그래서 저는 친구들과 주말마다 영화를 보러 갑니다. 영화를 본 후에 우리는 그 영화에 대해서 많은 이야기를 합니다. 같은 영화를 봤지만 영화가 재미없다고 하는 친구도 있고 재미있다고 하는 친구도 있습니다. 영화에 대한 다양한 감상을 함께 이야기하면 영화를 더 깊게 이해할 수 있어서 흥미롭습니다. 그리고 저는 친구들과 함께 다음에 볼 영화에 대해서도 계획을 세웁니다.

이번 주에는 친구들과 새로 개봉한 영화인 '무서운 집'을 보러 가기로 했습니다. 이 영화는 제가 좋아하는 감독의 영화인 데다가 제가 좋아하는 배우가 나와서 매우 기대가 됩니다. 게다가 이 감독은 오랫동안 새로운 작품을 만들지 않아서 오래 기다린 만큼 더 기대됩니다.

제 친구들은 운동을 하거나 게임을 하는 등 여러 가지 취미 생활을 하지만 저는 영화 감상이 제일 좋습니다. 영화를 보면 평소에는 잘 생각해 보지 못한 주제에 대해 생각해 볼 수도 있고, 경험해 보지 못한 일들에 대해 자유롭게 상상해 볼 수도 있습니다. 그래서 영화 감상은 제 생활에 기쁨과 힘을 주는 중요한 부분입니다.

My hobby is watching movies. I enjoy movies of various genres, but I particularly love horror movies. Some people say they don't like horror movies because they're too scary, but I appreciate everything about the storytelling, images, and sounds that make people feel scared and nervous. Especially on hot summer days, after watching a horror movie, my mind and body feel refreshed, as if I've just had a glass of cold water when I was thirsty. It's also a great stress reliever. So, I go to the movies with my friends every weekend. After watching a film, we discuss it extensively. Even if we've watched the same movie, some friends say it's boring, while others think it's amusing. Sharing various perspectives on the movie helps us to understand it better, making it much more interesting. We also plan which movie to watch next together.

This week, we decided to watch the newly released film "The Haunted House". It's directed by one of my favorite directors and features an actor I admire, so I have high expectations. Moreover, this director hasn't released new work for a long time, so I'm even more excited after the long wait.

My friends have many hobbies, such as playing sports and gaming, but for me, watching movies is the best. When you watch a movie, you can contemplate topics you wouldn't typically think about and freely imagine things you've never experienced. Therefore, watching movies is an important part of my life that gives me joy and strength.

▶들어 봅시다

다니엘: 수지 씨, 취미가 뭐예요?

수지: 저는 그림을 좋아해요. 그림을 잘 그리지는 못하지만 좋은 그림을 보면 기분이 좋아져요. 한 달에 한두 번은 그림을 보러 꼭 가요.

다니엘: 이번에 예술의 전당에서 유명 화가들의 전시회가 있다고 하는데 가 보셨어요?

수지: 아, 동서양 유명 화가들의 전시회 말이지요? 저는 지난주에 갔다 왔어요. 관람하러 온 사람이 아주 많던데요.

다니엘: 전시회는 어땠어요?

수지: 유명한 그림을 볼 수 있어서 아주 좋았어요. 동양과 서양의 그림을 비교해 볼 수도 있었고요.

다니엘: 어떤 그림을 좋아하는데요?

수지: 저는 풍경화가 좋아요. 인물화도 나쁘지는 않지만 자연을 그린 풍경화를 보면 제가 그 자연 속에 있는 것 같아서요.

다니엘: 이번 전시회에 풍경화만 있었어요?

수지: 아니요. 인물화, 풍경화, 정물화 모두 있었어요. 화가들이 자신들의 모습을 그린 자화상도 많이 있던데요.

다니엘: 저도 한 번 가 봐야겠네요.

Daniel: Suji, what's your hobby?

Suji: I like drawing. I'm not very good at it, but looking at a good painting makes me feel good. I make sure to go see paintings once or twice a month.

Daniel: I heard there's an exhibition of famous artists at the Seoul Arts Center. Have you been there?

Suji: Oh, you mean the exhibition of famous artists from the East and West? I went there last week. There were so many people who came to see it.

Daniel: How was the exhibition?

Suji: It was great because I could see famous paintings. I could also compare Eastern and Western paintings.

Daniel: What kind of paintings do you like?

Suji: I like landscape paintings. Portraits are

not bad, but when I look at landscape paintings depicting nature, I feel like I'm actually in nature.
Daniel: Were there only landscape paintings at this exhibition?
Suji: No. There were portraits, landscapes, and still-life paintings. There were also many self-portraits that artists drew of themselves.
Daniel: I should go check it out sometime.

Unit 1

Section 2. I'm Lisa your new neighbor

리사: 안녕하세요? 저는 앞집에 이사 온 리사라고 합니다. 잘 부탁드립니다.
Lisa: Hello! My name is Rie, and I moved into the house across the street. Nice to meet you.
이웃: 그렇지 않아도 어떤 분인지 궁금해서 인사를 가려던 참이었어요. 그런데 외국분이신가 봐요.
Neighbour: I was just about to drop by your house to say hello because I was curious about who moved in. It seems like you are a foreigner.
리사: 네, 연세대학교에서 한국말을 배우고 있어요.
Lisa: Yes, I'm learning Korean at Yonsei University.
이웃: 한국말을 참 잘하시네요.
Neighbour: You speak Korean well.
리사: 감사합니다. 이거 이사떡인데 맛 좀 보세요.
Lisa: Thank you. Please try this rice cake that I brought as a moving-in present.
이웃: 고맙습니다. 이사 때문에 바쁘실 텐데 언제 이런 걸 준비하셨어요? 잘 먹겠습니다.
Neighbour: Thank you. You must be busy with the move, when did you have time to prepare something like this? I'll enjoy this very much.

문법

1. -으려던/려던 참이다

· Meaning and Usage
This is used after an action verb stem to show that you were thinking of doing something. It is used to express that you happened to do something related to an action you were already considering doing.

· Form
It is attached to action verb stems. When the verb stem ends with a consonant '-으려던 참이다' is used, and when the verb stem ends with a vowel '-려던 참이다' is used.

· Examples
저도 지금 점심을 먹으려던 참이었어요.
I was just about to eat lunch too.
그렇지 않아도 네게 부탁하려던 참이었어.
As a matter of fact, I was just about to ask you.
저도 커피를 마시려던 참이었어요. 같이 가요.
I was just about to drink coffee too. Let's go together.
그렇지 않아도 노라 씨한테 연락하려던 참이었어요.
As a matter of fact, I was just about to contact you, Nora.

가: 3시 기차를 타려면 지금 출발해야 될 것 같은데요.
A: I think we need to leave now to board the 3 o'clock train.
나: 그렇지 않아도 이제 출발하려던 참이었어요.
B: As a matter of fact, I was just about to leave.

가: 에릭 씨, 지금 통화할 수 있어요?
A: Are you available to talk on the phone right now, Eric?
나: 네, 유키 씨, 저도 유키 씨에게 전화하려던 참이었어요.
B: Yes, Yuki. I was just about to call you.

2. -을/ㄹ 텐데

· Meaning and Usage
This expression is used to give a suggestion or to pose a question while speculating about a situation that cannot be observed at that moment or will happen in the future.

· Form
It is attached to verb stems. When a verb stem ends with a consonant '-을 텐데' is used, and when it ends with a vowel '-ㄹ 텐데' is used.

· Examples
회사 그만두시면 심심하실 텐데 우리 집에 한번 들러 주세요.
You might get bored when you quit your job, so please visit us sometime.
방이 아마 제일 궁금하실 텐데, 들어와서 보세요.
You're probably most curious about the room, so come in and have a look.
이제 곧 연극이 시작될 텐데 화장실에 갔다 올 시간이 될까?
The play is about to start. Do you think there is

time to go to the restroom?
어머니께서 음식을 준비하셨을 텐데 저녁은 집에서 먹자.
Mom probably prepared food, so let's eat dinner at home.

가: 우리 떡볶이를 주문할까요?
A: Shall we order tteokbokki?
나: 이따가 엠마 씨도 오지요? 엠마 씨는 매운 음식을 못 먹을 텐데 김밥을 시킵시다.
B: Emma is coming later, right? Emma can't eat spicy food, so let's order kimbap.

가: 지금 선생님께 전화를 드려도 될까요?
A: Can I call the teacher now?
나: 지금은 시간이 늦어서 주무실 텐데 내일 연락드리지 그래요?
B: It's late and they're probably asleep, so why don't you call tomorrow?

▶읽어 봅시다

여러분이 어떤 사람을 만났을 때 제일 먼저 하는 일은 무엇입니까? 아마 인사일 것입니다. 우리는 다른 사람과 만나고 헤어질 때, 다른 사람의 도움을 받았을 때, 축하할 일이 있거나 위로할 일이 있을 때 인사를 합니다.
이런 인사는 왜 하는 것일까요? 인사를 하면서 우리는 우리의 마음을 상대방에게 알릴 수 있습니다. 상대방을 만났을 때의 반가움, 헤어질 때의 섭섭함, 상대방이 잘 지내기를 바라는 마음, 상대방에게 좋은 일이 생겼을 때 축하하는 마음, 상대방에게 슬픈 일이 생겼을 때 슬퍼하는 마음 등을 보여주는 것이 바로 인사입니다. 가끔은 말로 전하지 않아도 행동으로 상대방에게 나의 감정을 보여줄 수 있지만 인사는 우리의 감정을 가장 정확하고 분명하게 전달할 수 있는 방법입니다.
하지만 잘못된 인사는 상대방에게 실례가 될 수도 있습니다. 예를 들어 아랫사람이 윗사람에게 먼저 악수를 청하는 것이나, 윗사람에게 '수고하세요'라고 말하는 것도 실례가 됩니다. 계단 위에서 윗사람에게 인사를 하거나 뛰어가면서 인사를 하는 것, 상대의 눈을 보지 않거나 무표정하게 인사를 하는 것도 좋지 않습니다. 상대는 '내가 윗사람인 것을 알고 있을 텐데 나를 무시하는 것인가?'라고 오해를 할 수도 있습니다. 또 좋은 마음으로 인사를 해도 상대방의 상황을 고려하지 않으면 상대방의 기분이 나빠질 수도 있으므로 조심해야 합니다.
인사는 나의 마음을 전달하는 방법이지만 무엇보다 나를 위해 하는 것이 아니라 상대방을 위해 하는 것임을 잊어서는 안 됩니다.
What is the first thing you do when you meet someone? It's probably a greeting. We greet others when we meet and part, when we receive help, when there's a reason to celebrate, or when there's a need to offer comfort.
Why do we do this? Through greetings, we can express our emotions to the other person. Greetings convey feelings of joy when meeting someone, sadness when parting, well-wishes for the other person, congratulatory feelings when something good happens, or sympathy when someone is going through a tough time. While we can sometimes show our feelings through actions without words, greetings are the most accurate and direct way to convey our feelings.
However, improper greetings can be seen as disrespectful. For example, it's impolite for one's junior/subordinate to initiate a handshake with or say "Thank you for your hard work" to their elder/superior. Greeting one's elder/superior while on the stairs, running, avoiding eye contact, or being expressionless is also not ideal. They might misunderstand and think, "You probably know that I am your elder/superior, but are you disrespecting me?" Even if you greet with good intentions, if you don't consider the other person's situation, it can negatively affect their mood, so it's important to be cautious.
Remember, greetings are a way to convey your emotions, but above all, they are meant for the other person, not just for yourself.

▶들어 봅시다

여자: 선배님, 이 떡 좀 드세요.
남자: 아니 웬 떡이야? 마침 배가 고파서 뭐 좀 사러 나가려던 참이었는데.
여자: 어제 옆집에 새로 이사 오신 분이 주셨어요. 양도 많이 주셔서 동아리 사람들이랑 먹으려고 좀 가져 왔어요.
남자: 그랬구나. 요즘 이사 왔다고 떡 돌리는 사람이 별로 없어서 그런지 이사 떡을 오랜만에 보네.
여자: 저도 여러 번 이사를 다녀 봤지만 이사떡을 돌리거나 받아본 건 처음이에요.
남자: 나는 예전에 윗집 분들에게 이사 떡을 받은 적이 있는데 그때 이후로 친해져서 지금도 가깝게 지내고 있어.
여자: 그러셨군요. 요즘은 이웃이랑 인사도 잘 안 하잖아요. 그런데 떡을 주시니까 너무 감사했어요. 시루떡에 좋은 의미가 있다고 들었는데 선배님은 아세요?
남자: 시루떡에 있는 팥이 붉은 색이잖아. 붉은 색이 나

뻔 것을 쫓아낸다는 의미가 있다고 해.
여자: 아, 그렇군요. 오늘 집에 가는 길에 옆집에 드릴 과일 좀 사 가야겠어요.
Woman: Sunbae (senior), please have some rice cake.
Man: What a nice surprise! I was just about to go buy something because I was hungry.
Woman: The new neighbors next door gave it to me. They gave me a lot, so I brought some to share with the club members.
Man: I see. Not many people seem to hand out rice cakes when they move these days, so it's been a while since I've seen a moving-in rice cake.
Woman: I've moved several times, but this is the first time I've given or received moving-in rice cakes.
Man: I received a moving-in rice cake from the neighbors upstairs a while ago, and we've been close friends ever since.
Woman: I see. Nowadays, people don't greet their neighbors as much, so I'm really grateful for the rice cake. I heard there's a special meaning to the sirutteok. Do you know what it is?
Man: The adzuki/mung beans in sirutteok are red. It is said that the color red wards off bad things.
Woman: Ah, I see. I think I'll buy some fruit to give to my neighbors on the way home today.

Unit 2

Section 1. Your body needs to be healthy to do anything

선희: 제임스 씨, 어디 가세요?
Seonhee: James, where are you going?
제임스: 몸이 좀 아파서 병원에 갔다 오는 길이에요.
James: I'm on my way back from the hospital because I'm a little sick.
선희: 안색이 안 좋은데 많이 아파요?
Seonhee: You don't look so good. Are you in a lot of pain?
제임스: 네, 지난주에 과로를 해서 몸살이 난 것 같아요.
James: Yes, I am aching all over because I overworked last week.
선희: 몸이 건강해야 뭐든지 할 수 있으니까 무리하지 마세요.
Seonhee: Your body needs to be healthy to do anything, so don't push yourself too hard.
제임스: 네, 맞아요. 뭐니 뭐니 해도 건강이 제일이지요. 건강을 잃는다면 뭘 할 수 있겠어요?
James: Yes, that's right. No matter what, health comes first. What can you do if you lose your health?

문법

1. -어야/아야/여야

· Meaning and Usage

This is used with an action or descriptive verb to show that what is expressed first is a necessary condition for the content that follows.

· Form

'-아야' is used when the action or descriptive verb stem ends with 'ㅏ, ㅗ'. '-어야' is used when it ends with the vowels 'ㅓ, ㅜ, ㅡ, ㅣ', and '-여야'(해야) is used when it ends with '하-'.

Action or descriptive verb stem ending	Combine with	Example
ㅏ, ㅗ	-아야	가야, 많아야
Other vowels (ㅓ,ㅜ,ㅡ,ㅣ)	-어야	먹어야, 커야
하	-여야(해야)	일해야, 따뜻해야

· Examples

책을 많이 읽어야 아는 것이 많아집니다.
You have to read many books to know a lot of things.
운동을 열심히 해야 건강하게 살 수 있어요.
You have to exercise diligently to live a healthy life.
여권이 있어야 외국에 여행을 갈 수 있습니다.
You need to have a passport to travel to a foreign country.
놀이공원에 들어갈 때 학생이어야 할인을 받을 수 있어요.
You need to be a student to get a discount when you enter an amusement park.

가: 에릭 씨, 지금 여기로 올 수 있어요?
A: Eric, can you come over here right now?

나: 아니요, 저는 일을 끝내야 갈 수 있어요.
B: No, I have to finish my work before I can go.
가: 우리 30분 후에 출발할까?
A: Shall we leave in thirty minutes?
나: 아니, 지금 출발해야 약속 시간에 늦지 않을 거야.
B: No, we must leave now to not be late for the appointment.

· Form

This is not combined with expressions in the past or future tenses. Moreover, a command or request cannot come at the end of the sentence.

2. -는다면/ㄴ다면/다면

· Meaning and Usage

This is used with an action or descriptive verb when supposing that something will happen. It is used when there is a low possibility of it actually happening.

· Form

'-ㄴ다면' is used when the action verb stem ends in 'ㄹ' or a vowel, and '-는다면' is used when it ends in a consonant. '-다면' is used after the descriptive verb stem.

· Examples

마음에 드는 사람을 찾는다면 결혼할 거예요.
If I find someone I like, I'm going to marry him/her.
만약 10억이 생긴다면 집을 사고 싶어요.
If I get a billion won, I want to buy a house.
시험이 없다면 정말 행복할 것 같아요.
If there were no tests, I would be so happy.
내가 너라면 담배를 피우지 않겠어.
If I were you, I wouldn't smoke.

가: 뭐든지 만들 수 있다면 뭘 만들고 싶어요?
A: If you could make anything, what would you want to make?
나: 뭐든지 만들 수 있다면 젊어지는 약을 만들고 싶어요.
B: If I could make anything, I would want to make a potion that makes people younger.

가: 과거로 돌아갈 수 있다면 언제로 돌아가고 싶어?
A: If you could go back in time, when would you want to return to?
나: 유치원 때로 돌아가고 싶어. 그때는 친구만 있으면 행복했어.
B: I want to return to kindergarten. Back then, all I needed was friends to be happy.

▶ 읽어 봅시다

저는 요즘 몸이 안 좋아지는 것을 많이 느낍니다. 그래서 제 블로그 친구들에게 제 생활을 공유하고 조언을 얻고 싶습니다. 평소에 운동도 많이 하고 규칙적인 생활을 해야 건강하고 체력도 좋을 텐데 저는 그렇게 하지 않습니다. 한 달 전부터 금연 계획을 세웠지만 늘 작심삼일이고 아직도 담배를 피우고 있습니다. 또 인턴 생활을 하면서 하나라도 더 배우려고 하다가 보니 회사 일로 늘 과로를 하게 되고, 일이 끝난 후엔 동료들과 자주 식사를 합니다. 그런데 그때마다 과식을 하게 되어 배가 더 나오는 것 같습니다. 술이요? 물론 자주 마시지요. 과음하지 않으려고 하지만 소주 한 잔의 유혹을 뿌리치기가 어렵습니다. 주말이라도 시간을 내서 조깅도 하고 헬스장에도 다니고 싶지만 그건 늘 생각뿐입니다. 오히려 밀린 잠을 자느라고 늦게 일어나고 게으르게 시간을 보냅니다. 토요일 밤이면 영화 한 편에 칼로리 높은 야식을 즐기는 것이 습관이 된 지 오래입니다. 이렇게 쓰고 보니 제 생활은 정말 문제가 많은 것 같습니다. 앞으로도 계속 이렇게 생활한다면 큰일 날 것 같아서 여러분에게 솔직하게 이야기를 하고 있습니다. 여러분, 저에게 따끔한 충고든지 따뜻한 조언이든지 많이 해 주세요. 생활 습관을 고친 이야기나 경험도 듣고 싶습니다. 댓글 많이 남겨 주세요.
I feel that my health has been deteriorating these days. That's why I want to share my lifestyle with my blog friends and get some advice. You should exercise regularly and maintain a healthy routine to have good health and stamina, but I don't do that. I set a plan to quit smoking a month ago, but it only lasted for a few days, and I'm still smoking. Moreover, as an intern, I'm eager to learn as much as possible, so I often end up overworking. After work, I frequently dine with my colleagues, and every time, I tend to overeat and feel like my stomach is getting bigger. Alcohol? Of course I drink quite often. I try not to overindulge, but it's hard to resist the temptation of a glass of soju. Even on weekends, I try to make time to jog and go to the gym, but I never follow through. Ironically, I wake up late trying to catch up on lost sleep and spend my time lazily. It's been a while since enjoying a calorie-rich late-night snack while watching a movie has become a habit on Saturday nights. As I write this, I realize my lifestyle is full of problems. If I continue to live like this, I feel I might be in big trouble, so I'm being honest with you

and sharing my story. Please provide me with candid advice or warm guidance. I'd also love to hear stories or experiences about changing lifestyle habits. Please leave lots of comments.

▶들어 봅시다

누구나 걸리고 가장 자주 걸리는 병, 감기. 여러분은 감기에 걸렸을 때 어떻게 하십니까? 감기에 대해 제대로 알고 예방하면 더욱 건강한 일상을 보낼 수 있을 것입니다. 오늘은 감기의 원인과 증상, 그리고 집에서도 해 볼 수 있는 치료 방법에 대해서 소개해 드리겠습니다.

흔한 병인 감기는 옛날에는 코에서 열이 난다고 하여 '고뿔'이라 불렀습니다. 대부분 바이러스가 원인이지만 바이러스가 몸에 들어왔다고 해서 모두 감기에 걸리지는 않습니다. 우리 몸이 병과 싸울 수 있는 힘이 있으면 바이러스가 들어와도 모두 이겨낼 수 있습니다.

감기의 증상은 다양한데, 그 증상에 따라 코감기, 목감기, 기침감기 등으로 나눕니다. 대개는 열이 나고, 몸이 떨리고 콧물이 나거나 목이 붓는 등 여러 가지 증상이 함께 나타나지요. 그러면 감기에 걸렸을 때 어떻게 해야 할까요?

감기에는 특별한 약이 없습니다. 그래서 감기에 걸렸을 때 '약 먹으면 일주일, 약 안 먹으면 칠일'이라는 얘기가 있습니다. 감기약은 대개 항생제와 해열제로 몸에 별로 좋지 않습니다. 그리고 자주 항생제를 먹으면 병과 싸울 수 있는 힘이 떨어져 점점 더 강한 약을 먹어야 됩니다. 감기에 걸렸을 때는 무엇보다 영양가 있는 음식을 섭취하고 충분한 휴식을 취해야 회복이 빨라질 수 있습니다. 실내 온도와 습도를 적당히 유지하고 물을 많이 마시는 것이 좋습니다. 감기에 걸리면 식욕이 떨어지고 소화가 잘 안되기 때문에 음식을 조금씩 먹고 주스나 보리차를 자주 마시는 것이 좋습니다.

민간요법은 금세 감기가 뚝 떨어지거나 갑자기 좋아지게 하는 것이 아니라 감기에 대한 저항력을 길러 줍니다. 한국에서는 감기에 걸리면 몸에 좋은 여러 가지 차를 끓여서 뜨겁게 마십니다. 생강차는 몸을 따뜻하게 하여 몸이 떨릴 때에 좋고 두통이나 가래에도 효과가 좋습니다. 모과차는 목감기나 기침에 좋고요. 또 기침이 심할 때는 배에 꿀을 넣고 푹 끓여서 그 즙을 마시기도 하는데요. 배는 기침을 멎게 하고 가래를 없애 주며 갈증을 풀어 줍니다. 파뿌리는 열을 내리게 하며 코감기에 효과가 좋고요.

누구나 쉽게 걸리는 감기지만 민간요법을 잘 알면 큰돈 들이지 않고 주변에서 쉽게 구할 수 있는 재료를 이용해서 병원에 가지 않고도 감기를 잘 이겨낼 수 있습니다. 여러분도 감기를 미리 예방하는 습관을 갖고 집에서 할 수 있는 방법으로 이겨내시기 바랍니다.

The most common illness that everyone contracts is the cold. What do you do when you catch a cold? Understanding the common cold and taking preventive measures can help you lead a healthier life. Today, I'd like to introduce the causes and symptoms of colds and some home remedies you can try.

In the past, the cold, a common ailment, used to be called "Kobul" (nose + fire), meaning that the fever came from the nose. Although most colds are caused by viruses, not everyone catches a cold even if they are exposed to the virus. If our bodies have the strength to fight off the illness, we can overcome the virus.

Symptoms of a cold vary, and depending on these symptoms, they are divided into "nose cold," "throat cold," "cough cold," and so on. Typically, various symptoms appear together, such as a fever, shivering, runny nose, or a swollen throat. So, what should you do when you catch a cold?

There is no special medicine for the common cold. That's why there's a saying that when you catch a cold, "with medicine it takes a week, without it, seven days." Cold medicines usually consist of antibiotics and fever reducers, which aren't very good for the body. Frequent use of antibiotics can weaken the body's ability to fight off illnesses, leading to the need for stronger medications. When you catch a cold, you can recover faster by eating nutritious food and getting enough rest. Maintaining indoor temperature and humidity at moderate levels and drinking plenty of water are also recommended. A cold can cause a lack of appetite and poor digestion, so you should eat small portions and drink juices or barley tea regularly.

Home (folk) remedies help build resistance against colds rather than immediately alleviating or curing them. In Korea, people often brew various hot teas when they catch a cold. Ginger tea helps warm the body, making it effective when you feel chills, and is also effective against headaches and phlegm. Quince tea is good for sore throats and coughs. When you have a severe cough, you can boil pears with honey and drink the juice. Pears help reduce coughing, eliminate phlegm, and relieve thirst. Spring onion roots are effective in reducing fever and relieving nasal colds.

Although everyone is susceptible to the cold, knowing these home remedies can help you fight it off without spending much money or going to the hospital, and using readily available materials around you. I hope you also develop habits for cold prevention and manage to overcome it at home.

Unit 2

Section 2. Food like kimchi or soybean paste are representative of healthy foods

다니엘: 한국 요리는 만들기가 좀 번거로운 것 같아요.
Daniel: I think making Korean food is a little complicated.
수지: 맞아요. 날마다 먹는 김치도 손이 많이 가는 음식이에요.
Suji: That's right. Even the Kimchi we eat everyday is food that requires a lot of time and effort.
다니엘: 손은 많이 가지만 건강에는 좋다고들 하던데요.
Daniel: It takes a lot of work, but it is said that Kimchi is good for our health.
수지: 네, 김치라든가 된장 같은 음식은 대표적인 건강식이죠.
Suji: That's right. Food like Kimchi or soybean paste are typical examples of healthy foods.
다니엘: 요즘 김장철이라고 하던데 수지 씨 집도 김장했어요?
Daniel: I've heard that it's kimchi season these days. Has your family made Kimchi yet, Suji?
수지: 아니요, 바빠서 아직 못 했어요.
Suji: Not yet, because we've been busy.

문법

1. 이라든가/라든가

· Meaning and Usage
This is used after a noun when giving two or more examples.

· Form
It is used in the form '이라든가/라든가 _ 같은 N'.

· Examples
비빔밥이라든가 삼계탕 같은 한국 음식이 건강에 좋아요.
Korean foods like bibimbap or samgyetang are good for your health.
아이들은 초콜릿이라든가 사탕 같은 단맛이 나는 것을 좋아해요.
Children like sweet things like chocolate or candy.
테니스라든가 배드민턴 같은 공을 가지고 하는 운동을 해보세요.
Try a sport you can play with a ball like tennis or badminton.
주말이라든가 공휴일 같은 쉬는 날에는 보통 가족들과 시간을 보내요.
I usually spend days that I have off like weekends or holidays with my family.

가: 일요일 오후에는 보통 뭘 하세요?
A: What do you usually do on Sunday afternoons?
나: 빨래라든가 청소 같은 집안일을 해요.
B: I do household chores like laundry or cleaning.

가: 요즘 일 때문에 너무 스트레스를 받아요.
A: These days, I have so much stress from work.
나: 노래방이라든가 놀이공원 같은 스트레스를 풀 수 있는 곳에 가는 게 어때요?
B: Why don't you try going to places that can help you relieve stress like noraebangs or amusement parks?

2. -는다고/ㄴ다고/다고 하던데

· Meaning and Usage
This is used with an action or descriptive verb to speak about something the speaker has heard in the past to confirm its validity or to ask a question about that statement. It is also used to propose an action, make a suggestion, or give a command.

· Form
If the action verb stem ends in a consonant, '-는다고 하던데' is used, and if it ends in a vowel, '-ㄴ다고 하던데' is used. Following a descriptive verb stem, '-다고 하던데' is used.

Verb stem ending	Combine with	Example
Consonant (action verb)	-는다고 하던데	먹는다고 하던데, 읽는다고 하던데
Vowel (action verb)	-ㄴ다고 하던데	간다고 하던데, 배운다고 하던데
Descriptive verb	-다고 하던데	싸다고 하던데, 많다고 하던데

· Examples
안나 씨가 다음 주에 고향에 돌아간다고 하던데 송별회를

준비할까요?
I heard that Anna is returning to her hometown next week. Should we prepare a farewell party?
새로 나온 영화가 재미있다고 하던데 보셨어요?
I heard that the new movie is fun. Have you seen it?
리에 씨가 일본어 선생님이라고 하던데 리에 씨에게 물어 보세요.
I heard Rie is a Japanese teacher, so you should ask her.
오늘은 수리 센터가 문을 열었다고 하던데 오후에 한번 가 보세요.
I heard that the repair center is open today. You should stop by in the afternoon.

가: 수지 씨가 다음 달에 결혼한다고 하던데 정말이에요?
A: I heard that Suji is getting married next month. Is this true?
나: 네, 요즘 결혼 준비 때문에 아주 바쁘대요.
B: Yes, she said she's very busy these days with wedding preparations.

가: 요즘 계속 목이 아파요.
A: My throat constantly hurts these days.
나: 생강차를 마시면 좋다고 하던데 한번 드셔 보세요.
B: I heard that ginger tea is good for throat aches. You should give it a try.

▶읽어 봅시다

미국의 건강 전문 잡지 '헬스'가 세계에서 가장 몸에 좋은 다섯 가지 음식 중의 하나로 '김치'를 꼽았습니다. 소금에 절인 배추나 채소에 양념을 넣어 발효시킨 김치는 맛뿐만 아니라 영양도 뛰어나 세계인이 인정하는 건강 식품이 되었습니다. 각종 비타민이 풍부하고 유산균과 섬유소가 많아서 소화가 잘되게 도와주며 암에 걸리는 것을 막아 준다고 합니다. 그리고 다이어트는 물론 노화 방지에도 효과가 있다고 합니다.
이와 함께 '헬스'지는 한국인들은 사진을 찍을 때도 '치즈' 대신 '김치'라고 하고, '김치 없이는 못 살아 정말 못 살아'라는 노래까지 부르며 한 사람이 1년 동안 평균 18kg이나 되는 김치를 먹는다며 한국인의 김치 사랑에 대해서도 소개했습니다. 또 김치볶음밥이라든가 김치스크램블을 만드는 방법도 자세히 소개해 미국인들이 김치 요리법을 쉽게 따라하도록 했습니다. 미국 내에서 실제로 김치를 쉽게 살 수 있는 곳과 가격까지 알려 주며 미국인들에게 김치를 먹을 것을 권했습니다.
세계 5대 건강 음식에는 콩 요리와 요구르트가 김치와 함께 꼽혀 발효 식품이 건강식품이라는 것을 다시 한번 확인시켜 주었습니다. 요즘은 웰빙 시대, 장수 시대, 고령화 시대라고 불리며 건강에 대한 관심이 그 어느 때보다 높습니다. 건강한 삶을 위해서 발효 식품을 꾸준히 챙겨 먹어야겠습니다.
US health magazine 'Health' picked 'kimchi' as one of the top five healthiest foods in the world. Kimchi, made by fermenting salt-pickled cabbage or vegetables with seasoning, has become a health food recognized by people worldwide because of its excellent taste and nutrition. It is rich in various vitamins, lactobacillus, and dietary fiber, aiding digestion and preventing cancer. It is also said to be effective for dieting and anti-aging.
In addition, 'Health' magazine also introduced Koreans' love for kimchi, saying Koreans say "kimchi" instead of "cheese" when taking pictures, sing "I can't live without kimchi, I really can't," and explained that an average Korean consumes about 18kg of kimchi in a year. The magazine also provided detailed instructions on making kimchi fried rice and kimchi scramble to make it easier for Americans to follow kimchi recipes. They also informed readers where and at what price kimchi can be easily purchased in the United States, encouraging Americans to eat kimchi.
The top five global health foods include bean dishes and yogurt, along with kimchi, emphasizing that fermented foods are recognized as health foods. In the age of wellness, longevity, and an aging population, interest in health is higher than ever. To lead a healthy life, consuming fermented foods is important.

▶들어 봅시다

앵커: 오늘은 김철수 박사님을 모시고 건강에 좋은 식품에 대해 알아보겠습니다. 박사님, 안녕하세요?
박사: 네, 안녕하세요?
앵커: 요즘은 남녀노소 할 것 없이 건강에 대한 관심이 매우 높지요. 한 방송에서 건강에 좋은 음식이라든가 재료가 소개되면 바로 다음날이면 마트에서 구하기도 어렵다고 합니다. 밥이 보약이라는 말처럼 평소에 음식만 잘 섭취하면 건강을 유지할 수 있다고 하던데요. 박사님, 건강을 위한 식습관으로는 어떤 것이 있을까요?
박사: 먼저 다섯 가지 흰색 식품을 멀리해야 합니다. 다섯 가지 흰색 식품은 흰쌀, 백설탕, 흰 밀가루, 흰 소금, 화학조미료 등을 말합니다. 이 다섯 가지 식품은 가능하면 적게 먹는 것이 좋습니다. 예를 들

면 백설탕보다는 꿀을 먹는 것이 좋습니다.

앵커: 아, 그렇군요. 또 어떤 것을 주의해야 할까요?

박사: 다음으로, 적게 먹고 많이 씹어야 합니다. 음식물을 잘 씹으면 소화도 잘되어서 여러 병을 예방할 수 있습니다. 마지막으로 여러 가지 음식을 골고루 먹는 것이 좋습니다. 아무리 좋은 음식이라도 한 가지만 먹는 것은 좋지 않습니다.

앵커: 네, 박사님, 말씀 감사합니다. 오늘은 김 박사님을 모시고 건강한 생활을 위한 식습관에 대해서 들어보았는데요. 시청자 여러분의 건강에 도움이 되었으면 좋겠습니다.

Anchor: Today, we have Dr. Kim Chul-soo to talk about healthy foods. Hello, Dr. Kim.

Doctor: Yes, hello.

Anchor: Nowadays, everyone, regardless of age or gender, is interested in health. When healthy foods or ingredients are introduced on TV, they become hard to find at supermarkets the next day. It's often said that if you maintain a healthy diet, you can stay healthy, just like the saying "food is medicine." Dr. Kim, what are some healthy eating habits?

Doctor: First, you should stay away from five white foods. These five white foods include white rice, white sugar, white flour, white salt, and MSG. It's recommended to eat as little of these five foods as possible. For example, it's better to eat honey instead of white sugar.

Anchor: Oh, I see. What else should we be cautious about? Doctor(Male): Next, eat less and chew more. Chewing your food well improves digestion and prevents various illnesses. Lastly, it's a good idea to eat a variety of foods. It's not advisable to consume only one type of food, no matter how good.

Anchor: Thank you, Dr. Kim. Today, we heard from Dr. Kim about dietary habits for a healthy lifestyle. We hope this will be helpful for your health.

Unit 3

Section 1. Buy me dinner instead of buying the tickets

제임스: 리사 씨, 뮤지컬 '춘향전'이 아주 감동적이라고 하던데 보셨어요?

James: Lisa, I've heard that the musical 'Chunhyang-jeon' is very touching. Have you seen it?

리사: 아니요, 못 봤어요. 그렇지 않아도 한번 보고 싶었어요.

Lisa: No, not yet. Though I have always wanted to go see it once.

제임스 : 그럼 같이 갈까요? 보고 온 친구가 그러는데 무대와 의상이 아주 아름답대요. 노래와 춤은 말할 것도 없고요.

James: Then shall we go together? A friend of mine who has seen it told me that the stage and costumes are absolutely beautiful. Not to mention the singing and dancing.

리사: 한국말로 하는 공연인데 제가 이해할 수 있을까요?

Lisa: The performance is all in Korean. Do you think I'll be able to understand?

제임스 : 어려운 단어가 있겠지만 자막이 있어서 이해할 수는 있을 거예요.

James: There might be some difficult words, but you should be able to understand it because there are subtitles.

리사: 그럼 제가 예매할게요. 제가 표를 사는 대신에 제임스 씨가 저녁을 사 주세요.

Lisa: Then I'll reserve the tickets. I'll buy the tickets, so you buy dinner, James.

문법

1. 만 못하다

· Meaning and Usage

This is used with a noun to compare two items, specifically to state that the preceding item is not as good as the following item.

· Examples

새 노트북이 빠르기는 한데 디자인은 제가 쓰던 노트북만 못해요.

The new laptop is fast, but the design doesn't compare to my previous laptop.

식당 음식이 맛있지만 어머니가 만들어 주신 음식만 못해요.

The food at the restaurant is delicious, but it doesn't compare to mom's homemade food.

가격은 비슷한데 배달 도시락이 편의점 도시락만 못한 것 같아요.

The prices are similar, but delivered lunch boxes aren't as tasty as convenience store lunch boxes.

숙박비가 비싼 호텔이 시설은 좋아도 편하기는 내 집만 못해요.
Pricey hotels may have nice facilities, but it's not as comfortable as my own home.

가: 이 영화는 유명한 소설을 영화로 만든 거라면서요?
A: I heard this movie was based on a famous novel, is that right?
나: 네, 그런데 영화가 책만 못한 것 같네요.
B: Yes, but the movie isn't as good as the novel.

가: 숙박 시설을 예약하려고 하는데 콘도가 좋을까? 펜션이 좋을까?
A: I'm trying to reserve lodging. Do you think a condo would be better or a pension?
나: 조용한 분위기를 원하는 사람한테는 콘도가 펜션만 못할 것 같아.
B: If you like a quiet ambiance, condos can't compare to pensions.

2. -는 대신에

· Meaning and Usage

This is used with an action verb to show that the second action is substituting the first action. It is also used to express that the second action is compensation for the first action.

· Note

It can be used in the form 'N 대신에'. 'Descriptive verb+은/ㄴ 대신에' is used when connecting conflicting preceding and subsequent contents.

· Examples

주변이 시끄러워서 전화를 하는 대신에 문자 메시지를 보냈어요.
It was so noisy that instead of making a phone call, I sent a text message.
시간이 없어서 극장에 가는 대신에 집에서 영화를 봤어요.
I didn't have time, so instead of going to the theater, I watched a movie at home.
선희 씨가 제 일을 도와주는 대신에 저는 선희 씨에게 저녁을 사 드릴게요.
In return for helping me with my work, I'll buy you dinner, Seonhee.
오늘 우진 씨가 바빠서 우진 씨 대신에 제가 왔어요.
Woojin is busy today, so I came instead of him.

가: 우진 씨, 일요일에도 출근하세요?
A: Woojin, do you go to work on Sundays too?
나: 네, 하지만 일요일에 일하는 대신에 월요일에는 쉽니다.
B: Yes, but in return for working on Sundays, I get Mondays off.

가: 우리 언어 교환을 할까요?
A: Should we do a language exchange?
나: 좋아요, 리사 씨가 저에게 일본말을 가르쳐 주는 대신에 저는 리사 씨에게 한국말을 가르쳐 드릴게요.
B: Sounds good. In return for teaching me Japanese, Lisa, I'll teach you Korean.

▶읽어 봅시다

지난 5월에 중간시험이 끝나고 친구들과 같이 대나무 축제가 열리는 담양에 갔다. 주말인 데다가 축제 기간이라서 그런지 도로는 꽉 막혔다. 하지만 오랜만에 가는 여행이라서 친구들과 즐겁게 이야기하면서 가니까 지루한 줄 몰랐다.
점심때가 좀 지나서 담양에 도착한 우리는 바로 식당에 들러 점심을 먹었다. 식당 아주머니가 담양에서는 대통밥이 제일 유명하다고 해서 우리는 대통밥을 먹기로 했다. 조금 후에 식사가 나왔는데 처음 본 대통밥은 정말 놀라웠다. 대통밥은 대나무 통 안에 쌀과 함께 건강에 좋은 여러 가지 재료를 넣어서 만든 것인데 너무 예뻐서 그냥 먹기엔 아까운 생각이 들었다. 맛을 보니까 대나무 냄새도 나고 아주 맛있었다. 요즘 좋은 밥솥이 많다고 하지만 그 어떤 밥솥으로 만든 밥도 대통밥만 못하다고 생각했다. 나는 밥을 다 먹고 나서 기념으로 빈 대나무 통을 가지고 왔다.
점심을 먹은 후 우리는 대나무 숲을 구경하러 갔다. 대나무가 시원스럽게 쭉쭉 뻗어 있었다. 대나무 잎이 바람에 흔들리는 소리를 들으면서 숲속을 걸으니까 몸과 마음이 다 깨끗해지는 것 같았다. 숲에서 나오니 한쪽 무대에서는 국악 공연을 하고 있었다. 한복을 입고 대나무로 만든 대금을 부는 모습이 아주 인상적이었다. 대금 소리는 좀 낮아서 그런지 슬프게 들렸다.
공연이 끝나고 친구들과 대나무로 만든 죽마를 탔다. 처음에는 넘어지고 잘 걸을 수 없었는데 몇 번 해 보니까 재미있었다. 요즘에는 잘 볼 수 없지만 옛날에는 어린 아이들이 친구들과 같이 죽마를 타며 놀았다고 한다.
이것저것 구경하다가 보니까 날이 어두워졌다. 돌아갈 시간이 다 되어 버스에 올라타니까 비가 내리기 시작했다. 대나무 조명이 하나둘 켜졌다. 빗속에서 보이는 대나무로 만든 전등 갓이 무척 아름다웠다. 한국에 온 지 7개월, 축제에 참가한 것은 대나무 축제가 처음이었다. 한국 문화도 체험하고 좋은 추억을 만들 수 있는 축제에 또 참가하고 싶다.
After finishing our midterms in May, my friends and I visited Damyang for the Bamboo Festival. The roads were quite congested, possibly due to

the festival and it being the weekend. However, since our last trip had been a while ago, we enjoyed the journey, chatting along the way without a moment of boredom.

We arrived in Damyang a bit past lunchtime and went straight to a restaurant to have lunch. The lady at the restaurant told us that Damyang was famous for "daetongbap," so we decided to try it. When our meal arrived, I was truly amazed by my first sight of daetongbap. It's made by putting rice and various healthy ingredients inside a bamboo tube, and it looked so beautiful that I almost hesitated to eat it. When I tasted it, the bamboo aroma and the flavor were delightful. Even though there are many advanced rice cookers these days, I couldn't help but think that no rice cooker could compare to daetongbap. I finished the meal and kept the empty bamboo tube as a memento.

After lunch, we went to explore the bamboo forest. The bamboo trees stretched out neatly. As I walked through the forest, the sound of bamboo leaves rustling in the wind refreshed my mind and body. When we exited the forest, there was a traditional Korean music performance on one of the stages. It was impressive to see the musicians dressed in hanboks, playing bamboo flutes. The sound of the flute was quite low, making it sound very sad.

After the performance, my friends and I rode bamboo stilts. At first, we couldn't walk well and kept falling, but after a few tries, it was quite fun. It's rare to see these days, but in the past, young children enjoyed playing on bamboo stilts with their friends.

As we were looking around here and there, it got dark. It was time to head back, and as we boarded the bus, it started to rain. The bamboo lights began to light up one by one. The bamboo lampshade visible in the rain was very beautiful. I've been in Korea for 7 months, and the Bamboo Festival was the first festival I attended. I look forward to participating in more festivals where I can experience Korean culture and make good memories.

▶들어 봅시다

제인: 리키야, 어디를 그렇게 바쁘게 가고 있어?

리키: 다음 주가 학교 축제잖아. 축제 때 동아리에서 거리 춤 공연을 하기로 해서 연습하러 가는 길이야.

제인: 재미있겠다. 나도 구경하러 갈게. 그런데 다음 주 금요일 저녁에 시간 있어? 내가 연극 동아리에서 공연을 하는데 너를 초대하고 싶어.

리키: 연극? 대단하다. 한국말로 하는 거야?

제인: 응. 제목은 '심청 이야기'인데 너도 제목은 들어본 적이 있지? 유명한 한국의 옛날 이야기인데 신나고 재미있는 분위기로 새롭게 바꾼 내용이야. 내가 주인공 심청 역할이고 네가 아는 친구들도 많이 나올 거야.

리키: 그렇구나. 그런데 한국말 대사면 어렵지 않아?

제인: 대사도 쉽고 뮤지컬처럼 노래하고 춤이 있어서 외국 친구들이 봐도 충분히 이해할 수 있을 거야. 진짜 연기자만 못하겠지만 열심히 연습했으니까 자신 있어.

리키: 정말 재미있겠다. 무대에서 너하고 친구들이 연기하는 모습을 보고 싶어. 어디에서 해?

제인: 장소는 학생회관 3층이고 공연 시간은 오후 5시야. 모두 몇 명이 올지 알려 주면 내가 초대권을 줄 테니까 친구들 많이 데리고 와.

Jane(woman): Ricky, where are you rushing off to?

Ricky(man): Next week is the school festival. I'm heading to practice because my club is planning to do a street dance performance during the festival.

Jane: Sounds like fun. I'll come by to watch. By the way, are you free next Friday evening? I'm part of the theater club, and I'd like to invite you to our performance.

Ricky: Theater? That's impressive. Is it in Korean?

Jane: Yes. The play is called "The Tale of Shim Cheong." Have you heard of the title before? It's a famous old Korean story, but we gave it a new twist with an exciting and fun atmosphere. I play the lead role, Shim Cheong, and many of your friends will also be part of it.

Ricky: I see. But aren't the Korean lines difficult?

Jane: The lines are easy, and it's like a musical with songs and dance, so even our foreign friends can understand it easily. I might not be a professional actress, but I've practiced really hard, so I'm confident.

Ricky: That sounds really fun. I'd love to see you and your friends performing on stage. Where is it taking place?
Jane: It's at the Student Union Building, 3rd floor, and the show starts at 5 PM. If you let me know how many people are coming, I'll provide the tickets, so bring lots of friends!

Unit 3

Section 2. I want to buy a ticket to see a musical

선희: 리사야, 뭐 하고 있어?
Seonhee: Lisa, what are you doing?
리사: 제임스 씨가 국립극장에서 하는 뮤지컬 '캣츠'를 보자고 해서 전화로 예매하려고. 그런데 쉽지 않네.
Lisa: James suggested watching the musical 'CATS' at the National Theater, so I am reserving the tickets by phone. But it's not easy.
선희: 인터넷 예매가 더 좋지 않아? 앉고 싶은 좌석도 정할 수 있거든.
Seonhee: Don't you think buying the tickets on the Internet would be better? You can also select the seats you want to sit on.
리사: 그게 좋겠다. 국립극장 인터넷 사이트에서 할 수 있지?
Lisa: That's a good idea! Can I do it on the National Theater website?
선희: 응, 국립극장 회원이 아니면 먼저 회원가입을 하고서 예매하고 싶은 공연을 선택해.
Seonhee: Yes. If you are not a member, you have to join first, and then choose the performance you want to see.
리사: 번거로울 줄 알았는데 생각보다 간단하네. 알려줘서 고마워.
Lisa: I thought it would be complicated but it seems much easier than I thought. Thank you for informing me.

문법

1. -는다고/ㄴ다고/다고 해서, 냐고 해서, -으라고/라고 해서, -자고 해서

· Meaning and Usage

It is used when one hears a fact or truth and acts based on it. When one hears a fact and acts based on that fact '-는다고 해서' is used. When one hears a suggestion and acts based on it, '-자고 해서' is used. When one listens to a question and acts or answers accordingly, '-냐고 해서' is used. When one receives an instruction from another person and follows it, '-으라고 해서' is used.

· Form

Verb stem ending	Combine with	Example
Consonant (action verb)	-는다고 해서	먹는다고 해서, 입는다고 해서.
Vowel, ㄹ (action verb)	-ㄴ다고 해서	공부한다고 해서, 산다고 해서
Descriptive verb	-다고 해서	작다고 해서 친절하다고 해서

· Examples

주말에 비가 온다고 해서 집에 있기로 했다.
We decided to stay at home this weekend because we heard that it is going to rain.
선희 씨가 비빔밥을 먹자고 해서 우리 모두 비빔밥을 먹었다.
We all ate bibimbap because Seonhee suggested eating it.
아버지가 다음 주에 여행을 가자고 하셔서 제주도에 가게 되었다.
We are going to Jeju Island because my father suggested traveling next week.
영수 씨가 함께 영화를 보지 않겠냐고 해서 함께 영화를 보았다.
We saw a movie because Yeongsu suggested it.
선생님이 일찍 오라고 해서 아침 8시에 학교에 왔다.
We came to school at 8 o' clock, because our teacher told us to come early.

가: 내일 뭐 해요?
A: What are you doing tomorrow?
나: 친구가 같이 한강에 가자고 해서 가려고 해요.
B: My friend asked me to go to the Han River together, so I'm going to go.

가: 왜 아직 집에 안 갔어요?
A: Why haven't you gone home yet?
나: 선생님께서 하실 말씀이 있다고 해서 기다리고 있어요.
B: I'm waiting because the teacher said he had something to say.

· Note

The negative form for action verbs is '-지 않는다고 해

서', and the negative form for descriptive verbs is '-지 않다고 해서'. If it is combined with a noun, you use 'N 이라고/라고 해서' and the negative form is 'N이/가 아니라고 해서'. '-느냐고 해서' is used with action verbs including '있다' and '없다'. '-으냐고 해서' can be used when the descriptive verb stem ends with consonants except for 'ㄹ'.

2. -고서

· **Meaning and Usage**

This is used with an action verb to express a sequence of events, with the second action following the first action. This can be changed to '-고'.

· **Examples**

카드를 넣고서 비밀번호를 누르세요.
Put in your card and then input your PIN.
저는 컴퓨터를 켜고서 필요한 정보를 검색했어요.
I turned on the computer and searched for the necessary information.
어제 저는 친구들과 빨간색 옷을 입고서 축구 경기를 보러 갔어요.
My friends and I dressed in red yesterday and went to watch the soccer game.
저는 친구가 하는 이야기를 듣고서 깜짝 놀랐어요.
I was surprised upon hearing my friend's story.

가: 마리아 씨는 지금 뭘 해요?
A: What is Maria doing now?
나: 대학원을 졸업하고서 한국 회사에 들어갔대요.
B: I was told that she graduated from graduate school and joined a Korean company.

가: 선희 씨, 왜 그래요? 발이 아파요?
A: Seonhee, what's the matter? Does your foot hurt?
나: 네, 어제 구두를 신고서 오래 걸었더니 발이 아파요.
B: Yes, I wore heels and walked for a long time yesterday, so my foot hurts.

▶읽어 봅시다

부산 국제 영화제에 같이 가요!

세계 여러 나라의 영화를 즐길 수 있는 부산 국제 영화제에 가 보고 싶지 않으세요? 하늘의 별 따기라는 영화제 표 예매. 어떻게 해야 하고 어떻게 취소해야 하는지 알려 드리겠습니다. 부산 국제 영화제에서 볼 수 있는 영화는 거의 다 온라인으로만 예약이 가능한데, 작년에 인기 있는 영화는 5분도 되지 않아서 매진되는 일도 있었어요. 만약 부산 영화제에서 꼭 영화를 관람하고 싶으신 분이 있다면 인터넷 예매를 서둘러야 합니다.

하지만 온라인 예매에 실패했다고 해서 영화제에서 영화를 볼 수 없는 것은 아닙니다. 일부 영화는 부산 국제 영화제 매표소에서 표를 살 수 있습니다. 대부분의 영화는 인터넷 사이트에서 표를 예매해야 하지만, 온라인 예매로 매진되지 않은 영화표나 이벤트로 상영하는 영화는 상영 당일 현장에서 표가 판매됩니다. 그러므로 혹시 영화를 예매하지 못했더라도 부산 국제 영화제에 가면 현장에서 영화를 볼 수 있는 기회가 생길 수도 있습니다.

그런데 만약 여러분이 급한 일이 생겨서 영화제에 참석할 수 없으면 어떻게 해야 할까요? 모든 영화표는 취소 후에 환불을 받을 수 있지만 온라인에서 예매한 표는 온라인에서, 매표소에서 구매한 표는 매표소만 환불을 받을 수 있습니다. 또한 영화 상영 시작 30분 전까지만 환불이 가능하고 카드로 결제한 경우 반드시 결제한 카드가 있어야 합니다. 취소했다고 해서 같은 영화표를 다시 예매할 수 없는 것은 아닙니다. 하지만 인기가 많은 작품은 아주 짧은 시간 안에 표가 다시 매진되므로 취소할 때는 신중하게 고민해 보는 것을 추천해 드립니다.

Let's go to the Busan International Film Festival together!

Wouldn't you like to attend the Busan International Film Festival, where you can enjoy films from various countries around the world? Booking tickets for a film festival is practically impossible. Let me explain what you should do and how to cancel. Most films available at the Busan International Film Festival can only be reserved online, and some popular films were sold out in less than five minutes last year. So, if you're eager to watch a film at the Busan Film Festival, you must hurry to make an online reservation.

However, failing to book a ticket online doesn't mean you can't watch films at the festival! You can purchase tickets for some films at the Busan International Film Festival ticket booths. While most films require online reservations, any tickets that haven't been sold out online or tickets for films screened as part of events can be purchased at the festival venue on the day of the screening. Therefore, even if you didn't reserve a ticket, you may have the opportunity to watch films on-site at the Busan International Film Festival.

But what should you do if something urgent comes up and you cannot attend the festival? All film tickets can be canceled for a refund, but online reservations can only be refunded online, and tickets purchased at the ticket booths can only be refunded at the ticket booths. Also, refunds are only possible up to 30 minutes before the film's screening starts, and if you paid by card, you must have the card you used for payment. Canceling your ticket doesn't mean you can't book the same ticket again. However, for highly popular films, tickets can be sold out quickly after cancellation, so we recommend you think carefully before canceling your reservation.

▶들어 봅시다

다니엘: 요즘 재미있는 영화 뭐 있어요?

리사: 친구들이 '첫사랑'이라는 영화가 재미있다고 해서 보려고 하는데 다니엘 씨는 어떨지 모르겠네요. 여자들이 좋아하는 영화라고 해요.

다니엘: 잘됐네요. 여자 친구하고 보러 가려고 했거든요.

리사: 요즘 제 친구들은 만나면 다들 그 영화 얘기뿐이에요. 그 영화를 안 보면 대화에 낄 수가 없을 정도여서 저도 시간을 내서 보러 가려고요. 친구가 정말 감동적이니까 꼭 보러 가라고 했어요.

다니엘: 그럼 이번 주말에 여자 친구하고 꼭 봐야겠는데요.

리사: 이번 주말요? 그럼 좀 서둘러야 할걸요. 주말에는 더 빨리 표가 매진된다고 해요.

다니엘: 그래요? 그럼 당장 오늘 예매해야겠네요. 리사 씨는 어디에서 영화표를 예매해요?

리사: 저는 이 영화관 앱을 이용해서 핸드폰으로 해요. '영화박스'라는 앱인데 상영관 자리도 선택할 수 있어서 정말 편리해요.

다니엘: 그렇군요. 저는 아직 영화표를 인터넷으로 사본 적이 없는데 어떻게 해야 해요?

리사: 이 앱을 다운로드 받아서 이용하면 돼요. 회원가입을 하면 앱으로 예약을 할 수 있어요. 빨리 하면 커플석을 예매할 수도 있으니까 서둘러 보세요.

Daniel: Are there any interesting movies these days?

Lisa: My friends say that the movie "First Love" is interesting, so I'm going to watch it, but I'm not sure if you'll like it too, Daniel. They say it's a movie that women enjoy.

Daniel: That's great. I was planning to watch it with my girlfriend.

Lisa: Lately, whenever I meet my friends, all they talk about is that movie. If I don't watch that movie, I can't join the conversations, so I'm going to make time to see it. My friend told me I must see it because it's really touching.

Daniel: Then I guess I should definitely watch it with my girlfriend this weekend.

Lisa: This weekend? You'll need to hurry. They say tickets sell out even faster on weekends.

Daniel: Really? Then I should buy them today. Lisa, where do you buy movie tickets?

Lisa: I use this movie theater app on my phone. It's an app called "Movie Box" and it's really convenient because you can even choose your seats in the theater.

Daniel: I see. I've never bought movie tickets online before. How do I do it?

Lisa: You just need to download the app and use it. Once you're registered, you can reserve tickets through the app. If you do it quickly, you might even get couple's seats, so hurry.

Unit 4

Section 1. The final scene was impressive

리사: 오늘 공연 어땠어요?

Lisa: What was the performance like?

제임스: 정말 감동적이었어요. 특히 남자 주인공의 목소리가 멋지지 않았어요?

James: It was very touching. Wasn't the male protagonist's voice especially wonderful?

리사: 그래요, 목소리도 멋질 뿐만 아니라 연기도 훌륭했어요. 대사도 재미있었고요.

Lisa: Yes, not only was his voice great, but his acting was also outstanding. The dialogue was funny, too.

제임스: 리사 씨는 어느 장면이 제일 좋았어요?

James: Lisa, which scene did you like the most?

리사: 저는 두 주인공이 다시 만나는 마지막 장면이 제일 인상적이었어요.

Lisa: I was most impressed by the last scene where the two main characters met again.

제임스: 저도요. 저는 이번이 한국에서 본 첫 공연인데 '다음에 좋은 공연이 있으면 또 봐야지' 하고 생각했어요.

James: Me, too. It was my first time to watch a performance in Korea, and I thought, "If there's a good performance next time, I'll come see it again."

문법

1. -을/ㄹ 뿐만 아니라

· Meaning and Usage

This is used with an action or descriptive verb to add something to the preceding content.

· Form

After verbs with a consonant-ending, '-을 뿐만 아니라' is used. After verbs with a vowel-ending, '-ㄹ 뿐만 아니라' is used. In cases where another situation is attached to an already finished situation, '-었을 뿐만 아니라' is used.

· Examples

배우 박재성은 연기를 잘할 뿐만 아니라 노래도 잘한대요.
Not only is the actor Jaeseong Park good at acting, I heard he's also a good singer.
이튼 씨는 성격이 좋을 뿐만 아니라 일도 잘해서 인기가 아주 많아요.
Ethan is very popular because he not only has a good personality, but is great at his work, too.
학교 도서관에는 전공 책뿐만 아니라 다른 종류의 책도 많아요.
The school library not only has textbooks for your major, but many other kinds of books as well.
작년 겨울은 아주 추웠을 뿐만 아니라 눈도 많이 내렸어요.
Not only was it very cold last winter, but it snowed a lot, too.

가: 슈테판 씨, 한국의 비빔밥은 어떤 음식이에요?
A: What kind of food is Korean bibimbap, Stephan?
나: 맛있을 뿐만 아니라 영양도 아주 풍부한 음식이에요.
B: It's not only tasty but also very nutritious.

가: 마이클 씨, 이튼 씨가 그렇게 똑똑하다면서요?
A: Michael, I heard Ethan is really smart. Is that so?
나: 네, 책을 많이 읽을 뿐만 아니라 경험도 많아서 모르는 게 없는 것 같아요.
B: Yes. He not only reads a lot of books, but he also has a lot of experience, so it seems like there's nothing he doesn't know.

2. -어야지/아야지/여야지

· Meaning and Usage

This is used when the speaker talks about an intention which he/she wants to do as if she/he is talking to herself/himself.

· Form

This is attached to action verb stems. After action verbs with vowel-endings other than 'ㅏ, ㅑ, ㅗ', '-어야지' is used. For action verbs end with 'ㅏ, ㅑ, ㅗ', the ending '-아야지' is used. After action verbs with '하다,' the ending '-여야지' is used. If one thinks that one shouldn't do the action, '-지 말아야지' is used.

· Examples

이번 방학에는 제주도에 꼭 가야지.
This summer, I will go to Jeju Island for sure.
고향에 돌아가면 어머니가 해 주신 음식을 많이 먹어야지.
When I go back to my hometown, I will definitely eat a lot of food made by my mother.
내일 아침부터는 운동을 시작해야지.
I am going to exercise from tomorrow morning.
앞으로 텔레비전 보는 시간을 줄여야지.
I am going to reduce my TV time from now on.

가: 올해는 담배를 꼭 끊어야지.
A: I am going to quit smoking this year for sure.
나: 그래, 잘 생각했어. 담배가 그렇게 건강에 나쁘대.
B: Yes, good idea. They say smoking is really bad for your health.

가: 아르바이트해서 돈도 받았으니까 당장 가서 예쁜 가방을 사야지.
A: Since I received money from my part-time job, I'm going to buy a pretty bag right now.
나: 잠깐만. 돈이 생겼다고 펑펑 쓰지 말고 저금을 좀 하는 게 어때?
B: Wait a minute. Instead of spending all that money, why don't you save it?

▶읽어 봅시다

올가을에는 음악을 소재로 한 영화가 특히 많다.
한국 영화로는 음악을 통해 인생의 진짜 꿈을 찾아가는 50대 아저씨들의 이야기를 담고 있는 '아름다운 청춘'과 무명 가수 연습생이 유명한 아이돌이 되는 과정을 사실적으로 보여 주는 '마이 라이프'가 눈길을 끈다.
외국 영화 역시 꽤 많이 준비되어 있다. 외국 영화 중에서는 특히 '음악은 나의 인생'을 추천한다. 이 영화는 영상과 음악을 함께 즐길 수 있는 뮤지컬 영화인데 서울 영화제에서 작품상을 수상한 이후 그 인기가 점점 높아지고 있다.

아일랜드를 배경으로 한 이 영화는 길거리에서 기타를 연주하는 음악가와 체코에서 이민을 온 가난한 소녀의 사랑 이야기이다. 두 사람 사이에는 한 번의 키스 장면도 없지만 음악을 통해 보여 주는 이들의 사랑은 보는 사람의 가슴을 따뜻하게 만들어 준다. 마지막 장면에서 피아노와 기타로 만들어 내는 그들의 연주와 노래는 아름다울 뿐만 아니라 감동적이다. 이 영화 전체에서 가장 인상적인 장면이라고 할 수 있다. 실제 음악가인 두 남녀 주인공의 뛰어난 연주 실력과 꾸미지 않은 연기가 돋보인다.
가족과 함께 그리고 연인과 함께 보기에 좋은 이 영화는 20일 개봉 예정이다.

연세일보 이윤아 기자

This fall, there are many movies with music as the central theme.
In Korean cinema, the films "Beautiful Youth," which tells the story of middle-aged men in their 50s who find their true dreams through music, and "My Life," which realistically portrays the journey of an unknown singer-trainee becoming a famous idol, are attracting attention.
There are also quite a few foreign movies that are screening. Among them, I especially recommend "Music is My Life." This movie is a musical film where you can enjoy both imagery and music, and it's been gaining popularity since it won the Best Picture award at the Seoul Film Festival.
Set in Ireland, the film is a love story between a street musician playing the guitar and a poor girl who emigrated from the Czech Republic. While there's not a single kissing scene between them, their love, portrayed through music, warms the hearts of viewers. The final scene, with their impressive piano and guitar performance, is not only beautiful but also touching. It can be considered the most memorable scene in the entire film. The exceptional musical talent and genuine acting skills of the two lead characters, who are actual musicians, really stand out.
This movie, which is great to watch with family and loved ones, is scheduled to be released on the 20th of this month.

Yonsei Ilbo, Reporter Lee Yuna

▶들어 봅시다

남자: 와, 오늘 공연 정말 좋았지?
여자: 응. 말로만 듣던 그 공연을 직접 보니까 더욱더 감동적이던데.
남자: 그래. '백문이 불여일견'이라고 백 번 듣는 것보다 내 눈으로 직접 한 번 보는 게 훨씬 더 나았어.
여자: 맞아. 배우들이 연기도 잘할 뿐만 아니라 노래와 춤 모두 다 너무 좋았어.
남자: 마지막 장면의 노래는 정말 신나지 않았니?
여자: 아, 그 장면? 맞아. 나도 모르게 같이 노래를 따라 불렀어.
남자: 요즘 시험 공부 때문에 힘들었는데 이 공연을 보고 나니까 그동안 쌓인 스트레스가 확 풀리는 것 같아.
여자: 나도 그래. 우리 2차로 시원한 맥주 한잔하면서 남은 스트레스를 완전히 풀어 볼까?
남자: 그래. 좋아. 가자.

Man (in his 20's): Wow, the performance today was amazing, wasn't it?
Woman(in her 20's): Yes, it was. Seeing the performance, which I'd only heard about, in person was really moving.
Man: Yes. There is a saying, "Seeing is believing", meaning that seeing something with your own eyes once is much better than hearing about it a hundred times.
Woman: You're right. The actors not only acted well but their singing and dancing were also fantastic.
Man: Wasn't the song in the final scene really exciting?
Woman: Oh, that scene? Yes, it was. I found myself singing along without even realizing it.
Man: Lately, I've been stressed out because of exams, but after seeing this performance, it feels like all the stress that had built up is melting away.
Woman: I feel the same way. How about we go for a second round with some cold beer to completely unwind the remaining stress?
Man: That sounds great. I'm in. Let's go.

Unit 4

Section 2. It was really worth seeing

다니엘: 재미있는 공연 좀 추천해 주세요. 주말에 친구하고 같이 보려고요.
Daniel: Can you recommend me a good performance? I want to see something with my friend this weekend.
엠마: 한국 전통 음악은 어때요? 사물놀이 공연이 정말 볼 만하던데요.
Emma: How about Korean traditional music? The samulnori performance is really worth watching.
다니엘: 전 한 번도 본 적이 없는데 한국 전통 음악이면 조용한 분위기인가요?
Daniel: I've never seen it before. Is Korean traditional music associated with a quiet atmosphere?
엠마: 아니에요, 저도 지루할 줄 알았는데 흥겹고 재미있었어요. 스트레스가 확 풀리던데요.
Emma: No. I thought it would be boring too, but it was exciting and fun. My stress was completely relieved.
다니엘: 그래요? 그럼 친구한테 물어보고 결정해야겠어요.
Daniel: Really? I will ask my friend and then decide.
엠마: 그 공연은 인기가 많으니까 예매를 서둘러야 할걸요.
Emma: You'd better hurry and buy the tickets in advance because the performance is very popular.

문법

1. -을/ㄹ 만하다

· Meaning and Usage

This is used with an action verb to state that it is all right to carry out a certain action, or to reinforce that a given action is worth it.

· Form

After verbs with a consonant-ending, '-을 만하다' is used, and after verbs with a vowel-ending, '-ㄹ 만하다' is used.

· Examples

요즘 상영하고 있는 영화 중에서는 '아름다운 꿈'이 볼 만해요.
Among the movies being shown these days, "Beautiful Dream" is worth watching.
외국인이 읽을 만한 한국 소설책 좀 추천해 주세요.
Please recommend some Korean novels that are worth reading for foreigners.
이정희 씨가 이번에 과장이 됐는데 그 정도 실력이면 될 만하죠.
Jeonghee Lee was promoted to Director, and given her abilities, she deserves it.
휴대 전화가 좀 오래되기는 했지만 아직 쓸 만해요.
This cell phone is pretty old, but it's still usable.

가: 한국 음식 중에서 뭐가 제일 맛있어요?
A: What's the most delicious Korean food?
나: 불고기가 먹을 만해요. 한번 드셔 보세요.
B: Bulgogi is worth eating. You should try it.

가: 정우 씨가 이번에 장학금을 받았대요.
A: I heard Jeongwoo received the scholarship.
나: 정우 씨는 받을 만해요. 진짜 열심히 공부했어요.
B: Jeongwoo deserves it. He studied really diligently.

· Note

This cannot be used with a descriptive verb.

2. -을걸요/ㄹ걸요

· Meaning and Usage

This is used with an action or descriptive verb when a speaker makes a guess regarding something that has not happened or something that he/she is unsure about.

· Form

After verbs with a consonant-ending, '-을걸요' is used, and after verbs with a vowel-ending, '-ㄹ걸요' is used. If one assumes a situation has already ended, '-었을걸요 ' is used. '-을걸' is used for close friends or people who are younger in age or lower in hierarchy.

· Examples

유키 씨는 바빠서 못 올걸요.
I don't think Yuki will be able to come because she's busy.
방학이니까 금요일에도 극장에 사람이 많을걸요.
It's vacation, so the theater will probably be packed with people even on Fridays.
김 선생님 아들이 3년 전에 고등학생이었으니까 지금은 대학생일걸요.
Mr. Kim's son was a high school student three

years ago, so he's probably a college student now.
영수 씨는 퇴근하면 보통 집으로 바로 가니까 벌써 집에 갔을걸요.
Yeongsu usually goes straight home after work, so he's probably at home right now.

가: 레오 씨 전화번호를 아는 사람이 있어요?
A: Is there anyone who knows Leo's phone number?
나: 아마 주앙 씨가 알걸요.
B: Juang probably knows it.

가: 한영 씨가 부산에 잘 도착했을까요?
A: Do you think Hanyeong arrived safely in Busan?
나: 출발한 지 세 시간이나 지났으니까 벌써 도착했을걸요.
B: It's been about three hours, so he must have already arrived by now.

· Note

This is usually used when responding to somebody in a conversation.

▶읽어 봅시다

나의 인생 공연을 소개합니다!

시간이 흐를수록 더욱 생각나고 길을 걷다가도 떠오르는 좋은 공연들이 있습니다. 잊을 수 없는 장면, 늘 귀에서 맴도는 음악을 여러분과 나누고 싶습니다.

먼저, 뮤지컬 '지저스 크라이스트 슈퍼스타'를 소개합니다. 예수의 마지막 일주일 동안의 이야기를 노래한 뮤지컬입니다. 아름답고 감동적인 노래가 특징이지요. 예수를 사랑하는 마리아가 부르는 '내가 그분을 어떻게 사랑해야 하나요'는 너무나 유명한 노래입니다. 보시면 후회하지 않으실 거예요.

또 하나의 환상적인 뮤지컬 '캣츠'도 인생에서 한번은 꼭 봐야 합니다. 이 작품은 고양이가 사람처럼 춤추고 노래하는 뮤지컬입니다. 음악과 춤 그리고 웃음을 주는 이야기가 아주 감동적입니다. 아름다운 달빛 아래에서 고양이가 부르는 노래 '메모리'는 매회 관객들이 따라 부를 정도로 유명하답니다. 아이와 함께 가셔도 좋습니다.

'라따뚜이'를 아직 안 보셨다고요? '라따뚜이'는 파리에서 최고의 요리사를 꿈꾸는 작은 쥐가 성공하는 이야기입니다. 자신감을 찾고 싶으신 분은 꼭 보셔야 할 영화입니다. 애니메이션이어서 등장인물들이 아주 귀엽습니다. 이 영화를 보고 나면 아주 간단한 음식도 정성이 들어가면 훌륭한 요리가 된다는 생각을 하시게 될 겁니다. 안 보시면 후회하실걸요.

온 몸으로 감상하는 공연, 나도 모르게 춤을 추게 되는 신나는 '사물놀이'를 빼 놓을 수 없습니다. 네 개의 악기를 신나게 두드리고 큰 소리로 소리를 지를 때는 나도 따라 소리도 지르고 춤을 추게 됩니다. 악기 소리에 맞춰 어깨를 흔드는 동안 공연 시간이 정말 빨리 지나가 버렸습니다. 한국 문화에 관심이 있는 분은 꼭 한번 볼 만한 공연입니다. 저는 이 공연은 아마 평생 잊지 못할 것입니다. 여러분도 꼭 한번 가 보세요.

Introducing the performance of my life!

As time goes by, there are good performances that I continue to remember and that come to mind as I walk along the road. I want to share with you unforgettable scenes and music that always rings in my ears.

First, I'd like to introduce the musical 'Jesus Christ Superstar'. It tells the story of Jesus's last week through song. It is known for its beautiful and moving music. "I Don't Know How to Love Him", sung by Mary who loves Jesus, is an incredibly famous song. You won't regret watching it.

Another fantastic musical you must see at least once in your life is "Cats". This production features cats dancing and singing like humans. The music, the dancing, and the heartwarming story are truly touching. The song "Memory," sung by a cat under the beautiful moonlight, is so famous that the audience sings along every performance. It's a show you can enjoy with your children as well.

Haven't seen "Ratatouille" yet? "Ratatouille" tells the story of a little mouse that achieves its dream of becoming a top chef in Paris. If you want to build your confidence, you must watch this film. Since it's an animated movie, the characters are very cute. After watching this film, you'll realize that even simple dishes become exquisite meals if you put a lot of effort into them. You'll regret it if you don't see it.

You can't miss the exciting "Samulnori", a lively performance that you can enjoy with your whole body and even find yourself dancing along. When they play the four instruments energetically and shout loudly, you can't help but join in the fun. Time passed really quickly as I shook my shoulders to the sound of the instruments. If you're interested in Korean culture, this is a performance worth seeing. Personally, I will never forget this show for the rest of my life. I strongly recommend that you see it too.

▶들어 봅시다

남자: 볼 만한 공연이 있으면 하나 추천해 주세요. 오랜만에 시간이 좀 있어서 보러 가려고요.

여자: 바이올린 연주 좋아해요? 국립극장에서 일하는 제 친구가 유명한 연주자가 왔다고 추천해 줘서 봤는데 정말 좋았어요.

남자: 클래식 음악을 모르면 지루하지 않을까요? 제가 사실 클래식 음악을 잘 듣지 않아서요.

여자: 저도 지금까지 클래식 음악회는 수면제 같을 거라고 생각해서 가 본 적이 없었는데 이번 공연을 보고 생각이 바뀌었어요. 넓은 극장에서 직접 듣는 바이올린 소리가 얼마나 아름다웠는지 몰라요. 공연 시간이 한 시간 반이었는데 그 시간이 짧게 느껴질 정도로 환상적이고 감동적이었어요. 한번 가 보세요. 절대 후회하지 않으실걸요.

남자: 그래요? 클래식은 어렵고 지루할 거라고만 생각했는데 저도 이번에 한번 도전해 봐야겠어요. 그런데 유명한 공연이라서 표를 쉽게 구할 수 있을지 모르겠어요.

여자: 어제 첫 공연을 시작했으니까 아직 표가 좀 있을걸요. 지금 바로 찾아 보세요.

남자: 좋은 공연 추천해 줘서 고마워요. 당장 예매해야겠어요.

Man: Can you recommend a good performance? It's been a while since I've had some free time, so I want to go see one.

Woman: Do you like violin music? My friend who works at the National Theater recommended it to me when a famous violinist came, and it was really great.

Man: Won't it be boring if you don't know classical music? I actually don't listen to classical music much.

Woman: I had never been to a classical concert before because I thought that it would be like taking sleeping pills, but my perspective changed after watching this performance. I had no idea how beautiful listening to a violin in a large theater could be. The performance was about an hour and a half, but it was so fantastic and moving that the time felt too short. You should see it. You won't regret it.

Man: Really? I always thought classical music would be difficult and boring, but I should give it a try this time. However, it's a famous performance, so I'm not sure if I can easily get tickets.

Woman: They just started their first performance yesterday, so there might still be some tickets available. Check right now.

Man: Thanks for recommending such a good performance. I should make a reservation right away.

Unit 5

Section 1. My friend was on the news yesterday

리사: 지난번에 이야기했던 언니 친구가 어제 뉴스에 나오던데.

Lisa: The friend you told me about last time was on the news yesterday.

선희: 응, 프랑스 파리에서 패션쇼를 했는데 평이 좋은 모양이야.

Seonhee: Yes. She did a fashion show in Paris, and it seemed to get good reviews.

리사: 한국에서도 유명했었어?

Lisa: Was she famous in Korea?

선희: 실력을 인정받기는 했지만 그렇게 유명하지는 않았어.

Seonhee: She was recognized for her skills, but she wasn't that famous.

리사: 요즘도 자주 만나?

Lisa: Do you meet her often nowadays?

선희: 친구가 너무 바빠서 겨우 전화만 할 뿐이야.

Seonhee: She is so busy that we only manage to talk on the phone.

문법

1. -는/은/ㄴ 모양이다

· Meaning and Usage

This is used with an action or descriptive verb to speculate about something based on what you've seen or heard.

· Form

After an action verb stem and '있다' or '없다', '-는 모양이다' is used, and following a descriptive verb stem ending in a vowel or 'ㄹ', '-ㄴ 모양이다' is used. For all other descriptive verb stems ending in a consonant, '-은 모양이다' is used.

Verb stem ending	Combine with	Example
Action verb, 있다, 없다	-는 모양이다	가는, 있는, 없는 모양이다
Consonant (Descriptive verb)	-은 모양이다	좋은, 싫은 모양이다
ㄹ, vowel (Descriptive verb)	-ㄴ 모양이다	먼, 피곤한 모양이다

· Examples

실력이 점점 좋아지는 걸 보면 요즘 연습을 열심히 하는 모양이에요.
It seems like you've been practicing very hard these days, as your skills are progressively improving.
호명 씨 표정이 밝은 걸 보니 기분이 좋은 모양이에요.
It seems Homyeong is in a good mood, considering his bright expression.
경찰차가 앞에 있는 걸 보니 사고가 난 모양이에요.
It seems there's been an accident, considering the police car stopped out on front.
하늘이 갑자기 흐려지는데요? 비가 올 모양이에요.
The sky is growing dark all of a sudden. It seems like it's going to rain.

가: 출발할 시간이 다 됐는데 왜 안 올까요? 연락해 보세요.
A: It's time to leave. Why isn't he coming? Give him a call.
나: 에디 씨가 좀 늦을 모양이에요.
B: It seems Eddie is running a bit late.

가: 날이 이렇게 추운데 사람들이 빵집 앞에 줄을 서서 기다리고 있어.
A: It's so cold and yet, people are still standing in line outside that bakery.
나: 이 집 빵이 맛있는 모양이네. 우리도 먹어 볼까?
B: That bread at this place must be delicious. Should we try some too?

2. -을/ㄹ 뿐이다

· Meaning and Usage

This is used with an action or descriptive verb to show that there is nothing in addition to what has been stated. It also conveys a tone of diminished value or importance regarding the preceding content.

· Examples

그 사람 이름만 알 뿐이에요. 다른 것은 잘 몰라요.
I only know that person's name. I don't know anything else.
건강이 좋아진 특별한 방법은 없어요. 아침마다 산책을 했을 뿐이에요.
There isn't any secret method to my health improving. All I did was take a walk every morning.
고맙기는요. 시간이 있어서 조금 도왔을 뿐이에요.
No need to thank me. I just helped out because I had some time to spare.
미정 씨는 같은 반 친구일 뿐이에요. 제 여자 친구가 아니에요.
Mijeong is just a friend from class. She's not my girlfriend.

가: 영수 씨, 얼굴이 안 좋아 보여요. 어디 아프세요?
A: Yeongsu, you don't look well. Are you sick?
나: 괜찮아요. 좀 피곤할 뿐이에요.
B: I'm okay. I'm just tired.

가: 도와주셔서 감사합니다.
A: Thank you for your help.
나: 감사하기는요. 제가 해야 할 일을 했을 뿐입니다.
B: No need for thanks. I just did what I had to do.

· Note

This can be used to speak of something you have done in a humble manner.

▶읽어 봅시다

제 친구 데이비드를 소개합니다.

제가 데이비드를 알게 된 것은 한 3년쯤 전입니다. 우리는 만난 지 얼마 지나지 않아서 아주 좋은 친구가 되었습니다. 회사원인 부인과 함께 두 아들을 키우고 있는 데이비드는 요리사인데 이탈리아 식당에서 일하고 있습니다.
어느 날 같이 커피를 마시면서 이야기를 하다가 이 친구와 제가 같은 전공이라는 것을 알고 놀랐습니다. 제가 전공과 관련된 일을 하지 않고 요리사가 된 특별한 이유가 있냐고 물으니까 친구는 음식을 만드는 일이 너무 좋았을 뿐이라고 했습니다. 그리고 자기가 만든 음식을 다른 사람이 행복한 마음으로 먹어 줄 때 제일 기뻤기 때문에 망설임 없이 요리사가 되었다고 했습니다.
얼마 전에 광화문 근처에 갔다가 그 친구가 일하는 식당에 놀러 간 일이 있었습니다. 친구는 행복한 미소를 지으며 손님들하고 이야기를 하고 있었습니다. 저는 그 모습을 보고 무슨 일을 하든지 자기가 하는 일에 만족을 하면서 기쁜 마음으로 일을 하는 사람이 이 세상에서 가장 행복한 사람이 아닐까 하는 생각을 하게 되었습니다.

Let me introduce my friend, David.
I got to know David around three years ago. We became very good friends shortly after we met. David, who is raising two sons with his office-working wife, works as a chef at an Italian restaurant.
One day, while having coffee together, I was surprised to learn that David and I shared the same major in college. I asked him if there was a particular reason he became a chef instead of working in a job related to his major, and David explained that he simply loved the act of preparing food. He also said that he became a chef without any hesitation because his greatest joy was seeing people enjoy the meals he cooked.
Not long ago, I went near Gwanghwamun and visited the restaurant where my friend works. I saw him talking with the customers, wearing a happy smile. Seeing him in that moment made me reflect on how someone who finds contentment and joy in their work, no matter what it may be, could possibly be one of the happiest people in the world.

▶들어 봅시다

남자: 미선아, 너 요즘 만나는 사람 있니?
여자: 아니, 없어. 좋은 사람이 있으면 만나고 싶은데 좀처럼 기회가 없네.
남자: 그럼 내 친구 중에 정말 괜찮은 친구가 있는데 한번 만나볼래? 너랑 같은 직업이야.
여자: 그래? 어떤 사람인데?
남자: 김영수라는 친구인데 부산에서 태어나고 자랐어.
여자: 그렇구나, 그런데 이 친구와는 어디에서 만났어?
남자: 대학교 동아리에서 처음 만났어. '미술 사랑'이라는 동아리인데 그림에 관심이 있는 친구들이 모여서 만든 동아리거든. 영수가 농담도 잘하고 항상 웃는 얼굴이라 친구들에게 정말 인기가 좋았어.
여자: 그럼 그분 전공도 그림과 관련된 거야?
남자: 아니, 전공은 경영이었어. 그런데 한국 대학교 졸업하고 나서 의상 디자인을 배우려고 프랑스로 유학을 갔어. 경영학보다 새로운 전공이 더 잘 맞았던 모양이야.
여자: 전공을 바꾸는 것이 쉽지 않은데, 용기가 있는 분이구나.
남자: 응, 프랑스 학교를 졸업하고 10년 정도 디자이너로 활동하다가 얼마 전에 한국에 왔어. 프랑스에서 꽤 유명해졌다고 들었어. 정말 괜찮은 친구니까 한번 만나 봐.
여자: 그래, 한번 만나보고 싶어. 같은 직업이어서 그런지 더 할 얘기가 많을 것 같아.
남자: 좋아. 그럼 내가 연락처를 줄 테니까 둘이 시간 약속 잡아 봐. 나는 안 나가도 되지?

Man: Hey, Miseon, are you meeting anyone special these days?
Woman: No, not really. I'd like to meet someone nice, but I rarely get the chance.
Man: Well, I have a friend who's really great. Would you like to meet him? He shares the same profession as you.
Woman: Really? What's he like?
Man: His name is Kim Youngsu, and he was born and raised in Busan.
Woman: I see. How did you meet this friend?
Man: We first met in a college club. It's called "Art Lovers," a club founded by people interested in art. Youngsu was very popular among our friends because he was great at cracking jokes and always had a smile on his face.
Woman: Then did he major in something related to art?
Man: No, his major was in business. But after graduating from Korean university, he went to France to study fashion design. It seems like the new major suited him better than business.
Woman: Changing majors is not easy, he must be a courageous person.
Man: Yes, he graduated from an French school and worked as a designer for about 10 years before coming back to Korea recently. I heard he became quite famous in France. He's a really cool guy, so you should meet him.
Woman: Okay, I'd like to meet him. Since we share the same profession, I think we'll have a lot to talk about.
Man: Great, I'll give you his contact information so you two can arrange a meeting. I don't need to be there, do I?

Unit 5

Section 2. It's not easy to donate a lot of money

제임스 : 너 그 소식 들었니?

James: Did you hear the news?

마리아 : 무슨 이야기? 혹시 학교 앞에서 떡볶이 파시던 그 아주머니 이야기 말이야?

Maria: What news? By any chance, do you mean the story about the lady who sells tteokbokki in front of school?

제임스 : 응, 너도 들었구나. 20년 동안 번 돈을 학교에 기부했다는 이야기를 듣고 깜짝 놀랐어.

James: Yes, you heard it too! I was so surprised when I heard that she donated the money that she earned during the last 20 years to the school.

마리아 : 나도. 그렇게 큰돈을 기부하기란 쉬운 일이 아닌데.

Maria: Me too. Donating such a big amount of money is not an easy thing.

제임스 : 맞아. 떡볶이를 팔아서 그 돈을 모았다는 것도 놀라웠어.

James: That's right. I was even more surprised when I heard that she saved all that money from selling tteokbokki.

마리아 : 아주머니는 자신처럼 돈이 없어 공부를 못한 사람을 돕고 싶었던 것 같아. 정말 대단하지.

Maria: It seems like she wanted to help people like herself who couldn't study because they didn't have money. It's really wonderful.

문법

1. -기란

· Meaning and Usage

It is used to explain or emphasize an action that is made to be the main topic of conversation.

· Form

It is attached to the verb stem.

· Examples

옛날에는 여자가 취직하기란 하늘의 별따기였다.

In the past, it was very difficult to get a job as a woman.

계획을 하기는 쉬운데 실천에 옮기기란 아주 어렵다.

It is easy to plan things but very difficult to put them into action.

날마다 아침 6시에 일어나기란 여간 어려운 일이 아니에요.

It is very difficult to wake up at 6 am every morning.

인터넷에서 자신에게 필요한 정보를 찾아내기란 그리 쉬운 일이 아니었다.

It was not that easy to search for resources one needed on the Internet.

가: 선생님께 한국말로 편지를 쓰는데 생각보다 너무 어렵네요.

A: I am writing a letter to my teacher in Korean, but it's more difficult than I thought.

나: 그럼요. 외국어로 편지를 쓰기란 쉬운 일이 아니에요.

B: Of course. Writing a letter in a foreign language is not easy.

가: 일주일에 세 번 이상 운동을 하려고 하는데 성공한 적이 없어요.

A: I try to exercise more than three times a week, but I've never been successful.

나: 꾸준히 운동하기란 정말 어려운 일인 것 같아요.

B: I think it's really difficult to exercise consistently.

2. -었던/았던/였던 것 같다

· Meaning and Usage

This expression is used when one cannot remember something clearly or when one assumes something by observing a situation. It is attached to verb stems. After all action verbs or descriptive verbs ending with vowels except of '아,야,오', '-었던 것 같다' is used and after action verbs and descriptive verbs ending with with '아,야,오' '-았던 것 같다' is sued. After verbs ending with '하다' '-였던 것 같다' is used.

· Examples

이 기사 언제 한 번 읽었던 것 같다.

I think I read this article once.

내 기억으로는 이 근처에 학교가 있었던 것 같다.

As far as I can remember, there should be a school nearby.

학생 때가 좋았던 것 같다. 사회에 나오니 너무 힘들다.

I think that the student life was a good time. It is very difficult being in the working world.

집에 누가 왔던 것 같다. 냉장고에 있던 음식이 없어졌다.

It seems that somebody came by at my house. The food in the refrigerator is gone.

가: 지훈 씨, 여기에 공원이 있는 것을 어떻게 알았어요?

A: Jihoon, how did you know there's a park here?

나: 확실하지는 않지만 어렸을 때 한 번 와 봤던 것 같아요.

B: I'm not sure, but I think I came here once when I was young.

가: 선영 씨는 예전에도 지금처럼 성격이 얌전했나요?
A: Was Sunyoung's personality as quiet as it is now?
나: 10년 전에 처음 만났을 때는 지금보다 활발하고 적극적이었던 것 같아요.
B: When I first met her ten years ago, she seemed more lively and active than she is now.

▶읽어 봅시다

김밥 할머니, 평생 모은 돈 고아원에 기부

여러 사건으로 씁쓸함이 남는 뉴스가 많은 가운데 최근 우리의 마음을 따뜻하게 해주는 미담이 있다. 미담의 주인공은 김연순 할머니(72세). 김 할머니는 지난 19일 서울에 있는 한 고아원에 2억 원을 기부했다. 2억 원은 김 할머니가 그동안 결혼도 하지 않고 혼자 살면서 김밥 장사를 하여 모은 전 재산이다.

김 할머니는 어렸을 때 일찍 부모님을 잃고 고아원에서 자랐다고 한다. 처음에는 고아원 생활이 어렵기도 했지만, 고아원에서 만난 친구들과 김 할머니를 자신의 자식처럼 보살펴 주신 선생님들 덕분에 행복한 마음으로 살았다고 한다. 그러나 고아원을 나온 이후 모든 일을 혼자 책임져야 했던 김 할머니는 많은 고생을 했지만 늘 사람들에게 감사하는 마음을 잊지 않았다. 고아원에서 자신을 돌봐주신 선생님들의 고마움을 잊지 않고자 틈만 나면 여러 가지 봉사 활동을 해 왔다고 한다. 아무리 고마운 마음이 있더라도 그것을 행동으로 옮기기란 쉬운 일이 아니기에 다수의 신문사에서 김 할머니에게 기부에 대한 인터뷰를 요청했으나 김 할머니는 사진을 찍고 싶지 않다고 하면서 "해야 할 일을 했을 뿐"이라고 겸손해했다.

"Gimbap Grandma" donates her lifelong savings to an orphanage

Amidst many recent news stories that have left us feeling bitter due to various incidents, a heartwarming tale has touched our hearts. The protagonist of this heartwarming story is 72-year-old Grandma Kim Yeonsoon. On the 19th of last month, Grandma Kim donated 200 million won to an orphanage in Seoul. This 200 million won is Grandma Kim's entire fortune, which she made by selling gimbap whilst being unmarried and living alone.

She mentioned that she grew up in an orphanage after losing her parents at a young age. At first, life in the orphanage was challenging, but thanks to the friends she made there and the teachers who cared for her like their own child, Grandma Kim could live with a happy heart. However, after leaving the orphanage, she had to bear all responsibilities on her own but despite facing many hardships, she never forgot to be grateful to others.

She participated in various volunteer work whenever possible to remember her gratitude to the teachers who looked after her in the orphanage. No matter how grateful you are, it is not easy to put that into action, so many newspaper companies asked Grandma Kim for an interview about her donation. However, she humbly declined, stating that she didn't want to be photographed, and said, "I just did what I had to do."

▶들어 봅시다

남자: 다음 뉴스입니다. 지난 6월 5일 오전 11시 즈음, 김순희 씨는 얼마 전에 산 새 차에 어머니와 아들을 태우고 강가에 나갔다가 강 속으로 차가 빠지는 사고를 당했습니다. 자동차는 물속으로 깊이 빠지기 시작했고, 마침 근처에서 낚시를 하던 최 씨가 이 광경을 보고 119에 신고를 했습니다. 최 씨는 근처에 있던 로프를 들고 강 속으로 뛰어 들어가 로프를 차에 걸고 주변 사람들의 도움을 받아 차를 끌어냈다고 합니다.

여자: 구조자도 함께 물에 빠질 수 있는 위험한 상황이었을 텐데요.

남자: 그렇습니다. 이 사실을 알게 된 김 씨의 남편 이동필 씨가 신문사에 최 씨의 용기 있는 행동을 알렸는데요. 최 씨는 자신뿐만이 아니라 누구라도 그 자리에 있었다면 세 가족을 도왔을 것이라며 인터뷰를 사양했습니다. 또한 칭찬을 받기 위해 한 행동이 아니라 도움이 필요한 사람을 보고 몸이 저절로 움직였던 것 같다고 했습니다. 이동필 씨는 "장모님과 아내, 아들을 구해준 분이 너무 고마워서 어떻게든 이러한 미담을 알리고 싶었다."고 전했습니다.

Man: And now for the next news. On June 5th, around 11 AM, a woman named Kim Sunhee took her mother and son to the river in a new car she had recently purchased, and got into an accident where the car fell into the river. The car began sinking into the water, and luckily, a man named Choi, who happened to be fishing nearby, witnessed the incident and called 119. Choi grabbed a rope that was nearby and jumped into the river, attaching the rope to the car. With the help of bystanders, they managed to pull the car out of the water.

Woman: That sounds like a dangerous situation where the rescuer could have also ended up in the water.
Man: Absolutely. Kim's husband, Mr. Lee Dongpil, who learned about this incident, contacted the newspaper to share Choi's courageous act. Choi refused to be interviewed, saying that he believed anyone in the same situation would have helped the family of three. He also mentioned that he didn't do it to get praise, but that his body seemed to move on its own when he saw people in need. Lee Dongpil said, "I was so grateful for the person who saved my mother-in-law, wife, and son that I wanted to do anything to share this heartwarming story."

Unit 6

Section 1. Let me greet my grandmother first.

큰어머니: 어서 와라. 오는데 힘들었지?
Aunt: Please, come in. It was a tough journey to get here, wasn't it?
수영: 아니에요, 큰어머니. 그동안 안녕하셨어요? 잔치 준비로 고생하셨지요?
Sooyoung: Not at all, Aunt. How have you been? You must gone through a lot of trouble to prepare this feast, right?
큰어머니: 아니다. 고생은 무슨. 그런데 배고프지 않니? 빈대떡이라도 좀 먹을래?
Aunt: No, it was okay. By the way, aren't you hungry? Would you like some mung-bean pancakes?
수영: 우선 할머니께 인사부터 드리고요. 지금 방에 계시지요?
Sooyoung: Let me greet grandmother first. Is she in her room?
큰어머니: 응, 그럼 네가 이 빈대떡 좀 할머니께 가져다 드릴래? 안 그래도 지금 갖다가 드리려던 참이었거든.
Aunt: Yes, then could you take some of this mung-bean pancake to grandmother? I was just about to give some to her.
수영: 네, 주세요. 제가 갖다가 드릴게요.
Sooyoung: Yes, sure. Please give it to me. I will take it to her.

문법

1. 이라도/라도

· Meaning and Usage

This is used with a noun when making the best possible choice when your best options are not available.

· Form

'이라도' is used when the noun stem ends with a consonant, and '라도' is used when it ends with a vowel.

Noun ending	Combine with	Example
Consonant	이라도	저녁이라도, 등산이라도
Noun	라도	영화라도, 커피라도

· Examples

오늘 바쁘면 내일이라도 만납시다.
If you are busy today, let's meet tomorrow.
집에 밥이 없으면 라면이라도 주세요.
If there is no rice at home, then at least give me ramen, please.
도와줄 사람이 없으면 저라도 노라 씨를 도와드릴게요.
If there is no one to help you, Nora, I will help.
돈이 없어서 여행을 가려면 아르바이트라도 해야겠어요.
I don't have money, so if I want to travel, I have to get a part-time job.

가: 할 일이 없어서 너무 심심해.
A: I'm so bored because I have nothing to do.
나: 그럼 이 잡지라도 볼래?
B: Then would you like to read this magazine?

가: 명절 때 바빠서 고향에 못 갈 것 같아요.
A: I don't think I can go to my hometown because I'll be busy during the holidays.
나: 그럼 부모님께 전화라도 드리세요.
B: Then at least give your parents a call.

2. -어다가/아다가/여다가

· Meaning and Usage

This is used with an action verb to state that a certain action is taken at a certain location and with the results of that action, another action is taken at a different location.

· Form

'-아다가' is used when the verb stem ends with 'ㅏ, ㅗ'. '-어다가' is used when it ends with the vowels 'ㅓ, ㅜ, ㅡ, ㅣ,' and '-여다가'(해다가) is used when it ends with '하-'.

· Examples

고향에 갈 때 어머니께 화장품을 사다가 드렸더니 아주 좋아하셨어요.
When I went back home, I bought cosmetics and gave them to my mom, and she loved it.
오빠, 은행에서 돈 좀 찾아다가 줄 수 있어?
Brother, could you withdraw some cash from the bank and give it to me?
은하 씨, 머리가 너무 아파요. 약 좀 사다가 주세요.
Eunha, my head hurts so much. Please buy me some medicine.
저는 아침마다 할아버지께 신문을 가져다가 드려요.
Every morning, I pick up the newspaper and give it to my grandfather.

가: 배고프지? 우리 김밥이라도 사다가 먹을까?
A: Are you hungry? How about we buy some gimbap to eat?
나: 그래. 떡볶이도 사다가 먹자.
B: All right. Let's also buy some tteokbokki to eat.

가: 이번 학기에 필요한 책을 좀 사야겠어요. 저하고 같이 서점에 가실래요?
A: I need to buy some books for this semester. Do you want to go to the bookstore with me?
나: 저는 도서관에서 빌려다가 보려고요.
B: I'm going to borrow it from the library and read it.

· Note

This expression cannot be used with descriptive verbs or intransitive verbs.

▶읽어 봅시다

한국에서는 예순 살이 되면 회갑 잔치를 한다. 특별히 예순 살 생일에 큰 잔치를 하는 이유는 무엇일까? 예순 살 생일은 어떤 특별한 의미를 가지고 있는 것일까?
물론 예순 살까지 건강하게 오래 사신 것을 축하하는 의미가 있다. 예전에는 평균 수명이 지금처럼 길지 않아서 예순 살까지 사는 사람이 많지 않았다. 그래서 집안의 어른이 예순 살이 되면 잔치를 열어서 가족은 물론 친척과 동네 사람들까지 모두 모여 함께 축하하고 기뻐했다. 그러나 단순히 건강하게 오래 살았다는 의미에서만 예순 살 생일을 축하하는 것은 아니다. 60세 생일에는 특별한 의미가 있다.
한국에서는 '띠'라는 것이 있는데 모든 한국 사람들은 태어날 때 그해의 동물을 띠로 갖게 된다. 그 동물로는 쥐, 소, 호랑이, 토끼, 용, 뱀, 말, 양, 원숭이, 닭, 개, 돼지가 있다. 그런데 동물이 모두 열두 마리이기 때문에 12년마다 다시 자기 띠가 돌아온다. 이렇게 12년씩 다섯 번을 돌아서 60세가 되면 사람이 다시 태어나는 것과 같다고 생각했다. 그래서 '인생은 60부터'라는 말도 생겼다고 한다.
그러나 요즘은 수명이 길어져서 보통 80세 이상 살다가 보니 회갑 잔치를 하지 않는 사람들이 많아지고 있다. 예순 살 생일에 회갑 잔치를 하는 대신에 여행을 가거나 가족끼리 모여 식사를 하는 것으로 60세 생일의 특별한 의미를 기념하고 있다.

In Korea, when you turn 60 years old, you have a 60th birthday celebration. Why do we have a big party especially on our 60th birthday? What special meaning does your 60th birthday have?
Of course, the primary reason for celebrating is to congratulate someone for living a long, healthy life until the age of sixty. In the past, when life expectancy was not as high as it is today, not many people lived to be sixty. Therefore, when an elder in the family turned sixty, they would host a grand celebration, inviting family members, relatives, and neighbors to come together, celebrate, and share their joy. However, celebrating your 60th birthday goes beyond merely marking a long and healthy life. The 60th birthday has a special meaning.
In Korea, there is a concept of "Zodiac Signs", and every Korean is assigned an animal zodiac sign based on the year they were born. These animal signs include the rat, ox, tiger, rabbit, dragon, snake, horse, sheep, monkey, rooster, dog, and pig. The cycle returns every twelve years since there are twelve animals in total. When you reach the age of sixty by going through five cycles, it symbolizes a rebirth or a fresh start. This is why you hear sayings like "Life begins at 60."
In modern times, with increasing life expectancies, many people are now living to be over 80 years old, so more people are deciding not to have 60th birthday parties. Instead, people travel or have a family gathering to commemorate the significance of their 60th birthday.

▶들어 봅시다

제임스: 제가 인턴으로 일하는 회사 과장님의 아기 돌잔치에 초대를 받았는데 무엇을 사 가지고 가면 좋을까요?

선희: 글쎄요. 아기 옷이나 신발 같은 아기한테 필요한 물건은 어떨까요?

제임스: 그런데 아기 엄마의 취향도 잘 모르고 해서 뭘 선물해야 할지 모르겠어요.

선희: 그럼 금반지는 어때요? 조금 비싸긴 하지만 한국 사람들이 아기 돌에 많이 선물하거든요.

제임스: 그래요? 그럼 반지가 좋겠어요. 그런데, 돌잔치에 가서 뭐라고 인사해야 해요?

선희: 아기를 보고 '참 잘 생겼다'라든가 '참 예쁘다'라고 말하고 '건강하게 자라라'라고 하면 돼요.

제임스: 부모님들에게는 뭐라고 인사해요?

선희: '축하합니다'라고 말하고 아기에 대해 좋은 이야기를 하면 될 것 같은데요.

제임스: 그렇군요. 선희 씨 덕분에 잘 갔다 올 수 있을 것 같아요. 저는 혹시 실수나 하지 않을까 해서 걱정하고 있었거든요.

James: I've been invited to the head of the department's baby's doljanchi (first-birthday party) at the company where I'm interning. What should I bring as a gift?

Seonhee: Well, how about baby clothes or shoes, something the baby would need?

James: I don't know the baby's mom's preferences, so I'm unsure what to get.

Seonhee: How about a gold ring? It might be a bit pricey, but it's a common gift for a baby's first birthday in Korea.

James: Really? A ring sounds good. But when I attend the celebration, what should I say to greet them?

Seonhee: When you see the baby, say, "What a handsome baby" or "What a beautiful baby", and also wish them to, "Grow up healthy."

James: What about greeting the parents?

Seonhee: Just say, "Congratulations" and share some positive thoughts about the baby.

James: I see. Thanks to you, I feel more confident about going. I was worried that I might make a mistake.

Unit 6

Section 2. They asked me to send their regards.

친구: 야, 오래간만이다. 동창회 때나 네 얼굴을 보는구나. 우리 얼마 만이지?

Friend: Hey, long time no see. I only get to see your face at class reunions. How long has it been?

서준: 학교 졸업하고 나서 처음이니까 한 삼 년쯤 되나? 요즘 어떻게 지내?

Seojoon: This is the first time since graduation, so around three years? How have you been lately?

친구: 대학원에 가려고 준비 중인데 생각보다 할 게 많네. 그래서 요즘 운동도 못 하고 먹기만 해서 체중이 좀 늘었어.

Friend: I'm preparing to go to graduate school, but there's more to do than I thought. These days, I haven't been able to exercise and just kept eating so I've gained some weight.

서준: 힘들겠구나. 그런데, 수지가 안 보이네.

Seojoon: That sounds tough. By the way, I don't see Suji around.

친구: 아까 연락이 왔는데 오늘 못 온다고 하더라. 너한테 안부 전해 달래.

Friend: She called me a while ago saying she can't come today. She asked me to give you her regards.

서준: 못 오다니? 난 수지 보려고 왔는데.

Seojoon: She isn't coming? But I came here to see Suji.

문법

1. -기만 하다/만 하다

· Meaning and Usage

This is used with an action verb to show that no other action but one is being performed. 'N을/를 하다' can also be used interchangeably with 'N만 하다'.

· Examples

제 친구는 책을 사기만 하고 읽지는 않아요.
My friend buys books but barely reads them.
아이가 밥도 안 먹고 울기만 해요.
The baby doesn't eat and just cries.
어제 잠을 못 자서 영화를 볼 때 계속 졸기만 했어요.
I didn't get much sleep last night, so I just kept falling asleep during the movie.

주말에 저는 쉬지도 않고 공부만 했어요.
On the weekend, I studied without taking any breaks.

가: 어머니께서 요리를 하실 때 마리아 씨도 같이 했어요?
A: Did you help your mother with the cooking, Maria?
나: 아니요, 저는 옆에서 보기만 했어요.
B: No, I just watched from the side.

가: 일요일에 밀린 집안일을 좀 했어요?
A: Were you able to get some overdue chores done on Sunday?
나: 아니요, 너무 피곤해서 쉬기만 했어요.
B: No, I was too tired so I just rested.

2. -다니요?/이라니요?

· Meaning and Usage

This is used with an action or descriptive verb to express disbelief or amazement at something someone has said or to negate their statement.

· Form

After action verbs or descriptive verbs '-다니요' is used, after nouns with consonant-endings '이라니요' is used, after nouns with vowel-endings '라니요' is used.

· Examples

선희 씨가 김치를 싫어하다니요? 잘 먹던데요.
What do you mean Seonhee doesn't like kimchi? She ate it really well.
교실이 덥다니요? 저는 추워서 옷을 좀 더 입고 싶어요.
What do you mean, the classroom is hot? I want to put on some more clothes because it's so cold.
사고가 나다니요? 믿을 수 없어요. 루나 씨하고 조금 전에 통화했는데.
What do you mean, accident? I can't believe it. I just spoke to Luna a minute ago.
내일이 제 생일이라니요? 제 생일은 다음 달이에요.
What do you mean, it's my birthday tomorrow? My birthday is next month.

가: 일요일 파티에 왜 안 왔어요?
A: Why didn't you come to the party on Sunday?
나: 파티에 안 가다니요? 그날 제가 앞에 나가서 노래도 불렀잖아요.
B: What do you mean, not go? I went out in front and even sang a song that day.

가: 저기 빨간 드레스를 입은 사람이 에릭 씨 여자 친구야.
A: That woman in the red dress is Eric's girlfriend.
나: 여자 친구라니? 에릭 씨가 나한테 여자 친구가 없다고 했는데.
B: What do you mean, girlfriend? Eric told me he didn't have one.

▶읽어 봅시다

준호? 준호!

6월 23일 금요일 맑음

오늘 처음으로 초등학교 동창회에 나갔다. 예전부터 동창회가 있다는 것은 알고 있었지만 어렸을 때의 나를 기억하는 아이들을 만나는 게 왠지 어색하고 자신이 없어서 모임에 나가지 않았었다.
며칠 전 초등학교 동창 모임에서 오늘 동창회를 한다는 이메일이 왔다. 전에는 모임 안내 메일이 오면 읽기만 하고 답장은 하지 않았다. 그런데 이번에는 주말 저녁이고 다른 계획도 없어서 나가겠다고 했다. 오랜만에 만나면 어색할까 봐 걱정했는데 친구들을 만나 보니까 금방 어색함이 사라졌다. 친구들은 외모가 많이 변하긴 했지만 옛날 얼굴이 조금씩은 남아 있어서 금방 알아볼 수 있었다. 나를 환영해 주는 애들을 보면서 좀 더 일찍 동창회에 참석하지 않은 걸 후회했다.
옛날 추억을 떠올리며 이런저런 이야기를 나누고 있는데 갑자기 한 아이가 내 옆으로 와서 인사를 했다. 처음에는 누군지 몰랐다. 하지만 한참을 본 후에 준호인 것을 알았다. 초등학교 때 준호는 그렇게 눈에 띄는 아이가 아니었고 나와 별로 친하지도 않았다. 하지만 지금은 너무 멋있는 모습으로 변해 있었다. 준호는 어렸을 때 내가 자기에게 도시락을 나눠준 일을 이야기하면서 그때부터 나를 많이 좋아했었다고 했다. 우리는 모임이 끝날 때까지 많은 이야기를 했다. 준호가 나에 대해서 작은 것까지 자세히 기억하고 있는 걸 보고 좀 놀랐다.
모임이 끝나고 집으로 돌아오는데 나를 보던 준호의 눈빛이 자꾸 생각났다. 왠지 가슴이 설레었다. 옛날 일이지만 그렇게 멋있는 애가 날 좋아했었다니 정말 믿을 수가 없다. 준호가 다음 모임에도 나올까? 혹시 여자 친구는 있을까? 준호와 더 친해질 수 있으면 좋겠다.

Junho? Junho!

23, Friday, Sunny

Today, I went to my elementary school class reunion for the first time. I've known about the alumni gatherings for a while, but I never attended one because I felt awkward and insecure about meeting kids who remembered me from when I was younger.
A few days ago, I received an email from the elementary school alumni about today's

reunion. Before, when I received emails with information about the reunion, I just read them and did not reply. But this time, it was on a weekend evening, and I had no other plans, so I decided to go. I was worried about feeling awkward after such a long time, but as soon as I met my friends, all the awkwardness disappeared. Even though their appearances changed a lot, traces of their old faces were still there, so I recognized them quickly. Looking at my welcoming friends, I regretted not attending these gatherings earlier.

As we reminisced about old memories and shared various stories, someone suddenly approached me to say hello. At first, I didn't recognize who he was. But after a while, I realized it was Junho. Junho wasn't particularly noticeable in elementary school, and we weren't very close. But now, he had transformed into a very cool person. Junho told me about how I shared my lunch with him when we were kids, and said that he has liked me a lot ever since. We talked a lot throughout the gathering. It was surprising to see that Junho remembered even the little things about me in such detail.

As I was heading back home after the reunion, I kept thinking about Junho's gaze. For some reason, it made my heart flutter. It was a long time ago, but I can't believe that such a cool guy used to like me. I wonder if Junho will come to the next gathering. Does he have a girlfriend? I hope I can become closer to Junho.

▶들어 봅시다

할머니, 그동안 안녕하셨어요? 저 밍밍이에요.
이곳 서울에서 이런저런 일로 바빠서 마음은 그렇지 않은데 할머니께 자주 연락을 못 드렸어요. 죄송합니다.
저는 잘 지내고 있어요. 한국말이 생각보다 좀 어렵기는 하지만 이제 생활하는 데에는 별로 어려움이 없어요. 한국 음식에도 익숙해졌고 친구들도 많이 사귀었고요.
얼마 전 제 생일에는 같은 반 친구들이 파티도 해 줬어요. 중국에서 온 친구들은 생일 선물로 고향 음식을 많이 만들어다가 줬어요. 할머니가 좋아하시는 만두를 먹을 때는 할머니 생각도 많이 났어요.
할머니는 건강하시지요? 할아버지께서는 아직도 허리가 많이 편찮으세요? 병원에는 계속 다니시지요?
이제 곧 겨울 방학이에요. 수업은 이번 주에 다 끝나고 다음 주에 기말시험을 보기만 하면 돼요. 방학이 되면 집에 가서 할머니랑 같이 지낼 거예요. 할아버지를 모시고 병원에도 같이 가고요. 할머니, 너무너무 보고 싶어요.
날씨가 추워지는데 건강 조심하세요. 방학에 뵐게요.
참, 어머니, 아버지께도 안부 전해 주세요.
안녕히 계세요.

Hello grandma, how have you been? It's me, Mingming.
I've been quite busy with various things here in Seoul, so I couldn't keep in touch with you as often as I would have liked. I'm sorry.
I'm doing well. The Korean language is a bit more challenging than I expected, but I'm getting by now without much difficulty. I've gotten used to Korean food and made many friends.
Not long ago, for my birthday, my classmates threw a party for me. My friends from China prepared many dishes from their hometown as birthday gifts. When I ate your favorite dumplings, I thought of you a lot.
How is your health, grandma? Is grandpa's back still causing him a lot of pain? Are you both visiting the hospital regularly?
It's almost winter vacation. Classes will finish this week, and I only have final exams next week. When the holidays come, I'll go home and spend time with you. Let's go to the hospital together with grandpa. I miss you very much, grandma.
The weather is getting colder, so please take good care of your health. I'll see you during the vacation.
By the way, please also give my regards to mom and dad.
Stay well.

Unit 7

Section 1. Rather, I'm the one who's sorry.

엠마: 어머, 수영 씨. 여기 웬일이에요?
Emma: Oh, Sooyoung, What are you doing here?
수영: 약속이 있어서 근처에 왔다가 잠깐 들렀어요. 어제 제가 한 부탁이 부담이 됐을까 봐 걱정이 되어서요.
Sooyoung: I had an appointment nearby, so I

stopped by for a quick visit. I was worried that the favor I asked of you yesterday might have been a burden.

엠마: 아니에요. 제가 너무 직접적으로 거절을 해서 화가 난 건 아니지요?

Emma: Not at all. You're not upset because I rejected it too directly, are you?

수영: 그럴 리가요. 오히려 제가 미안한데요. 그럼 저 그만 가 볼게요.

Sooyoung: No way. Rather, I feel sorry that I asked you. I guess I should be going now.

엠마: 그냥 가려고요? 저하고 차라도 한잔하고 가지 그래요?

Emma: You're just going to go? Why don't you have a cup of tea with me?

수영: 볼일도 있고 해서 빨리 가 봐야 해요. 차는 다음에 마시지요.

Sooyoung: I have some errands to run, so I have to go quickly. Let's have tea next time.

문법

1. -고 해서

· Meaning and Usage

This is used with an action or descriptive verb to show that the preceding clause is one of many reasons for the content in the following clause.

· Examples

어제는 비도 오고 해서 하루 종일 집에만 있었어요.
It rained yesterday, so I just stayed at home all day.
오늘은 할 일도 없고 해서 오랜만에 청소를 했어요.
I didn't have anything to do today, so I cleaned for the first time in a long time.
저는 물건값도 싸고 해서 동네 마트에 자주 가요.
The prices are cheap there, so I frequently go to the neighborhood mart.
해외여행은 경비도 많이 들고 해서 국내 여행을 알아보고 있어요.
Traveling abroad costs a lot of money, so I'm looking into traveling domestically.
가: 왜 '우정 커피숍'에 자주 가요?
A: Why do you go to the "Friendship Coffee Shop" so often?
나: 분위기도 좋고 해서 자주 가요.
B: I go there often because the atmosphere is nice.

가: 회사를 그만두셨다면서요?
A: I heard you quit your job?
나: 네, 일도 너무 힘들고 해서 회사를 옮기려고요.
B: Yes, the work was too hard, so I'm looking into getting another job.

2. -지 그래요?

· Meaning and Usage

This is used with an action verb to make a proposal or recommendation.

· Examples

안느 씨, 그렇게 아프면 약이라도 먹지 그래요?
Anne, why don't you take some medicine if you're that sick?
태균 씨, 조금 쉬었다가 하지 그래요?
Taegyun, why don't you take a little break?
지누 씨, 부모님께 말씀드리지 그래요?
Jinu, why don't you tell your parents?
이란 씨, 그 사람이 그렇게 싫으면 만나지 말지 그래요?
If you don't like her, why don't you stop meeting her, Ilan?

가: 동아리 모임 장소를 정해야 하는데 쉽지 않네요.
A: I'm trying to decide on a location for our club meeting, but it's not easy.
나: 교회 앞에 새로 생긴 '미소'에서 하지 그래요? 넓은 방이 있어요.
B: How about that newly opened place "Miso" in front of the church? It has some large rooms.

가: 너무 졸려요. 회의를 해야 하는데.
A: I'm so sleepy. But I need to go to a meeting.
나: 그럼 커피라도 한 잔 마시지 그래요?
B: Why don't you drink a cup of coffee then?

· Note

This cannot be used with a descriptive verb.

▶읽어 봅시다

사과 데이(apple day)

10월 24일. 오늘은 '사과 데이'입니다. 이것은 학교 폭력을 예방하고 사회적으로 화해 분위기를 만들기 위해 2002년부터 매년 진행하고 있는 캠페인입니다. 평소 오해와 나쁜 감정이 쌓여 있는 사람에게 사과 향기가 가득한 10월에 둘(2)이 사(4)과를 선물하면서 자연스럽게 화해하자는 뜻으로 만든 날입니다. 미안한 일이 있어도 사과하고 용서를 비는 일이 어려워서 말하지 못하는 경우가 많은데 이런 사람들에게 용기를 주고 좀 더 쉽게 사과할 수 있는 계기를 마련해 주고자 했습니다. 그뿐만 아니라 피부 미용과 건강에도 좋은 사과를 많이 먹어 우리 농산물을 살리자는 의미도 있습니다.

올해는 '사과! 화해! 그리고 행복!'이라는 주제를 가지고 대도시를 중심으로 '화해의 사과나무 만들기' 등 여러 가지 다양한 기념행사를 한다고 합니다. '화해의 사과나무 만들기'는 사과 모양의 메모지에 자신이 사과할 내용을 적어 나무에 붙이는 행사라고 합니다. 오늘 '사과 데이'를 맞아 화해를 해야 할 사람이 있거나 고마운 마음을 나눌 사람이 있다면 사과 선물을 해 보면 어떨까요? 그동안 용기도 안 나고 해서 마음을 표현하지 못했던 분들이 있다면 이번 기회를 이용해 보세요. 선물을 주는 사람이나 받는 사람 모두의 얼굴이 사과처럼 밝아질 것입니다.

Apple Day

October 24th. Today is "Apple Day". This annual campaign has been running since 2002 to prevent school violence and foster an atmosphere of social reconciliation. The day was created to encourage people who usually hold misunderstandings and negative emotions to naturally reconcile during October, full of apple scent by having two (2) people gift each other "sa(4)-gwa" (the Korean word for "apple" and "apology"). Even if they are sorry, apologizing and seeking forgiveness can be difficult for many people, so this day aims to give them courage and allow them to apologize more easily. Moreover, it also promotes the consumption of apples, which are good for skincare and health, to support our agricultural products.

This year's theme is "Apple! Reconciliation! And Happiness!" with various commemorative events being held in large cities, such as "Making Reconciliation Apple Trees." "Making Reconciliation Apple Trees" is an event where people write their apologies on apple-shaped notepads and attach them to the tree. Today is "Apple Day", so if you have someone you need to make peace with or someone you'd like to express gratitude to, why not give them an apple as a gift? If there's anyone who hasn't been able to express their feelings because you didn't have the courage, try using this opportunity to do so. The faces of both givers and recipients will brighten up like apples.

▶들어 봅시다

이안: 리사 씨, 어제 일은 정말 미안했어요. 다시 한번 사과할게요.

리사: 아이, 뭐, 아니에요. 이안 씨가 일부러 그런 것도 아니잖아요. 신경 쓰지 마세요.

이안: 그래도 제가 갑자기 마크 씨 얘기를 해서 당황했죠? 저는 리사 씨가 그분과 사귀는 걸 반 친구들이 모두 아는 줄 알았어요. 정말 미안해요.

리사: 좀 당황스러웠지만 괜찮아요. 언젠가는 다 알게 될 일인데 이안 씨 덕분에 조금 일찍 알려졌네요.

이안: 미안해요. 나쁜 뜻으로 그런 것은 아니니까 넓은 마음으로 이해해 주세요. 저, 혹시 아직 식사 전이면 같이 밥 먹으러 갈래요? 제가 맛있는 점심을 살게요.

리사: 진짜 괜찮아요. 별일도 아닌데 무슨 점심을 사겠다고 그러세요? 그냥 잊어버리세요.

이안: 아니에요. 리사 씨한테 맛있는 밥이라도 사 드려야 제 마음이 편할 것 같아요. 제 진심이니까 꼭 받아 주세요. 자, 어디로 갈까요?

Ian: Lisa, I'm really sorry about yesterday. I want to apologize again.

Lisa: Oh, it's okay. It's not a big deal. You didn't do it on purpose, Ian. Don't worry.

Ian: Still, I caught you off guard by suddenly mentioning Mark, didn't I? I thought all our classmates already knew that you two were dating. I'm really sorry.

Lisa: It was a bit surprising, but it's fine. It's something they would find out eventually. Thanks to you, they found out a bit earlier.

Ian: I'm sorry. I didn't mean any harm by it, so please understand with an open heart. Hey, if you haven't had lunch yet, would you like to grab a meal together? I'll buy you a delicious lunch.

Lisa: It's really okay. It's no big deal. Why are you offering to buy lunch? Just forget about it.

Ian: No, I insist. I'd feel more at ease if I could treat you to a nice meal. Please accept my sincere apology. Now, where shall we go?

Unit 7

Section 2. There are other ways to express how sorry you are.

리사: 한국 사람들은 미안하다는 말을 잘 안 하나 봐요.

Lisa: It seems that Korean people don't say sorry often.

제임스: 맞아요, 그래서 오해를 살 때도 있어요. 그런데 무슨 일 있었어요?

James: That's right, so there are times when misunderstandings occur. But did something happen?

리사: 어제 어떤 사람이 길에서 저하고 부딪쳤는데도 미안하다는 말을 하지 않았어요.

Lisa: Someone bumped into me on the street yesterday but didn't say sorry.

제임스: 그래요? 그 사람이 부딪치고도 사과를 하지 않았단 말이에요?

James: Really? Are you saying the person bumped into you and didn't even apologize?

리사: 미안하다고는 하지 않고 괜찮냐고만 계속 묻더라고요.

Lisa: He didn't say sorry, but just kept asking me if I was okay.

제임스: 그랬군요. 어떤 한국 사람들은 미안하다는 말 대신에 다른 방법으로 미안함을 표현하기도 하거든요. 아마 미안해서 그랬을 거예요.

James: I see. Some Korean people express their apologies in other ways instead of saying sorry. He probably did it because he felt sorry.

문법

1. -고도

· Meaning and Usage

It is used with an action verb to indicate a different action or an unexpected result from the previous action or fact.

· Examples

그 사람이 잘못을 하고도 사과하지 않아요.
Even after doing something wrong, the person didn't apologize.
책을 읽고도 무슨 내용인지 모르겠대요.
Even after reading the book, they don't know what it's about.
표를 예매해 놓고도 영화를 보러 가지 않았다.
I reserved a ticket, but didn't go to see the movie.
그 사실을 알고도 모르는 척했어요.
Even though I knew about it, I pretended not to know.

가: 왜 화가 났어요?
A: Why are you angry?
나: 리에 씨가 자꾸 저하고 약속을 하고도 지키지 않잖아요. 어떻게 그럴 수가 있어요?
B: Rie keeps making promises to me but doesn't keep them. How could she do this?

가: 밍밍 씨가 이번에 대학에 합격하고도 등록하지 않았대요.
A; Even though Mingming was accepted to college this time, she didn't register.
나: 왜요? 무슨 일이 있대요?
B: Why? What's going on?

2. -는단/ㄴ단/단/이란 말이에요?

· Meaning and Usage

This is used with an action or descriptive verb to ask a question to confirm what has just been said to express disbelief or amazement at the other person's statement.

· Form

If the action verb stem ends in 'ㄹ' or a vowel, '-ㄴ단 말이에요?' is used, and if it ends in a consonant, '-는단 말이에요?' is used.

Verb stem ending	Combine with	Example
Consonant (action verb)	-는단 말이에요	읽는단, 닫는단 말이에요?
ㄹ, vowel (action verb)	-ㄴ단 말이에요	판단, 간단, 잔단 말이에요?
ㄹ, vowel (action verb)	-단 말이에요	춥단, 예쁘단 말이에요?

· Examples

올가 씨가 한국말을 잘한단 말이에요?
You're saying that Olga is good at Korean?
한국 친구가 그렇게 많단 말이에요?
You're saying that you have that many Korean friends?
제임스 씨가 그렇게 부자란 말이에요?
You're saying that James is that rich?
열네 살밖에 안 됐는데 대학교에 들어갔단 말이에요?
You're saying that a 14-year-old is attending college?

가: 제 동생은 다섯 살인데 이번에 피아노 연주회를 해요.
A: My younger sibling is 5 years old, and he'll be giving a piano recital this time.
나: 동생이 피아노를 그렇게 잘 친단 말이에요?
B: You mean to say that your younger brother is

that good at piano?

가: '아름다운 가게'에 가니까 코트 한 벌이 3,000원이었어요.
A: I went to the "Beautiful Store" and a coat was 3,000 won.
나: 옷이 그렇게 싸단 말이에요?
B: You're saying the clothes are that cheap there?

▶읽어 봅시다

실수를 했거나 잘못을 했을 때 어떻게 하면 좋을까? 다음은 사과의 방법에 대한 설명이다. 사과는 직접 만나서 하는 것이 좋다. 싸운 뒤 만나는 것이 어색하다고 생각하는 사람도 있겠지만 오히려 직접 마주 보고 이야기를 하는 것이 더욱 편안하고 자연스러운 분위기를 만들 수 있다.
사과부터 하기보다 먼저 상대방의 말을 듣는 것이 좋다. 사과부터 하는 것은 효과적이지 않다. 상대방이 왜 화가 났는지 어떤 점이 불만인지 말하게 하고 들어야 한다. 상대방이 어느 정도 화가 났고 자신의 어떤 점을 사과해야 하는지 정확하게 알아야 한다.
사과를 할 때에도 시간이 중요하다. 잘못을 한 뒤 될수록 빠른 시간 안에 사과를 하는 것이 좋지만 바로 그 자리에서 사과하는 것은 오히려 진심으로 미안한 마음이 없는 것처럼 보이기 쉽다. 싸우고 난 뒤 서로 어느 정도 화가 풀렸을 때쯤 사과를 하는 것이 좋다.
그리고 자신의 잘못이 무엇인지 정확히 알고 사과를 해야 한다. 사과의 의미로 꽃을 보내는 것은 좋은 방법이지만 만약 자신의 잘못이 무엇인지도 모르고 무조건 사과부터 하려고 한다면 상대방은 받은 꽃을 쓰레기통에 버릴 수도 있다.

What should you do when you make a mistake or do something wrong? The following is an explanation of how to apologize. It's best to apologize in person. Some people may find it awkward to meet after an argument, but facing each other and having a conversation actually creates a more comfortable and natural atmosphere.

Before offering an apology, it's a good idea to listen to the other person's words. Apologizing right away may not be effective. You should listen and let the other person tell you why they are upset and what they are frustrated about. You need to know how upset they are and exactly what you need to apologize for.

Timing is also important when apologizing. It's better to apologize as soon as possible after making a mistake, but offering an apology on the spot can make it seem like you don't genuinely feel sorry. After an argument, it's best to apologize when both parties have calmed down to some extent.

Moreover, it's crucial to know exactly what your mistake is before apologizing. Sending flowers as an apology is a good method, but if you don't even know your mistake and jump straight to apologizing unconditionally, the other person might just throw the flowers into the trash.

▶들어 봅시다

오늘 소개해 드릴 책은 '진실한 사과는 우리를 춤추게 한다.'입니다.
이 책은 '칭찬은 고래도 춤추게 한다.'의 작가로 유명한 캔 블렌차드의 새로운 작품으로 사과하기 어려워하는 사람들에게 꼭 필요한 책입니다. 사람들은 종종 잘못이나 실수를 하고도 여러 가지 이유로 선뜻 사과하지 못하는 경우가 많습니다. 때로는 부끄러워서, 때로는 두려워서, 아니면 어떻게 말해야 할지 몰라서 제때에 사과를 하지 못합니다.
저자는 잘못을 했을 때 왜 사과해야 하는지 그리고 어떻게 사과해야 하는지를 구체적으로 설명해 주고 있습니다. 인간은 누구나 실수를 하는데 자신의 잘못을 깨달았다면 단 1분이라도 바로 사과하라고 조언합니다. 사과하기까지 마음먹기가 힘든 것이지 진심이 담긴 마음으로 사과를 하는 것은 1분이면 된다고 말합니다. 사과는 잘못을 깨닫는 순간 바로 해야 하며 진실한 마음으로 해야 한다는 것입니다. 그리고 자신이 잘못한 것을 알고 있다는 걸 행동으로 보여 주는 것이 중요하다고 말합니다. 그렇게 하면 실수로 나빠졌던 상황이 오히려 더 좋은 상황으로 바뀔 수 있다고 합니다.
이 책에서는 "미안합니다", "제 잘못입니다"라는 말 한마디가 가지고 있는 놀라운 힘을 여러분에게 알려 주려고 합니다. 진실한 사과는 여러분의 인간관계와 인생을 바꿀 수 있다는 것입니다.

The book I'm going to introduce today is "Sincere Apologies Make Us Dance" ("The One Minute Apology").
This book is a new work by Ken Blanchard, renowned for writing "Praise Makes Even Whales Dance" ("Whale Done!"), a must-read for those who find it difficult to apologize.
Many people often struggle to apologize despite making mistakes or errors for various reasons. They sometimes feel embarrassed, afraid, or simply don't know what to say, and fail to apologize in time.

The author explains in detail why one should apologize when they've made a mistake and how to go about it. All humans make mistakes, so when you realize your mistake, he advises that you apologize immediately, even if only for a minute. He says it's difficult to make up your mind to apologize, but it only takes one minute to apologize sincerely. An apology must be made immediately upon realizing your mistake and must be done with a sincere heart. He also says it's important to show you know what you did was wrong through your actions. This can actually turn a situation accidentally made worse into a more positive one.
In this book, the author aims to show the remarkable power of simply saying the words "I'm sorry" and "It's my fault". A sincere apology can change your relationships and your life.

Unit 8

Section 1. I want to be a person like my teacher.

선희: 내 고등학교 때 사진 좀 봐. 이분이 우리 선생님인데 멋있으시지?
Seonhee: Take a look at my high school photo. This was my teacher. Isn't he cool?
리사: 선생님을 많이 좋아했나 봐. 어떤 분이셨어?
Lisa: You must have liked him a lot. What was he like?
선희: 마음이 넓으신 분이셨어. 우리 때문에 많이 힘드셨을 텐데 화를 내시는 모습을 본 적이 없어.
Seonhee: He was a generous teacher. Even though he must have had a hard time with us, I never saw him get angry.
리사: 참 좋으신 분이네.
Lisa: He sounds like a really nice person.
선희: 나도 다른 사람을 배려해 주는 우리 선생님 같은 사람이 되고 싶어.
Seonhee: I also want to be a person who is considerate of others like my teacher.
리사: 다음 주에 동창회가 있다고 했지? 선생님을 뵙거든 존경한다고 말씀드려 봐. 흐뭇해하실 거야.
Lisa: Didn't you say that there is a reunion next week? When you meet him, tell him how much you respect him. He will be very pleased.

문법

1. -었을/았을/였을 텐데

· Meaning and Usage
This is added to an action or descriptive verb and is used when the speaker is making assumptions or statements about a situation that has already been completed by someone else, typically followed by questions, suggestions, and opposing content.

· Form
When attached to action verbs or descriptive verbs with vowel-endings except for 'ㅏ, ㅑ, ㅗ', '-었을 텐데' is used. When the verbs end with the vowels 'ㅏ, ㅑ, ㅗ', '-았을 텐데' is used. For the action verbs ending with '하다', '-였을 텐데' is used.

· Examples
내가 보낸 문자 메시지를 오빠가 받았을 텐데 왜 대답이 없는지 모르겠다.
My brother must have received the text message I sent, but I don't know why he hasn't responded.
운전면허 시험이 끝났을 텐데 왜 아직 윤아한테서 연락이 없는지 모르겠다.
The driver's license test must be over, but I don't know why I haven't heard from Yoona yet.
음식이 조금 매웠을 텐데 가족들이 모두 맛있게 먹었다.
The food may have been a little spicy, but the whole family enjoyed it.
우진 씨가 일이 많아서 힘들었을 텐데 불평을 한마디도 하지 않았다.
It must have been difficult for Woojin because he had a lot of work to do, but he didn't complain at all.

가: 상우가 지금쯤 중국에 도착했을 텐데 연락해 볼까요?
A: Sangwoo should have arrived in China by now. Should we contact him?
나: 곧 연락이 오겠지요. 조금만 더 기다려 봅시다.
B: He'll contact us soon. Let's wait a little longer.

가: 오늘 하루 종일 이삿짐을 옮기느라고 힘들었을 텐데 어서 쉬어.
A: You must have had a tough time moving things all day today, so get some rest.
나: 네, 어머니도 이제 들어가서 좀 쉬세요.
B: Yes, mother, you should go in and rest now too.

2. -거든

· Meaning and Usage

This is used with an action or descriptive verb to make a request, give instructions, propose an idea, give a suggestion, or make a promise, given that the conditions in the preceding clause are met.

· Examples

동아리 행사가 끝나거든 모두 모임 장소로 오세요.
When the club event is over, everyone come to the meeting place.
아니타 씨, 주말에 시간이 나거든 같이 영화라도 봅시다.
Anita, if you have time on the weekend, let's go watch a movie together.
이수야, 친구들을 만나거든 대신 인사 좀 전해 줘.
Yisu, when you meet our friends, give them my regards.
김 과장님, 메일 내용을 확인하시거든 연락 좀 주세요.
Manager Kim, please contact me once you confirm the contents of the email.

가: 엄마, 너무 걱정하지 마세요. 가서 열심히 할게요.
A: Mom, don't worry so much. I'll go and do my best.
나: 그래, 공항에 도착하거든 바로 전화부터 해라.
B: All right. Once you arrive at the airport, give me a call.

가: 선희야, 지금 나갈 거야?
A: Seonhee, are you going out right now?
나: 응, 제임스가 나를 찾거든 도서관에 갔다고 말해 줘.
B: Yes. If James asks for me, please tell him I went to the library.

▶읽어 봅시다

존경하는 선생님께
아침저녁으로 날씨가 꽤 쌀쌀해졌어요. 선생님, 안녕하셨어요? 환절기에 선생님 건강은 어떠신지요? 그동안 자주 연락을 드리지 못해서 죄송해요.
저는 바쁘지만 잘 지내고 있습니다. 저는 아르바이트를 하면서 열심히 공부해서 이번 학기에도 장학금을 받았어요. 너무 힘들었지만 부모님 도움을 받지 않고 제힘으로 용돈도 벌고 공부할 수 있어서 보람을 느꼈어요.
선생님, 수업 시간에 자기의 꿈을 발표하라고 시키셨던 걸 기억하세요? 다른 친구들은 자신 있게 자기의 꿈을 말했는데 저는 그때 "저는 꿈이 없어요. 잘할 수 있는 것도 없고요."라고 작은 소리로 말하고 제 자리에 앉아 버렸지요. 선생님께서는 우리 발표를 다 들으시고는 이렇게 말씀하셨어요. "이름 없는 들꽃도 다 각각 향기가 있는 것처럼 너희들에게도 다 자기만이 가지고 있는 재능이 있다. 그것을 찾아 포기하지 말고 꿈을 이뤄라." 그때까지 저는 목표도 꿈도 없었고 공부를 왜 해야 하는지도 몰랐어요. '남들이 공부하니까 나도 공부해야 되나 보다' 하고 그렇게 살았지요. 선생님의 말씀을 듣고 '나도 잘할 수 있는 게 있을까? 나의 재능은 뭘까?' 곰곰이 생각해 봤어요. 여러 날 고민하다가 우연히 아프리카에서 평생을 봉사하면서 살아온 의사의 책을 읽고 그런 삶도 멋지다고 생각했어요. 그리고 저도 남을 도와주는 일을 해야겠다고 마음을 먹었어요. 그렇게 제 인생의 방향을 정하게 되었지요. 선생님의 말씀은 제게 희망을 주었고 꿈을 주었어요. 그리고 그 결과 지금은 이렇게 대학에서 사회복지학을 전공하게 되었고요. 제가 이렇게 제 꿈을 가지고 열심히 살게 된 것은 다 선생님 덕분이에요.
참, 선생님 기쁜 소식이 하나 있어요. 내년에 저는 교환 학생으로 1년 동안 미국에 유학을 가게 되었어요. 어렵게 얻은 기회니까 더 열심히 공부해 보려고 합니다.
다음 달 중순쯤이면 시험이 끝나고 조금 여유가 생길 것 같아요. 그때 시간을 내서 꼭 한번 찾아뵙고 인사드릴게요. 선생님, 그럼 늘 건강하게 지내시고 안녕히 계세요.

10월 11일
제자 김진영 올림

To my respected teacher,
The weather has become quite chilly in the mornings and evenings. Hello teacher, how have you been? How is your health during this change of seasons? I apologize for not contacting you more frequently.
I'm busy, but I'm doing well. I've been working part-time and studying hard and I received a scholarship again this semester. It was tough, but I felt a great sense of achievement because I managed to earn pocket money and study on my own without my parent's help.
Do you remember when you asked us to present our dreams during class? Other friends confidently shared their dreams, but at that time, I quietly said, "I don't have a dream. There's nothing I can do well", and sat down in my seat. After listening to our presentations, your response was, "Just as nameless wildflowers each have their unique fragrance, each of you all have your own talents. Find it and don't give up on your dreams."
Until then, I had no goals, no dreams, and I didn't even know why I should study. I just thought, "I should study because others are studying". But after hearing your words, I began to wonder, "Do I have something I'm good at?

What is my talent?" After days of contemplation, I coincidentally read a book about a doctor who had spent his whole life volunteering in Africa and I thought such a life would be wonderful. And I decided that I should do something to help others. That's how I found a sense of direction in my life. Your words gave me hope and a dream. As a result, I am now majoring in social welfare studies at university. Thanks to you, I've been able to pursue my dreams and work hard.
By the way, I have some exciting news. Next year, I'll be going to the United States as an exchange student for a year. It's a hard-earned opportunity so I will study even harder.
I'll have some free time around mid-next month after the exams. At that time, I'll make sure to visit and say hello. Please take care and always stay healthy, teacher.

October 11th
Sincerely,
Your student Kim Jinyoung

▶들어 봅시다

학생: 선생님, 안녕하세요? 학교 신문사에서 나왔습니다. 우리 학교 인기 선생님에 대한 기사를 쓰려고 하는데요. 잠깐 인터뷰를 해도 될까요?

선생님: 네, 그래요.

학생: 감사합니다. 첫 번째 질문인데요. 선생님의 인기 비결이 뭐라고 생각하세요?

선생님: 글쎄요, 재미있고 쉽게 가르치려고 노력하는 게 아닐까요?

학생: 학생들에게 화를 내신 적이 없다고 들었는데 정말인가요?

선생님: 음, 화를 내고 싶을 때도 있지만 화를 내기보다는 학생들을 이해하려고 하지요.

학생: 선생님께서는 수업 시간에 여러 가지 이야기도 많이 해 주신다고 하던데요.

선생님: 나는 고등학교 때는 앞으로 자신이 무슨 일을 할지 생각해야 하니까 공부뿐만 아니라 다양한 것에 대한 관심이 필요하다고 봅니다.

학생: 어떻게 그렇게 다양한 분야의 지식을 쌓을 수 있으셨어요?

선생님: 글쎄, 아마 평소에 책을 많이 읽는 것이 도움이 된 것 같은데요.

학생: 아, 저도 책을 더 많이 읽어야겠네요. 마지막 질문인데요. 요즘 학생들에 대해서 어떻게 생각하세요?

선생님: 요즘 학생들은 인터넷으로 많은 지식을 얻을 수 있으니까 내 이야기를 재미없어할까 봐 걱정이 되기도 합니다.

학생: 아니에요, 선생님. 다들 선생님 수업이 제일 재미있대요.

Student: Hello, teacher! I'm from the school newspaper. We plan to write an article about our school's most popular teacher. Would it be possible to have a brief interview?

Teacher: Yes, of course.

Student: Thank you. So, for our first question, what do you think is the secret to your popularity, sir?

Teacher: Well, perhaps by trying to make teaching fun and easy to understand for students?

Student: I've heard you've never lost your temper with the students. Is that true?

Teacher: Well, there have been times when I wanted to get angry, but rather than getting upset, I try to understand the students.

Student: I also heard that you share various stories during class.

Teacher: I believe that in high school, you should think about what you want to do in the future, so students must be interested in various things, not just studying.

Student: How were you able to acquire knowledge in such a wide range of fields?

Teacher: Well, I think regularly reading many books might have helped.

Student: Oh, I guess I should read more books too. For the last question, what do you think about students these days?

Teacher: Nowadays, students have access to a lot of knowledge on the internet, so I worry that they might find my lectures boring.

Student: Not at all, sir. Everyone says your classes are the most enjoyable.

Unit 8

Section 2. Let's discuss it together

회장: 이번 엠티는 언제 가는 게 좋을까?

Leader: When would be the best time to go on this MT?

제임스: 금요일 오후에 출발해서 1박 2일로 가는 게 좋겠어요. 주말에는 너무 복잡하잖아요.
James: It would be a good idea to leave this Friday afternoon and go for two days and one night. It's too crowded on the weekends.
회장: 그래, 사람들이 복잡한 줄 알면서도 주말에 많이 놀러 가니까.
Leader: That's right. People go out on the weekends even though they know it is busy.
제임스: 그럼 장소와 일정은 어떻게 하지요?
James: Then, what about the location and schedule?
회장: 내일 동아리 전체 회의가 있으니까 같이 의논해 보도록 하자. 어때?
Leader: We have a club meeting tomorrow so let's talk about it together. How's that?
제임스: 그게 좋겠어요. 모두들 관심이 있을 테니까요.
James: Sounds good. Everyone will be interested.

문법

1. -었을/았을/였을 텐데

· Meaning and Usage
This is used with an action or descriptive verb when the following content contrasts with the preceding content.

· Form
When the verb stem ends with a consonant, '-으면서도' is used, and when it ends with a vowel, '-면서도' is used.

· Examples
미아 씨는 노래를 잘하면서도 못한다고 해요.
Mia is good at singing, but she says she isn't.
저는 과식이 건강에 안 좋은 줄 알면서도 항상 많이 먹어요.
I know that overeating is bad for my health, but I always eat a lot.
이 옷은 가벼우면서도 따뜻해서 추울 때 자주 입어요.
I often wear this when it's cold because it's light but warm.
노라 씨는 다이어트 중이라서 밥을 안 먹었으면서도 먹었다고 말했어요.
Nora is dieting, so even though she hadn't eaten, she said she did.

가: 노라 씨, 언니하고 또 싸웠어요?
A: Nora, did you fight with your sister again?
나: 싸우면 안 되는 줄 알면서도 화가 나서 참지 못했어요.
B: I know I shouldn't, but I was so angry that I couldn't hold back.

가: 패티 씨가 이번 시험에서 92점을 받았다면서요?
A: I heard Patty got a 92 on her test.
나: 네, 그런데 패티 씨는 시험을 잘 봤으면서도 못 봤다고 하네요.
B: Yes, but even though she did well, she says she didn't.

· Note
The first and second clauses must share the same subject, and the subject's intent must be included in the sentence.

2. -도록 하다

· Meaning and Usage
This is added to an action verb when the speaker wants to express their own intention to perform an action, or when strongly commanding or persuading someone to do that action.

· Examples
일을 미리미리 해서 밀리지 않도록 해야겠어요.
I need to do my work in advance so I don't get behind.
내일 오전 10시에 출발하니까 늦지 않도록 하세요.
We're leaving at 10 AM tomorrow, so make sure you're not late.
오늘 퇴근 시간 전까지 과장님께 보고서를 보내도록 하겠습니다.
I will send the report to the manager before I leave work today.
복잡한 지하철 안에서는 다른 사람에게 불편을 끼치는 일이 없도록 합시다.
Let's avoid causing inconvenience to others in crowded subways.

가: 요즘 유난히 실수가 많네요. 일 처리를 좀 더 꼼꼼하게 하세요.
A: You've been making many mistakes these days. Please do your work more thoroughly.
나: 죄송합니다. 앞으로는 더 신경 쓰도록 하겠습니다.
B: I'm sorry. I'll pay more attention from now on.

가: 내일은 중요한 행사가 있으니까 모두 정장을 입고 오도록 하세요.
A: There is an important event tomorrow, so everyone should come dressed in suits.

나: 네, 알겠습니다.
B: Yes, I understand.

▶읽어 봅시다

온라인 동호회 '라면천국'은 라면을 좋아하는 사람들이 만든 모임이다. 이 모임은 10년 전에 한 라면 회사 직원이 라면을 좋아하는 사람들의 이야기를 듣고 싶어서 만들었다. 그 후 회원이 계속 늘어서 현재는 6만 7천 명이 넘는다. 한국에서 제일 큰 라면 동아리인 이 모임은 그동안 TV와 라디오 방송, 잡지에도 여러 번 소개되었다.
이 모임의 회원들은 서로 다양한 라면 정보를 나눌 뿐만 아니라 자신만의 라면 끓이는 비법을 공개한다. 인터넷에서는 김치, 치즈처럼 라면과 잘 어울리는 재료를 넣고 끓이는 간단한 요리법은 물론 라볶이나 라파게티, 잡채 라면 등 개성이 넘치는 요리법도 있다. 이들은 라면 요리 비법과 이야기들을 모아 '라면천국'이라는 책도 냈는데 이 책에 소개된 라면 요리법은 우리의 상식을 뛰어넘는다. 라면 위에 아이스크림을 올린 아이스크림 라면이나 초코 시럽을 뿌린 초코 라면 등 우리가 상상할 수 없는 것도 많다.
이들은 오프라인에서도 여러 활동을 한다. 동호회 회원들끼리 모여 전국의 유명한 라면집을 찾아다니면서 직접 먹어 보고 맛을 평가한다. 그리고 맛있는 집은 인터넷 사이트에 올려 소개한다. 이들이 낸 책에도 이렇게 찾아낸 전국의 맛있는 라면집이 소개되어 있다. 이들은 또한 라면 시식회가 열리는 곳과 라면 요리 대회에도 빠지지 않고 다니면서 새로운 맛과 요리법에 대한 서로의 생각을 나눈다.
라면천국 회원들은 자기가 좋아하는 라면을 서로 소개하며 새로운 맛과 친구를 만난다. 전국의 라면집을 찾아다니며 새로운 장소와 사람을 만나기도 한다. 또한 고아원이나 양로원 등을 방문하여 라면을 끓여 주는 봉사 활동을 통해서 보람을 느낀다. 라면을 통한 새로운 세상과의 만남, 이것이 바로 이들이 삶에서 느끼는 즐거움이다.

The online community "Ramen Paradise" is a gathering of people who love ramen. This group was created 10 years ago when an employee of a ramen company wanted to hear the stories of ramen enthusiasts. Since then, membership has continued to grow and now exceeds 67,000 members. Being the largest ramen club in South Korea, this group has been featured multiple times on TV, radio broadcasts, and magazines Internet site.
The members of this community not only share various ramen information but also reveal their own secrets to making ramen. On the internet, you can find simple recipes for adding ingredients that go well with ramen like kimchi or cheese, as well as creative dishes such as "ra-bokki" (ramen with tteokbokki), "ra-paghetti" (ramen spaghetti), or "japchae ramen". They even published a book called "Ramen Heaven", a collection of ramen-cooking secrets and stories, and the ramen recipes introduced in this book go beyond common knowledge. There are many recipes we simply cannot imagine, like "ice cream ramen" with ice cream on top of ramen or "chocolate ramen" with chocolate syrup drizzled over it.
The members engage in many activities offline as well. They gather to visit famous ramen restaurants across the country, taste the ramen, and rate the flavors themselves. Delicious restaurants are then introduced on internet sites. The book they published also introduces excellent ramen restaurants they discovered across the country. Moreover, they regularly attend ramen tasting events and cooking competitions to exchange thoughts on new flavors and cooking techniques.
"Ramen Paradise" members introduce their favorite ramen to each other and come across new tastes and friends. They explore ramen restaurants across the nation, discovering new places and people. They also find fulfillment by volunteering at orphanages and nursing homes, where they cook and serve ramen. Encountering a new world through ramen-this is the joy they feel in life.

▶들어 봅시다

제임스: 다음 주말에 있는 우리 동아리 엠티는 어디로 가는 것이 좋을까요?
여자: 어떤 행사를 할 것인가에 따라 장소를 정해야 할 것 같아요.
제임스: 음, 오랜만에 갖는 모임이니 장기 자랑 같은 재미있는 행사가 있으면 좋겠어요.
여자: 그럼, 남이섬 어때요? 너무 멀지 않으면서도 근처에 맛있는 식당도 많고.
제임스: 아, 거기가 좋겠네요. 그럼 좀 더 구체적인 일정을 짜 보도록 할까요?
여자: 아침 여덟 시에 학교 앞에서 출발하면 열 시쯤 남이섬에 도착할 거예요. 두 시간 정도 산책을 한 다음 점심 식사를 하고 그 다음에 장기 자랑을 합시다.
제임스: 그런데 그런 행사를 할 만한 장소가 있을까요?
여자: 제가 좀 알아볼게요. 참, 장기 자랑 사회는 누가 보지요?

제임스: 그런 일은 선희 씨가 잘하니까 선희 씨한테 맡기는 게 어때요?

여자: 좋아요. 우리는 행사 준비와 정리를 맡고 진행은 선희 씨가 하고. 이렇게 일을 나누면 되겠네요.

James: Where should we go for our club MT (Membership Training) next weekend?

Woman: I think we should decide on a location depending on what kind of event we will be holding.

James: Well, since it's been a while since we had a gathering, it would be great to have something fun, like talent shows.

Woman: How about Nami Island then? It's not too far, and plenty of good restaurants are nearby.

James: Oh, that sounds good. Shall we plan a more detailed schedule? Woman: If we depart from the school at 8 in the morning, we should arrive at Nami Island around 10. We can take a walk for about two hours, have lunch, and then have the talent show.

James: But do they have a suitable place for such an event?

Woman: I'll look into that. By the way, who should be the show host?

James: Seonhee is good at these things, so why don't we leave it to her?

Woman: Sounds good. We'll be in charge of preparing and organizing the event, and Seonhee can be the host. This way, it should work out fine.

Unit 9

Section 1. Shall we exchange languages?

다니엘: 제임스 씨, 요즘도 중국어 공부해요?

Daniel: James, are you still studying Chinese these days?

제임스: 아니요, 조금 배우다가 발음과 억양이 얼마나 어려운지 포기하고 말았어요.

James: No, after learning for a bit, I gave up because of how difficult pronunciation and intonation were.

다니엘: 외국어 공부는 정말 어려워요. 저도 영어를 배우고 있는데 쉽지가 않네요.

Daniel: Studying foreign languages is really difficult. I, too, am studying English, and it's not easy!

제임스: 그럼 우리 언어 교환을 할까요? 저도 중국어를 다시 배우고 싶거든요.

James: Well then, shall we do a language exchange? I want to learn Chinese again.

다니엘: 저도 영어를 좀 더 연습하고 싶었는데 마침 잘 됐네요. 제임스 씨는 언제 시간이 나요?

Daniel: That sounds great. I also wanted to practice English a little more. When do you have time, James?

제임스: 저는 월요일이나 수요일 오후가 좋은데요.

James: I prefer Monday or Wednesday afternoons.

문법

1. 얼마나 -는지/은지/ㄴ지

· Meaning and Usage

It is used to emphasize the action or situation at the beginning of the sentence and to show that the consequence of the second part of the sentence results from it. It is attached to verb stems.

· Form

Attached to action verbs is '-는지'. Attached to descriptive verbs ending with consonants is '-은지', and attached to descriptive verbs ending with vowels is '-ㄴ지'. For already completed facts, '-었는지' is used.

· Examples

얼마나 값이 비싼지 그 물건을 사는 사람이 한 명도 없었다.

The price was so high that not a single person bought that item.

얼마나 열심히 공부하는지 영수에게 말도 걸 수가 없었다.

Yeongsu was studying so hard that I couldn't even talk to him.

우리 아이는 어렸을 때 얼마나 예뻤는지 지나가는 사람들이 다 한 번씩 돌아봤다.

My child was so pretty when she/he was young that everyone who passed by looked around at least once to see her/him.

결혼식장에서 얼마나 많이 먹었는지 아직도 배가 부르다.

I ate so much at the wedding that I am still full.

가: 요즘 피곤해 보여요.

A: You look tired these days.

나: 옆집 사람들이 얼마나 시끄러운지 밤에 잘 수가 없어요.

B: I can't sleep at night because of how noisy the people next door are.

가: 이 영화는 어때요?
A: How is this movie?
나: 얼마나 재미있는지 세 번이나 봤어요.
B: It was so fun that I watched it three times.

2. -고 말다

· Meaning and Usage

This is used with an action verb to show that the speaker did what he/she should not have done or something he/she was not intending on doing.

· Examples

화가 나도 참아야 하는데 그만 화를 내고 말았어요.
I should have controlled my temper, but I ended up getting angry.
정희 씨는 너무 졸려서 씻지도 못하고 잠이 들고 말았어요.
Jeonghee was so tired that she fell asleep without even washing up.
민수 씨는 공항에 늦게 도착해서 비행기를 못 타고 말았어요.
Minsu arrived late at the airport and couldn't get on the plane.
의사가 최선을 다 했지만 환자는 죽고 말았어요.
The doctor did the best she could, but the patient ended up dying.

가: 노라 씨가 왜 저렇게 화가 났어요?
A: Why is Nora so angry?
나: 제가 친구들과 이야기하다가 실수로 노라 씨의 비밀을 말하고 말았어요.
B: I was talking with my friends and accidentally shared Nora's secret.

가: 아까 왜 시험 시간에 늦었어요?
A: Why were you late to the test earlier?
나: 어제 너무 늦게 자서 아침에 늦잠을 자고 말았어요.
B: I slept late last night and overslept this morning.

· Note

This cannot be used with a descriptive verb.

▶읽어 봅시다

학생들은 외국어를 배우고 싶을 때 서로 언어 교환을 하기도 한다. 언어 교환을 하려면 자신이 배우고 싶은 언어와 가르쳐 줄 수 있는 언어를 써서 게시판에 붙여 함께할 사람을 찾아야 한다.
언어 교환을 하면 자연스럽게 대화를 나누면서 틀린 표현을 고칠 수도 있고 일상생활에서 자주 쓰는 표현도 배울 수 있다.
언어 교환의 가장 큰 장점은 무료로 언어를 배울 수 있다는 것이다. 서로 언어를 배우고 가르쳐 주는 방식이기 때문에 돈이 들지 않는다. 아무리 책으로 공부를 하더라도 실생활에서 직접 배운 언어를 사용하는 것이 어려워서 공부를 하다가 포기하고 마는 경우도 적지 않다. 하지만 언어를 교환하면 그 언어를 모국어로 사용하는 현지인에게 직접 언어를 배우기 때문에 외국인을 만났을 때 느끼는 두려움과 긴장감을 덜 수 있다.
서로 언어를 교환하면서 좋은 친구를 사귀게 되는 경우도 적지 않다. 취미가 비슷한 사람들끼리 만나 공부를 하다가 영화를 같이 보러 가거나 축구 경기를 같이 관람하러 가게 되기도 한다. 그러면서 좋은 친구로 우정을 쌓을 수도 있다.
When students want to learn a foreign language, they exchange languages with each other. To participate in language exchange, you must write down the language you want to learn and the language you can teach, post it on the bulletin board, and find a language exchange partner.
Through language exchange, you can naturally correct incorrect expressions and learn common phrases used in daily life while conversing.
The most significant advantage of language exchange is that you can learn a language for free. Since it involves mutual language learning and teaching, no costs are involved. No matter how much you study from books, using the language you've learned in real-life situations can be challenging, often leading to many cases where people give up. However, in language exchange, you learn the language directly from a native speaker who uses it as their mother tongue, which can help reduce the fear and anxiety you might feel when meeting foreigners.
In the process of language exchange, you also have the opportunity to make good friends. People with similar hobbies meet and study together, sometimes going to the movies or watching soccer games together afterward. Through these activities, strong friendships can develop.

▶들어 봅시다

사오밍: 여보세요? 김선희 씨인가요?
선희: 네, 그런데요. 실례지만 누구세요?

샤오밍: 안녕하세요? 저는 왕 샤오밍이라고 합니다. 태우 씨 소개로 전화 드리는 건데요.
선희: 네, 안녕하세요? 저도 태우 씨한테 얘기 들었어요.
샤오밍: 중국어를 배우고 싶다고 하셨다면서요? 저는 한국어를 연습하고 싶어서요. 선희 씨가 괜찮으면 선희 씨하고 언어 교환을 하고 싶은데요.
선희: 아. 좋아요. 샤오밍 씨는 언제 시간이 있는데요?
샤오밍: 저는 수업이 1시에 끝나니까 1시 이후면 아무 때나 좋아요.
선희: 저는 요즘 평일에 할 일이 얼마나 많은지 주말이 좋을 것 같아요. 샤오밍 씨는 주말에 바쁘지 않아요?
샤오밍: 네, 토요일 오후만 빼고는 좋아요. 토요일 오후에는 아르바이트를 하거든요.
선희: 그럼 매주 토요일 오전에 만나는 것으로 할까요?
샤오밍: 네. 그럼 이번 토요일은 몇 시에 어디에서 만날까요?
선희: 10시에 학교 앞 독수리 커피숍 어때요?
샤오밍: 좋아요. 그럼 이번 토요일에 만나요. 혹시 다른 일이 생기면 연락 주세요.
Xiaoming (male): Hello? Is this Kim Seonhee?
Seonhee (female): Yes, this is she. Excuse me, but who is this?
Xiaoming: Hello, I'm Wang Xiaoming. I'm calling because Tae-woo told me about you.
Seonhee: Yes, hello. I've also heard about you from Tae-woo.
Xiaoming: He mentioned that you want to learn Chinese, is this right? I want to practice Korean. If it's okay with you, I'd like to do a language exchange with you, Seonhee.
Seonhee: Oh, that sounds good. When are you available, Xiaoming?
Xiaoming: My classes end at 1 PM, so any time after 1 PM is fine.
Seonhee: I think weekends might work better for me, considering how busy I am during the week. Are you free on weekends, Xiaoming?
Xiaoming: Yes, except for Saturday afternoons. I work part-time on Saturday afternoons.
Seonhee: Then shall we meet every Saturday morning?
Xiaoming: Sure. What time and where should we meet this Saturday?
Seonhee: How about 10 AM at the Eagle Coffee Shop in front of the school?
Xiaoming: That works for me. Let's meet this Saturday. If anything comes up, please contact me.

Unit 9

Section 2. I want to enter a Korean graduate school

엠마: 선생님, 한국 대학원에 입학하고 싶은데 뭐부터 준비해야 할까요?
Emma: Teacher, I want to enter a Korean graduate school. What should I prepare first?
선생님: 우선 엠마 씨가 공부하고 싶은 전공과 학교를 생각해 봤어요?
Teacher: First, have you thought about your major and the school you want to study at, Emma?
엠마: 네, 한국에서 국어국문학을 공부하고 싶어요. 한국대학교 국문과가 좋다고 해서 이 학교에 입학 원서를 내려고 해요.
Emma: Yes, I want to study Korean language and literature in Korea. I heard that the Korean Department at Hanguk University is good, so I'm planning to send my application form to this school.
선생님: 맞아요, 한국대학교는 국문과가 아주 유명하답니다. 그럼 먼저 대학교 성적표와 졸업증명서 그리고 자기소개서 등을 준비해야겠어요.
Teacher: That's right. Hanguk University is well known for its Korean Department. You should probably prepare your university transcript, graduation certificate, and self-introduction statement first.
엠마: 그렇군요. 그밖에 준비할 것은 없나요?
Emma: I see. Is there anything else I should prepare?
선생님: 수업을 잘 이해하기 위해서는 무엇보다 한국어 실력이 중요하다고 봐요. 그래서 한국어로 면접시험을 보는 학교도 있어요. 학교에 따라 다르니까 꼭 홈페이지를 확인해 보세요.
Teacher: I think Korean language skills are more important than anything else to understand the class well. That's why some schools conduct interviews in Korean. It varies depending on the school, so be sure to check their website.

문법

1. -는답니다/ㄴ답니다/답니다/이랍니다

· Meaning and Usage

This is used with an action or descriptive verb to let someone know something you think they don't know.

· **Form**

If the action verb stem ends in 'ㄹ' or a vowel, '-ㄴ답니다' is used. If it ends in a consonant, '-는답니다' is used. Following a descriptive verb stem, '-답니다' is used.

Verb stem ending	Combine with	Example
Consonant (action verb)	-는답니다	받는답니다, 먹는답니다
ㄹ, vowel (action verb)	-ㄴ답니다	판답니다, 모인답니다
descriptive verb	-답니다	많답니다, 바쁘답니다

· **Examples**

제 동생은 노래를 아주 잘 부른답니다.
My younger sibling is really good at singing.
된장을 즐겨 먹으면 오래 살 수 있답니다.
If you enjoy eating doenjang, you'll live a long life.
한라산은 한국에서 두 번째로 높은 산이랍니다.
Hallasan is the second highest mountain in Korea.
이 학교는 역사가 130년이나 되었답니다.
This school has a 130-year history.

가: 경주는 어떤 곳이에요?
A: What kind of place is Gyeongju?
나: 경주는 역사 도시로 유명하답니다.
B: Gyeongju is famous as a historical city.

가: 이번에 제 남편이 회사 사장이 되었답니다.
A: My husband recently became the head of the company.
나: 축하드립니다.
B: Congratulations.

2. -는다고/ㄴ다고/다고/이라고 보다

· **Meaning and Usage**

It is used to express one's opinion about an important issue or problem. It underlines the statement 'I am thinking this way' or 'I feel that way.'

· **Form**

It is attached to verb stems. In case of an action verb, if the verb ends with consonants '-는다고 보다' is used and if the verb ends with vowels '-ㄴ다고 보다' is used. After a descriptive verb, '-다고 보다' is used and after nouns '(이)라고 보다' is used. When one mentions about the already finished action and conveys the fact, '-었다고 보다' is used.

· **Examples**

그 점은 별로 문제될 게 없다고 본다.
I feel this won't be a problem.
우리가 가장 먼저 해결해야 할 것도 환경 문제라고 본다.
I think the first thing we have to solve is the environmental problem.
청소년 문제에는 부모님의 관심이 가장 필요하다고 본다.
I believe that parents' attention is most needed when it comes to youth-related issues.
전문가들은 환율이 앞으로 더 내릴 거라고 보고 있다.
Experts are predicting that the exchange rate will drop from here onwards.

가: 열심히 공부하는데도 한국어 실력이 늘지 않아서 걱정입니다.
A: I'm worried because my Korean isn't improving, even though I'm studying hard.
나: 혼자 공부하는 것도 좋지만 한국 사람들과 많이 이야기하는 게 중요하다고 봅니다.
B: I think it's good to study alone, but it's more important that you talk to a lot of Korean people.

가: 중학생이 화장을 하는 것은 나이에 맞지 않기 때문에 하면 안 된다고 생각합니다.
A: I don't think middle school students should wear makeup because it's inappropriate for their age.
나: 저는 화장을 하면 안 되는 나이는 없다고 봅니다.
B: I believe there is no age at which one shouldn't wear makeup.

▶읽어 봅시다

김진주 교수님께
교수님, 안녕하세요?
저는 지난 학기에 교수님 강의를 듣고 대학원 진학에 대해 상담 드렸던 이안입니다. 한국에서 대학원에 진학을 해야 할지 고향에 돌아가서 취직을 할지 고민이 된다고 상담을 드렸었는데 기억하세요?
그때 교수님께서 한국에서 대학원에 진학하면 어떤 공부를 할 수 있고, 대학원 졸업 후에 어떤 선택을 할 수 있는지 가르쳐 주셔서 많은 도움이 되었습니다. 이후에 진로에 대해 더 고민을 해 보았는데 지금 제가 공부하는 전공이 정말 좋고 아직 모르는 것에 대해 더 배우고 싶은 마음이 듭니다. 그래서 대학원에 진학에 대해서 교수님과 한 번 더 이야기를 나눌 수 있을까 하여 연락을 드리게 됐습니다.
갑자기 연락드려 죄송하지만 교수님께서 다음 주에 시간이 괜찮으시면 제가 찾아뵙고 상담을 부탁드려도 될까요? 평일 오후 2시 이후에는 아무 때나 괜찮습니다.

교수님께서 편하신 요일과 시간을 알려주시면 그때 연구실 찾아뵙겠습니다. 그럼 답장 기다리겠습니다.

감사합니다.

이안 올림

이안 씨에게

이안 씨, 안녕하세요?

그동안 잘 지냈어요? 안 그래도 그동안 어떻게 지냈는지, 대학원에 갈 마음이 생겼는지 궁금했는데 연락 주셔서 고맙습니다.

그때도 말씀드렸지만 대학원에 진학을 한다고 해서 꼭 한 가지 일만 하는 것은 아닙니다. 대학원을 졸업하고 많은 일을 할 수 있답니다. 그래서 이안 씨가 무엇을 왜 공부하고 싶고, 공부를 다 한 후에 어떤 선택을 하고 싶은지 고민해 보는 것이 중요하다고 봐요.

저는 다음 주 수요일 2시가 괜찮을 것 같아요. 자세한 이야기는 만나서 합시다. 그럼 연구실에서 기다릴게요.

김진주 드림

Dear Professor Kim Jinju,

Hello, Professor.

I'm Ian, the student who took your lecture last semester and consulted you about graduate school admissions. I approached you for counseling because I was torn between pursuing graduate studies in Korea and returning to my hometown to seek employment. Do you remember our discussion?

At that time, you guided me through what I could study if I went to graduate school in Korea and the options available after graduating, which helped me very much. Since then, I've thought more about my career path and realized I really enjoy my current major and wish to study more about the things I have yet to learn. So, I'm contacting you to ask if we could have another conversation about graduate school admissions.

I apologize for contacting you so suddenly, but if you have time next week, may I come to meet with you for further consultation? I'm available any time after 2 PM on weekdays. If you could let me know your preferred day and time, I will come to your research lab at that scheduled time.

I look forward to your response.

Thank you.

Sincerely,

Ian

Dear Ian,

Hello, Ian.

How have you been? I was wondering how you were doing and whether you still intended to go to graduate school, so thank you for reaching out.

As I mentioned before, going to graduate school does not limit you to a single career path. Graduating from graduate school opens many opportunities. Therefore, it's essential for you to contemplate what you want to study and why, as well as what choices you'd like to make after completing your studies.

I think next Wednesday at 2PM works best. Let's discuss the details in person. I'll be waiting for you at my research lab.

Kind regards,

Kim Jinju

▶들어 봅시다

제임스: 요코 씨는 학교를 졸업한 후에 뭐 할 거예요?

요코: 저는 회사에 취직을 하려고 해요. 전공을 살려서 마케팅 쪽 일을 해 보고 싶어요. 제임스 씨는요?

제임스: 저는 대학원에 진학해서 공부를 계속 할까 해요. 그런데 혹시 한국에서 어느 대학교가 한국학으로 유명한지 알아요?

요코: 글쎄요. 저도 잘 모르겠는데요. 그런 문제라면 학교 상담 선생님께 한번 여쭤 보는 게 어때요? 학교 상담실에 진학과 진로에 대한 자료가 많이 있던데요. 전에 한 번 가서 상담을 받아 봤는데 저한테는 많은 도움이 됐어요.

제임스: 맞다. 그러면 되겠네요. 그런데 상담실은 어떻게 이용해요? 한 번도 가 보지 않아서요.

요코: 먼저 학교 상담실 홈페이지에서 상담 신청을 해 놓고 약속한 날짜에 상담실에 가서 선생님을 만나면 된답니다.

제임스: 알겠어요. 그럼 상담 받기 전에 먼저 자료도 좀 찾아보고 질문거리도 정리해 봐야겠어요.

James: Yoko, what are you going to do after you graduate from school?

Yoko: I'm aiming to get a job at a company. I want to use my major to work in marketing. How about you, James?

James: I'm considering going to graduate school to continue my studies. By the way, do you know which university in Korea is famous for Korean Studies?

Yoko: Well, I'm not entirely sure. Why don't you try asking our school counselor? The school counseling office has a lot of resources related to school admissions and

career paths. I went there for advice once, and it helped me a lot.
James: Right, sounds like a good idea. But how do you use the counseling office? I've never been there before.
Yoko: You start by applying for counseling through the school counseling office website, and on the scheduled date, you meet with the counselor at the office.
James: Okay. Then I should gather some information and organize some questions before my counseling session.

Unit 10

Section 1. Could you take a picture of us?

리사: 이렇게 가까이에서 기린을 볼 수 있다니 너무 신기하다. 여기에서 사진 한 장 찍고 가자. 저기 지나가는 아저씨한테 부탁해 볼까?
(지나가는 아저씨에게 사진기를 내밀며)
Lisa: It's so amazing to be able to see a giraffe up close. Let's take a photo here and then go. Shall we ask that man passing by over there?
(Handing the camera over to the man who is passing by.)
제임스: 저, 죄송하지만 사진 좀 찍어 주실 수 있으세요?
James: Um, I'm sorry but could you please take a photo for us?
아저씨: 아, 저요? 네, 찍어 드릴게요. 이걸 누르기만 하면 돼요?
Man: Oh, me? Yes, I'll take it for you. Should I just press this button?
제임스: 네, 그리고 뒤에 있는 기린도 나오게 찍어주세요.
James: Yes, and please make sure that the giraffe behind us is in the picture as well.
아저씨: 어, 뒤로 한 발짝만 물러나시면 더 좋을 것 같은데요. 자, 이제 찍습니다. 하나, 둘, 셋.
Man: Um, I think it would be better if you took a step backwards. Okay, I'm taking it now. One, two, three...
제임스: 정말 감사합니다.
James: Thank you very much.

문법

1. -다니

· Meaning and Usage

It is used when one sees or hears a situation that can be surprising or admirable.

· Form

Attached to action verbs or descriptive verbs is '-다니'. After nouns ending with consonants, '이라니' is used, and after nouns ending with vowels, '라니' is used.

· Examples

그분이 일본 사람이라니 너무 놀랍다.
It is very surprising that this person is Japanese.
그렇게 건강하던 사람이 아프다니 믿을 수가 없어요.
I can't believe that someone who was so healthy is now sick.
가게 문을 8시에 닫다니 너무 일찍 닫는 거 아니에요?
Isn't it too early to close the shop at 8 o'clock?
좋은 일을 이렇게 많이 하시다니 놀랍습니다.
I am positively surprised that you are doing so many good deeds.

가: 수영 씨는 일본어하고 영어뿐만 아니라 중국어와 스페인어도 할 수 있대요.
A: Sooyoung can speak not only Japanese and English, but also Chinese and Spanish.
나: 정말요? 5개 국어나 하다니 정말 놀랍네요.
B: Really? It's amazing that he speaks 5 languages.

가: 그 가수 콘서트 표가 1분 만에 매진이 됐다고 해요.
A: They say tickets for the singer's concert were sold out in one minute.
나: 그렇게 빨리 매진되다니 정말 인기가 많은가 봐요.
B: He/She must be really popular for it to have sold out so quickly.

2. 담화 표지

· Meaning and Usage

Interjections are short exclamations. They are grammatically not necessary. They are exclamations that show the speaker's hesitation in a problematic or uncertain situation.

<담화 표지>
아 / 어 / 자 / 저
저기 / 저기요 / 여기요
있잖아 / 뭐더라 / 글쎄요

· Examples

저…, 실례지만 길 좀 물어볼게요.

Um...Excuse me, but may I ask for directions?
음, 어제 불고기를 먹었으니까 오늘은 삼겹살을 먹는 게 어때?
Um, I had bulgogi yesterday, so how about eating pork belly today?
있잖아, 오늘 시간 괜찮으면 같이 공원에 가지 않을래?
You know, if you have time today, would you like to go to the park together?
글쎄요, 주말은 좀 바쁠 것 같은데요.
Well, I think I might be a bit busy on the weekend.

가: 기차 출발 시간이 다 되어 가는데 제임스 씨는 어떻게 된 거지요?
A: It is getting close to our departure time. What is James doing?
나: 글쎄요. 제가 전화를 해 볼게요. 아, 저기 오네요. 제임스 씨, 여기예요.
B: Well, I will try to call him. Ah, there he is. James, over here.

가: 어, 아침에 분명히 지갑을 가방에 넣었는데 어디 갔지?
A: Ah! I put my purse in my bag this morning for sure, but where is it now?
나: 천천히 잘 찾아보세요.
B: Take your time and look carefully.
가: 자, 맛있는 떡볶이 나왔습니다.
A: Now, here comes the delicious tteokbokki!
나: 와, 맛있겠다.
B: Wow, it looks delicious.

가: 있잖아, 나 너한테 부탁이 있는데 들어줄 수 있니?
A: Umm..., can I ask you for a favor?
나: 부탁이 뭔지 알아야 들어주지. 부탁할 게 뭔데?
B: I need to know what the favor is first to consider helping. What's the favor you want to ask?

▶읽어 봅시다

옛날 옛날에 숲 속 시냇가에 엄마 청개구리와 아들 청개구리가 살았습니다. 아들 청개구리는 말썽만 부리는 장난꾸러기였고 엄마가 무슨 일을 시키면 늘 반대로 해서 엄마를 속상하게 했습니다.
"아들아, 숲에는 들쥐들이 다니니까 위험해. 오늘은 바람도 불고 날씨가 나쁘니까 밖에 나가지 마라."하고 엄마 청개구리가 말하면, "싫어, 나는 친구들과 밖에서 놀 거야."라고 말했습니다. 또 "아들아, 오늘은 노래 연습을 하자. 자, 따라해 봐. 개굴개굴 개굴개굴." 하고 엄마가 노래를 부르면, "싫어 엄마, 난 내 마음대로 부를 거야. 굴개굴개 굴개굴개."라고 했습니다. 어느 비가 많이 오는 날, 엄마 청개구리는 아들에게 "물이 많은 곳에는 도마뱀이 있으니까 가면 큰일 난다."라고 말했습니다. 이 말을 들은 아들 청개구리는 "음…, 싫어, 난 도마뱀 구경하러 갈 거야." 하며 이번에도 엄마 말을 듣지 않고 도마뱀을 구경하러 나갔습니다.
언제나 반대로만 행동하는 아들 때문에 엄마 청개구리는 자나 깨나 걱정이 많았습니다. 엄마 청개구리는 언제나 "네가 이렇게 말을 안 듣는다니 너무 속상하구나."라고 말했지만 아들은 엄마의 말을 듣지 않았습니다. 결국 엄마 청개구리는 아들을 걱정하다가 병에 걸리고 말았습니다. 약을 먹어도 병이 낫지 않았습니다. 엄마 청개구리는 자신이 죽을 때가 가까이 온 것을 알고 아들 걱정으로 마음이 무거웠습니다. 그래서 하루는 아들을 불렀습니다. 엄마는 죽은 뒤에 산에 묻히고 싶었습니다. 하지만 뭐든지 반대로만 하는 아들은 산에 묻어 달라고 하면 시냇가에 묻을 것 같았습니다. 그래서 엄마 청개구리는 아들에게 "내가 죽으면 산에 묻지 말고 시냇가에 묻어라."라는 유언을 남기고 눈을 감았습니다.
엄마가 돌아가시자 아들 청개구리는 너무 슬펐습니다. 그동안 말을 듣지 않고 엄마 속을 썩였던 자기의 잘못을 깨달았습니다. 아들은 엄마의 마지막 부탁을 꼭 들어 드리고 싶어서 엄마를 시냇가에 묻었습니다. 여름이 되니까 비가 많이 내렸습니다. 아들 청개구리는 시냇가에 있는 엄마의 무덤이 떠내려갈까 봐 걱정이 되었습니다. "엉엉, 엄마 제가 잘못했어요. 엄마 무덤을 제가 지켜 드릴게요." 그래서 비가 오는 날이면 아들 청개구리는 엄마 청개구리 무덤 옆에서 '개굴개굴' 운다고 합니다.
Once upon a time, a mother tree frog and her son lived by a stream in the forest. The son was a mischievous troublemaker who always did the opposite of what his mother told him, causing her much distress.
When the mother said, "Son, the forest is dangerous because there are field mice. Don't go outside today because it's windy and the weather is bad," her son replied, "No, I'm going to play outside with my friends."Again, when the mother said, "Son, let's practice singing today. Come on, try it. Ribbit ribbit ribbit ribbit," the son replied, "No, Mom, I'm going to sing it my way. Rubbut rubbut rubbut rubbut."
One rainy day, the mother warned her son, "There are lizards in places with a lot of water. It's dangerous to go there." But after hearing this, the son said, "Hmm…, no, I'm going to see the lizards," and ignoring his mother's words once again, he went to see the lizards.
The mother was always worried whether she was asleep or awake because her son always did the opposite of what he was told. She would tell

him, "It breaks my heart how you never listen." Yet, her son remained unyielding. Eventually, all the worrying over her son made her sick. No medicine could help her recover. Realizing that her death was near, the mother's heart was heavy with worry for her son. So, one day, she called her son. The mother wanted to be buried in the mountains after her death. But, because her son always did the opposite of everything, she believed that if she asked her son to bury her in the mountains, he would bury her in the stream. Therefore, the mother said to her son, "When I die, don't bury me in the mountains, but by the stream" as her dying wish and closed her eyes. When his mother passed away, the son was overwhelmed with sorrow. He had finally understood how he had hurt his mother with his defiance. Determined to fulfill his mother's last request, he buried her next to the stream. As summer came, it rained heavily. The son was worried that his mother's grave might be washed away. "Boohoo, oh mother, I was wrong. I will protect your grave." So, on rainy days, it is said the son guards his mother's grave, crying out "Ribbit ribbit."

▶들어 봅시다

주인 아저씨, 안녕하세요? 저는 그저께 502호에 이사 온 올가입니다. 오늘 몇 번 전화를 드렸지만 안 받으셔서 메시지를 남겨요. 남향이어서 방에 햇빛도 잘 들어오고 주변 소음도 없어서 조용하고 다 좋은데 어젯밤부터 욕실에 문제가 생겼어요. 욕실에 있는 수도에서 물이 계속 흐릅니다. 수도를 꼭 잠갔는데도 계속 물이 흘러서 그 소리 때문에 어제는 잠도 잘 수가 없었어요. 그리고 온수도 잘 나오지 않고요. 그리고 어…, 만약 빨리 고칠 수 없다면 방을 옮길 수는 없나요? 날씨도 추운데 따뜻한 물이 나오지 않으니까 너무 힘드네요. 어제 3층에 살던 사람이 나가서 빈방이 하나 있다고 들었는데 아직 그 방이 비어 있다면 제가 그 방으로 옮겨도 될까요? 그 방으로 꼭 옮기고 싶어요. 부탁드릴게요. 이 메시지를 들으시고 가능한 빨리 연락을 주시면 좋겠습니다.

Hello, Sir. I'm Olga, and I moved into room 502 the day before yesterday. I've called you several times today, but you didn't answer, so I'm leaving this message. Because it faces south, the room gets plenty of sunlight and there isn't much noise in the area, so it is nice and quiet. However, there has been a problem with the bathroom since last night. Water continues to run from the tap in the bathroom. Even though I turned off the faucet, the water kept flowing and the sound kept me awake all night. The hot water is also not working properly. So, um…, if this problem can't be resolved quickly, is it possible for me to move to another room? It's quite challenging not to have any warm water in the cold weather. I heard that the person who used to live on the 3rd floor moved out yesterday and there is an empty room. If that room is still empty, may I move into that room? I would really like to move to that room. Please. I hope you'll contact me as soon as possible after hearing this message.

Unit 10

Section 2. I think it might be a bit difficult

다니엘: 과장님, 이번 일요일에 중국 거래처에서 손님이 오신다지요?

Daniel: Chief, I heard that there are clients coming from our business connection in China this Sunday?

과장님: 네, 귀한 손님들이 오시는 거니까 신경 써서 준비해 주세요.

Head of Department: Yes, because they are important clients, please pay careful attention and prepare appropriately.

다니엘: 과장님도 공항에 마중 나가실 건가요?

Daniel: Chief, will you also go out and meet them at the airport?

과장님: 네, 그렇지 않아도 다니엘 씨한테 부탁을 하려고 했어요. 혹시 그날 저녁에 통역을 해 줄 수 있어요?

Head of Department: Yes, as a matter of fact, I was just going to ask you for a favor. Would you, by any chance, be able to interpret on the evening of that day?

다니엘: 일요일 저녁이요? 그 땐 좀 곤란할 것 같은데요. 중요한 선약이 있어서요.

Daniel: Sunday evening? I think it will be a bit difficult then. I have an important prior engagement.

과장님: 그래요? 그럼 다른 사람을 찾아보지요.

Head of Department: Is that so? Then I guess I should find someone else.

문법

1. -는다지요?/ㄴ다지요?/다지요?

· Meaning and Usage

This expression is used when one asks the conversation partner to confirm a fact that one has heard from another person, already convinced that the conversation partner knows it already.

· Form

It is attached to verb stems. Attached to the action verb with a consonant ending is '-는다지요?' and attached to the action verb with a vowel ending is '-다지요?'. After descriptive verbs '-다지요?' follows and after the noun '이라지요' is used. For an already completed action '-었다지요' is used.

· Examples

그분 남편이 의사라지요?
Is it true that her husband is a doctor?
그 대학에는 외국 학생이 많다지요?
Is it true that this university has many international students?
거기는 눈이 많이 온다지요?
Is it true that it snows a lot there?
그 사고로 사람들이 많이 다쳤다지요?
Is it true that many people were injured in the accident?

가: 요즘 이 노래가 인기가 많다지요?
A: This song is popular these days, isn't it?
나: 그래요? 몰랐어요.
B: Really? I didn't know.

가: 다음 주부터 장마가 시작된다지요?
A: They say the rainy season starts next week, right?
나: 그렇군요. 우산을 가지고 다녀야겠네요.
B: That's right. I guess we need to carry an umbrella.

2. -을/ㄹ 건가요?

· Meaning and Usage

This is used with an action verb when asking a question to confirm another person's thoughts or plans.

· Form

'-ㄹ 건가요?' is used when the action verb stem ends with a vowel or 'ㄹ', and '-을 건가요?' is used when it ends with a consonant.

Action verb stem ending	Combine with	Example
Consonant	-을 건가요?	먹을 건가요?, 읽을 건가요?
Vowel, ㄹ	-ㄹ 건가요?	할 건가요?, 만날 건가요?

· Examples

친구의 결혼식에 갈 때 양복을 입을 건가요?
Will you be wearing a suit when you go to your friend's wedding ceremony?
이 상자를 거실에다가 놓을 건가요?
Will you be putting this box in the living room?
어느 나라 돈으로 바꾸실 건가요?
Which country's currency will you be exchanging the money for?
오늘 저녁에 무슨 음식을 만들 건가요?
What food will you be making tonight?

가: 기숙사가 불편해서 이사하려고 해요.
A: I plan on moving because the dormitory is uncomfortable.
나: 하숙집을 알아볼 건가요?
B: Will you be looking into a boarding house?
가: 네, 학교 근처 하숙집을 알아볼 거예요.
A: Yes, I will look for a boarding house near the school.

가: 내일 제주도에 갈 거예요.
A: I'm going to Jeju Island tomorrow.
나: 몇 시에 출발할 건가요?
B: What time will you be departing?
가: 아침 8시에 출발할 거예요.
A: I'm leaving at 8 o'clock in the morning.

▶읽어 봅시다

내가 뭘 잘못한 걸까?

12월 21일 맑음

지난 주말에 동아리 후배에게서 전화를 받았다. 알게 된 지 얼마 되지 않아서 그렇게 친한 사이라고는 생각하지 않았는데 갑자기 부탁을 하는 것이었다. 그 후배는 "선배님, 저번에 새로 샀다고 했던 카메라 혹시 주말에 쓰실 건가요? 안 쓰시면 저에게 빌려주실 수 있나요?"라고 하며 카메라를 빌려 달라고 했다. 그 후배는 주말에 친구들과 크리스마스 파티를 할 계획인데 그 때 카메라를 쓰고 싶다고 했다. 그 카메라는 내가 오랫동안 아르바이트를 해서 산 전문가용 카메라이고 나도 아직 써 보지 않아서 빌려주고 싶지가 않았다. 그런 이유를 대면서 곤란하다고 했는데 후배는 알겠다며 기운 없는 목소리로 짧게 인사를 하고는 전화를 끊었다.

그리고 오늘 동아리 방에서 그 후배를 만났는데 나를 보고도 인사를 하지 않았다. 내가 먼저 말을 걸었는데도 대답에도 성의가 없었다. 아무 일도 없던 것처럼은 힘들겠지만 그렇다고 인사조차 하지 않는 후배의 모습에 나도 기분이 안 좋아졌다. 부탁에 거절 한 번 한 것 가지고 이런 인간관계가 될 거였다면 처음부터 그 후배와 나는 가까워질 관계가 아니었나 하는 생각도 들었다. 내가 뭘 그렇게 잘못한 걸까?

What did I do wrong?

December 21st, Sunny

Last weekend, I received a call from a junior in my club. We hadn't known each other for very long, and I didn't think we were that close, so it was surprising when they suddenly asked me for a favor. The junior said, "Sunbae(senior), are you going to use the new camera you said you bought last time this weekend? If you're not using it, could you lend it to me?" and asked if they could borrow the camera. They explained that they were planning a Christmas party with friends over the weekend and wanted to use the camera then. The camera is a professional-grade camera that I bought after working part-time for a long time, and I didn't want to lend it because I hadn't even had the chance to use it myself. I gave my reasons for why I was feeling reluctant, but the junior responded in a weak voice, saying they understood, and quickly hung up the phone.

Today, I ran into this junior in our club room, and they didn't greet me upon seeing me. Even when I initiated the conversation, their responses lacked sincerity. While it may be difficult to pretend that nothing happened, I was upset when the junior wouldn't even say hello. If this relationship was going to end this way with just one rejection of a request, then I wonder if the junior and I were never meant to have a close relationship from the beginning. What did I do so wrong?

▶들어 봅시다

남자: 선희 씨, 이 책 읽어 봤어요?

여자: 제목이 재미있네요. 어때요? 내용도 읽을 만하던가요?

남자: 네. 저는 참 좋았어요. 평소에 거절하는 것이 어려워서 부탁을 들어주겠다고 하고 고민하는 경우가 많았거든요.

여자: 저도 좀 그런 편이에요. 요즘 거절을 못해서 고민하는 사람이 많다지요?좋은 방법을 알았으면 저에게도 좀 가르쳐 주세요.

남자: 먼저, 착한 사람 콤플렉스에서 벗어나는 것이 중요하대요.

여자: 착한 사람 콤플렉스라니요?

남자: '아니요'라고 말하고 싶지만 이기적인 사람으로 보일까 봐 '네'라고 대답한다면 착한 사람 콤플렉스에 빠진 거래요. 할 수 없는 일을 적당히 거절하는 것이 착하다는 칭찬을 받는 것보다 중요하다고 해요.

여자: 그런 것 같네요. 또 다른 방법은요?

남자: 자신의 한계를 먼저 파악하는 것이 중요하대요. 부탁받는 순간에는 승낙하는 것이 편하게 생각될지도 모르지요. 그러나 자신의 일을 미리 생각하지 않고 약속해 놓고는 일을 잘 끝내지 못하면 더욱 곤란해지잖아요.

여자: 듣고 보니 다 맞는 말이네요.

Man: Seonhee, have you read this book?

Woman: The title seems interesting. How is it? Is the content worth reading?

Man: Yes, I really liked it. I usually have a hard time saying no and struggle with situations where people ask for favors.

Woman: I'm somewhat like that too. These days, many people seem to have trouble saying no, don't they? If you know some good methods, please teach me.

Man: First, it's important to get over the "nice person complex".

Woman: "Nice person complex"?

Man: If you want to say "no" but answer "yes" because you're afraid of appearing selfish, it means you're suffering from "nice person complex". They say it's more important to sensibly turn down things you can't do, rather than seeking praise for being nice.

Woman: That makes sense. Are there any other methods?

Man: They say it's crucial to understand your limitations first. The moment you are asked for a request, it might seem easier to say yes. However, if you make a promise without thinking ahead, if you fail to fulfill your commitments, you will be under even more distress.

Woman: Now that I hear you talking about it, it all makes sense.

1과

이사 인사와 문화

이사 한번 하는 것이 쉽지 않았던 때에는 손 없는 날(이사 가는 방향에 나쁜 기운이 없는 날)을 골라서 이사를 했다. 요즘은 손 없는 날을 따지기보다 직장에 나가지 않아도 되는 주말에 주로 이사를 한다. 특히 학기가 시작되는 3월과 9월 직전에는 일 년 중 이사하는 사람이 가장 많아서 이사철이라고도 불린다. 예전에는 이사를 가서 새로 만난 이웃에게 이사 떡을 돌리는 풍습이 있었다. 멀리 있는 친척보다 옆집 사람이 더 가깝다는 의미에서 '이웃사촌'이라는 말도 유행이었다. 요즘은 낮에 집에 있는 사람들이 별로 많지 않아서 예전만큼 이웃과 가까이 지내기가 어렵다. 하지만 아직도 아이가 있는 가족이 아파트로 이사를 갔을 때에는 아랫집에 인사를 가는 문화가 있다. 이사를 한 후 케이크나 과일 등을 들고 가서 "안녕하세요, 윗집에 새로 이사 왔어요. 우리 아이들이 아직 어려서요. 조용히 시키겠지만 층간 소음 때문에 불편하게 해 드릴까 봐 걱정이 되네요."라고 하면서 미리 양해를 구하는 모습을 볼 수 있다. 이사를 가서 엘리베이터 같은 곳에서 이웃과 눈이 마주쳤다면 "5층에 새로 이사 왔어요."라고 하면서 먼저 인사를 해 보자.

Korean culture: Greeting Culture after a move

During the time when moving wasn't easy, people chose a day without negative energy (손 없는 날) to move. These days, rather than considering a day without negative energy, people normally move on the weekends so they don't have to miss work. The time most people move throughout the year is right before March or September because that's when the school semester starts, and so it is considered the moving season. In the past, there was a custom where a person who has moved into a new neighborhood would go around and give rice cakes to his or her new neighbors. There was also a famous phrase called "이웃사촌,"which means that you can be closer to a next-door neighbor than a relative who lives far away. These days, it is more difficult than in the past to have close relationships with your neighbors because not many people are at home during the day. Even still, there is still the culture of greeting your neighbors who live one floor below you if you have a child and have just moved into an apartment building. You can often times see families requesting the understanding of their neighbors ahead of time when they, aftermoving in, take a cake or fruit to their neighbor and say,"Hello. We just moved in the apartment above yours.Our children are still quite young and although I tell them to be quiet, I'm worried that you may be bothered with the noise coming in between the floors." If you are sharing an elevator with other people and have made eye contact, then you should be first to greet them by saying, "We just moved into the 5th floor." uce the traditional attire of your home country.

2과

한국의 민간요법

'민간요법'은 오랜 옛날부터 사람들이 병을 치료하고 예방하기 위해 집에서 손쉽게 사용했던 치료 방법입니다. 옛날에는 지금처럼 병원이 많지 않았고 의사의 수도 적었습니다. 그래서 사람들은 병을 고치기 위해 가까이에 있는 식물이나 동물 등을 이용해서 병을 치료했습니다.

기침이 너무 심할 때는 배에 꿀을 넣어 끓여 먹었고, 아이가 배가 아프다고 하면 엄마가 '엄마 손은 약손, 아기 배는 똥배'라는 노래를 부르면서 아이의 배를 엄마의 손으로 살살 문질러 주었습니다. 이렇게 하면 엄마의 따뜻한 손 마사지 덕분인지 배가 아프던 증세가 사라집니다. 심하게 체했을 때는 엄지 손톱 밑을 바늘로 찌르는데 피가 나오게 하면 검붉은 피가 나오면서 소화가 잘되기 시작합니다.

이렇게 우리 주변에서 흔히 볼 수 있는 것을 사용해 병을 치료했던 조상들의 민간요법은 지금까지도 많은 사람들이 병을 치료하는 데에 쓰고 있습니다. 하지만 민간요법만 믿으면 병을 더 키울 수 있으니까 증상이 심해지면 병원에 꼭 가야겠지요.

Korean Folk Remedies

Folk remedies are simple treatment methods used by people at homes since the past to treat and prevent one's diseases. In the past, there weren't a lot of hospitals like there are nowadays and the number of doctors was few. Therefore, people had to use plants or animals found nearby as treatments to cure their illnesses.

For a severe cough, people would boil honey in pear and eat it. When a young child had a stomachache, the mother would sing, "Mommy's hands are healing hands and baby's tummy is a potbelly" while lightly rubbing his stomach with her warm hands. By doing so, perhaps it is because of mom's warm hand message, the child's stomachache symptoms disappear. In the case of severe indigestion, people would take a needle and pierce the underside of their thumb nail until a dark red drop of blood came out, helping with digestion.

The folk remedies that our ancestors used in the past using things that are easily found around us are being used to cure illnesses even now. But the use of folk remedies alone can worsen your disease, so if your symptoms worsen, you must visit the hospital.

3과

사물놀이

사물놀이는 꽹과리, 장구, 북, 징 이 네 가지 한국 전통 악기를 가지고 연주하는 공연을 말합니다. 이는 마당에서 신나게 벌이던 풍물놀이를 현대에 맞게 극장 무대 위로 올려 발전시킨 것입니다. 풍물놀이는 전통적으로 마당과 같은 열린 공간에서 행해지며 놀이의 성격을 강하게 가진 데 비해 사물놀이는 좀 더 예술적인 연주의 성격이 강합니다. 풍물놀이에서는 관객이 함께 춤을 추며 참여하는데 사물놀이에서는 관객이 그 연주를 자신의 자리에 앉아 감상합니다. 사물놀이의 연주자는 보통 네 명을 기본으로 합니다. 이는 아주 빠른 가락을 치기 때문에 한 악기에 연주자가 한 명이 넘을 경우 가락이 맞지 않는 경우가 생길 수 있기 때문입니다.

Samulnori

"Samulnori" refers to a performance using four traditional Korean musical instruments: "kkwaenggwari," "janggu," "buk," and "jing." It is a modern adaptation of "Pungmulnori," an outdoor performance that used to take place in open yards, that is brought to the theater stage. While Pungmulnori is traditionally performed in open spaces like yards and has a lively and playful nature, Samulnori leans more towards an artistic musical performance. In Pungmulnori, the audience participates by dancing together, but in Samulnori, the audience sit in their seats to enjoy the performance. Samulnori usually consists of four performers. This is because the melody is very fast, and having more than one player on a single instrument can cause them to play out of tune.

5과

세종대왕

세종은 조선시대(1392-1910)의 네 번째 왕입니다. 그는 젊고 능력 있는 학자들을 기용하여 정치, 경제, 문화 면에서 훌륭한 업적을 많이 쌓았습니다. 세종은 1446년 9월에 학자들과 함께 '훈민정음'을 만들었습니다. 훈민정음은 '백성을 가르치는 바른 소리'라는 뜻으로 한글의 옛날 이름입니다. 그때까지 한반도에는 사람들의 생각과 말을 적을 수 있는 고유의 글자가 없었기 때문에 사람들은 자신의 생각을 글로 쓸 때 중국의 한자를 사용해야 했습니다. 세종은 이러한 백성들의 어려움을 덜기 위해서 배우기 쉽고 사용하기 쉬운 글자를 만들었습니다. 바로 이것이 현재의 한글입니다. 세종은 또한 과학 기술 방면에도 관심이 많아 비가 온 양을 재는 측우기나 현재 시간을 정확하게 알려주는 해시계, 물시계 등 과학 기구도 발명하였습니다. 세종은 여러 방면에서 다양한 능력을 가진 지도자이며 따뜻한 마음을 가진 한 인간으로서 현대에도 한국 사람들의 존경을 받는 인물로 남아 있습니다.

King Sejong

Sejong was the fourth monarch of the Joseon Dynasty(1392-1910). He employed many young and talented scholars, making many significant achievements in politics, economy, and culture. In September 1446, King Sejong, with scholars, created the "Hunminjeongeum." "Hunminjeongeum", which means "the correct sounds to teach the people," is the old name for Hangul. Before this, the Korean Peninsula did not have its own unique script for writing people's thoughts and speech, so people had to use Chinese characters to write down their thoughts. To alleviate the difficulties faced by his people, King Sejong created a script that was easy to learn and use. This is the Hangul that is still used today. King Sejong was also interested in various scientific and technological fields, so he invented scientific instruments such as the rain gauge to measure precipitation, sundials to accurately tell time, and water clocks. King Sejong was a multifaceted leader with diverse abilities in many fields, a warm-hearted person who continues to be respected by Koreans even in the present day.

6과

한국의 모임 문화

한국에는 모임이 많습니다. 처음 만난 사람들을 환영하는 환영회, 다른 나라로 유학을 가거나 회사를 그만두거나 하는 사람을 위한 송별회, 학교 다닐 때 같은 반이었던 친구들을 만나는 동창회, 같은 학교 선배와 동기, 후배를 만나는 동문회가 있습니다. 또 대학교에서 같은 취미를 가진 사람들이 모이는 동아리도 있고 회사를 다니면서 취미가 같은 사람들끼리 모이는 동호회도 있습니다. 또 같은 목표를 위해서 공부하는 스터디 모임도 있습니다.

여러분도 한국에서 관심이 있는 모임에 가 보는 것은 어떻습니까? 즐거운 시간도 보내고 친구도 사귈 수 있을 거예요.

Korea's meeting culture

There are many meetings in Korea. There are welcoming parties to welcome people you've met for the first time; farewell parties for people who are going to study overseas or who have quit their
job; reunion meetings for students who were in the same class; as well as alumni meetings for students who attended the same school. There are also club meetings for college students and co-workers in the workplace

who share the same hobbies. In addition, there are study meetings for people who are studying with the same goal.
Why don't you try attending a meeting that interests you in Korea? You can have fun while making new friends.

7과

비슷한 발음 때문에 생긴 실수

'평창'에 가려다가 '평양'에 간 케냐인

한국말을 할 때 비슷한 발음 때문에 실수를 하는 경우가 있다. 예를 들면, 택시를 타고 '신촌'에 가려고 했는데 '시청'으로 간다거나 고속버스를 타고 '광주'에 가려고 했는데 '경주'에 가기도 한다.
케냐인 사핏 씨는 유엔(UN) 행사에 참석하기 위해 평창에 가려고 비행기를 탔다. 그런데 도착하고 보니까 그곳이 평양이었다고 한다. '평창'행 비행기를 타야 하는데 '평양'행 비행기를 탄 것이다.
이런 실수를 하지 않으려면 "연세대학교가 있는 신촌으로 가주세요", "전라도 광주로 가는 표를 주세요"라고 그 장소에 대한 설명을 덧붙여서 말하는 것이 좋다.

Mistakes that occur because of similar pronunciation

A Kenyan who went to Pyeongyang when he wanted to go to Pyeongchang. There are many cases when foreigners make mistakes while speaking in Korean because of similar pronunciations. For example, you may be wanting to go to 'Sinchon' but you end up at 'Si-cheong' (city hal l) or you ride an express bus and go to 'Gyeongju' when you wanted to get to 'Gwangju.'
A Kenyan man named Safit got on a plane to get to Pyeongchang to participate in an event for the UN. But upon arriving, he realized he was in Pyeongyang. He should have boarded the plane headed for Pyeongchang but instead went on the plane going to Pyeongyang.
If you want to avoid making these kinds of mistakes, it would be good to add more description to your destination such as, "Take me to Sinchon where the Yonsei University is" or "Please give me a ticket to Gwangju in the Jeol la-do."

8과

선후배 문화

선배란 나보다 먼저 학교나 회사에 들어온 사람들을 말한다. 학교 선배들은 후배에게 밥을 사 주기도 하고 학교생활에 대해 조언도 해 주는 고마운 존재이다. 이렇게 선배에게서 도움을 받았던 후배는 다음 해에 새로 들어오는 후배에게 밥을 사 주고 도움을 주는 선배가 된다. 그런데 요즘 학생들은 대학교에 입학하려고 재수나 삼수를 많이 해서 선배보다 나이가 많은 후배들도 흔히 볼 수 있다. 그래서 처음 만났을 때 예전처럼 '몇 학번이에요?'라며 나이를 돌려서 묻기보다 '몇 년생이에요?', '02년생이에요?'라고 직접 묻는 경우가 많다. 이제는 자기보다 나이가 많은 후배에게는 선배라도 존댓말을 쓰는 것이 예의가 되었다. 한국도 이제는 개인주의가 일반화되면서 예전만큼 선후배 사이가 가깝지 않고 밥을 사 주고 얻어먹는 문화도 많이 사라지고 있다. 하지만 여전히 한국의 선후배 문화는 한국 사람들이 집단 안에서 서로 정을 나누게 하는 데 중요한 역할을 한다.

The Korean culture of seniors and juniors

A senior is someone who has entered into your school or company ahead of you. A school senior is someone to be grateful for because they buy meals for their juniors and offer advice about school life. A junior who receives this k ind of help will become a senior who will buy meals and give advice to the incoming juniors the fol lowing year. However, because there are many students these days that are entering into col lege af ter two or three attempts, it is common to see juniors that are older than their seniors. That is why rather than ask ing, "What is your class number?" as another way to ask a person's age in the past, there are many cases where people directly ask, "What year were you born?" or "Were you born in 2002?" Nowadays, it has become common courtesy for seniors to use honorific lang uage to juniors who are much older than them. As Korea is becoming more individualistic, the senior/junior relationship isn't as intimate as before and the culture of buying meals for each other is disappearing. However, the senior/junior culture of Korea is still
playing an important role in sharing affections with one another within col lective groups.

9과

유학생 상담 센터

한국에서 살고 있는 외국인 유학생 수는 해마다 증가하고 있습니다. 그런데 외국이들이 낯선 땅에서 공부하면서 겪어야 하는 불편은 한두 가지가 아닙니다. 이들의 어려움을 덜어주고 각종 정보를 제공하기 위해 전용 상담 센터가 문을 열었습니다. 외국인 유학생 상담 센터에서는 한국의 유학 제도와 장학금, 입학 시험 등 성공적인 한국 유학 생활에 필요한 내용을 각국의 언어로 상담해 주고 있습니다. 외국인 유학생을 위한 국내 생활 안내책을 만들어 나누어 주는 것은 물론 우수한 유학생들의 국내 기업 취업 지원의 기회도 확대해 나가고 있습니다. 유학생 상담 센터를 이용하게 되면 유학생들이 앞으로 한국에서 좀 더 편하게 생활을 할 수 있을 것으로 기대됩니다.

The International Student Counseling Cente

The number of foreign students living in South Korea is increasing every year. However, the inconveniences that foreigners have to face while studying in a strange land are not just one or two. A counseling center just for foreign students has opened to help these students with their concerns and to also provide various information. The international student counseling center provides consultations for foreign students in various languages regarding Korea's study abroad program, scholarships, entrance exams, and other information for a successful study abroad experience. In addition to creating and distributing the Life in Korea guidebooks for foreign international students, we are also expanding opportunities for exceptional students
to apply for employment at Korean companies. We hope that international students will be able to comfortably adjust to life in Korea through using the international student counseling center.

10과

부드러운 거절

친한 사람의 부탁을 직접적으로 거절하기란 여간 어려운 일이 아니다. 그래서 한국 사람들은 꼭 거절을 해야 할 때 "아니요, 못 하겠어요."라고 직접적으로 거절하는 대신 "생각해 볼게요.", "다음에 연락 주세요."라고 말하면서 부드럽게 거절을 한다. 그러나 이렇게 거절을 하면 부탁한 사람은 거절당한 줄 모르고 오해를 하기도 한다. 오랜만에 반 모임에 참석하고 돌아왔을 때 반 친구한테서 사귀자는 메시지가 온다면 여러분은 어떻게 거절할 것인가?

A Mild Refusal

Directly refusing the request of someone close to you is not an easy thing to do. That's why whenever Korean people refuse a request, they give a mild refusal saying, "I'll think about it." or "Give me a call next time." instead of saying, "No, I can't do it." directly. But with mild refusals, there are times when the other person doesn't even realize that you've refused their request and misunderstand your intention. If you attended a class meeting for the first time in a long
while and after returning home, received a text from a friend asking you out, how would you refuse the request?

어휘 색인

ㄱ			
가능하다	to be possible	1과 1항	대화어휘
가래	phlegm	2과 1항	과제2
가입하다	to join	3과 2항	대화어휘
각각	each	8과 1항	과제1
갈증	thirst	2과 1항	과제2
감독	director	1과 1항	과제1
감동적이다	to be emotionally touching	3과 1항	대화어휘
갓	lampshade	3과 1항	과제1
강가	the riverside	5과 2항	과제2
개봉하다	to be released	1과 1항	과제1
거래처	a business connection	10과 2항	대화어휘
거의	almost	1과 1항	대화어휘
건강식	healthy food	2과 2항	대화어휘
겸손하다	to be humble	5과 2항	과제1
계기	chance/opportunity	7과 1항	과제1
계속	continuously	7과 2항	대화어휘
고려하다	to consider	1과 2항	과제1
고생하다	to go through trouble	6과 1항	대화어휘
고아원	an orphanage	5과 2항	과제1
고혈압	high blood pressure	2과 1항	주제어휘
곡류	grain	2과 2항	주제어휘
곤란하다	to be difficult	10과 2항	대화어휘
골고루	equally/thoroughlly	2과 2항	과제2
곰곰이	carefully/deeply	8과 1항	과제1
공개하다	to make public	8과 2항	과제1
공연 일시	date and time of performance	3과 1항	주제어휘
공연 장소	performance venue	3과 1항	주제어휘
공유하다	to share	2과 1항	과제1
공포	horror	1과 1항	과제1
과로를 하다	to be overworked	2과 1항	대화어휘
과장	the head of the department	6과 1항	과제2
관람 연령	age of viewing	3과 1항	주제어휘
교육자	educator	8과 1항	주제어휘
교통편	means of transportation	8과 2항	주제어휘
구조자	rescuer	5과 2항	과제2
권하다	to advise/recommend	4과 2항	주제어휘
귀하다	to be precious	10과 2항	대화어휘
그럴 리가요	no way	7과 1항	대화어휘
그렇지 않아도	to be about to do something (even if it is not like that)	1과 2항	대화어휘
그밖에	besides	9과 2항	대화어휘
기린	giraffe	10과 1항	대화어휘
기부하다	to donate	5과 2항	대화어휘
기운이 없다	to have no energy	10과 2항	과제1
긴장감	anxiety, tension	9과 1항	과제1
긴장하다	to be nervous	1과 1항	과제1
김장철	the season of making Kimchi for winter	2과 2항	대화어휘
깨닫다	to realize	7과 2항	과제2
꼽다	to count/ point out	2과 2항	과제1
꾸미다	to decorate/to fabricate	4과 1항	과제1
꿀	honey	2과 2항	과제2

꿈을 이루다	to realize one's dream	8과 1항	과제1
끼다(대화에 끼다)	To participate/join (in the conversation)	3과 2항	과제2

ㄴ			
나누다	to share	8과 2항	과제2
나눠주다	to share	6과 2항	과제1
남	others/other people	8과 1항	과제1
낭비하다	to waste	5과 2항	주제어휘
내다	to publish/release	8과 2항	과제1
내밀다	to hand over	10과 1항	대화어휘
노화	aging	2과 2항	과제1
놀랍다	to be surprising/amazing	3과 1항	과제1
놀랍다	to be surprising	5과 2항	대화어휘
눈길을 끌다	to catch one's eye(s)	4과 1항	과제1
눈빛	glance/look	6과 2항	과제1
눈에 띄다	to be conspicuous	6과 2항	과제1
눈을 감다	to shut one's eyes/to die	10과 1항	과제1
능력이 뛰어나다	to be competent in/have an excellent capacity for	5과 1항	주제어휘

ㄷ			
단순히	simply	6과 1항	과제1
당일	that day	3과 2항	과제1
대개	usually, generally	2과 1항	과제2
대금	a large flute	3과 1항	과제1
대단하다	to be wonderful	5과 2항	대화어휘
대사	script(dialogue)	4과 1항	대화어휘
대표적이다	to be representative of/to be a typical example of	2과 2항	대화어휘
댓글	comments	2과 1항	과제1
덕분에	thanks to N	6과 1항	과제2
도마뱀	lizard	10과 1항	과제1
도시락	lunch box	6과 2항	과제1
도자기	ceramics	1과 1항	주제어휘
도전하다	to challenge	4과 2항	과제2
돈을 벌다	to earn money	5과 2항	대화어휘
돋보이다	to stand out	4과 1항	과제1
동서양	East and West	1과 1항	과제2
두다(바둑을 두다)	to put (to play Baduk)	1과 1항	주제어휘
두려움	fear	9과 1항	과제1
들쥐	field mouse	10과 1항	과제1
등장 인물	characters/cast	4과 2항	과제1
따끔하다	to be harsh	2과 1항	과제1
떠내려가다	to be washed away	10과 1항	과제1
떠올리다	to recall	6과 2항	과제1
떡을 돌리다	to hand out rice cakes (to one's neighbors)	1과 2항	과제2
뚝	suddenly	2과 1항	과제2
뛰어넘다	to exceed/go beyond	8과 2항	과제1
띠	zodiac sign	6과 1항	과제1

ㄹ			
라볶이	a combination of ramen and seasoned sliced rice cake	8과 2항	과제1
라파게티	a combination of ramen and spaghetti	8과 2항	과제1

ㅁ			
마련하다	to prepare/arrange	7과 1항	과제1

뻗다	to reach/stretch (out)	3과 1항	과제1
뿌리치다	to turn down	2과 1항	과제1

ㅅ

사물놀이	samulnori	4과 2항	대화어휘
사양하다	to decline	5과 2항	과제2
사업가	businessman	8과 1항	주제어휘
사회복지학	social welfare studies	8과 1항	과제1
상담 교사	counseling teacher	9과 2항	주제어휘
상담실	counseling center	9과 2항	주제어휘
상담하다	to consult/counsel	9과 2항	주제어휘
상식	common sense	8과 2항	과제1
상영하다	to show/screen	3과 2항	과제1
상황	situation	7과 2항	과제2
생선류	fish	2과 2항	주제어휘
선뜻	readily	7과 2항	과제2
설득하다	to persuade	7과 2항	주제어휘
설레다	to make one's heart flutter	6과 2항	과제1
섬유소	fibre	2과 2항	과제1
성공하다	to succeed	5과 1항	주제어휘
성의가 없다	to be insincere	10과 2항	과제1
성적 증명서	grade transcript	9과 2항	대화어휘
세계	the world	1과 1항	대화어휘
속을 썩이다	to worry (about)/ weigh on one's mind	10과 1항	과제1
손이 가다	to require a lot of time and effort	2과 2항	대화어휘
수면제	sleeping pills	4과 2항	과제2
수명	life expectancy	6과 1항	과제1
수상하다	to be suspicious	4과 1항	과제1
수집하다	to collect	1과 1항	주제어휘
순간	moment	7과 2항	과제2
스트레스	stress	2과 1항	주제어휘
습도	humidity	2과 1항	과제2
시간을 내다	to make time	1과 1항	대화어휘
시간이 나다	to have time	9과 1항	대화어휘
시냇가	stream/creek	10과 1항	과제1
시럽	syrup	8과 2항	과제1
시원스럽다	clear and well-defined	3과 1항	과제1
신경을 쓰다	to be concerned about something	7과 1항	과제2
신고하다	to report	5과 2항	과제2
신중하다	to be careful	3과 2항	과제1
신청서	application form	9과 2항	주제어휘
실력	capability	5과 1항	대화어휘
실제	real	4과 1항	과제1
심각하다	to be serious	4과 1항	주제어휘
씁쓸하다	to be bitter	5과 2항	과제1
씹다	to chew	2과 2항	과제2

ㅇ

아깝다	to be too good(for)/to be a waste	3과 1항	과제1
안내하다	to guide	4과 2항	주제어휘
안부	regard	6과 2항	대화어휘
안부가 궁금하다	to wonder how someone is doing	6과 2항	주제어휘
안색	complexion	2과 1항	대화어휘
알려주다	to inform	3과 2항	대화어휘
알아보다	to investigate/recognize	6과 2항	과제1

인상적이다	to be impressive	4과 1항	대화어휘
인스턴트 식품	instant food	2과 2항	주제어휘
인정을 받다	to receive recognition	5과 1항	대화어휘
인터넷 사이트	internet website	3과 2항	대화어휘
일부러	to do something on purpose	7과 1항	과제2
일정	schedule	8과 2항	대화어휘
잃다	to lose	2과 1항	대화어휘
입장료	admission fee	1과 1항	과제2
입학하다	to enter a school	9과 2항	대화어휘

ㅈ			
자막	subtitles	3과 1항	대화어휘
자세히	in detail	6과 2항	과제1
자신	oneself	5과 2항	대화어휘
작심삼일	lasting only a few days (to be short-lived)	2과 1항	과제1
작품	work (of art)	1과 1항	과제1
작품 해설	commentary of a work	3과 1항	주제어휘
작품명	name of a work	3과 1항	주제어휘
잔치	feast	6과 1항	대화어휘
장기	Korean chess	1과 1항	주제어휘
장난꾸러기	prankster	10과 1항	과제1
장르	genre	1과 1항	과제1
재능	talent/ability	8과 1항	과제1
재산	fortune	5과 2항	과제1
저절로	by itself/automatically	5과 2항	과제2
저축하다	to save (money)	5과 2항	주제어휘
저항력	resistance	2과 1항	과제2
적당히	adequately	2과 1항	과제2
전체	all together	8과 2항	대화어휘
절약하다	to conserve/save	5과 2항	주제어휘
접수하다	to submit	9과 2항	대화어휘
정물화	still-life painting	1과 1항	과제2
정성	sincerity	4과 2항	과제1
정치인	politician	8과 1항	주제어휘
제때	at the right time, right moment	7과 2항	과제2
제안하다	to suggest	4과 2항	주제어휘
조명	illumination, lighting	3과 1항	과제1
조언	advice	9과 2항	주제어휘
좀처럼	to be rare/seldom	5과 1항	과제2
좌석	seat	3과 2항	대화어휘
죽마	stilts	3과 1항	과제1
준비 중이다	to be in preparation	6과 2항	대화어휘
준비물	supplies	8과 2항	주제어휘
중순	the middle ten days of a month	8과 1항	과제1
즙	juice	2과 1항	과제2
지나가다	to pass by	10과 1항	대화어휘
지식	knowledge	8과 1항	과제2
직접적으로	directly	7과 1항	대화어휘
진로	career	9과 2항	과제2
진실하다	to be honest/sincere	7과 2항	과제2
진심	sincerity/the bottom of one's heart	7과 2항	과제1
진학	to enter school, go on to school	9과 2항	과제1
진행	hosting an event	8과 2항	주제어휘
진행하다	to progress	7과 1항	과제1
질문거리	questions	9과 2항	과제2

문법 색인

memo 메모

memo 메모